U1002233

江苏省高校人文社会科学计划研究项目（04SJB820001）
江苏大学人文社科专著出版基金资助出版

社区矫正制度研究

周国强　著

中国检察出版社

图书在版编目（CIP）数据

社区矫正制度研究/周国强著．—北京：中国检察出版社，2006. 12
ISBN 978－7－80185－697－5

Ⅰ. 社…　Ⅱ. 周…　Ⅲ. 社区－刑罚－研究　Ⅳ. D914. 04

中国版本图书馆 CIP 数据核字（2007）第 006278 号

社区矫正制度研究

周国强　著

出 版 人：袁其国
出版发行：中国检察出版社
社　　址：北京市石景山区鲁谷西路 5 号（100040）
网　　址：中国检察出版社（www. zgjccbs. com）
电子邮箱：zgjccbs@ vip. sina. com
电　　话：(010)68630385（编辑） 68650015（发行） 68650029（邮购）
经　　销：新华书店
印　　刷：河北省三河市燕山印刷有限公司
开　　本：787mm×960mm　16 开
印　　张：18. 75 印张
字　　数：347 千字
版　　次：2006 年 12 月第一版　　2006 年 12 月第一次印刷
书　　号：ISBN 978－7－80185－697－5/D・1673
定　　价：35. 00 元

检察版图书，版权所有，侵权必究
如遇图书印装质量问题本社负责调换

目 录

Contents

绪 论

一、选题背景

“一部人类惩罚的历史，正好象征着惩罚本身逐渐凋零的历史。”① 受社会、政治、经济的变革以及刑罚目的观变迁的影响，刑罚制度自中世纪以来，一直在这些变革的影响下而不断演进。近代以降，自由刑取代身体刑和死刑占据世界各国刑罚体系的中心宝座。传统自由刑以监禁刑为其存在形式，监禁刑以剥夺受刑人的人身自由为其基本内涵，矫正罪犯使其复归社会成为监狱行刑的主旨。但是监狱行刑以将罪犯隔离于正常社会的手段，去追求罪犯再社会化的目标，形成了手段与目标之间的悖论。在日益开放的现代社会中，监禁刑的运行成本日趋昂贵，而其改造效能却令人失望。为了缓解上述问题，20 世纪 70 年代以来，在行刑社会化思想的导向下，西方国家都在不断地进行刑罚制度的创新和改革，尝试用最有效、最人道、最文明的方式处理犯罪和犯罪人，社区矫正就是在这样的背景下诞生的一种新型刑罚执行方式和罪犯处遇模式。经过近半个世纪的发展，西方国家的社区矫正日趋完善，成为矫治罪犯的首选方案，适用社区矫正的人数已经超过监禁人数，并取得了良好的社会效益。

虽然经过 50 多年的行刑实践，我国当前的刑罚适用和执行模式仍处在以监禁刑为主的阶段。与西方发达国家“有选择监禁”的行刑理念和广泛适用社区矫正的实践相比，我国无论在行刑理念，还是在行刑制度方面均存在明显的差异。随着我国改革开放与对外交往的不断深入，借鉴国外社区矫正的成功经验，充分运用社会资源和社会力量投入罪犯矫正事业，已成为众多刑事法学者和实务工作者的共识。经过充分的理论论证之后，2003 年 7 月，最高人民法院、最高人民检察院、公安部、司法部联合印发了《关于开展社区矫正试点工作的通知》，确定在北京、上海、天津、江苏、浙江、山东六省市的部分地区开展社区矫正试点工作。在第一期试点工作取得预期成效的基础上，第二期试点工作已扩大至 18 个省市。

---

① 转引自陈秉璋、陈信木：《道德社会学》，桂冠图书股份有限公司 1988 年版，第 336 页。

理论是实践的先导，新的行刑实践呼唤新的行刑理论。与我国社区矫正实践的蓬勃发展势头相比，相关的理论研究还处在薄弱状态。鉴于此，笔者选择社区矫正这一具有较高理论与实践价值、同时学界整体研究还很薄弱的问题作为选题，展开对社区矫正的理论诠释和实践求证，以期为我国社区矫正的推行建言献策。

二、研究方法

（一）比较研究的视角

他山之石，可以攻玉。社区矫正起源于海外，在西方国家经过半个多世纪的探索与实践，已经积累了许多成功的做法和有益的经验。本书立足于比较研究的视角，对中外主要的社区刑罚制度进行了比较分析，并以专章的方式选取了美国、英国、日本、加拿大、澳大利亚五国在社区矫正方面的立法与实践进行考察与评析，以期对我国社区矫正的立法与实践有所借鉴。

（二）刑事一体化的思路

刑事一体化是渊源于德国刑法学者李斯特的“整体刑法学”概念，经由我国学者储槐植、陈兴良的提倡，近年来盛行于我国刑法学界的一种研究方法。刑事一体化强调在对犯罪问题的研究上，刑法学、犯罪学、监狱学等诸刑事学科的交流与融会，同时倡导刑事实践中的立法、裁判与执行多环节的衔接与互动。① 本书力图将刑事一体化的思路贯穿在写作中，没有将视野局限在狭义刑法学的范围，而是以刑事法学为本体展开，拓展至监狱学、社会学、心理学以及刑事政策学等相关学科和领域。既“瞻前”于刑事立法和刑事裁量对社区矫正的影响，又“顾后”于出狱人保护问题，主张将出狱人保护纳入社区矫正的范畴。

（三）思辨与实证并重的方法

理论与实践相结合是包括刑事法律科学在内的社会科学研究活动一贯倡导的“王牌”准则，实证方法无疑是理论与实践相结合的内在要求。② 笔者在本书的写作中，力求做到思辨与实证相结合：本书前四章侧重于对社区矫正的内涵、根据及价值等理论问题的阐释，思辨色彩较浓；后三章关注社区矫正的现实运作，偏重于实证分析，为此，笔者先后深入社区矫正试点单位展开实地调查，取得了不少宝贵的第一手资料，以增加论证的说服力。

---

① 冯卫国：《行刑社会化研究》，北京大学出版社2003年版，第5页。

② 袁登明：《行刑社会化研究》，中国人民公安大学出版社2005年版，第3页。

三、研究思路

本书除绪论外，正文分为七章。

第一章，社区矫正本体论。本章对涉及社区矫正本体问题的若干方面进行了阐述。首先，从解读矫正的概念入手，对中外学者就社区矫正所下的定义进行评析，然后将社区矫正与相关概念进行辨析，以进一步把握社区矫正的含义。其次，对社区矫正的特征、种类作了详细分析，以便对社区矫正进行科学定位。最后，以美国的社区矫正为视角，对社区矫正的利弊进行了具体分析，以便为我国社区矫正的推行提供经验和教训。

第二章，社区矫正思想源流论。本章以历史发展为顺序，系统地梳理了社区矫正由一种行刑理念演变为行刑实践的发展脉络，指出人类对罪犯的矫正经历了从“惩罚——狱内矫正——社区矫正”的发展轨迹，社区矫正的思想发端于刑事近代学派，二战后新社会防卫论的兴起使之最终确立，经联合国刑事司法准则的推介及恢复性司法理念与实践的推动而走向国际化与日臻完善。

第三章，社区矫正根据论。本章从三个方面对社区矫正得以产生和存在的根据进行了阐述。本章首先提出刑罚哲学的嬗变和犯罪学理论的深化是社区矫正的学理根据；其次，提出监狱行刑悖论和监禁成本、监狱拥挤是社区矫正产生的现实根据；最后，论证了社区矫正产生和存在的刑事政策学根据，指出“轻轻”、“重重”的“两极化”刑事政策是当今世界刑事政策的主要走向，而社区矫正正是其中的一极——“轻轻”刑事政策的体现。

第四章，社区矫正价值论。本章对社区矫正蕴涵的公正、人道、效益三重价值进行了剖析。首先，对社区矫正公正价值的论证旨在消除人们对社区矫正是否正义的质疑，社区矫正的公正价值主要体现在它的合理性和公平性。其次，立足于人的本性，对社区矫正的人道价值进行解读。再次，从社区矫正的有效性、有益性和节俭性三个方面入手，对社区矫正的效益价值进行了具体考察。

第五章，社区矫正适用论。本章对社区矫正的主体、客体以及适用中的危险评估和控制等问题进行了阐述。

第六章，社区刑罚论。本章是本书的重心所在，通过对中外主要的社区刑罚制度进行比较研究，对我国现行的社区刑罚制度提出了完善建议。

第七章，社区矫正的海外走势与中国命运。本章选择美国、英国、日本、加拿大、澳大利亚五个国家为样本，力图使用最新资料，对五国各具特色的社区矫正制度进行了考察，以资我国借鉴和吸收。同时对我国试点阶段的社区矫正工作进行了初步总结，指出了社区矫正本土化进程中的若干发展障碍，最后对我国社区矫正的未来走向进行了具体的规划。

第一章　社区矫正本体论

美国法理学家博登海默指出："概念乃是解决法律问题所必需的和必不可少的工具。没有限定的专门概念，我们便不能清楚地和理智地思考法律问题。"① 因此，研究社区矫正，应当以对概念的界定和分析作为其逻辑起点。

第一节　社区矫正的概念和特征

一、社区矫正的定义和相关概念辨析

（一）矫正的概念

社会科学领域的一个基本事实是，越是基础性的概念，越是富有争议性，因而难以解释清楚。"矫正"就是这样一个概念，不同的学科都在使用它。因此，要准确理解"社区矫正"的概念，首先必须对作为其上游概念的"矫正"概念进行界定。

矫正（Correction）是西方行刑系统的基本用语。"矫正"一词的词根是"取得资格"，它意味着适应；装备或配备；训练或教育。因此，从词源意义上说，对犯罪人的矫正意味着犯人重新获得他们在监禁期间失去的技能、装备或能力。② 在汉语中，"矫正"一词最早出自《南史·刘穆之传》："穆之斟酌时宜，随方矫正，不盈旬日，风俗顿改。"后来"矫正"被引入医学领域，成为医学专业用语。"矫正"一词被引入司法领域，并成为司法工作的专业术语源自西方国家。在我国，司法领域很少用"矫正"一词，我们习惯于把监狱在对罪犯实施惩罚的前提下，围绕转变罪犯思想，改变罪犯不良心理和行为所进行的活动称为改造。其实，改造与矫正，词异义同。随着我国改革开放的不

① ［美］E. 博登海默著，邓正来译：《法理学：法律哲学与法律方法》，中国政法大学出版社 1999 年版，第 486 页。

② ［美］理查德·霍金斯、杰弗里·P. 阿尔珀特著，孙晓雳等译：《美国监狱制度——刑罚与正义》，中国人民公安大学出版社 1991 年版，第 217 页。

断深入，行刑领域国际交流的日益频繁，“矫正”一词在我国监狱理论研究和行刑实践工作中的使用频率也越来越高，出现了矫正和改造两个词混用的状况。我国司法机关在一定范围内也认同了“矫正”一词，2003年“两高”、“两部”推行的“社区矫正”试点就是例证。随着“矫正”一词在刑事司法中的频繁使用，“矫正”的含义日趋多义化。根据笔者的梳理，“矫正”一词在刑法学上至少从以下三种意义上使用：（1）作为刑罚的根据之一，与报应相对应的概念。关于刑罚的根据，中外历史上长期存在报应刑论与目的刑论的纷争。在目的刑论中，又存在一般预防论与特殊预防论（或称个别预防论）的分野。矫正论就是个别预防论中的一个流派，其奠基人是意大利实证派犯罪学家菲利。矫正论的中心含义是教育犯罪人令其悔改向善，将来不再犯罪。曾经在历史上红极一时的医疗模式就是以矫正论为其理论基础的。（2）作为刑罚的功能之一，与惩罚、威慑等相对应的概念。这层意义上的矫正，类似于我国的改造。刑罚的矫正（改造）功能，是指刑罚具有改变犯罪人的价值观念和行为方式，使其成为对社会有用的新人的作用。惩罚和矫正是刑罚的两个主要功能。但从产生的时间顺序来看，惩罚是刑罚与生俱来的功能，而矫正则是近代刑法思想发展的产物。（3）作为刑罚执行的代名词，一切刑罚的执行（死刑除外）都被称为矫正，这是在最广义上使用“矫正”一词。

在国外，“矫正”一词的发展和使用有一个逐渐的过程。美国学者诺曼·卡尔森等人指出：对于一般公众而言，矫正这个术语几乎是刑罚的同义语。但是，在美国，这个术语是比较新的。在20世纪50年代以前，使用刑罚制度和“监狱学”这样的术语，这些术语强调对被判决犯罪的那些人的惩罚……直到1954年，美国监狱学会更名为美国矫正协会，才反映了处理违法者的基本态度的转变。刑罚不仅是一种有效的目标，也应当是对判决有罪者的改造或者矫正。矫正是负责执行法院判处的刑罚的那部分刑事司法系统。① 根据我国学者吴宗宪研究员的检索，“矫正”在西方国家的含义有：（1）矫正是一种学科名称，即研究监狱管理、监狱内罪犯的矫正以及社区矫正的学科。（2）矫正是指政府部门的一个机构系统，即负责执行法院判处的刑罚的那部分刑事司法系统，它与警察部门、法院共同构成完整的刑事司法系统。（3）矫正专门指由特定政府机构进行的活动，有学者认为，“矫正是指刑事司法系统中惩罚、治疗和/或改造犯罪人的过程。矫正主要是一个由政府机构构成的网络，这个网络共同参与看守所、监狱、药物治疗机构和计划、教养院、少年拘留所的运

---

① 吴宗宪：《当代西方监狱学》，法律出版社2005年版，第3页。

作。矫正系统也包括假释、缓刑和咨询计划以及对它们的管理”。① 可见，在中外刑事法领域，“矫正”是一个内涵和外延都很宽广的概念。所谓“概念之定义，意为对在什么意义上适用某一特殊用语做出精确的说明”。② 基于这样的要求，本书主要从刑罚执行的意义上使用“矫正”这个概念。

（二）社区的概念

社区是社会学上的一个基本概念，也是近年来越来越普及的一个名词。一般认为，德国社会学家腾尼斯在 1887 年出版的《社区与社会》一书中最先使用了“社区”这个概念。在书中，腾尼斯用社区和社会这两个概念来说明社会变迁的趋势。他认为，社区是一种基于情感、内心倾向而建立起来的富有人情味、具有共同价值观念、关系亲密的由同质人口组成的社会生活共同体。人们加入这样的团体，不是因为自己有目的选择的结果，而是因为他生于斯、长于斯；“社会”是人们之间为了达到特定的目的，在对占有物的合理交易和交换基础上形成的，它由异质人口组成，个人之间相互疏远甚至仇视。腾尼斯认为，由社区向社会的过渡是历史发展的必然趋势。腾尼斯关于社区的研究一开始并未受到人们的关注，直到第一次世界大战以后，人们对资本主义社会的人际关系的淡漠、疏远感到厌恶，开始对腾尼斯的“社区”研究发生兴趣。美国的查尔斯·罗密斯把腾尼斯的“社区”译成英文“Community”。中文的“社区”概念是从英文“Community”翻译过来的。1933 年，费孝通等在翻译美国社会学家帕克的社会学论文时，第一次将“Community”译成“社区”，后来被大家援用，成为中国社会学的通用术语。③

关于“社区”的概念，可谓众说纷纭，据有关学者的粗略统计，其定义有一百多种。综合国内外有关学者对社区的界定，可以对社区作如下定义：社区是由一定数量居民组成的、具有特定的互动关系和共同的文化维系力的人类社会生活共同体。申言之，社区这个术语一般包括以下四层含义：④

1. 社区总要占有一定的地域，存在于一定的地理空间中。但社会学视野中社区之“区”并不是纯粹的自然地理区域，而是一个人文区位，是社会空间与地理空间的结合。

---

① 吴宗宪：《当代西方监狱学》，法律出版社 2005 年版，第 4 页。

② ［英］艾尔·巴比：《社会科学研究方法》，四川人民出版社 1980 年版，第 90 页。

③ 李强主编：《大学社会学教程》，中国审计出版社、中国社会出版社 2001 年版，第 74～75 页。

④ 郑杭生主编：《社会学概论新修》，中国人民大学出版社 2003 年版，第 272～273 页。

2. 社区的存在总离不开一定的人群。人口的数量、集散疏密程度以及人口素质等，都是考察社区人群的重要方面。

3. 社区中共同生活的人们由于某些共同的利益，面临共同的问题，具有共同的需要而结合起来进行生产和其他活动。在这一过程中产生了某些共同的行为规范、生活方式及社区意识，它们构成了社区人群的文化维系力。

4. 社区的核心内容是社区中人们的各种活动及其互动关系。根据社会学上对社区的界定，笔者认为目前正在推行的城市社区建设中的"社区"还不能称之为真正意义上的社区。民政部《关于在全国推进城市社区建设的意见》中把社区界定为"聚居在一定地域范围内的人们所组成的社会生活共同体"。同时，该文件还明确指出了城市社区的范围，即"目前城市社区的范围，一般是指经过社区改革后做了规模调整的居民委员会的辖区"。可见，我国目前的"社区"还主要是政府实施行政管理的区域，其政治色彩尚未完全褪去，社区居民的归属感和文化认同感还比较薄弱。

（三）社区矫正的概念

1. 国外社区矫正的概念

尽管社区矫正已成为西方发达国家矫正措施的主流，成为矫治罪犯的首选方案，但国外学界关于社区矫正的定义始终未达成共识，存在着很大分歧，以至美国纽约州立大学刑事司法学院教授 Duffee 指出，社区矫正的概念如此含混，恰如瞎子摸象，未能一窥全貌。笔者对检索到的社区矫正概念进行剖析，发现国外学者大体从三个角度对社区矫正下定义：

（1）以地点作为定义的标准，强调社区矫正的基础在社区。例如：美国犯罪学者 Fox 认为："社区性犯罪矫正应坐落于社区，并且运用社区之资源以增补、协助和支持传统犯罪矫正之功能。"美国学者 Sandhu 则将社区矫正定义为：发生于社区之所有犯罪矫正措施。[①] 澳大利亚的学者认为，社区矫正是指在社区对犯罪人进行的矫正和控制活动。对社区矫正可以有四种理解：其一，在社区中进行的矫正；其二，与社区共同进行的矫正；其三，由社区进行的矫正；其四，为了社区而进行的矫正。[②]

（2）以非监禁性进行界定，将社区矫正等同于非监禁刑。例如，麦卡锡（Belinda Rogers McCarthy）等人认为，社区矫正是指"对犯罪人实行的不同类

① 转引自林茂荣、杨士隆：《犯罪矫正原理与实务》，台湾地区五南图书出版公司 1998 年版，第 224 页。

② 郑霞泽、吴宗宪："澳大利亚社区矫正概况"，载《犯罪与改造研究》2005 年第 9 期。

型的非机构性矫正计划”。博姆（Robert M. Bohm）等人认为，社区矫正可以被广义地定义为“在看守所和监狱环境之外监督犯罪人并向他们提供服务的一个矫正领域”。克利尔（Todd R. Clear）等人认为，社区矫正就是指“对犯罪人的非监禁性（矫正）计划”。①

（3）从功能的角度定义社区矫正，例如，美国学者 Hahn 认为，凡具有减少罪犯与社区疏离功能的矫正措施都可纳入社区矫正的范畴。②

2. 国内社区矫正的概念

社区矫正是一个外来语。由于社区矫正制度在我国的引进时间不长，目前还处在探索试点阶段，所以，国内学者对社区矫正的定义尚未达成共识，理解的差异主要集中在社区矫正的范围上。从笔者检索到的文献看，代表性的观点有以下几种：

（1）《中华人民共和国社区矫正法》的立法议案提案人陈旭认为，社区矫正是对罪行较轻或狱内服刑表现较好的罪犯，在执行一定的刑期后，运用社会力量在社区环境继续执行刑罚的一种开放型改造方式。③

（2）汤啸天编审把社区矫正定义为：“由专门机构负责，组织社区的力量，对符合在非监禁条件下接受矫正的罪犯实施刑罚的活动。”④

（3）王顺安教授认为，社区矫正是相对于监狱矫正而言的一个专门性术语，是指由社区矫正组织依法对法院和其他矫正机关裁判为非监禁刑及监禁刑替代措施的罪犯予以在社区中行刑与矫正活动的总称。⑤

（4）刘强教授指出：社区矫正是对犯罪性质比较轻微和社会危害性较小的罪犯在社区中执行刑罚活动的总称。⑥

（5）冯卫国博士认为，社区矫正是指通过各种非监禁性刑罚或刑罚替代制度，使罪犯得以留在社区中接受教育改造，以避免监禁刑可能带来的副作用，并充分利用社区资源参与罪犯矫正事业的一种罪犯处遇制度。⑦

---

① 转引自郭建安、郑霞泽主编：《社区矫正通论》，法律出版社 2004 年版，第 93 页。

② 转引自林茂荣、杨士隆：《犯罪矫正原理与实务》，台湾地区五南图书出版公司 1998 年版，第 224 页。

③ 转引自汤啸天：“社区矫正试点与矫正质量的提高”，载《当代法学》2004 年第 4 期。

④ 汤啸天：“社区矫正试点与矫正质量的提高”，载《当代法学》2004 年第 4 期。

⑤ 王顺安：“社区矫正的法律问题”，载《政法论坛》2004 年第 5 期。

⑥ 刘强编著：《各国（地区）社区矫正法规选编及评价》，中国人民公安大学出版社 2004 年版，第 1 页。

⑦ 冯卫国：《行刑社会化研究》，北京大学出版社 2003 年版，第 181 页。

(6)“两高”、“两部”发布的《关于开展社区矫正试点工作的通知》中把社区矫正界定为与监禁矫正相对的行刑方式，是指将符合条件的罪犯置于社区内，由专门的国家机关在相关社会团体和民间组织以及社会志愿者的协助下，在判决、裁定或决定确定的期限内，矫正其犯罪心理和行为恶习，并促进其顺利回归社会的非监禁刑罚执行活动。

从中外学者对社区矫正的界定来看，国外的社区矫正是一个总括性概念，涵括的内容非常广泛，而国内学者对社区矫正的界定相对比较狭窄。各种概念的广狭主要取决于社区矫正的对象和场所。国外社区矫正的对象不仅仅限于罪犯，刑释人员也纳入到社区矫正的对象范畴，而我国目前的社区矫正仅限于五种适合在社会上服刑的罪犯，因此，对象的限定性决定了社区矫正概念的狭义性。同时，从社区矫正的场所来考察，国内的社区矫正被严格限定在社区的范围内，监狱的开放性措施或者使设施内的措施接近一般社会生活状态的做法就不是社区矫正，而国外的社区矫正不仅指社区内进行的矫正活动，而且还包含了监狱所实施的行刑社会化措施。所以，场所的开放性决定了社区矫正概念的广义性。

当然，考虑到社区矫正引入国门不久，为稳步推进我国的社区矫正事业，从对象和场所对社区矫正进行限定是可以理解的。然而，从“矫正”本身来看，它的性质既不受矫正场所的限制，也不受矫正对象是否是罪犯的限制。虽然我们将“矫正”一词专门用于当前的社区刑罚执行，但是，社区矫正与监狱行刑的概念并非是完全对应的，也并非仅仅是场所的区别，社区矫正的内涵和外延更加宽泛。实际上，矫正与改造的概念一样，属于中性词汇并不限于行刑领域。① 随着我国社区矫正的深入推行，将来完全可以把刑释人员的安置帮教以及失足青少年的帮教纳入社区矫正的范畴。因此，在理论上对社区矫正界定时，不要亦步亦趋于当前的司法实践，而应当有所超越，具有一定的前瞻性，否则就难以对实践起到指导作用。基于这样的认识，笔者尝试对社区矫正作如下定义：由专门机构负责，动员社会力量，在社区内对符合非监禁条件的罪犯进行的刑事执法活动以及对出狱人和违法青少年进行的保护性社会工作。

（四）与社区矫正相关的概念辨析

1. 社区处遇

社区处遇，也称之为社会内处遇，是与机构处遇或设施内处遇相对的概念，美国学者 Hahn 把社区处遇定义为任何能够降低使用机构处遇以减少机构监禁时间，或可借以缩短犯罪人与正常社会距离之措施，包括观护制度、假

① 鲁兰：《中日矫正理念与实务比较研究》，北京大学出版社 2005 年版，第 213 页。

释、转向计划、监外教育、监外作业、返家探视等处遇计划。① 日本学者大谷实则主张，社会内处遇是不将犯罪人收容于设施之内，而让其在社会上过一般社会生活，一边用指导、援助等使其改造自新的措施。作为社会内处遇制度，除保护观察、紧急改造保护之外，还包括假释、缓期执行、恩赦、时效及社会服务命令等，但其中心则是假释、保护观察及改造紧急保护这三项制度。② 可见，社区处遇与社区矫正有交叉重叠的地方，社区矫正属于社区处遇的一部分，所以，很多学者把这两个概念混用。但实际上社区处遇的外延要比社区矫正广得多，除了社区矫正外，它还囊括了监狱的开放式处遇制度以及刑满释放人员的更生保护制度。另外，社区处遇关注的是在社区内对犯罪人的处遇，而社区矫正强调的是在社区内对犯罪人的刑罚执行和人格矫正。

2. 非监禁刑

非监禁刑是近年来国外刑事司法中大量使用的一个术语，与“非监禁刑”相类似的还有一些术语，也频频见诸于各类专业文献中，如“非监禁措施”、“非监禁制裁”、“监禁替代措施”等。我国学者也已频繁地使用这个概念，而且还出版了专门研究非监禁刑的专著。我国学者吴宗宪等在其专著《非监禁刑研究》中对“非监禁刑”所下的定义是：“在监狱之外对犯罪人使用的刑事制裁方法的总称。”③ 根据这个定义，可以看出社区矫正与非监禁刑都具有“非监禁性”，在外延上有交叉重叠的地方，涵盖的范围大体相当。所不同的是两个概念的研究视角，非监禁刑注重的是不将犯罪人予以监禁的刑罚措施，与其相对的是监禁刑；而社区矫正是与监禁矫正相对的非监禁刑罚执行方式，强调的是刑罚的执行。所以，一般认为罚金是非监禁刑的一种，但却不属于社区矫正的范畴。

3. 社区刑罚

社区刑罚的概念也常被国外的学者使用，如美国犯罪学家大卫·杜菲就使用了这个概念，他认为社区矫正是刑罚的一种，较新的社区刑罚包括社区服务、赔偿、复合刑罚、家庭拘禁、间歇监禁等。④ 因此，在大卫·杜菲眼里，社区刑罚与社区矫正基本等同。我国学者何显兵在其专著《社区刑罚研究》中认为，社区刑罚是指由人民法院或刑罚执行机关确定犯罪人在社区中服刑的

---

① 转引自邓煌发：“社区处遇之探讨”，载 http：//www. tosun. org. tw/。

② ［日］大谷实著，黎宏译：《刑事政策学》，法律出版社 2000 年版，第 258 页。

③ 吴宗宪等：《非监禁刑研究》，中国人民公安大学出版社 2003 年版，第 24 页。

④ 吴宗宪等：《非监禁刑研究》，中国人民公安大学出版社 2003 年版，第 22 页。

非监禁或半监禁的刑罚方法或刑罚执行方法。① 在何显兵的笔下，社区刑罚与社区矫正内涵与外延基本相同。但细究起来，社区矫正与社区刑罚两个概念之间还是有所差别的：社区矫正除了具有刑罚方法和刑罚执行方法的内涵外，还包含对罪犯的督导、帮教、服务的意蕴。因此，社区矫正的外延应大于社区刑罚，社区刑罚涵括在社区矫正的概念之中。

4. 中间制裁

中间制裁，又译作"中间刑罚"、"中间性惩罚"，也是国外文献中经常使用的一个概念，是20世纪80年代盛行于美国的介于机构性处遇与社区处遇之间的制度。由于此制度比传统的观护制度严厉，比监禁处罚宽松但更为经济，是将机构性处遇与社区处遇合二为一，因而可以说是机构性处遇的社区化。中间制裁是为了解决监狱拥挤和重罪缓刑犯中累犯率过高的问题而发展起来的替代性刑罚方法，是奉行严格刑事政策的产物，表现出"从社区内处遇转移至社区内刑罚"的特征。② 中间制裁措施包括密集性观护监督、家庭监禁、电子监控、罚金、赔偿、社区服务等。社区矫正与中间制裁是两个相互交叉的概念，中间制裁的一些具体措施如社区服务、赔偿等属于社区矫正的范畴。由于其表现出"从社区内处遇转移至社区内刑罚"的特征，故有学者把中间制裁看成是"社区矫正制度发展的新境界"③。

二、社区矫正的基本特征

（一）刑事制裁性

社区矫正是对罪行轻微或经过一定刑期的执行后不需要继续在监狱服刑的罪犯实施的非监禁性刑罚执行方式。社区矫正的刑事制裁性体现在两个方面：首先在于社区矫正的对象是罪犯。尽管各国社区矫正的对象有所差异，但有一点是共同的，即这些接受社区矫正的对象都是实施了犯罪行为的人。其次在于社区矫正的刑罚惩罚性。刑罚是基于惩罚、威慑和矫治三位一体的哲学，时代的变迁，社会的进步或许会改变这三者在分配上的比例，但是从来不会让任何一种功能从刑罚的内在属性中消失。④ 作为刑罚种类和刑罚执行方式之一的社

---

① 何显兵：《社区刑罚研究》，群众出版社2005年版，第4页。

② 转引自邓煌发："社区处遇之探讨"，载 http：//www. tosun. org. tw/。

③ 冯卫国：《行刑社会化研究》，北京大学出版社2003年版，第181页。

④ 陈晓明："西方国家的社区处遇及对我们的借鉴意义"，载《犯罪与改造研究》2002年第10期。

区矫正，尽管其惩罚的严厉性远低于死刑和监禁刑，但它的惩罚性是不容否认的。

在美国，虽然在社区接受矫正的罪犯比监狱的犯人有更大的自由度，但他们在社区的监督下不能随心所欲地做他们想做的任何事情，以此体现社区矫正的惩罚性。根据美国学者托德·克利尔（Todd R. Clear）等人的介绍，在社区中对罪犯的限制主要有：（1）夜晚宵禁；（2）周末拘留；（3）每周毒品检验；（4）每月向警察报告；（5）对旅行、交往、生活状况、男女关系的限制；（6）金钱刑罚和赔偿；（7）无偿社区服务；（8）经常接受检查；（9）矫正官员的突然探视；（10）家庭和朋友受到矫正系统的牵连；（11）雇主向矫正部门报告工作效果；（12）要求参加戒毒和其他计划；（13）限制拥有武器。① 这些限制说明，在社区接受矫正的罪犯并不是自由的，罪犯也可能因越轨行为而被撤销社区矫正，被送进监狱或看守所。

在我国现行法律框架内，社区矫正的惩罚性也是十分明显的，具体体现在以下方面：（1）社区矫正对象的人身自由和行动受到一定程度的限制。如根据《刑法》第39条、第75条、第84条的规定，被判处管制的犯罪人、被宣告缓刑和假释的犯罪人离开所居住的市、县或者迁居，应当报经执行机关、考察机关或者监督机关的批准；要按照前述机关的规定，定期报告自己的活动情况。（2）社区矫正对象要服从管理和监督。（3）社区矫正对象的某些权利被剥夺。如被判处管制的犯罪人，未经执行机关批准，不得行使言论、出版、集会、结社、游行、示威自由的权利。被剥夺政治权利的犯罪人，除了不得行使言论、出版、集会、结社、游行、示威自由的权利外，还不得行使选举权和被选举权；不得行使担任国家机关职务以及担任国有公司、企业、事业单位和人民团体领导职务的权利。（4）社区矫正对象必须履行一定的法律义务。在社区矫正试点中，各试点单位的矫正机关一般都要求罪犯必须从事一定时数的社区服务或公益劳动。

（二）非监禁性

社区矫正，顾名思义就是在社区而不是在传统的监狱对罪犯执行刑罚和实施矫正，这意味着实施社区矫正，不采取监禁的方式，罪犯不需要与社会隔离，他们仍然可以生活在自己的家庭中，享受较大的自由度，工作和日常生活也不会由于服刑而受到很大的干扰。

---

① 转引自郭建安、郑霞泽主编：《社区矫正通论》，法律出版社2004年版，第8页。

（三）社区参与性

社区矫正的基本特点是立足于社区、依赖于社区，强调社会力量对矫正的参与，使罪犯在不与社会隔离的环境中实现再社会化。美国学者巴特勒斯指出，“矫正方案与社区之间的这种相互联系的性质也是社区矫正不同于以监狱为基础的矫正方案最明显的特征”。① 社区参与性主要体现在两个方面：一方面，社区公众的认同是社区矫正得以实施的重要社会条件。将大量的符合条件的罪犯放进社区进行矫治，目的是为了帮助这些罪犯更好地融入社区，但如果社区公众不能认同这种矫正方式，不能以宽容的心态接纳这些在社区矫正的罪犯，那么，不仅社区矫正的目的难以达到，而且社区矫正也难以开展；另一方面，在社区接受矫正的罪犯，尽管罪行较轻或经过一段时间的服刑改造人身危险性较小，但他们毕竟仍是罪犯，仍需要对他们进行管束和监督，仅靠少数专职矫正人员，根本无法完成对处在分散状态下的矫正对象的监管和矫治，必须依靠广大社区民众的参与和配合，才能有效完成矫正任务。所以，我国学者指出：“社会力量的广泛参与，是社区矫正的本质所在。”②

（四）社会福利性

社会福利是国家依法为所有公民普遍提供旨在保证一定生活水平和尽可能提高生活质量的资金和服务的社会保障制度。社区矫正与社会福利既有历史的渊源，又有现实的联系。从历史渊源来看，社区矫正思想崛起的理论根基之一就是20世纪60年代盛行的“大社会观念”和社会福利思想。“大社会”观念认为，人民是国家最大的财富和资源，国家应致力于追求社会福利，尽力协助个人潜能之发挥，提高个人生活之素质，包括应加强对罪犯在内的缺陷者的辅助，使之能“再整合”到社区中，从而提高全民的生活质量。③ 就现实联系而言，社区矫正的目标是通过和矫正对象一起解决他们面临的各种问题，恢复他们受损的社会功能，使他们顺利融入社会，实现矫正对象的自我发展。这一目标则要求在实施社区矫正时，国家必须以福利的方式在他们的生存和生活方面予以帮助。正因为如此，国外很多国家都把社区矫正纳入到社会福利的研究范畴内。从我国社区矫正的试点情况看，社区矫正也具有明显的社会福利性。上海市的社区矫正试点，在制度安排方面加入了社会工作的内容，要求从事矫正

---

① ［美］克莱门斯·巴特勒斯：《罪犯矫正概述》，群众出版社1987年版，第55页。

② 狄小华：“关于社区矫正的思考”，载陈兴良主编：《刑事法评论》（第16卷），中国政法大学出版社2005年版，第637页。

③ 冯卫国：《行刑社会化研究》，北京大学出版社2003年版，第179页。

工作的专业人员运用社会工作的价值观念和方法开展社区矫正工作。这一制度安排在中国的社区矫正实践中第一次把社区矫正纳入到社会福利的范畴中。①

第二节 社区矫正的类型

一、国外社区矫正的类型

社区矫正制度在许多国家已经相当完善，社区矫正的类型也日趋丰富。从类型上看，国外的社区矫正措施可分为五类：②

（一）监督方案

1. 社区服务

社区服务是指法院要求犯罪人在社区从事一定时数的工作或服务，以对被害人和社区做出一定的补偿。工作范围包括收集垃圾、清理街道、养护公共设施、照顾幼儿和老人、协助医务人员等。社区服务除了可对被害人及其家属、社区做出补偿外，还可以培养犯罪人的社会责任感，发展工作技能和兴趣，从而有助于犯罪人融入社会。

2. 罚金或抚慰金

罚金是指法院判处犯罪人向国家缴纳一定数额金钱的刑罚方法。抚慰金是指犯罪人向被害人或其家属支付的一定数额的金钱，以平复其犯罪给他们所造成的伤害。

3. 震撼观护

震撼观护是指将犯罪人移送监狱关押一段时间，让其体验监禁之痛苦，以收威慑其再犯之功效。

（二）居留方案

居留方案是将服刑人（一般为10至25人）安置于一个中、低警戒度的矫正机构内，接受专业人员的治疗，目的是增进解决问题的能力，顺利复归社会。居留方案具体包括咨询辅导、药物成瘾治疗、心理辅导以及就业训练等。尽管居留方案的成效尚待进一步的评估，但此项方案被认为对某些犯罪人、特别是少年犯具有重要的作用。

---

① 张昱：“论复合型社区矫正制度”，载《学习与探索》2005年第5期。

② 邓煌发：“社区处遇之探讨”，载 http：//www. tosun. org. tw/。

（三）释放方案

释放方案主要适用于在监狱内服刑的罪犯，以减少监禁人口，促使罪犯早日接触社会，最终复归社会。从美国等西方国家的实践来看，这类方案均是一些中短期方案，包括监外就业、返家探视、中途之家、亲属同居等。

1. 监外就业

监外就业又称为工作释放，是一种让服刑罪犯白天或工作日离监到社区从事一定形式的自由劳动，晚上或周末回监狱服刑的开放式处遇制度。被允许监外就业的罪犯，通常被收容于开放式监狱，这类监狱无高墙铁栅，罪犯在其中生活享有高度自由。监外就业的主要功能在于降低服刑人将来复归社会时的困难，使其一俟释放就能立即投入工作，获得稳定收入以供养自己及其家庭。据美国加州矫正局所进行的实证研究显示，接受监外就业方案的人员，其再犯率是12.23%，而接受机构处遇者的再犯率为21%。另据宾夕法尼亚州的调查，接受监外就业者的再犯率仅为8%，而其他未接受监外就业者的再犯率为15%，高出将近一倍。

2. 返家探视

返家探视是对在监狱服刑表现良好或家庭遭遇重大变故的罪犯，给予一定的假期，让其回家探视的制度。自由刑本来是对罪犯本人的刑罚，如果受刑人有家属，往往也连累家属遭受物质上的损失和精神上的痛苦，形成“家属刑”。返家探视就是为了弥补自由刑的这种弊端而设，它有助于使受刑人早日适应社会，维系家庭纽带。

3. 中途之家

中途之家最初是由民间组织建立的收留刑释人员的机构。这类机构由宗教或慈善组织出资或集资，建立在社区内，为刚刚刑满释放的罪犯提供食宿，帮助他们就业并维持与社区之间的联系，逐渐适应社会的自由生活，避免重新犯罪。在日本，这类机构被称为更生保护设施。①

4. 亲属同居

亲属同居是指在符合法律规定的条件下，服刑人与配偶或直系血亲在指定住所和时间同居的制度。受刑人由于入监服刑，与家庭的联系及与配偶的性关系因而中断，为鼓励受刑人悔改迁善以及维系正常的亲情关系，一些西方国家设置了亲属同居制度。根据国外学者的看法，亲属同居制度有助于强化受刑人与家庭的联系，缓和监狱内同性恋现象，疏减监管人员与受刑人之间的紧张状

---

① 郭建安：“社区矫正制度：改革与完善”，载陈兴良主编：《刑事法评论》（第14卷），中国政法大学出版社2004年版，第314页。

态，以及减少受刑人与社会的隔离程度。

（四）观护制度

所谓观护制度，是指将附带条件释放的犯罪人，在社会上予以监管，以求其适应社会生活改过迁善的制度。如果受刑人违反此制度所附带的条件，即撤销其观护处遇，而将其收监继续执行监禁刑。观护制度是为了救济短期自由刑的弊端而创设，它的采用显示已摒弃以往传统对抗犯罪的惩罚、威吓、报应等观念，而走向犯罪防治及犯罪更生保护之趋向。

在美国，对于未受自由刑以前交付的保护管束，称之为"probation"，相当于我国的缓刑，而把已受过一段时间自由刑执行的保护管束称为"parole"，相当于我国的假释。

（五）社区监督与控制方案

社区监督与控制方案也称中间制裁措施，是一种介于缓刑与监禁之间的社区矫正措施。因该方案较观护制度严苛，却远较长期监禁经济，故已引起美国司法决策者的青睐，被认为是社区矫正制度发展的新境界。中间制裁措施包括密集观护监护、家庭监禁和电子监控。

1. 密集观护监护。又称为强化的缓刑监督，是指对正在接受缓刑或假释监督的受刑人实施更加紧密的监控，以确保他们不再犯罪。强化的缓刑监督通常要求服刑人赔偿被害人的损失，保持正常的工作，定期进行尿液或酒精检查等。强化的缓刑监督满足了长久以来互为排斥的两个目标，即既减少了监狱人口，又保持对罪犯一定程度的惩罚。

2. 家庭监禁。家庭监禁是指将服刑者限制在家中活动，不准外出。家庭监禁一般适用于危险性较小并有相对稳定的住所的罪犯。在美国，按照对罪犯的限制程度的从低到高，家庭监禁顺次可分为三类：最低程度的限制是宵禁，要求犯人每天晚上必须待在家中；第二类是家中限制，允许罪犯白天因工作、上学、宗教活动和咨询的会议离开住所，其他时间都必须在家中；第三类是家庭监禁，要求罪犯除了特别的情况如医疗的或法律的约定外，在所有的时间里均在家中。①

3. 电子监控。电子监控是一种使用新型的遥感监控技术，以确定罪犯是否在预定的时间、地点出现，其主要目的是结合宵禁与家庭监禁，以追踪、确认服刑人的顺从程度。

① 刘强编著：《美国社区矫正的理论与实务》，中国人民公安大学出版社 2003 年版，第 142 页。

二、我国社区矫正措施的种类

在我国，由于受报应主义思想的影响，刑罚适用模式仍处在以监禁刑为主的阶段，非监禁的刑罚种类和方法在刑事立法中处于从属的地位，在刑事司法中处于被冷落的状态。社区矫正的概念传入我国的时间不长，社区矫正的理念尚未为广大民众所了解和接受，社区矫正正处在试点阶段，尚不具备在全国大规模推广的条件。目前属于社区矫正范畴的刑种和行刑方式只有五种：管制、缓刑、假释、剥夺政治权利和监外执行。

与国外形式多样、内容丰富的社区矫正相比，我国社区矫正措施的种类显得有些贫乏。考虑到社区矫正刚刚引入我国刑事领域，目前还不宜推出更多的形式，需要在总结试点经验的基础上，合理引进国外社区矫正的措施，对我国现有的社区矫正进行改革和完善。

第三节　社区矫正的利弊

由于社区矫正引入国内的时间较短，目前还处在试点阶段，所以，国内学者对社区矫正利弊的研究主要局限在理论层面，还缺乏进行实证研究的数据和资料。而社区矫正制度在国外已经倡行了半个多世纪，国外的学者们有足够的时间对社区矫正制度的价值和功效进行理论和实证研究。在世界范围内，美国的社区矫正最具代表性。因此，以美国的社区矫正为视角进行利弊分析具有典型意义。

一、国外社区矫正的利弊分析——以美国为视角

（一）社区矫正的优点

美国学者 Siegel 认为，社区矫正较之传统的监狱矫正具有以下优点：(1) 社区矫正较监狱矫正对犯罪者更人道，且能协助其复归社会；(2) 社区矫正可避免犯罪人进入传统行刑体系中，打上监狱经验之不良烙印；(3) 由于社区矫正能维系犯罪者与家庭、朋友、同事及邻里之联系，因此较监狱能更有效地协助其改善更生；(4) 社区矫正不需要如监狱那样在机构设置、安全管理等方面的巨大负担，比较节省国家经费。

美国学者 Hahn 则将社区矫正的优点归纳为九个方面：(1) 社区矫正促使

社区民众了解他们在犯罪者重新社会化的过程扮演重要的角色；（2）在犯罪者复归过程中，促其认清犯罪之动机，并增强其学习适应之信心与责任；（3）可削减机构性处遇的诸多形式及强迫的遵从；（4）可给予犯罪者更多的自新机会；（5）促使犯罪者参与社区发展及其他志愿服务工作而获得更大的自我实现；（6）促使犯罪者学习体验现实的社会生活及扮演多种不同的角色；（7）可使犯罪者与辅导者发生积极的互动影响；（8）促使矫正人员突破传统刑罚之瓶颈，扮演另一种新的角色以提供更佳的辅导服务；（9）犯罪者的人权在社区矫正中，将获得更大的维护与尊重。①

美国学者 Whisenand 认为社区矫正具有五大优点：（1）扩大人道主义处遇措施之运用；（2）增进受刑人重返正常社会之可能性；（3）节省国家之公币；（4）减少监禁处遇对受刑人之不良影响；（5）促进预防再犯之效果。②

（二）社区矫正的弊端

在美国，社区矫正作为传统监狱监禁的替代措施得到了普遍发展。多数社区基础矫正计划追求三个主要目标：即减少重犯以保护公众的利益；节省社区财政资源；减少监狱囚犯人口过多现象。③ 为确认社区矫正是否实现了这些目标，美国学者展开了详细的个案研究。然而，某些调查研究显示，臆想的社区矫正好处是不存在的。除了节省社区财政资源这个功效似乎正常发挥以外，社区矫正的其他两个目标并没有实现。社区矫正并没有像人们预想的那样比机构性处遇更人道。此外，社区矫正还会导致自由裁量权的滥用以及社会控制网络的扩张。下面分别加以阐述：

1. 社区矫正在减少再犯方面成效并不显著。长期以来人们就主张，社区矫正计划的当事人比监狱囚犯的重犯率要低。但许多研究人员发现，在减少再犯方面，社区替代性刑罚并不比传统的监狱更有效。1977 年皮斯、比林哈姆和厄恩肖发现，在服刑 1 年内，44% 的社区矫正罪犯再次犯罪，而只有 35% 的监狱囚犯再次犯罪。1991 年琼斯也发现，“在以后回归社会的期间，社区矫正的罪犯比监狱囚犯再次犯罪的人要多”。1994 年赖特也发现，监狱是降低重犯率更有效的方法。④

---

① 转引自杨士隆、林健阳主编：《犯罪矫治：问题与对策》，台湾地区五南图书出版公司 1994 年版，第 310 ~ 311 页。

② 蔡德辉、杨士隆：“犯罪矫正新趋势：社区处遇制度之可行性研究”，载《法学丛刊》第 179 期。

③ 王志亮、王俊莉：“美国的社区矫正制度”，载《法学》2004 年第 11 期。

④ 王志亮、王俊莉：“美国的社区矫正制度”，载《法学》2004 年第 11 期。

2. 社区矫正并未疏减监狱人口拥挤问题。社区矫正的另一个目标是疏减监狱人口拥挤问题。但数据表明，监狱人口并未因社区性犯罪矫正之倡行而减少。因为，根据每一个计划和当事人的描述，这个特别计划中社区环境的多数当事人，明显不会因为自己的犯罪被判处到监狱服刑。因此，难以称这些计划是真正的监狱替代措施。① 1995 年 12 月底的美国犯罪统计指出：美国监狱的人口从 1977 年的 26.5 万人，激增至目前的近百万人。评论家指出，社区性犯罪矫正并未疏减监狱人口拥挤问题，反而使问题更加恶化。例如，社区性犯罪矫正并未能排除那些经常必须到监狱报到的重罪触法者。而当社区性犯罪矫正蓬勃发展时，逐渐增加的犯罪率却也为方案之推展带来巨大冲击，老百姓在 20 世纪 70 年代后期似已忍无可忍，而趋向于支持惩罚性的报应态度。社区性犯罪矫正之缺乏效能，反而在量刑政策上间接促使监狱人口之增加。②

3. 社区矫正并非比监狱矫正更加人道。一些学者认为，尽管人们普遍接受一个假定——社区矫正比监狱机构矫正更加人道，但是在许多情况下，这一假定并不成立。例如，居住治疗机构与过渡性训练所往往只是在社区中简单重复监禁的形式。这些“监禁的替代形式”往往演变成“替代的监禁形式”，社区矫正制度同样被福利的官僚机构所制度化。社区矫正制度化的一个重要原因在于地方社区的压力。为了使矫正方案获得社区及邻里的支持，矫正官员不得不放弃“治疗”而实施监督、防卫与控制。同时，社区矫正系统中处理罪犯的过程又带有高度的随意性，往往在没有程序限制的前提下剥夺当事人的自由，这是对“人道”的严重践踏。③

4. 自由裁量权的滥用。美国学者 Travis 等人指出，三项涉及社区矫正之自由裁量问题应当值得重视：第一项涉及社区矫正对象的选择；第二项涉及对假释、接受观护处分人居住地点限制的适当性；第三项涉及社区性犯罪矫正处分的撤销问题。④ 在此情况下，滥用自由裁量权问题极易发生。以美国为例，在决定社区矫正项目的标准时可能存在两大偏见：⑤ 一个是种族和民族偏见。

---

① 王志亮、王俊莉：“美国的社区矫正制度”，载《法学》2004 年第 11 期。

② 林茂荣、杨士隆：《监狱学——犯罪矫正原理与实务》，台湾地区五南图书出版公司 1994 年版，第 232 页。

③ 廖斌、何显兵：《社区建设与犯罪防控》，人民法院出版社 2003 年版，第 392 ~ 393 页。

④ 林茂荣、杨士隆：《监狱学——犯罪矫正原理与实务》，台湾地区五南图书出版公司 1994 年版 246 页。

⑤ 刘强编著：《美国社区矫正的理论与实务》，中国人民公安大学出版社 2003 年版，第 37 页。

在美国的刑事执法体系中，本来就存在着对非洲裔美国人和拉丁美洲裔美国人的不公正问题。在刑事执法体系中的美国黑人往往存在着没有工作、文化程度较低、没有技能、年轻并有比较严重的犯罪历史的问题。因此，社区矫正项目在选择当事人时可能会有一定的偏见。另一个偏见涉及罪犯的社会阶层。从实际情况来看，中等阶层的罪犯比社会的弱势罪犯的处遇要好一些；有一定经济实力和家庭背景的罪犯往往会受到社区矫正和支付赔偿的优先选择，而下等阶层罪犯则较少获得。由于在社区矫正过程中有可能出现对罪犯的歧视现象，因此，许多学者认为要对社区矫正决策过程实行标准化，以维护公平与公正。

5. 社会控制网络的扩张。扩大适用社区矫正的重要目的，就是减弱社会控制，增强社会的稳定性。但是，很多研究发现，社区矫正措施的扩大适用，客观上产生了意想不到的副作用，这就是导致社会控制网络的急速扩张。网络扩张现象突出地表现在以下三个方面:[①]（1）控制网络更广：在适用社区矫正的情况下，受到政府控制的人数增加，尤其是许多触犯轻微罪行的罪犯，间接地被政府纳入控制之中；（2）控制网络更强：在大量使用社区矫正的情况下，国家似乎有了更多的控制人们行为的措施，增强了国家对犯罪人的干预能力和控制力；（3）控制网络转变：在大量使用社区矫正的情况下，控制网络并未减弱，而仅仅是改变了网络控制的方式，把原来由司法机关行使的大量控制权移交给社区矫正机构来行使。对公民的控制不是在监狱，而是在公民的家中和邻居之间。导致社会控制网络急速扩张的原因有二：一是决策者对社区矫正措施的采用，并非作为监禁的替代措施，而主要用来替代观护处分；二是出于获取资金援助之考虑，因为许多地方的社区矫正方案由中央政府或联邦政府财政资助，为获取持续性的基金援助，很可能被迫维持庞大的社区性犯罪矫正的人数。[②]

二、我国社区矫正的利弊剖析

（一）社区矫正之利

我国学者近年来对社区矫正的长处和优势进行了论述，有的学者从非监禁刑的角度论证社区矫正的长处，有的从社区矫正试点工作阐述社区矫正的重要

---

① 郭建安、郑霞泽主编：《社区矫正通论》，法律出版社 2004 年版，第 80 页。

② 林茂荣、杨士隆：《监狱学——犯罪矫正原理与实务》，台湾地区五南图书出版公司 1994 年版，第 234 页。

意义，还有的学者立足于社区矫正与监禁矫正比较的视角来论述社区矫正的优势。① 结合学者们的论述，现将社区矫正的优点归纳如下：

1. 社区矫正为探索中国刑罚制度的改革提供了思路，开辟了刑事司法的新领域。

自清末确立以徒刑为主的刑罚制度以来，我国百年间刑罚的变化仅见于增加了死刑缓期执行的方式和创制了管制刑，自由刑执行方式相当单一，监禁刑始终处于刑罚中心地位。② 在“严打”的刑事政策导向下，这种以监禁刑为主导的刑罚适用模式长期运行的结果，是监狱押犯爆满，刑罚的社会成本不断增加，社会不堪经济重负，而监狱改造效能则每况愈下。据有关部门统计，我国目前的再犯率达到30%以上，许多重大案件都是由曾经受到打击的人重新犯罪所为，这既说明刑罚的威慑作用有限，也说明监狱的矫治效果有限。③ 近年来，狱政部门也在试图推进行刑制度的改革，实行开放式和人性化处遇，但因涉及刑罚制度的局部而收效甚微。中国的刑罚制度将何去何从？有识之士为此而殚精竭虑。社区矫正制度在我国的推行，无疑为探索中国特色刑罚制度的改革提供了新的思路。对此，张绍彦教授对我国正在试行的社区矫正的意义作了高度评价：“社区矫正在中国的实行，实为中国刑事司法领域的板块性变革。与刑罚演变史一脉相承，它也是从刑罚执行环节、从行刑的角度‘反向逆转式’影响刑罚的制定和适用。经过试点正式推广实行的中国社区矫正，将对刑罚执行方式、刑罚内容、刑罚种类甚至整个刑罚体系的科学与完善产生重大影响。不剥夺自由的非监禁刑将开始改变几千年来在中国刑罚体系中‘陪衬’地位，与剥夺自由的监禁刑共同成为未来一定时期中国刑罚的主要刑种。刑罚与皮肉之苦的关联剥离后，刑罚与‘牢狱’的天然联系也将面临根本性改变，这种改变具有根本和长远意义，是刑罚形态和刑罚观念的革命性变革，是人类自由进程的重要组成部分。对于中国的刑事司法领域而言，这更是一项结构性和历史性的变革。”④

2. 体现行刑目的与手段的统一，利于受刑人复归社会。

监禁刑的执行以将罪犯隔离于社会的手段，去追求罪犯再社会化的目标，

---

① 王顺安：“论社区矫正的利与弊”，载《法学杂志》2005 年第 4 期。

② 张绍彦、王利荣：“视角转换：我国行刑法制的现状及其走向分析”，载陈兴良主编：《刑事法评论》（第 5 卷），中国政法大学出版社 2000 年版，第 539 页。

③ 张中友主编：《预防职务犯罪——新世纪的社会工程》，中国检察出版社 2000 年版，第 158 页。

④ 张绍彦：“社区矫正在中国——基础分析、前景与困境”，载《环球法律评论》2006 年第 3 期。

造成了行刑手段与行刑目标之间的背离，其结果是受刑人易受到监狱亚文化的侵袭，形成“监狱化”人格，给其再社会化造成障碍。社区矫正是将部分罪行轻微、人身危险性较小的罪犯置于社区，在不割断与社会、家庭联系的环境下服刑，体现了行刑目的与手段的统一，更加有利于罪犯再社会化的实现。

3. 可有效舒缓监狱拥挤问题，利于犯罪人的教化改造。

监狱拥挤是世界各国普遍存在的棘手问题，我国也不例外。自从1983年实行“严打”的刑事政策以来，中国监狱系统的罪犯数量急剧增长。1998年年底，我国罪犯总数为143.5万。到2000年年底，罪犯数量已经达到149万。在两年时间内，罪犯数量净增5.5万，净增数量超过许多国家罪犯的总数。此后，罪犯数量仍然没有呈现下降趋势。中国罪犯数量已经达到历史最高水平。[①] 有学者估计，如果刑事政策不及时调整，再过二三十年，全国押犯有可能在现有的基础上再翻一番，即达到250万至300万人左右。[②] 在国家拿不出更多的资金来投资新的监狱或对原有监狱进行扩容的情况下，社区矫正可以有效缓解监狱拥挤问题，它可以通过适用管制刑、缓刑等手段严把监狱“入口”关，将一部分无需监禁的罪犯留在社会上矫治，同时对部分在监服刑表现良好、改过向善的罪犯适用假释，对那些因患严重疾病等缺乏受刑能力的罪犯适用监外执行，以疏通监狱“出口”。通过慎把“入口”和疏通“出口”，可以在一定程度上解决监狱人口爆满的难题，确保监狱腾出“库容”来应对危重犯人的改造问题，从而利于犯罪人的教化改造工作的顺利开展。

4. 符合刑罚经济原则，可有效降低行刑成本和提高行刑效益。

监禁刑的运行成本是十分昂贵的，据统计，我国每一名罪犯一年投入改造所需费用不低于5000元。如果以全国百万罪犯数字计，我国每年在罪犯矫治方面的投入就需500亿元。[③] 尽管国家对罪犯改造的投入逐年增加，但由于监狱押犯的骤增，许多监狱的财政仍然捉襟见肘，其结果是服刑犯的劳动并不是作为改造的手段，而是作为监狱生存和发展的途径，这就大大影响了罪犯的矫治质量。社区矫正的推行，可以极大地降低行刑成本，这是因为，一方面社区矫正本身的经济成本比较低，一般不超过监狱运行成本的20%；[④] 另一方面，

---

① 吴宗宪：“论西方国家的监狱私营化及其借鉴”，载陈兴良主编：《刑事法评论》（第14卷），中国政法大学出版社2004年版，第389页。

② 辛国恩：“建立中国特色的罪犯社会执行制度势在必行”，载《河北法学》2001年第4期。

③ 张中友主编：《预防职务犯罪——新世纪的社会工程》，中国检察出版社2000年版，第161页。

④ 郭建安、郑霞泽主编：《社区矫正通论》，法律出版社2004年版，第85页。

社区矫正的推行，可以分流监狱在押犯，这可以在一定程度上缓解监狱的财政困境，使得监狱把主要精力用于对在押犯的改造上，从而提高监狱的行刑效益。

（二）社区矫正之弊

虽然社区矫正在我国试行的时间不长，但我国学者未雨绸缪，对我国社区矫正可能出现的弊病进行了初步研究。有的学者从非监禁刑的问题和缺陷引申出对社区矫正弊病的论证，有的从社区矫正工作的局限性出发论述其弊端，还有的学者通过与监禁矫正的比较展开对社区矫正不足和缺陷的论述。① 笔者认为，社区矫正的弊端有些是社区矫正本身固有的，有些是在推行过程中产生的，择其要端归纳如下：

1. 社区矫正可能会给社区安全带来隐患。

社区矫正出于避免监狱化和促进罪犯再社会化的刑事政策的考量，一改传统监禁矫正将罪犯隔离于社会、囚禁于封闭的监狱设施进行矫治的做法，而把服刑人置于开放的社区环境进行矫正。社区矫正的最大优点——不监禁犯罪人，实际上也内含着它的最大隐患，那就是犯罪人在客观上具有实施犯罪和危害社会的能力。这样，为了确保社区的安全，选择适合社区矫正的对象以及加强对矫正对象的监督就成为重中之重的关键。一旦“选人不淑”和监督疏漏，很有可能会给某些罪犯重新犯罪找到可乘之机，从而给社区安全带来威胁。这也是目前社会公众对推行社区矫正心存顾虑、司法机关不愿过多适用社区刑罚的原因所在。

2. 矫正工作者可能对矫正对象的生活进行过度干预。

如前所述，矫正的本意是使犯人重新获得它们在监禁期间失去的技能、装备或能力。基于此，我国学者张绍彦教授将社区矫正的目标确立为：在为受刑人提供帮助的同时，指导其养成适于社会生活的行为习惯，以便使其复归生活，改善生存状态。但着力点不是矫正其罪错，更非改造其思想，而是行为养成，通过一定的训导，培养其形成适于社会生活的良好行为习惯，进而具备正常社会自由生活的能力和品质。② 为了实现上述目标，就需要矫正工作者与被矫正对象之间建立一种相对和谐的教育与被教育的关系，在信任的氛围中促进

---

① 参见吴宗宪等：《非监禁刑研究》，中国人民公安大学出版社 2003 年版，第 212～214 页；王顺安：“论社区矫正的利与弊”，载《法学杂志》2005 年第 4 期；廖斌、何显兵：《社区建设与犯罪防控》，人民法院出版社 2003 年版，第 393～398 页。

② 张绍彦：“社区矫正在中国——基础分析、前景与困境”，载《环球法律评论》2006 年第 6 期。

罪犯的自我觉醒。但是，自古以来对罪犯的仇视和排他心理，会使矫正工作者自觉或不自觉地把罪犯视为社会的对立面和惩罚对象，从而在行动上过度干预被矫正对象的生活，导致对被矫正人员正当权利的侵犯。在试点过程中已经发生社区矫正若干项目的侵权性，如各试点单位普遍使用的强制社区矫正对象在社区从事一定时间的无偿劳动，在缺乏法律规定的情况下，显然侵犯了公民的劳动自由选择权和获得劳动报酬权；再如，有的试点城市强迫罪犯“汇报”思想，严重地侵犯公民思想隐私权和意思自治权；等等。

3. 社区矫正可能成为腐败的“寻租市场”。

社区矫正是以社区为基础的开放式刑事执法活动，各种社会关系的渗透，有可能使社区矫正的执法环境比监禁矫正更为复杂。随着行刑权力的重新配置，街道司法所将成为权力最大的基层单位。社区矫正机构及其工作人员拥有处置矫正对象人身自由的权力，如果监督机制不完善，就容易滋生腐败，因而社区矫正是容易导致新的腐败的“寻租市场”。

第二章　社区矫正思想源流论

理论是实践的先导。任何一种新制度的萌芽和发展，都必须有先进的理论作为基石。纵观罪犯矫正史，罪犯矫正制度经历了惩罚（无矫正）、狱内矫正到社区矫正的发展历程。社区矫正作为罪犯矫正的最新形式，其滥觞和盛行，同样有着自己的思想和理论背景。这些理论学说和思想观念在不同时期、不同国家先后为社区矫正的实践提供了理论支撑，同时这些理论和学说又相互影响，彼此作用，进一步强化了社区矫正的合理性根基。

第一节　刑事古典学派与矫正思想的萌发

一、监禁的早期历史

刑罚与犯罪是相伴而生的，人类受到犯罪的侵害和威胁，就要求用刑罚来抵御、防卫，同时也企图用刑罚来报复、威吓和惩处。从这个意义上说，刑罚不是天然的，而是人工的产物，是人们用以对付犯罪的一种特殊工具。当不同时代的人们使用刑罚这一工具时，不仅受制于他们所处的那个时代社会政治经济的发展状况，而且还会受到同一时代的主流刑罚思想和观念的影响和支配，从而使得刑罚制度深深打上了时代的烙印。

刑罚的历史与人类社会的历史一样久远。早期的刑罚方式，主要是生命刑与身体刑。从中世纪一直持续到18世纪的典型刑罚方式是在公共场所展示犯罪人的身体，使其蒙羞和肉体遭受痛苦是刑罚的目标。① 随着人类社会进入到17、18世纪时，由于以下因素的交互作用：资本主义的发展及其劳动力市场的变化；传统的教会、家庭和小型社会控制的削弱，人口的增长及其向大城市的移民对社会控制的致命影响；社会革命的可能性和对文化差异的不能容忍，

① ［美］理查德·霍金斯、杰弗里·P. 阿尔珀特著，孙晓雳等译：《美国监狱制度——刑罚与正义》，中国人民公安大学出版社1991年版，第5～6页。

刑罚形式也发生了变化，出现了其他三种刑罚形式：流放、强迫劳动和监禁。① 流放，在当时不仅是一种刑罚方式，就是将犯罪人从部落、氏族、或一个国家驱逐，而且成为对许多社会问题的处理方式：将乞丐、游民和其他贫民从村庄中逐出，犯罪人和潜在犯罪人也会被逐出所在的社区。流放在相当长的时间里一直被视为一种非常有效易行的刑罚，很多犯人被流放，英国将犯人流放到美洲殖民地、澳大利亚；法国将犯人流放到圭亚那和新咯里尔尼亚；葡萄牙将犯人流放到北非、巴西和佛得角；意大利将犯人流放到西西里岛；俄国把犯人放逐到西伯利亚等。② 但随着资本主义发展对大量廉价劳动力的需求，促使劳役成为一种颇受欢迎的刑罚方式，流放逐渐退出历史舞台，被劳役刑所取代。直到 18 世纪，监禁在欧洲才成为一种主要的刑罚方式。在此之前，监禁仅仅只是为了拘留目的而关押人。最初的监所，只是一个简易的、备有束缚犯人锁链的关押场所，犯人在这里等待着对他们的公开惩罚。

据文献记载，现代监禁肇始于 16 世纪中叶的欧洲。但最早设立监禁机构的目的并不是用以实施肉刑，而是为了能大规模地关押贫民和精神病人。③ 1555 年，英格兰国王爱德华六世在教会的推动下在其城堡内设立了一所劳动教养院，用以接受贫民、精神病人和某些轻罪犯人。进入教养院的人首先应该习惯于劳动，以便通过这种方式较好地重返社会。因此，那种单纯为了惩罚而惩罚的思想已退居次要地位。伦敦教养院很快在英格兰声名鹊起，1576 年法律规定英格兰的每一个县都要建立相似的机构。受英格兰模式的影响，荷兰阿姆斯特丹于 1596 年建立了一座男子管教所，收容一些缺乏修养的人，强迫他们从事充满噪音的锉擦木料的劳动，对他们实施严格的管教，使之适应正常的社会生活。这些监狱实际上兼具监管、惩罚和收容、济贫的双重性质，但作为近代监狱的雏形，他们的出现标志着欧洲监狱由原来的未决犯羁押场所开始向监禁刑执行机构过渡。但由于当时报应观念充斥西方的刑罚理论，教育矫正并没有坚实的理论基础，执行自由刑的监狱以惩罚和折磨罪犯为己任，监狱基本上不具备改造或矫正的功能。

---

① ［美］理查德·霍金斯、杰弗里·P. 阿尔珀特著，孙晓雳等译：《美国监狱制度——刑罚与正义》，中国人民公安大学出版社 1991 年版，第 7 页。

② ［美］克莱门斯·巴特勒斯著，孙晓雳等译：《矫正导论》，中国人民公安大学出版社 1991 年版，第 8 页。

③ ［美］理查德·霍金斯、杰弗里·P. 阿尔珀特著，孙晓雳等译：《美国监狱制度——刑罚与正义》，中国人民公安大学出版社 1991 年版，第 14 页。

二、古典学派的刑罚思想与近代监狱改良运动

在欧洲，17、18世纪是新旧交会、风云激荡的历史时期。它既是欧洲监狱史上最为黑暗的时期，同时也是资产阶级启蒙运动在欧洲蓬勃发展的年代。在启蒙思想家民主、自由、理性、人道、天赋人权等思想的熏陶下，近代西方刑法史上第一个资产阶级刑法学派——古典学派诞生了。

古典学派针对封建刑法的干涉性、恣意性、身份性和残酷性，提出了罪刑法定、罪刑均衡和刑罚人道三大主义，从而奠定了近现代刑法的理念根基，由此引发了刑罚观念的深刻转变。首先将启蒙思想之火花引入刑事法学的是古典学派早期杰出代表、意大利刑法学家贝卡利亚，他认为刑罚的本质是痛苦，但决不能给犯罪人施以过多的痛苦，"只要刑罚的恶果大于犯罪所带来的好处，刑罚就可以收到它的效果……除此以外的一切都是多余的，因而也就是野蛮的"。① 贝氏推崇监禁刑的适用，但又提出必须改革其执行方式，应通过提供较好的物质条件和对囚犯根据年龄、性别和犯罪程度进行隔离、分类而予以极大的改进。②

古典学派的另一位杰出代表、功利主义大师边沁十分关注监狱行刑问题，他认为只有在对监狱的结构和内部组织进行必要的改革和完善之后，监禁才会真正成为一种合理有效的刑罚。否则，"除了极少数例外，监狱包含了对身体与心灵的各种可以想象的侵蚀……从道德角度看，一座普通监狱是一所用更确定的方式教育邪恶而不是谆谆传播美德的学校，疲倦、复仇和贪欲主宰着这些犯罪学校。所有的狱内犯人都将自己提高到更坏的层次上"。③ 边沁不仅是一个理论家，而且还是一个实践家。他把自己的监狱改革设想付诸实践，亲自设计了一个"圆形监狱"。边沁圆形监狱设想的建筑目标"并不是要获得最高限度的人力监视效果，而是要取得一种超越人力，给犯人形成一种监视人员无所（无时）不在的幻觉效果"，从而使犯人感到道德的约束和秩序的要求。尽管方案最终没有实施，但许多边沁设计中建筑学内含的惩罚原理在今天得到了必

---

① ［意］贝卡利亚著，黄风译：《论犯罪与刑罚》，中国大百科全书出版社2002年版，第42～43页。

② ［美］克莱门斯·巴特勒斯著，孙晓雳等译：《矫正导论》，中国人民公安大学出版社1991年版，第10页。

③ 马克昌主编：《近代西方刑法学说史略》，中国检察出版社1996年版，第71页。

然的结果。[1] 除了在近代监狱改良方面的贡献外，边沁还首次提出了一般预防和个别预防的原则和方法，他根据功利主义原则，认为应当以尽可能小的代价防止犯罪，而对犯罪人进行有效的矫正无疑是防止犯罪的方法之一。由边沁倡导的不列颠刑法改革，大力倡导了矫正思想。正是由于这些功绩，边沁被认为是矫正思想的启蒙者。

与贝卡利亚、边沁同时代的英国监狱改革家约翰·霍华德于1773年被任命为英国贝德福特郡的郡长，这使他有机会了解监狱的现状，并为监狱的恶劣条件和犯人悲惨的境遇感到震惊。他在实地考察了英国和欧洲许多国家的监狱的现状后，于1777年发表了《英格兰和威尔士监狱状况》一书，揭露监狱的种种黑暗，提出了具体的改革意见，他的改革目标反映在他的一个最有名的座右铭中："单纯的刑罚难以控制罪犯，严格的纪律才能训导他们。"霍华德的著作产生了迅速的影响，两年后，英国1779年监狱法令中就反映了他的思想。更为深远的是，霍华德的著作及其对英格兰、欧洲和美国的影响，导致了对罪犯的改造（今天可称之为矫正）的产生。[2]

俗话说："墙里开花墙外香。"源于英格兰的近代监狱改革并没有在本土催生新型的监狱制度，相反，大西洋彼岸的美国的宾夕法尼亚却在实践着霍华德的改革主张，首创了独居制的监狱模式。独居制的理论基础是宗教的观念，着重于精神改善，严格地置犯人于精神的孤立，促其反省自悔。独居制监狱问世后，为已经实行自由刑却苦于缺乏自由刑执行模式的国家提供了样板，于是欧洲诸国纷起效尤，派员考察，推广独居制监狱模式。尽管独居制监狱具有杜绝罪犯之间交叉感染的优势，但其弊端也十分明显，对此，马克思有过中肯而又精妙的评述："使人与外界隔离和强迫其陷于精神上的极度孤立，法律的惩罚与神学的冷酷相结合——在独身禁闭的制度中得到彻底的完善和表现。"[3] 于是，独居制趋于式微。1823年，位于纽约的奥本监狱又探索了一种新的监狱模式，由于该模式要求罪犯在夜间分房，白天一起劳动，但严禁交谈，要保持沉默，故称为沉默制。奥本制克服了独居制的某些缺陷，因"造价低、犯人劳动创利高"而被美国许多州仿效，成为美国监狱制度的主要模式。1870年，美国刑罚学家瓦因斯等人齐集辛辛那提，召开了美国第一届监狱大会，即

---

① ［美］理查德·霍金斯、杰弗里·P. 阿尔珀特著，孙晓雳等译：《美国监狱制度——刑罚与正义》，中国人民公安大学出版社1991年版，第38～42页。

② ［美］理查德·霍金斯、杰弗里·P. 阿尔珀特著，孙晓雳等译：《美国监狱制度——刑罚与正义》，中国人民公安大学出版社1991年版，第33页。

③ 转引自夏宗素主编：《狱政法律问题研究》，法律出版社1997年版，第50页。

美国监狱史上著名的辛辛那提大会，成立了全美监狱协会。大会通过的《原则宣言》阐述了对罪犯进行矫正的基本设想：（1）必须根据罪犯的需要，而不是根据犯罪行为的严重性决定刑罚；（2）为了鼓励犯人参加自我改造，刑期应是不确定的，而不是固定的。它允许延长不可救药犯人的刑期，并且可根据犯人矫正的标准作出释放犯人的决定；（3）应对犯人进行分类，根据犯人的年龄、性别和他们所犯罪行的严重性隔离他们；（4）教育和职业培训应成为矫正计划的实质因素，一旦犯人有改变自身行为的欲望，就应鼓励他们，而不是惩罚；（5）监狱处遇应有帮助罪犯重返社会内容的补充；（6）在有减少犯罪的可能时，应使用的是预防，而不是监禁方法。参加辛辛那提大会的代表们计划在自由刑执行中开创一个新的时代，他们希望“在监禁期间通过帮助犯人矫正，使之转而适应社会”。① 这一设想很快在由布罗克韦创设的埃尔米拉教养院变成了现实，埃尔米拉教养院使用点数制度，有限制的不定期刑，对犯人实行职业培训，推行假释制度。这些体现辛辛那提《原则宣言》的措施收到了明显的矫正效果，并得到其他地方的纷纷响应。

在前资本主义社会时期，无论是东方还是西方，统治者奉行的是报应主义刑罚思想。报应主义将刑罚视为对犯罪的一种报应，犯罪人受到刑罚惩罚是罪有应得，是“罪犯自己赢得的”。这种罪犯自己“挣得”刑罚的观点确定了一种义务，一种归于罪犯的必须补偿的债。同时，是一种社会的债。这里就包含着道德义务，因为所有守法公民都受到了犯罪的威胁，这债（刑罚的义务）必须讨回。② 可见，报应主义将犯罪人受到的刑罚处罚看做是对社会债务的清偿，不存在对犯罪人进行矫正的理念。

刑事古典学派刑罚理论及其导向下的近代狱制改良运动，不但极大地促进了罪犯处遇的人道化进程，而且在实践中开始将思考问题的着眼点由犯罪行为逐渐转向犯罪人，使得矫正成为一门独立的科学，孕育着刑事近代学派的基本观点。但是，在古典学派学者生活的时代，“复仇的原始本能、报应的等价观念、原始的威吓思想、褊狭而自私的摒弃犯罪人于社会之外的看法成为当时刑罚思想的主流和执行自由刑的理论基础”。③ 因此，“在刑事古典学派的刑罚理

① ［美］理查德·霍金斯、杰弗里·P. 阿尔珀特著，孙晓雳等译：《美国监狱制度——刑罚与正义》，中国人民公安大学出版社 1991 年版，第 220 页。

② ［美］理查德·霍金斯、杰弗里·P. 阿尔珀特著，孙晓雳等译：《美国监狱制度——刑罚与正义》，中国人民公安大学出版社 1991 年版，第 94 页。

③ 陆而启、王铁玲：“监狱行刑社会化研究”，载陈兴良主编：《刑事法评论》（第 12 卷），中国政法大学出版社 2003 年版，第 631 页。

论中，只有惩罚的概念而没有矫正的概念”。① 尽管独居制和沉默制等近代监狱改革成果已经在一定程度上考虑到矫正犯罪人的问题，但是所采用的矫正方法与矫正目的仍然是矛盾的，其侧重点仍是惩罚犯罪人，没有跳出刑事古典学派刑罚理论的旧有框架。总而言之，刑罚执行并不是刑事古典学派瞩目的中心，其理论旨趣立足于绝对的意志自由，探求应当追加于受刑人的刑罚额度，以实现正义。正如我国青年刑法学者周光权所言：“在刑事古典学派的理论构造中，刑法学的全部内容就是犯罪的判断和惩罚方式的确定。”②

第二节　刑事实证学派与矫正思想的滥觞

一、刑事实证学派的刑法思想及其对矫正的理论贡献

19 世纪后半期的西方国家，正处在资本主义由自由竞争阶段向垄断阶段转化的过程中，阶级矛盾日益尖锐，各种社会问题层出不穷。在这种背景下，犯罪浪潮汹涌而至，累犯、惯犯显著增多。面对汹涌的犯罪浪潮，古典学派的刑法理论表现得苍白无力。新的时代需要新的刑法理论，新的时代催生新的刑法理论。于是，以有效抑制犯罪、保卫社会为己任的刑事实证学派应运而生了。刑事实证学派颠覆了古典学派所固守的刑罚的惩罚性和报应性，将关注的重点由行为转向行为人，从而使刑事矫正进入理论视野。龙勃罗梭、菲利、李斯特等实证学派的大师们，都对行刑问题极为关注，并发表了独到的见解，为刑事矫正思想的形成和发展奠定了基础。

龙勃罗梭是刑事实证学派的创始人，他以实证主义方法系统地研究犯罪原因，以人类学的眼光研究犯罪人，“将从来的抽象的概念的方法研究凝固的犯罪行为转向以实证的科学方法研究犯罪者”，“正是龙勃罗梭完成了从研究犯罪到研究罪犯的伟大转变”，引发了犯罪研究领域的一场方法论革命，引领“刑法理论的研究进入所谓科学的或实证的新时代”。③

龙勃罗梭立足于决定论，对传统的刑罚观进行了深入的反思和检讨，提出了社会防卫论和特殊预防论。他认为刑罚的目的不应是对犯罪人的报应和对一般人的威吓，而应是通过对犯罪能力的剥夺、对犯罪人的矫正救治以防卫社

① 陈兴良：《刑法的价值构造》，中国人民大学出版社 1998 年版，第 100 页。

② 周光权：“刑法学知识传统中的‘人’”，载《金陵法律评论》2001 年春季卷。

③ 甘雨沛、何鹏主编：《外国刑法学》，北京大学出版社 1984 年版，第 115 页。

会。他从改善犯罪人的目的出发，率先将犯罪人进行分类，提出了处遇个别化原则，“在刑法历史上他的犯罪人分类与处遇措施的对应，开创了刑法理论的新纪元”。①

龙勃罗梭曾在1872年至1876年担任狱医。这样的经历使他有机会到意大利各地的监狱从事实地考察，也使他对监禁刑的弊病有了切身的感受。他认为监狱改造罪犯几乎是一种例外，尤其是短期自由刑，“罪犯聚于一处，互为习恶，徒增犯罪之事”。② 为此。他主张慎用监禁刑，代之以一系列刑罚替代措施，如法庭警告、训诫、善行保证、体刑、罚金、赔款、强制劳动，乃至缓刑假释或置于矫正机构进行矫正等。为了让罪犯尽快适应社会，龙勃罗梭还提出了“罪行共栖”理论：让犯罪人处于善良环境及文化最发达区域，“利用此种人专门从事一种职业”，“俾其有益社会，变无用为有用”、“并能令其逐渐适应社会生活，使危险较小的天生犯罪人自然痊愈”。③ “罪行共栖”的实施能达到双赢的效果：社会可利用罪犯的劳动和才能，也包括被害人从囚犯的劳动成果中获得损害赔偿。笔者以为，龙勃罗梭的刑罚替代措施和“罪行共栖”理论已经包含了丰富的现代社区矫正的理念，把他推举为社区矫正的先驱者并不为过。

龙勃罗梭的授业弟子菲利，在继承龙氏学说的基础上又有所超越，他将犯罪原因的探索范围由生理根源扩展到社会根源，推动了近代学派内部由人类学派向社会学派的转向。菲利反对古典学派把罪犯仅视做抽象的法律现象，而主张罪犯是活生生的具体的人，呼吁人们关注对罪犯人格的研究。正是基于对犯罪原因的深入认识，菲利指出了刑罚的局限性，强调刑罚只是社会用以自卫的次要手段，刑罚替代措施应当成为防卫社会的主要手段。菲利力主改革现行刑罚制度，主张在量刑和行刑活动中应充分考虑犯罪人的个人特征。菲利认为，根据古典学派理论建立的现行监狱体现的是报应与惩罚的观念，这种观念导向下的监狱行刑活动只是简单的关押与隔离，并没有对罪犯进行有效的矫正。于是，菲利提出了矫正的概念，菲利的矫正概念来自于治疗。因为菲利经常将犯罪与疾病相类比，把对犯罪的社会预防看做是公共卫生，而且，在菲利的观点中，有些犯罪人本身就是精神病人，对于这样的犯罪人惩罚是无济于事的，只能进行治疗。对于犯罪人来说，这就是刑事矫正，以区别于一般治疗。因此，

① 马克昌主编：《近代西方刑法学说史略》，中国检察出版社1996年版，第154～155页。

② 马克昌主编：《近代西方刑法学说史略》，中国检察出版社1996年版，第157页。

③ 马克昌主编：《近代西方刑法学说史略》，中国检察出版社1996年版，第157页。

菲利指出："对于罪犯的矫正必须是科学的，因为重罪常常表现为个人的病态。在美国已有埃尔迈拉教养院之类的机构，正式适用实证派犯罪学的方法。这些机构的指导人是心理学家、医生。当一个未成年犯进来时，对其要从生理学和心理学的角度研究。"①

李斯特是近代学派的另一杰出代表，是刑事社会学派的创始人。李斯特在刑法学上的最大的功绩是教育刑论，他提出了"应被处罚的不是行为而是行为人"的著名论断，主张对犯罪人适用刑罚，并不是单纯为惩罚而惩罚的机械报应。在报应之外，刑罚还有另外的目的。"刑罚的目的在于改造和教育犯人，消除其危险性，使之重返一般市民生活中。"② 李斯特的刑罚目的思想集中体现在他的一句名言中："矫正可以矫正的罪犯，不能矫正的罪犯不使为害。"李斯特从犯罪人的社会危害性以至社会适应性出发，提倡刑罚个别化，主张扩大适用缓刑、假释、罚金、累进处遇、强制劳动、保安处分等各种所谓的"刑外刑"。③

综上所述，近代学派对刑事矫正思想的形成功不可没，其理论贡献大体可归纳如下：④ 其一，确立了独特的视角。刑事实证学派将刑法学关注的中心由抽象的行为转向具体的行为人，使人格成为刑事法学中的一个基石概念，这就为矫正思想进入刑法找到了一个理论支撑点；在刑罚的研究上，刑事实证学派突破了刑事古典学派从刑法规范的狭窄视角来研究刑罚的做法，从控制犯罪的角度把刑罚作为一种矫正措施加以研究。在他们的研究视野下，刑罚不再是简单的法律规定，而是控制犯罪，尤其是矫正犯罪人的一种手段。其二，促进了刑罚观念的革新。刑事实证学派从刑罚的惩罚性走向刑罚的矫正性，把犯罪人作为犯罪预防的重点。通过各种矫正措施，使之不再犯罪。由于犯罪人的特定性，因而刑罚的矫正功能可以得到切实的落实，从而使刑罚从空洞的心理强制发展为具体的矫正措施，使监狱由过去的消极关押犯人的"人身保管场"逐步变成对犯人进行教育矫正的场所。其三，揭示了刑罚功能的局限性，尤其是论证了监禁刑的弊端，进而提出了刑罚替代措施的概念，推动了罚金刑等非监禁刑和缓刑、假释等社区行刑制度的生成和普及。但是，受历史条件的局限，近代学派的矫正观念还停留在监狱内的矫正，对监狱外的矫正还缺乏关注或关

---

① ［意］菲利著，郭建安译：《实证派犯罪学》，中国政法大学出版社 1987 年版，第 51～52 页。

② 马克昌主编：《近代西方刑法学说史略》，中国检察出版社 1996 年版，第 196 页。

③ 马克昌主编：《近代西方刑法学说史略》，中国检察出版社 1996 年版，第 195 页。

④ 冯卫国：《行刑社会化研究》，北京大学出版社 2003 年版，第 21～22 页。

注不够；他们虽然注重犯罪人格的研究，但对罪犯人权和尊严关注不够，在防卫社会的旗帜之下，剥夺罪犯再犯罪能力的需要往往压倒了教育和矫正的目标；他们在关注犯罪人的教育改善的同时，又走向另一个极端，即过分强调对犯罪人的矫正而忽略了对犯罪行为的报应，这在菲利和李斯特身上表现得尤为明显。例如，菲利指出："在人类处于最野蛮的状态下，其刑法典只有惩罚的规定，而没有关于矫正的规定，随着人类文明的进步，则出现了只有矫正而没有惩罚的观念。"① 这种割裂刑罚的惩罚性和矫正性的观点，容易导致刑罚失去惩罚的内在属性，最终使刑罚难以发挥其应有的作用。

二、教育刑思想引导下的各国矫正制度的变革

在教育刑论的影响下，西方国家的监狱行刑中，出现了一系列符合教育刑理论旨趣的实践创新，表现在：（1）改革监狱建筑，对犯人实施开放式处遇。其主要特征是监狱不设围墙、铁栅等安全防范设备。开放式机构设立的目的是激发罪犯的自尊性，使之自动遵守监狱纪律。这种模式的出现很快引起了国际舆论的重视，认为它关系到自由刑制度、保安处分制度的执行，是一种代表现代刑罚精神的监狱管理制度。②（2）改革行刑手段，引入生产性劳动作为改造犯人的手段。此前，尽管也强制犯人劳动，但把劳动视为惩罚的手段。在教养所里，不论男性还是女性、年老体弱和身强力壮青年犯人都必须以自己的体力所能及的最大限度，从事最艰苦、最具奴役性的非生产劳动，如反复踩转轮圈、推转磨盘、滚动石块等。这种机械的、不断反复的、笨重的劳动，对犯人不仅是肉体上的摧残，也是精神上的折磨。惩罚性的劳动，并无改造犯人的作用。③ 如今，监狱不再把劳动看做惩罚犯人的手段，而是把劳动作为教育的手段，试图通过劳动培养犯人的吃苦耐劳精神和一技之长，从劳动中改过自新。（3）改革行刑制度，推行累进处遇制。1839 年，英国刑罚改革家马克诺奇被任命为澳大利亚诺福克岛监狱的监狱长。在那里，马克诺奇推行自己的监狱改革计划，提出并试行以点数制为基础的累进制，从而废除了定期刑。1854 年，爱尔兰的刑罚改革家克罗夫顿将马克诺奇创立的累进制引入爱尔兰并进一步加以完善，创立了著名的爱尔兰制。爱尔兰制的累进处遇包括循序渐进的四个阶

① ［意］菲利著，郭建安译：《实证派犯罪学》，中国政法大学出版社 1987 年版，第 5 页。

② 金鉴主编：《监狱学总论》，法律出版社 1997 年版，第 160～161 页。

③ 潘华仿主编：《外国监狱史》，社会科学文献出版社 1995 年版，第 5 页。

段：独居监禁、集体劳动、中间阶段、假释，体现了逐渐向自由过渡的行刑原则。随后，德国、法国、日本等国家也纷纷引入爱尔兰制，使累进处遇制成为犯罪人处遇的基本制度之一。正是在近代学派主张的教育改造思想影响下，缓刑、假释等进入刑罚制度的领域，并成为今天社区矫正的重要制度之一。

第三节　社会防卫运动与社区矫正的兴起

一、社会防卫运动的兴起

20 世纪上半叶，两次世界大战不仅对国际社会造成了极大的破坏，而且严重践踏了世界人权。第二次世界大战后，通过反省战争期间人类所遭受的空前的不幸和苦难，民主和人道的价值被重新唤回，对个人权利的尊重和保护日渐成为各国法律的主题。适应这样的形势需要，在欧洲大陆掀起了一场旨在保护社会免遭犯罪侵害、对罪犯进行人道化处遇以复归社会的运动，史称社会防卫运动。

社会防卫运动直接渊源于意大利实证主义学派的理论主张，但社会防卫思想系统化则始于比利时刑法学家阿道夫·普林斯。意大利学者格拉马蒂卡是社会防卫运动的前期代表人物，因其提出了过于激进的观点，被称为“社会防卫运动的过激派”。格氏激进的社会防卫思想的基本观点包括：抛弃刑罚，断然与“刑法”或“犯罪法”决裂，用“反社会性”替代犯罪行为，用社会防卫法取代刑法，用社会防卫措施取代刑罚。① 尽管格拉马蒂卡的社会防卫思想过于偏激，但其中蕴涵的对罪犯改善、矫正的思想还是值得称道的。格拉马蒂卡认为，社会防卫不应该只是为保障市民人身、财产等安全这一客观目的，更重要、更本质的目的是“改善那些反社会的人”，使之回归社会。他不赞成国家总把自己看成刑罚主体的做法，认为国家应该首先负起使个人得到改善，使反社会的人重新社会化的义务。对那些与社会为敌的人，也不应该总让他们负“应受惩罚”的义务，他们首先应享有请求国家改善他们的权利。② 可见，格拉马蒂卡立足于矫正、改善犯罪人的立场，提出了对传统刑法变革的主张，其出发点是可取的。

---

① 卢建平：“社会防卫思想”，载高铭暄、赵秉志主编：《刑法论丛》（第 1 卷），法律出版社 1998 年版，第 154 ~ 156 页。

② 马克昌主编：《近代西方刑法学说史略》，中国检察出版社 1996 年版，第 312 页。

20世纪50年代，法国著名刑法学家安塞尔在继承刑事实证学派的社会防卫理论和折中调和格拉马蒂卡激进的社会防卫思想的基础上，创立了新社会防卫论。安塞尔认为，社会防卫运动应当遵循两个基本原则：第一，坚决反对传统的报复性惩罚制度；第二，坚决保护权利，保护人类，提高人类价值，从而建立一个人道主义的刑事政策体系，旨在使罪犯改造成为新人，回归社会。① 在这两个原则的指导下，安塞尔提出了慎用监禁刑的主张：安塞尔从社会防卫运动注重批判、关注社会并与人文社会科学紧密联系的基础出发，认为现在事实上的监狱与本来意义上的及当时人们所期望建立的监狱相去甚远。监狱，已经从对付犯罪的工具蜕变为重新犯罪的学校。监狱里的各种戒律限制、鱼龙混杂、人满为患以及监狱所内含的各种暴力使监狱成为一个真正的肉体惩罚场所。这种肉体惩罚同时也扰乱了罪犯的精神，导致人格的异化和本质的腐化，使人要么陷入一种逆来顺受、被动的服从状态，要么处于一种不服从的反抗状态。另外，监狱还使罪犯与正常生活、家庭、工作、朋友等完全隔离，监狱刑累及罪犯亲属，常常导致家庭破裂，夫妻离异，使人处于一种不自然的状态和境地。②

鉴于监狱和监禁刑的弊端，新防卫运动提出了自己的努力方向是“摆脱监狱”。但安塞尔认为监禁刑在目前还不能用一项法律条文来废除，因为它对某些犯罪仍不失为一种有益的“心理打击”的手段。于是，安塞尔提出了慎用监禁刑的主张，应将监禁刑从正式、常用的刑罚变成一种例外的刑罚，即只有在极其严重和极少量的情况下才适用，监禁刑“只能是在任何其他方式和方法都行不通以后采取的与犯罪作斗争的最后手段”。为了实现“摆脱监狱”的目标，安塞尔提出了以下监禁刑替代方法：（1）在保留传统的监禁制度前提下改变绝对的关押办法。如建立“开放监狱”、实行“周末监禁”以及对所有准备释放的罪犯全部先实行一段时间的假释；（2）扩大缓刑的适用；（3）推广原苏联的“不剥夺自由的劳动改造制”和英国的“公益劳动制”；（4）适当地用罚金刑替代短期监禁刑，可用“日数罚金制”等方法对罚金刑进行改造。③

① 马克昌主编：《近代西方刑法学说史略》，中国检察出版社1996年版，第322页。

② 卢建平：“社会防卫思想”，载高铭暄、赵秉志主编：《刑法论丛》（第1卷），法律出版社1998年版，第180页。

③ 马克昌主编：《近代西方刑法学说史略》，中国检察出版社1996年版，第324～325页。

二、社会防卫运动导向下的监狱改革运动

社会防卫运动，尤其是安塞尔倡导的新社会防卫论，对二战以后世界各国的刑事政策产生了深远影响，并直接推动了20世纪后半叶第三次刑法和监狱改革运动。社会防卫运动使人们认识到：监狱不是“理想的监狱”，也并非医治病人的医院。为此，虽然目前还不具备废除监狱刑的条件，但至少可以将监狱刑从正式、常用、普遍施行的刑罚变成一种例外刑罚，即只有在极其严重和极其少量的情况下才适用。那么，就需要有替换监狱刑的办法或改善监狱刑的办法和措施出台。所以，这次监狱改革运动主要从两方面入手：一是改善监狱刑。各国采取的措施主要有：(1) 设置“开放式监狱”，就是没有围墙也没有栅栏的类似农场的执行机关。在这种“监狱”里监禁或关押的传统特征都已经消失殆尽，在押犯人在其中几乎可以自由行动。(2) 实施“配偶探监制度”，这项制度旨在避免监狱关押在性的问题上给犯人带来的不良后果，允许在押犯人与探监的配偶在监狱内同居。(3)“混合监狱”，即把男犯与女犯关押在一起。(4)“周末坐监”，即让犯人在正常的工作时间里照常做他的工作，过正常人的生活，而仅仅在周末这段时间到监狱服刑。(5)“半自由制度”，即让犯人白天返回监狱。① 二是推行监狱行刑的替代方法。主要有：(1) 缓刑。缓刑是社区矫正的一个基本项目，也是监狱行刑替代方法的一个基本的、适用最为广泛的形式。(2) 假释。假释是对在监狱服刑的罪犯在服完法定刑期以后实行的有条件的释放。(3)“家庭监禁”，即罪犯被判处一定的监禁期限后，其服刑是在自己的家中。即将罪犯限制在自己住房的范围之内，但允许他们在家中从事不同的活动。(4) 中途训练所。中途训练所是为从监狱释放出来的人员设立的一个在社区的过渡性居住机构，旨在帮助刑释人员适应社区的生活。(5) 罚款。罚款是美国较为普遍使用的一种惩罚方式，其范围从一般的交通违章到严重的犯罪。(6) 社区服务，即罪犯以为社区的无偿或低偿的服务性劳动，来作为自己对社会或他人侵害的一种回报。(7) 赔偿，即让犯罪者来补偿因犯罪而造成的对受害人财产的损失和破坏以及身体的伤害。②

“社会防卫运动作为一场席卷战后欧洲并且深刻影响世界许多国家刑事政策与刑法改革的刑事政策的思想运动、立法运动与改革运动，其对反犯罪斗争

---

① 卢建平：“社会防卫思想”，载高铭暄、赵秉志主编：《刑法论丛》(第1卷)，法律出版社1998年版，第186页。

② 刘强：《美国刑事执法的理论与实践》，法律出版社2000年版，第205～243页。

的合法性、人道性、科学性和有效性的追求，使现代刑法彻底摆脱了旧时代单纯的报复或消极的制裁的樊篱，巨大地推动了欧洲乃至世界许多国家刑事政策和刑罚制度的理性化程度，促进了整个世界的刑罚文明和社会文明。”① 社会防卫运动所倡导的非犯罪化和非刑罚化以及由此引申出来的行刑社会化思想，已经成为刑罚发展的国际性潮流。作为行刑社会化重要一环的社区矫正制度，正是在这样的背景下脱颖而出，并获得丰富的理论养分和肥沃的实践土壤。此后，对罪犯的矫正，不仅仅局限在监狱，人们开始将矫正的目光由监狱转向社会，缓刑、假释、公益劳动等社区矫正措施逐渐成为重要的行刑方式。

第四节 社区矫正的国际化趋向

社区矫正成为国际范围内行刑的重要方式，除了社会防卫运动的积极推动外，还得益于联合国等国际组织的认同与倡导。二战以后，刑事执行和罪犯处遇问题随着人权运动的高涨而成为国际社会普遍关注的热点问题。随着监狱问题以及监禁刑弊端的日渐凸显，国际社会更多地把目光转向监狱外，转向监禁刑的替代措施。正如联合国秘书处的有关文件指出的那样：现在，监禁刑的替代措施再也不被认为是一些偶然的、零星的经验性行为或慈善组织的善举，它应该作为全球范围内处理犯罪问题的整个策略的一部分。各国政府应该作出努力，将更多的物力财力投入到发展新的（监禁刑）替代措施和改造那些旧的（监禁刑）替代措施上，以期改善监狱对于惩治犯罪无能为力的状况……通过让社会负起责任以适当的方法来对待那些可能犯罪的人，社会就可能更有效地防止犯罪。② 在倡导和推动行刑社会化和社区矫正走向国际化的过程中，历届联合国预防犯罪和罪犯处遇大会可以说居功厥伟。

联合国预防犯罪和罪犯处遇大会是根据联合国大会 1950 年 12 月 1 日第 415（V）号决议召开的世界性大会，每 5 年召开一次，到目前为止，已举行了 11 届大会。大会审议各个时期的犯罪发展趋势和变化，促进预防犯罪和刑事司法方面的国际合作，成为目前世界各国政府和民间学术团体最为重视、对世界各国刑事政策影响最大的国际会议组织。20 世纪 60 年代以后，盛行于欧美的行刑社会化思想和社区矫正实践也得到了联合国预防犯罪和罪犯处遇大会

① 梁根林：《刑事政策：立场与范畴》，法律出版社 2005 年版，第 160 页。

② 转引自谢望原：“西欧探寻短期监禁刑替代措施的历程”，载《政法论坛》2001 年第 2 期。

的关注。第6、7、8、10届大会都把行刑社会化作为重要议题展开讨论，呼吁各会员国当局要尽可能减少监禁刑的适用，积极探寻监禁刑的替代措施。

1980年8月底9月初，联合国以“减少关押的矫正及其对剩余囚犯的影响”为主题，在委内瑞拉首都洪都拉斯召开了第6届联合国预防犯罪和罪犯处遇大会。大会秘书处的工作报告指出，刑事司法要尽量减少关押人犯，因为，监狱的特性与其使犯罪人康复的功能具有内在矛盾性。监禁违反了人类的天性，监狱则使囚犯的人格感削弱。现在我们更加清楚地了解到，监禁不可能促使犯罪人过一种守法生活，也不可能减少犯罪率。我们应当在“狱外”或“不用监狱”来改造罪犯的方法。①

1985年8月26日至9月6日，联合国预防犯罪和罪犯处遇大会第7次大会（以下简称“七大”）在意大利米兰召开。大会通过了《减少监禁人数、监外教养办法和罪犯的社会改造的决议》（以下简称《决议》)。《决议》在使用非拘禁制裁方面对各会员国提出了如下建议:②（1）建议会员国进一步加强努力以减少监禁的消极影响；（2）建议会员国为此应加强寻求可靠的非拘禁制裁措施，以便有助于减少监禁人数；（3）请犯罪预防和控制委员会审查非拘禁制裁的问题和罪犯社会改造的措施时，应同时考虑以下几点：①监禁只能作为一种最后手段，要考虑到犯法行为的性质和严重性，以及与法律有关的社会条件和罪犯其他方面的个人情况。原则上不应对轻罪犯实行监禁；②应充分注意公共安全的需要；③在采用非拘禁制裁时，应将它们作为真正的监狱替代办法加以应用，而不是作为它的补充；④应更好地向广大公众宣传非拘禁制裁与监禁相比所具有的重要性和好处；⑤如有需要，使用监外教养办法必须与有关的社会服务相协调，以便促进罪犯的社会改造。

“七大”还通过了《联合国少年司法最低限度标准准则》（以下简称“北京规则”)。“北京规则”是处理违法青少年的司法保障，强调对少年犯尽可能避免监禁，应发动社区中各种力量参与教改少年犯的工作。对于进入正式司法程序的案件，在刑罚适用方面要进行一定的限制：（1）限制使用自由刑。《规则》第17条规定：除非判决少年犯有涉及对他人行使暴力的严重行为或屡犯其他严重罪行，并且不能对其采取其他合适的对策，否则不得剥夺少年的人身自由。（2）采用多样化的处遇方法。鉴于监禁机构不可避免地会对个人带来许多不利影响，而且这种不利影响不能通过教育改造努力加以抵消，这种情况对于少年来说更为明显。因此，《规则》第18条列举了8类处遇方法，供各

① 谢望原：“西欧探寻短期监禁刑替代措施的历程”，载《政法论坛》2001年第2期。

② 吴宗宪等：《非监禁刑研究》，中国人民公安大学出版社2003年版，第136～137页。

国主管当局采用。(3) 缩短监禁时间。《规则》第19条规定:“把少年投入监禁机关始终应是万不得已的处置办法,其期限应是尽可能最短的必要时间。”《规则》第28条规定:“有关当局应尽可能采用并尽早许可从监禁机关假释。有关当局应对从监禁机关假释的少年给予帮助和监督,社区应予充分的支持。”

1990年9月第8届大会以“为21世纪开展预防犯罪和刑事司法国际合作”为议题,在古巴首都哈瓦那召开。大会最富有积极意义的成果是通过了《非拘禁措施最低限度标准准则》(以下简称“东京规则”),为非拘禁措施的使用和执行提供了基本的国际准则。“东京规则”对刑事司法各个阶段的非拘禁措施的种类及其适用作了详尽的规定,强调在适用这类措施时必须兼顾罪犯本人的情况和社会及受害人的需要。“东京规则”力图促进社区在更大程度上参与刑事司法管理工作,认为公众参与是一大资源,应作为接受非拘禁措施的罪犯与家庭及社区之间的联系的最重要因素之一来加以鼓励。

“八大”通过了《联合国预防少年犯罪准则》(以下简称“利雅得准则”)和《联合国保护被剥夺自由少年规则》。1985年的“北京规则”所规定的是办理少年犯罪案件的司法制度,而“利雅得准则”规定的则主要是司法工作之外由家庭、学校、社区、大众传媒和社会和政府教育培养保护青少年的机制和措施,即动员全社会参与预防青少年犯罪的工作。“利雅得准则”提出少年刑事司法应尽量减少司法干预,规定:“在防止少年违法犯罪中,应发展以社区为基础的服务和方案,特别是在还没有设立任何机构的地方。正规的社会管制机构只应作为最后的手段来利用。”

第10届联合国预防犯罪和罪犯处遇大会于2000年4月在音乐之城——奥地利首都维也纳召开,通过了《关于犯罪与司法:迎接21世纪的挑战的维也纳宣言》(以下简称《宣言》)。面向新的世纪,《宣言》展望了盛行于欧美的恢复性司法的前景,强调了试行“恢复性司法机制”的意义。该宣言还强调保护受害者合法权益的重要性,强调社区在预防和控制犯罪过程中的作用。同时也考虑到监禁人数的增长和监狱人满为患的现象,要求酌情采用安全而有效的非监禁措施。

第五节　恢复性司法与社区矫正的契合

一、恢复性司法概述

恢复性司法是20世纪70年代盛行于欧美国家的一种全新的刑事法治模式，被认为代表了21世纪的刑事司法发展方向。“恢复性司法”的概念，最早是由美国学者巴内特（Barnett）在其1977年发表的《赔偿：刑事司法中的一种新范式》中提出来的。所谓恢复性司法，是一种通过恢复性程序实现恢复性后果的非正式犯罪处理方法。恢复性程序，是指通过受害人与被害人之间面对面的协商，并经过以专业人员或社区志愿者充当的中立的第三方的调解，促进当事方的沟通与交流，并确定犯罪发生后的解决方案；恢复性结果，是指通过道歉、赔偿、社区服务、生活帮助等使被害人因犯罪所造成的物质精神损失得到补偿，使被害人的受犯罪影响的生活恢复常态，同时，也使犯罪人通过积极的负责任的行为重新取得被害人及其家庭和社区成员的谅解，并使犯罪人重新融入社区。①

尽管恢复性司法的萌芽在人类社会的早期就已经出现，但现代意义上的恢复性司法实践渊源于20世纪70年代的北美“被害人—犯罪人和解程序”。当时，以矫正为目标的改造性司法正面临着理论和实践的双重困惑，刑事法学者和实务工作者开始尝试一种新的刑事法治模式，普遍存在于各国传统社会的社区司法，便获得了复兴的机遇。自1974年加拿大实施第一例恢复性司法到70年代末，在加拿大和美国共出现了十几个“被害人—犯罪人和解程序”。1989年，新西兰以立法的方式肯定了当地土著毛利人的明显带有恢复性特征的犯罪处理方式，并要求司法机关对青少年只能在以恢复性司法方式不能适当处理时才可以动用正规刑事司法程序。新西兰的立法激起了刑法学者们研究土著人司法方式和恢复性司法的浓厚兴趣，20世纪90年代，恢复性司法成为西方刑法学界的一大“显学”。理论研究的繁荣促进了恢复性司法在实践中的勃兴，到20世纪90年代末期，欧洲共出现了500多个恢复性司法计划，北美共有300多个恢复性司法计划，类似的计划在全世界范围内的数目超过1000个，恢复

---

① 张庆方：“恢复性司法”，载陈兴良主编：《刑事法评论》（第12卷），中国政法大学出版社2003年版，第433页、第438～439页。

性司法的春天终于来临。①

恢复性司法的实践也引起了国际社会的广泛关注。早在1999年7月28日，联合国就作出了题为《制定和实施刑事司法调节和恢复性司法措施》的第1999/26号决议。2000年4月，在维也纳召开的第10届联合国预防犯罪与罪犯处遇大会上，与会代表就恢复性司法展开了广泛而热烈的讨论。大会通过的《关于犯罪与司法：迎接21世纪挑战的维也纳宣言》第28条宣告："我们鼓励制定各种尊重被害人、犯罪者、社区以及其他各当事方的权利、需要和利益的恢复性司法政策、程序和方案。"在大会的决议中，联合国将恢复性司法作为一种有效的刑事政策向成员国推介。2002年4月，联合国预防犯罪和刑事司法委员会第11届会议于维也纳召开，大会通过了《关于在刑事事项中采用恢复性司法方案的基本原则》的决议。

二、恢复性司法与社区矫正的契合

恢复性司法并非仅仅是对刑事司法的某种技术性处理，而是基于一种全新的思维和理念对犯罪作出的独特反应方式。这种全新的思维和理念与社区矫正有着某种程度的契合。

第一，司法理念的共通性。任何一种司法制度都有其追求的价值理念，传统的刑事司法是建立在报应正义的价值理念基础之上的，而恢复性司法则是恢复正义或"复和正义"这一新的理念的重要实践。复和正义是"使受害人、犯罪人及社会恢复到原来的状态，是一个以受害者为中心的刑法公义制度"。复和正义认为对犯罪的正确反应不是惩罚，而是恢复因犯罪而造成的各种损害。在复和正义理念指导下的恢复性司法强调在分清是非曲直的基础上，以"向前看"的态度，对待犯罪人过去的犯罪行为，推行"轻刑化"、"非刑罚化"和"非监禁化"，倡导社会化、社区性及公众参与。② 与恢复性司法不同，社区矫正属于传统的刑事司法模式的范畴，因为它仍然通过刑罚的手段来抗制犯罪和矫治罪犯。但不同于传统的监禁矫正的是，社区矫正弱化刑罚的惩罚性而强化其教育性，通过"非监禁"的矫正处遇让罪犯尽快适应正常的社会生活，动员各种社会力量参与到罪犯的矫治活动中来，从中沟通罪犯、被害人和社会三者之间的关系，最终恢复被犯罪破坏的社区人际关系，重建一个和

① 张庆方："恢复性司法"，载陈兴良主编：《刑事法评论》（第12卷），中国政法大学出版社2003年版，第433页、第438～439页。

② 狄小华："复和正义和刑事调解"，载《政法论坛》2003年第3期。

谐的社区秩序。正是从这个角度，我们认为社区矫正追求的是一种复和正义，它与恢复性司法在追求的价值理念上具有共通性。

第二，社区参与性。恢复性司法认为犯罪就其本质而言，首先侵害的是被害人的权利，其次是侵害了社区的权利，最后才侵害了国家的法律秩序。[①] 正是基于这样的犯罪观，恢复性司法强调个人和社区在处理案件中的主导和推动作用，强调犯罪控制主要在于社会控制。在恢复性司法实际操作中，受犯罪行为所影响的各方——包括被害人、加害人、社区其他成员被赋予了重要的角色。社区矫正是在社区环境中利用社区资源和力量对罪犯进行矫治的非监禁刑执行方式和罪犯处遇模式，它的基本特点是立足于社区、依赖于社区，强调社会力量对罪犯矫正的参与。因此，在强调社会力量参与刑事司法和罪犯控制方面，恢复性司法与社区矫正有异曲同工之妙。

第三，某些项目的重合性。欧美国家恢复性司法中有两种比较常用的方式：一是恢复性补偿，即由犯罪人补偿被害人因犯罪行为所受的损失。这种补偿可以用金钱，也可以返还财产原物或是返还价值相当的替代物，或者直接为受害人提供某种形式的服务。二是社区服务，即要求犯罪人为慈善机构或政府机关提供无偿义务劳动，也可以通过强制方式实施。大多数国家在实践中的做法是：判决要求强制实施的社区劳动往往与犯罪行为及行为造成的危害关系不大。[②] 而在西方国家的社区矫正实践中，赔偿和社区服务也是运用非常广泛的社区矫正项目。例如在美国，赔偿作为“中间制裁”的一种重要形式而适用，适用模式主要有三种：（1）由法院直接判处的赔偿模式；（2）对受害者与罪犯进行调解的模式；（3）用社区服务来赔偿的模式。[③] 至于社区服务适用的国家更多，有的作为一种刑种独立适用，有的作为缓刑、假释的附加义务而适用。可见，恢复性司法与社区矫正在某些项目上具有重合性。

第四，刑事政策效果的相似性。持恢复性司法理念的学者认为，对犯罪的正确反应不是惩罚，刑罚不是处理犯罪的适当手段，对于被害人和社区损失的恢复来说，刑罚惩罚是不必要的、无实际意义的。恢复性司法的实际运作替代了国家正规的刑事司法程序，或者扩大了司法转处的适用，从而避免或减少了

---

① 张庆方：“恢复性司法”，载陈兴良主编：《刑事法评论》（第12卷），中国政法大学出版社2003年版，第433页。

② ［美］丹尼尔·W. 凡奈斯著，王莉译：“全球视野下的恢复性司法”，载狄小华、李志刚主编：《刑事司法前沿问题——恢复性司法研究》，群众出版社2005年版，第70页。

③ 刘强编著：《美国社区矫正的理论与实务》，中国人民公安大学出版社2003年版，第173～174页。

刑罚的实际适用。因此，使用恢复性司法措施将能使刑事司法得到更有效的使用，将其努力和有限的资源集中在更严重的犯罪上，从而有助于减少监狱人数，缓解监狱人满为患的情况，以致减少监狱的维持费用。[①] 主张社区矫正的学者认为，监狱不是改善犯人的理想场所，“监狱是一种使坏人变得更坏的昂贵方式”。[②] 社区矫正的运作结果，是大量原先被送往监狱的罪犯被留在社区接受矫治，避免了监禁刑的负面效应对罪犯再社会化的阻滞作用，一定程度上缓解了监狱的拥挤状况，使监狱有足够的空间和精力用于关押和监管危重犯人。因此，从刑事政策的效果上看，恢复性司法和社区矫正是一致的。

20 世纪后半期社区矫正在国际社会中的发展，与恢复性司法理念的兴起有密切关系，因为“恢复性司法核心内容包含有社区矫正的诸多基础理念”。[③] 恢复性司法理念和实践的兴起，在一定程度上冲击了传统的以报应论为基础的刑事法治模式，促进刑罚结构走向轻缓化，对于缩减监狱行刑规模，拓展社区矫正的运用，起到了重要的作用。

---

① 张庆方：“恢复性司法”，载陈兴良主编：《刑事法评论》（第 12 卷），中国政法大学出版社 2003 年版，第 434 页。

② 1990 年英国国会下议院，政府白皮书。

③ 刘守芬、王琪等：“社区矫正立法化研究”，载《吉林大学社会科学学报》2005 年第 2 期。

第三章　社区矫正根据论

第一节　社区矫正的学理根据

一、刑罚哲学的嬗变

“无罪，则无刑。”① 刑罚是作为犯罪的对应物而产生的，是社会对于犯罪的一种反响。刑罚具有使犯罪人承受痛苦的固有属性，它以剥夺犯罪人的权益与施加道德谴责为内容，因而适用刑罚必须建立在正当性的基础之上。自刑罚产生以来，围绕着刑罚的目的与意义、根基与哲学、惩罚的艺术与限度等事关刑罚的正当性、合法性、有效性的争论绵延不绝，至今尚未停息。在这场争论中，先后产生了报应主义和功利主义两大阵营的分庭抗礼：“当代刑罚一直处于两股热情的争夺之中：一种观点认为对道德上不齿行为的惩罚本身就具有正当性；另一种观点认为刑事程序的惟一和适当的目的就是预防反社会行为的发生。”② 报应刑论与功利刑论对刑法问题的影响之大，其关于刑罚根据的解释又是如此势不两立，以致被美国刑法学家帕克誉为夹击着刑法的两团火：“在今天，一如既往，刑法被两团火所夹击”；我国台湾地区学者林山田先生则将它们视为刑罚的两大支柱：“报应与预防两大思想，乃刑罚意义与目的的两大支柱。”③ 报应刑论与功利刑论世代对垒的结果，不仅没有哪一派理论占据上风，反而使两派的理论缺陷暴露无遗。因此，当代学者在深刻体认绝对报应刑论的片面和纯粹功利刑论的局限的基础上，致力于对报应刑论和功利刑论的折中与调和，于是，熔报应与预防于一炉的综合刑论（或称为一体刑论）应运而生，取代报应刑论和功利刑论成为刑罚存在的根基。

---

① ［日］泷川幸辰：“犯罪论序说”，载高铭暄、赵秉志主编：《刑法论丛》（第3卷），法律出版社1999年版，第147页。

② 梁根林：《刑事制裁：方式与选择》，法律出版社2006年版，第3页。

③ 转引自邱兴隆：《刑罚根据论》，法律出版社2000年版，第1页。

（一）报应刑论的刑罚哲学

报应刑论是立足于分配正义而对刑罚的正当性的一种解说。报应主义刑罚观的核心思想是：犯罪是刑罚的绝对原因，刑罚是犯罪的当然结果，刑罚只是由于犯罪而被科处，此外不应追求任何其他目的。“因为有犯罪而科处刑罚”是报应刑论的经典表述。正由于报应刑论主张刑罚的正当性根据仅在于惩罚本身，所以，大陆法系国家的学者将其称为“绝对主义”。近代的报应刑论，发端于康德的道德报应主义，经由黑格尔的法律报应主义，至宾丁的规范报应主义而大致完成。

康德基于形而上学展开其道德报应主义观点。他认为，犯罪是具有自由意志的人违反理性的绝对命令的行为，国家对其施加刑罚，即给犯罪人以恶害的报应，是理性的当然要求。在康德看来，刑罚只能是对犯罪行为所造成的危害行为进行报复的方法，此外不能有任何其他的目的要求，因为“人是现实创造的最终目的。从尊重人作为目的的价值出发，对人的行为的反应便只能以其行为的性质为根据，而不能另立根据或另有所求，否则便是否定了人作为目的的价值”。[①] 因此，“法院的惩罚绝对不能仅仅作为促进另一种善的手段，不论是对犯罪者本人或者公民社会都如此。惩罚在任何情况下，必须只是由于一个人已经犯了一种罪行，才加刑于他”。[②]

康德从平等原则出发界定刑罚的尺度，将其报应刑归纳为“同害报复”。康德认为，既然人都具有同样的自由意志，享有公平的天赋人权，那么，在犯罪的惩罚上理应受到同样的公平对待，这种公平意味着罪与刑的同等。在康德看来，只有这种与犯罪恶害同态的、等量的刑罚才是公正的刑罚。由此，康德的报应刑被称为等量报应刑。

黑格尔从辩证法的观点阐述他的法律报应主义思想。在黑格尔看来，犯罪与刑罚是一种以法律为中介的否定之否定关系。犯罪是对法的否定：犯罪是犯罪者自由意志的表现，而自由意志本身是不能强制的；同时，犯罪在客观上侵犯了他人自由意志的定在，因而本身是一种暴力和强制。由于“它扬弃了意志的表示或定在，所以抽象地说，暴力或强制是不法的”；[③] 刑罚构成对犯罪的否定，刑罚是针对侵犯自己的暴力强制的第二种暴力强制。“犯罪行为不是最初的东西、肯定的东西，刑罚是作为否定施加于它的，相反地，它是否定的

---

① 陈兴良：《刑法的启蒙》，法律出版社 2003 年版，第 125 页。

② ［德］康德著，沈叔平译：《法的形而上学原理——权利的科学》，商务印书馆 1991 年版，第 164 页。

③ ［德］黑格尔著，范扬译：《法哲学原理》，商务印书馆 1982 年版，第 97 页。

东西，所以刑罚不过是否定的否定。现实的法就是对那种侵害的扬弃，正是通过这一扬弃，法显示出其有效性，并且证明了自己是一个被中介的定在。”①

关于刑罚的尺度，黑格尔坚决反对康德的同害报复论，主张刑罚应具有“适应侵害价值的相等性”。他说：“犯罪的扬弃是报复，因为从概念上说，报复是对侵害的侵害，又按定在说，犯罪具有在质和量上的一定范围，从而犯罪的否定，作为定在，也是同样具有在质和量上的一定范围。但是这一基于概念的同一性，不是侵害行为特种性状的等同，而是侵害行为自在地存在的性状的等同，即价值的等同。”② 所以，黑格尔的报应刑论又被称为等价报应论。

宾丁立足于实定法主义的立场阐释其规范报应主义理论。宾丁认为，人们一直以来把犯罪的本质视为违反法律，其实这是一种误解，“因为它将犯人所违反的法规和据以评价犯人的刑罚法规视为同一了”。③ 实际上，犯罪是对规范的违反，而非对刑罚法规的违反。申言之，刑法中的犯罪并非行为人的行为符合刑法中所规定的应被科处刑罚的行为规定而成立，而是由于行为人违反了刑法规定之前便已存在并成为刑法前提的规范——命令及禁止。既然犯罪是对规范的违反，所以，刑罚的分量应当和犯罪的规范违反程度与对规范所确立的法秩序的破坏程度相适应，法律秩序受侵害程度重，犯罪人受刑罚科处感受到的痛苦亦应随之而重；法律秩序受侵害程度轻，犯罪人受刑罚科处感受到的痛苦亦应随之而轻。④

报应刑论的核心价值在于对公正和正义的积极追求，这是报应刑论为何源远流长且至今生命力不衰的奥秘之所在。报应刑论对刑罚理论的贡献主要体现在以下两个方面：一方面，报应刑论强调刑罚应当实践法律正义而非自然正义，扬弃了自然报应观念对犯罪的本能和消极的复仇意义，具有强调国家刑罚权发动的正当性、防范国家刑罚权任意行使的限制机能。⑤ 另一方面，报应刑论为刑罚提供了一个限度原则，即给予罪犯的刑罚度应当与其犯罪行为相称。无论是康德还是黑格尔，两位思想巨匠在论及报应时都没有离开正义的基本要求，即刑罚的尺度与罪行的轻重相适应。因此，报应刑论就为国家刑罚力规定了一种比过去宽容的、能够维护个人自由的功能性界限。对报应刑论的这一贡献，意大利学者帕多瓦尼给予了高度评价：“这种理论坚持刑罚与罪过之间必

① ［德］黑格尔著，范扬译：《法哲学原理》，商务印书馆1982年版，第100页。
② ［德］黑格尔著，范扬译：《法哲学原理》，商务印书馆1982年版，第104页。
③ ［日］竹田直平：《法规范及其违反》，有斐阁1961年版，第74页。
④ 韩忠谟：《刑法原理》，台湾地区雨利美术印刷公司1986年版，第23～24页。
⑤ 梁根林：《刑事制裁：方式与选择》，法律出版社2006年版，第8页。

须有一种相应的比例关系，因而对法律文明作出了极其重要的贡献。坚持这种刑罚与罪过间的比例关系，一方面是强调犯罪人即使是在受惩罚的时候也是一个人（因为是‘他的’罪过在决定刑罚：黑格尔坚持刑罚是对犯罪人理性的‘尊重’）；另一方面，这种关系也有效地设定了国家刑罚权的范围（因为国家刑罚权不能‘超出’罪过的范围）。”①

毋庸置疑，报应刑论也有明显的缺陷和负面的影响。对报应刑论的批评主要集中在以下方面：

第一，“报应刑论强调刑罚是并且仅仅是自在自为的抽象正义的绝对要求，除此以外没有任何其他目的追求或者功利的考虑。”② 这样一种绝对主义的刑罚理论既与国家设立刑罚的宗旨不符，也难以在现代社会立足。国家规定犯罪和刑罚，并非单纯为了对犯罪的报应。应当承认，国家刑罚权的发动有其自身的目的，那就是为刑法的任务服务。现代刑法理论已经达成共识，刑法的任务是对法益的保护。如果刑罚不是以保护法益为己任而仅仅是对犯罪的报应，那么，它必将丧失自己在现代社会存在的合理性根据。

第二，报应刑论对正义的追求是不完满的。首先，报应刑论是建立在承认现实规范的绝对合理的前提之下的。“规范本身合乎正义的前提下的报应刑无疑是真正正义之刑。假如规范本身不合正义，所谓报应正义便只是恶罚亦罚意义上的正义，亦即正义掩饰下的不义。”因此，报应刑的正义性本身隐含着恶法亦法与恶法非法的冲突，此乃报应刑的价值悖论。③ 其次，报应刑论强调有罪必罚、同罪同罚，追求的是平等的、均衡的正义；而正义还有另外一层含义，即分配的正义，要求不同事物区别对待。这就意味着对于相同的犯罪行为及其危害结果，因其犯罪原因与犯罪人的人格状态不同，也应考虑分别适用刑罚。换言之，同罪异罚未必不正义。绝对报应刑论忽略或排斥各种复杂因素对罪刑关系的适度影响，只重视客观上实现罪刑相当，同罪同罚，其得之于平均的正义，而失之于分配的、真正的正义。因而未能将公平、正义原则贯彻于罪刑关系的始终。④

第三，报应刑论在一定程度上阻碍了刑罚制度、特别是刑罚执行制度的改

---

① ［意］杜里奥·帕多瓦尼著，陈忠林译：《意大利刑法学原理》，法律出版社 1998 年版，第 343～344 页。

② ［意］杜里奥·帕多瓦尼著，陈忠林译：《意大利刑法学原理》，法律出版社 1998 年版，第 343 页。

③ 邱兴隆：《刑罚根据论》，法律出版社 2000 年版，第 73～74 页。

④ 黄祥青、喻文莉：“现代刑罚理论的基础及其展开”，载《法律科学》1999 年第 4 期。

革与发展。在报应刑论下的刑罚是根据赋加痛苦的原则来执行的。在这样的理论指导下，犯罪行为的社会和心理原因难以为人们所认识，刑罚也不能消除经常是犯罪行为实施原因的心理上的社会化损害的结果，因此，不能成为合适的犯罪作斗争的手段。在报应刑论“以恶除恶”观念的限制下，不仅刑罚执行部分难以纳入刑罚理论的视野，而且刑罚执行的理论与实践都难以得到发展。① 因此，在报应刑论成为主流的刑罚哲学时代，社区矫正是难以获得其生长的理论土壤的。

（二）功利刑论的刑罚哲学

功利刑论立足于社会需要而解释刑罚的正当根据。按照此论，刑罚之所以应该存在，并不在于它能满足抽象的社会公正观念，而是因为它具有服务于社会的目的的工具价值，即通过惩罚犯罪人可以给社会带来一定的实际利益——预防犯罪。“为了没有犯罪而科处刑罚”是其经典的表述。正由于功利刑论不认为刑罚的正当性根据在于惩罚本身，而在于其所服务的目的，因此，大陆法系国家的学者将其称为“相对主义”或“目的刑主义”。根据目的指向的不同，功利主义可分为一般预防与特殊预防。

1. 一般预防论

该说主张刑罚的目的既不是报复，也不是对行为人的影响，而是对一般公众的影响，即通过刑罚的威慑和执行，公众应当掌握法律的禁止性规定并且避免违反这些规定。因此，这种理论是以预防犯罪为目标的。一般预防的理论对后世的刑罚理论产生了深远影响。经过几代刑法学人的努力，一般预防从其消极方面和积极方面得到了很大的发展，形成了消极的一般预防论与积极的一般预防论两大流派。

消极的一般预防论的基本思想内涵是使用威慑的概念来遏制其他人实施类似的犯罪。该说认为，刑罚之所以对社会发生一般性的作用，是经由法律的明确规定以及刑罚的裁量和执行所产生的对社会的威慑性所致。在中外刑罚史上，重刑威吓论作为一般预防的初始形态曾受到学者们的格外青睐。中国春秋战国时代的法家就力主重刑威吓，在西方，自古希腊以来重刑威吓论就很有市场。及至近代，消极的一般预防论衍生出立法威慑论和行刑威慑论两大阵营。费尔巴哈以立法威慑论著称，他立足于心理强制说，认为必须实现以成文法的形式明确规定罪刑价目表，使人们确信一定的犯罪行为必然招致一定的刑事制裁。基于刑事立法的这种威慑作用，潜在犯罪人就不得不在心理上对犯罪的利弊得失根据舍小求大、趋利避害的功利原则进行仔细权衡，因恐惧而不敢实施

① 王世洲：“现代刑罚目的理论与中国的选择”，载《法学研究》2003 年第 3 期。

犯罪。对于费尔巴哈的立法威慑论，菲兰吉利颇不以为然，他嘲讽立法威慑论只能“追求刑罚纸上谈兵式地在法律中确定下来可能产生威慑作用”。为了追求刑罚实实在在的威慑效果，菲兰吉利提出了行刑威慑论，力图从行刑的环节来论证刑罚的威慑性。菲兰吉利直言不讳地指出：“刑罚的执行给公众以恐怖，使之目击犯罪所应得的惩罚而生戒心，进而防止一般人犯罪。”① 菲兰吉利的行刑威慑论强调刑罚的残酷性，不仅与现代刑罚日趋人道和轻缓的时代精神相悖，而且有违罪刑相适应原则，不免导致严刑峻罚，难以收到预期的效果。

积极的一般预防论“反映在一般地维护和加强一般公众对法律秩序的存在能力和贯彻能力的忠诚上”。根据这种理论，刑罚的任务是“在法律共同体中证明法律秩序的牢不可破，并且由此加强人民的法律忠诚感”。② 德国慕尼黑大学教授罗克辛指出，积极的一般预防包含了三个通过刑罚产生相互作用的目标和作用：“受社会教育动机推动的学习效果，也就是通过刑事司法活动在人民中号召学会法律忠诚；国民通过法律得到贯彻执行而产生的忠诚效果；最后是满足效果，即一般公众基于对违法行为的惩罚而使法律意识得到抚慰，以及他们与违法行为人的冲突被看做是已经得到了结而出现的效果。③

在刑罚发展史上，一般预防论尽管备受非难，但这丝毫不能否定其存在的价值。不管是消极的一般预防论，还是积极的一般预防论，都把对秩序的追求作为自己的首要价值。正如邱兴隆教授所评价的：“一般预防论对刑罚之于秩序的实现的价值的注重，使之克服了报应刑论忽视对秩序的保护的缺陷，因此，仅仅立足于法律的秩序价值，一般预防论相对于报应论的长处是极其明显的。而这正是一般预防论自一产生便独具魅力的原因所在。”④

由于一般预防论的理论基础是功利主义，而功利主义所强调的只是目的状态本身的正当性以及目的的实现对于手段的决定作用，对目的与手段之间的自洽以外的其他因素疏于注意。⑤ 与此相对应，一般预防论过于强调对预防犯罪、保护社会秩序这一正当目的的追求，而在一定程度上忽视手段正义的需要，由此可能会产生两个消极后果：一是对刑罚的滥用，至少对消极的一般预

---

① 转引自邱兴隆、许章润主编：《刑罚学》，中国政法大学出版社 1999 年版，第 38 页。

② 王世洲：“现代刑罚目的理论与中国的选择”，载《法学研究》2003 年第 3 期。

③ ［德］克劳斯·罗克辛著，王世洲译：《德国刑法学总论》（第 1 卷），法律出版社 2005 年版，第 42～43 页。

④ 邱兴隆：《刑罚根据论》，法律出版社 2000 年版，第 140 页。

⑤ 邱兴隆：《刑罚根据论》，法律出版社 2000 年版，第 156 页。

防论来说，就总是存在将刑罚转变为国家恐怖的危险。“只要符合防止人们实施某些犯罪的需要，就没有理由阻止国家对这些犯罪规定极其严厉、特别残酷的刑罚。”① 二是对人权的侵犯。这同样体现在消极的一般预防论上：“消极的一般预防主义的实质是把对特定犯罪人的惩罚当做预防他人犯罪的手段，把被惩罚的犯罪人当做实现一般预防目的的工具，这种做法亵渎了人性尊严和人的主体性，违背尊重和保护人权的普适价值。”②

2. 特殊预防论

该说认为刑罚是对犯罪人科处的，所以，刑罚的目的不是预防社会上一般人犯罪，而是预防特定的犯罪人即已被科刑的犯罪人将来再实施犯罪。主张特殊预防的学者，由于立论的不同，内部又分化成矫正论、剥夺犯罪能力论、综合论等不同派系。

(1) 矫正论。矫正论是这样一种主张，即刑罚“通过改变罪犯的人格使之会遵守法律的命令而可以被用以预防犯罪”。③ 尽管在中外思想史上主张罪犯矫正的学者大有人在，但学界普遍认为矫正论的真正奠基人是意大利实证犯罪学家菲利。菲利以犯罪饱和论著称，在他眼里，犯罪是由人类学因素、自然因素和社会因素相互作用而成的一种社会现象，当影响犯罪的主要因素达到了一定量时，社会呈现出饱和状态，从而导致犯罪的发生。因此，犯罪不是人的自由意志的产物，而是社会的疾病所致。

尽管菲利主张“犯罪饱和”理论，但他同时又认为大部分犯罪是可以预防和控制的。他认为，犯罪犹如疾病，刑罚则是治疗犯罪的药石之一，刑罚的目的在于保护社会免受作为社会疾病的犯罪的侵袭。而要使社会免受犯罪侵害的最佳途径，便是根据犯罪人的特征予以适当的分类，然后对症下药施以不同的矫正方案。④

(2) 剥夺犯罪能力论。剥夺犯罪能力论的旨趣在于追求“将一个被认定的人与更为广泛的社会相隔离借以防止他或她在该社会实施犯罪的效果”。⑤ 剥夺犯罪能力论经由贝卡利亚的提倡，由英国哲学家葛德文予以理论化。葛德文认为，惩罚是“目的为了防止未来的危害，而对于被判过去犯有有害行为

---

① ［意］杜里奥·帕多瓦尼著，陈忠林译：《意大利刑法学原理》，法律出版社 1998 年版，第 345 ~ 346 页。

② 梁根林：《刑事制裁：方式与选择》，法律出版社 2006 年版，第 13 页。

③ 邱兴隆：《刑罚根据论》，法律出版社 2000 年版，第 7 页。

④ 邱兴隆：《刑罚根据论》，法律出版社 2000 年版，第 165 页。

⑤ 邱兴隆：《刑罚根据论》，法律出版社 2000 年版，第 6 页。

的人所施加的痛苦”，“把防止犯罪当成是惩罚的惟一的合理根据，将使我们获得一个简单而满意的标准，用来衡量它所施加于人的痛苦是否合乎正义”。[①] 可见，在葛德文那里，刑罚的目的被描绘成通过刑罚的物理强制作用，使罪犯无法再犯罪，亦即剥夺其再犯罪的能力。

剥夺犯罪能力论问世后并没有引起多大的反响，直到一个世纪后，才赢来了龙勃罗梭和加洛法罗的喝彩。龙勃罗梭从剥夺犯罪能力的刑罚目的论出发，主张对生来犯罪人，应该根据不同的情形，分别实施不同的处遇：对于未犯罪但有犯罪倾向的人实行保安处分，即事先使之与社会隔离；对于具有犯罪生理特征者予以生理矫治；将危险性很大的人流放荒岛、终身监禁乃至处死。龙勃罗梭的剥夺犯罪能力论的基本精神得到了加洛法罗的发扬光大。与葛德文一样，加洛法罗是在全盘否定报应论、威吓论和矫正论的基础上，提出了剥夺犯罪能力作为刑罚根据的正当性。他认为犯罪人是缺乏社会适应能力的人，为使社会免受犯罪人的侵害，社会应该将其“排斥出社会圈”。在此基础上，他针对不同类型的犯罪人设计了不同的排斥方法。

（3）综合论。由于纯粹的矫正论与剥夺犯罪能力论都失之片面，于是就产生了融矫正与剥夺犯罪能力于一体的综合论的问世。英国功利主义大师边沁是近代第一位在特殊预防领域的综合论者，他写道：“尽管犯罪已被制止，被害人也得到补偿，但仍然需要防止出于同一罪犯或者其他罪犯的类似的犯罪。有两种途径达到这一目的：一种是制止犯罪意图，另一种是消除行为能力。消除其再犯罪意图称做改造；消除其行为能力称做剥夺能力。”[②] 在此基础上，边沁进一步把“矫正”与“剥夺伤害能力”视为刑罚的必备特质。

严格意义上的特殊预防综合论的首创者当推德国刑法学家、犯罪学家李斯特。根据他提出的特殊预防的概念，特殊预防具有三种形式的内涵：通过对行为人的监禁来保护一般公众免受其侵害，通过对行为人适用刑罚来威慑其不得实施其他犯罪行为，通过对行为人的矫正来防止其再犯罪。[③] 以此为基础，他提出了根据行为人的种类对犯罪行为区别对待的刑罚方法：对既无法遏制又无法矫正的惯犯，应该通过与社会隔离来剥夺其犯罪能力，使之无法再危害社会；对单纯的偶犯或机会犯进行威慑，对可以矫正的罪犯加以矫正。可见，李斯特的刑罚目的论是一种融威吓、矫正与剥夺犯罪能力于一体的三元综合论。

---

① 转引自邱兴隆：《刑罚根据论》，法律出版社 2000 年版，第 175 页。

② ［英］边沁著，孙力等译：《立法理论——刑法典原理》，中国人民公安大学出版社 1993 年版，第 26 页。

③ 王世洲：“现代刑罚目的理论与中国的选择”，载《法学研究》2003 年第 3 期。

当然，在特殊预防的三要素中，李斯特注重的是矫正与剥夺犯罪能力，这在他提出的“矫正可以矫正者，不能矫正者不使为害”的刑法格言中鲜明地体现出来。

风靡于19世纪末、20世纪前半叶的特殊预防论，不仅对刑罚理论的成熟作出了独特的贡献，而且引发了刑事实践的巨大变革。

特殊预防论对刑罚理论的贡献主要体现在：[①] 第一，促成了人们对于刑罚功能的科学认识。特殊预防论者对刑罚功能的局限性进行了充分的论证，认识到刑罚并非万能、刑罚也不是对付犯罪的灵药，从而促使人们理性地对待犯罪，合理地组织对犯罪的反应。第二，特殊预防论促成了人们对于刑罚目的的科学认识。特殊预防论就报应刑论和一般预防论对刑罚目的阐释进行了批判，认为报应和威慑都是野蛮的、不人道的或者无法实现的，刑罚的真正目的应当是矫正或剥夺犯罪能力以保卫社会。尽管他们的批判是偏颇的，但是，无疑，特殊预防论者的看法促进了人们对于刑罚目的的科学认识。第三，特殊预防论促进了刑罚的宽容、轻缓和对犯罪人的人道化、个别化处遇。特殊预防论基于对犯罪原因的实证研究，认为犯罪并非行为人自由意志的产物，而是行为人特殊的生理、人格特征和所处环境因素共同作用的结果。因此，社会就没有理由出于报应观念惩罚罪犯，而只能针对导致其犯罪的具体原因剥夺其犯罪能力，进行个别化的医疗、感化和矫正处遇。

特殊预防论还对当时的刑罚政策和行刑实践带来了巨大的变革。由李斯特倡导而发展起来的以重新社会化为核心的特殊预防理论，将教育、矫正理念导入向来以恶害报应与肉体折磨为特征的行刑实践，强调刑罚个别化、行刑处遇人道化和科学化。由于特殊预防的要求，在刑罚执行中就需要建立各种适应社会化的训练和帮助项目，从而使对刑罚进行结构性改革成为可能，催生了许多现代刑罚制度，如累进处遇制度、缓刑制度、假释制度、保安处分制度以及不定期刑制度等。

对特殊预防论的批评和质疑主要集中在以下方面：

在理论方面，特殊预防论由于贬低一般预防的意义甚至否定其存在而失之片面；同时又由于对报应刑论的排斥而失之公正。[②]

在实践方面，特殊预防论没有为刑罚提供一种限制原则，容易为扩张国家刑罚权和侵犯公民人权制造借口。正如意大利刑法学家杜里奥·帕多瓦尼所批评的那样：“以防卫社会的需要为名，无限地扩张国家的刑罚权，是个别预防

---

① 何显兵：《社区刑罚研究》，群众出版社2005年版，第39~43页。

② 邱兴隆：《刑罚根据论》，法律出版社2000年版，第207~252页。

论最大的缺陷……按照该理论，决定刑期长短的依据只能是犯罪人将来犯罪可能性的大小，而对这种可能性的估价根本就不可能得出一个正确的结论……过分地强调刑罚对罪犯的改造作用，特殊预防的理论就可能认可对侵犯人格最深处的实践（例如通过所谓洗脑的方式来使犯罪人重新适应社会），甚至直接改变犯罪人的生理构造（例如脑叶手术、阉割等）。特殊预防理论显然忘记了一个人已实施的犯罪行为才是被处罚的根据，一个以承认不可侵犯的人权为基础的法治国家不会允许任何对人格的践踏。"①

（三）综合刑论的刑罚哲学

从价值构造上剖析，报应论得之于公正而失之于功利，除了满足社会的正义要求外别无所获，没有充分反映社会的功利价值要求；而预防论则得之于功利又失之于公正，追求了刑罚的目的性价值，却会走向"目的正确、不择手段"的非公正境地。不满于报应论和预防论在价值追求上的分裂状况，熔报应与预防于一炉的综合刑论得以问世。

综合刑论处在报应刑论与功利刑论之间，试图采纳两种理论的优点和排斥各自的缺点，其经典表述为"因为有犯罪并为了没有犯罪而科处刑罚"。综合刑论之所以形成，是因为刑罚的报应与预防并非绝对不可调和的对立概念。德国学者指出，刑罚通过对过去有责地实施的违法行为进行公正的报应，有助于预防将来可能发生的犯罪行为。正是在这个意义上，报应和预防不是不可调和的矛盾体。② 申言之，报应主义强调刑罚的正当性，但在追求刑罚公正和正义价值的同时，报应主义对预防犯罪等功利诉求也有一定的开放性和包容性；预防主义强调刑罚的功利性，但在追求刑罚功利价值的同时，预防目的同样可兼容报应的思想。

综合刑论是作为调和报应论与预防论之间冲突、实现最佳理论组合而出现的理论，但是不同的综合刑论者在两者为什么应该结合以及怎样实现两者的统合上所持主张各异，从而形成不同的综合论模式。大体而言，又可细分为六种形态：③（1）混合式综合刑论。这是一种将报应刑论与功利刑论的观点相互融合，对刑罚的正当性根据作出解释的理论。（2）并列式综合刑论。即将报应、一般预防和特殊预防的目的并列，对刑罚目的作出解释的理论。（3）分阶段

① ［意］杜里奥·帕多瓦尼著，陈忠林译：《意大利刑法学原理》，法律出版社 1998 年版，第 181～182 页。

② ［德］汉斯·海因里希·耶赛克著，徐久生译：《德国刑法教科书》，中国法制出版社 2001 年版，第 83 页、第 87 页。

③ 王世洲："现代刑罚目的理论与中国的选择"，载《法学研究》2003 年第 3 期。

综合刑论。这种理论主张刑罚的根据应视刑事活动的阶段性而定。刑罚活动分为立法、裁判与行刑三个阶段，与此相适应，应当分阶段确定刑罚的目的。分阶段综合论已成为刑罚目的论的通说，它将不同的刑罚目的置于不同的刑法制度性阶段，为刑罚划出了阶段性追寻目标。（4）分问题综合刑论。这种理论主张，在刑罚目的方面，应当根据不同的问题作出不同的回答。否则，将一种制度性实践的复杂特征用一种并且只用一种原则来说明的努力，只会造成混乱。(5) 以报应为基础的综合刑论。该理论对康德的报应理论进行了重新诠释，认为康德的报应理论中蕴涵着预防的思想，康德在坚持报应立场的基础上，并没有排除预防的内容。（6）以预防为基础的综合刑论。这种理论将报应的思想完全排除出作为刑罚目的的理论，但又保留了报应理论的一个要素，将罪责原则作为设定刑罚界限的手段。

（四）以教育刑论为核心的综合刑论——社区矫正的刑罚哲学根据

通过历史的考察，我国学者大都达成这样的共识，现代刑罚的目的理论已经不可能仅仅采纳报应论或预防论中的单一观点来作为自身的全部内容。现代刑罚目的理论一定是要走一体论或综合论的道路。现代综合论的发展状况也表明，各种理论要素在一定的结构中有可能互相弥补、互相支持，从而为特定社会背景下的刑罚目的提供有说服力的理论基础。① 笔者也赞成这一主张，认为我国刑罚目的理论的构建应当是报应与预防的统一，而且是分阶段以预防为基础的一体论或综合论。申言之，报应与预防是我国刑罚追求的两大目的，但报应与预防在刑罚目的体系中并非是并列的关系，而是在刑罚的制度性适用的不同阶段具有不同的刑罚目的，在法律规定中主要体现一般预防的思想，在司法程序中更多地体现特殊预防和报应的观点，在刑罚执行中特别体现特殊预防的原则的综合。分阶段以预防为基础的综合论，是在比较完整地总结现代刑罚目的理论的基础上抽象出来的，既包含了报应思想的合理内核，又体现了预防理论的科学价值，“能够实现从宏观到微观全面证明中国的国家刑罚的正当合理性的理论任务”。②

社区矫正产生于20世纪后半期，是与特殊预防论尤其是矫正论的兴起分不开的。但由于矫正论把矫正作为刑罚的惟一根据，将犯罪人视为应当予以教育、矫正和治疗的病人，完全否定刑罚对于犯罪的伦理谴责功能，因而未能满足社会公众对犯罪之恶进行必要惩罚的正义情感诉求。③ 正如德国学者冯·巴

---

① 王世洲：“现代刑罚目的理论与中国的选择”，载《法学研究》2003年第3期。

② 王世洲：“现代刑罚目的理论与中国的选择”，载《法学研究》2003年第3期。

③ 梁根林：《刑事制裁：方式与选择》，法律出版社2006年版，第17页。

尔所言：虽然一些值得赞扬的刑罚目的通过给犯罪人更好的处遇可以获得，但不能忽视：不论怎么好的处遇，人们宁愿不受刑罚处罚；不能设想刑罚制度具有教育制度的特征；太多的注意力被投向了刑罚的改造目的；我先前表达了那种观点——犯罪人必须受到报复，按照这一思想，刑罚才具有改造意义；事实上，理想的刑罚将会改造犯罪人。但是，不管怎么说，刑罚的主要目的并不是改造犯罪人。① 更重要的是，立足于教育、矫正和再社会化的矫正论虽然初衷很好，立意可取，但实践效果却差强人意。因此，20 世纪 70 年代以后，矫正论渐趋式微，社区矫正也一度跌入低谷。可见，立足于矫正论之上的社区矫正是无法论证自己的正当性根据的，社区矫正也必须走综合刑论的道路。笔者认为，奠基于教育刑论基础上的综合刑论，能够为社区矫正在世界范围内的重新崛起提供正当合理性的理论根据。

1. 社区矫正应当以报应刑论为基本的规诫

（1）报应作为社区矫正的目的之一，是刑罚属性的产物。

刑罚以惩罚为本质特征，是所有报应论者不争的事实。离开了惩罚，刑罚也就不成其为刑罚。正如现代犯罪学鼻祖加罗法洛所指出的：如果刑罚全然失去了惩罚的目的，如果刑罚真的只具有教育、改造，甚至治疗的目的，那么，人们不仅要问：当罪犯没有受到身体上的痛苦、其犯罪所获得的惟一后果却是免费教育的特权时，刑罚的存在还有何意义？② 社区矫正是集刑种、量刑和行刑于一体的刑罚措施、方法或制度，同样应当具有和体现刑罚的本质属性。刑罚惩罚是社区矫正的前提和基础，只有在刑罚惩罚的基础上，社区矫正才能合乎逻辑地展开，并体现其作为一种非监禁性刑罚执行活动的本质。作为一种社会内处遇，社区矫正所体现的惩罚性在内容和形式上都与监禁处遇有所不同，从形式上考察，除了监外执行更多考量的是人道性因素外，作为社区刑罚的管制和剥夺政治权利以及作为刑罚执行方法的缓刑、假释仍然要考虑一定的惩罚性，表现在罪犯人身自由受到限制、某些政治权利被剥夺，以及在社区服刑期间必须遵守一定的强制性义务等方面。从内容上分析，社区矫正涉及的社区刑罚及监禁刑的非监禁执行制度，无论是对罪犯的剥夺还是限制，主要是通过违反强制规定的后果对罪犯形成的心理强制力来保证实施的，因此，它和监狱所施加的物质及心理强制存在着明显的区别。在社区矫正中，执行机关对罪犯的

① 转引自谢望原：《欧陆刑罚制度与刑罚价值原理》，中国检察出版社 2004 年版，第 344 页。

② ［意］加罗法洛著，耿伟译：《犯罪学》，中国大百科全书出版社 1996 年版，第 228 页。

监督主要通过事中或事后的监督考察，了解和促进罪犯遵守有关规定，而监狱则从事前到事后对罪犯实行全过程的面对面的严格管束，体现强制。①

(2) 报应作为社区矫正的目的之一，是满足社会公众正义诉求的需要。

从法的角度来看，公正就是权利义务的对等一致。报应之所以是公正的，就在于犯罪使社会受到了危害，“受到危害的社会迫使犯罪人承受某种痛苦，以作为对社会本身所受痛苦的补偿。人们对犯罪的愤恨也影响与引导着社会对犯罪所作的这种反击。这种愤恨对于社会的正义是不可缺少的，长期以来，社会始终在尽力维护这种健康的愤恨情感……现今，民众怀有的不安全感所引起的集体心理状态的一种典型表现便是强烈要求惩办犯罪”。② 林山田先生在论及特殊预防论中的矫正论的危机时指出：“特别预防主义理论最受批判之处，乃在于未能满足社会大众对于正义感的需求，因为依其论旨，则刑事司法的主题应该是罪犯的‘再社会化’，希冀罪犯由刑事矫治后，可以再度适应社会的共同生活，而不再犯罪。为达此一目标，则刑罚必由具有治疗性的措施来代替。因此，在刑罚中本存在有对于犯罪行为的‘伦理的非难’就要减低到对于疾病的非难一样。这是法社会所无法承受的事实。”③ 因此，以矫正论为其理论基础的社区矫正制度，要取得社会公众的普遍认同和接纳，必须在自己的制度设计中注入报应的因素，把报应作为自己追求的目的之一。否则，社区矫正将会因失去社会基础而难以在实践中得以推行。

2. 社区矫正应当以教育刑论为核心

社区矫正就其性质而言，涉及刑种、量刑与行刑制度，是一种综合性的、侧重于执行的措施、方法或者制度。立足于刑罚执行阶段对刑罚目的的考量，社区矫正应当以特殊预防为自己的刑罚目的选择，尤其是以通过对罪犯的矫正使罪犯重新社会化为自己的基本理论任务。因为特殊预防论追求的刑罚目的是通过对罪犯执行刑罚，以防止其本人再次犯罪。但是如何使犯罪人不再犯罪，不能仅仅着眼于罪犯在服刑过程中不再犯罪，更为重要的、也是令人棘手的是出狱之后不再违法犯罪。这就要求服刑人员学会适应社会，加强与社会的联系，尽快融入主流社会中去，而这个目标在监禁状态下是难以实现的。所以，

---

① 狄小华：“关于社区矫正若干问题的思考”，载《犯罪与改造研究》2005 年第 6 期。

② ［法］卡斯东·斯特法尼著，罗结珍译：《法国刑法总论精义》，中国政法大学出版社 1998 年版，第 28 ~ 29 页。

③ 林山田：《刑罚学》，台北商务印书馆股份有限公司 1983 年版，第 77 ~ 78 页。

特殊预防目的的实现路径有三条：① 一是通过刑罚来阻遏具体行为人重新犯罪，保护社会免受其侵害，这个途径称之为消极的特殊预防，也是剥夺犯罪能力论的主要内容；二是通过对具体行为人适用刑罚来威慑其不得实施其他犯罪行为；三是通过刑罚对具体行为人进行积极的教育，使之重新社会化，从而达到阻止其重新犯罪的目的。这个途径称之为积极的特殊预防，也是教育刑论的核心内容。无论是服刑人员不能再犯、不敢再犯还是不愿再犯，特殊预防的目的都能得到不同程度的实现，但“不愿再犯”无疑是更彻底、更有效的。因此，以矫正罪犯使其再社会化为中核的教育刑论就顺理成章地成为刑罚执行的基本依据。由于社区矫正的最终目的是犯罪人的重新社会化，这样，促使犯罪人重新社会化就成了社区矫正与教育刑论联姻的基石。

教育刑论是在特殊预防的基础上进一步发展起来的刑罚目的理论，其代表人物是意大利学者菲利、德国学者李斯特和法国学者安塞尔。教育刑论主张，刑罚的本质在于使犯人成为社会人，使犯人恢复犯罪前的状态，科处刑罚不是因为行为人犯了罪，而是为了使其不犯罪。教育刑论主张刑罚个别化，认为刑罚的适用要因人而异，要根据犯人的个性采取相应的措施使其再社会化；只要与犯人的特性相适应并适合使其再社会化，教育刑的方法就没有限制。② 一言以蔽之，正如激进的教育刑论者、日本学者木村龟二所言：教育刑是以教育作为刑罚本质的学说。

以教育刑论作为社区矫正的刑罚理论根据，存在以下的合理性：

首先，教育刑的提倡有利于在社会防卫与人权保障之间达到一种和谐。德国学者拉德布鲁赫指出：“刑法中的刑罚不仅要面对犯罪人保护国家，也要面对国家保护犯罪人。”③ 也即刑罚在社会保护和人权保障之间应当互相协调，教育刑作为一种刑罚目的理论，恰当地处理了两者之间的关系。就防卫社会而言，教育刑把关注的目光投向犯罪人的人格，主张通过刑罚的教化作用来矫治其病态人格，最终将犯罪人矫正成为具有正常规范意识的守法公民，以达复归社会，防止其再次危害社会的目的，因而具有明显的社会防卫功能。就人权保障言之，尽管教育刑是从目的刑发展而来，但二者存在一定的差别。目的刑虽然主张通过教育矫正罪犯，最终达到防卫社会的目的，但它把重心置于防卫社会上，因此，为达到防卫社会的目的，它必然将行为人分为矫正可能者与矫正

① 王世洲：“现代刑罚目的理论与中国的选择”，载《法学研究》2003年第3期。

② 张明凯：《刑法的基本立场》，中国法制出版社2002年版，第21页。

③ ［德］拉德布鲁赫著，米健等译：《法学导论》，中国大百科全书出版社1997年版，第96页。

不能者，对于难以矫正之人，必然会动用严酷的刑罚，从而陷入刑罚滥酷的窘境。相反，教育刑则将重点放在对犯罪人的教育改造上，更多地赋予国家以教育矫正的义务，强调国家在科刑时也只能以教育矫正的目的为限。可见，与目的刑相比，教育刑立足于实证的研究成果，更加注重刑罚的教育矫正之功能，这也就无疑给予了每个犯罪人以平等的接受教育矫正，从而复归社会的权利。① 因此，教育刑理论指导下的刑罚实践，能够在防卫社会和人权保障两大机能间达到一种和谐。

其次，教育刑能够在一般预防和特殊预防之间达到妥善的平衡。教育刑思想虽然属于特殊预防论的范畴，但它随着时代的变迁而不断拓展自己的理论内涵。在李斯特时代，教育刑论认为刑罚本质上应是一种教育，其旨在通过教育为目的和内容的刑罚使罪犯改恶迁善并使其复归社会后不致再危害社会。教育刑论的后继者对教育刑观点进一步推广其适用范围，认为刑罚不但是对受刑人的教育，而且也是对全体民众的教育。“刑罚是教育，否则，没有其存在理由。”② 换言之，教育刑论不但认为刑罚通过对犯罪人的教育具有特殊预防的功能，而且通过对一般民众的教育还具有一般预防的功效。对此，木村龟二写道：“教育刑虽然认为威慑说意义上的一般预防是错误的，但决不否认而是完全肯定作为刑法规制机能所具有的一般预防作用，说刑罚是教育，就既肯定了对一般人的教育，也肯定了对犯罪人的教育。故教育刑论是在肯定一般预防的同时肯定了特殊预防。”③ 因此，教育刑论通过两个层次的教育：第一层次，对具体犯罪人的矫正——矫正论意义上的教育；第二层次，通过对具体犯罪人适用刑罚，使一般民众的法规范意识得到强化——积极的一般预防意义上的教育，④ 来实现刑罚的特殊预防和一般预防的目的。可见，教育刑能够在一般预防和特殊预防之间达到妥善的平衡。

二、犯罪学理论的深化

没有任何两个学科像犯罪学和刑法学这样特殊，它们在名义上都以“犯

---

① 张文等：《人格刑法导论》，法律出版社2005年版，第272页。

② ［日］大冢仁著，冯军译：《刑法概说》（总论），中国人民大学出版社2003年版，第38～39页。

③ 李海东主编：《日本刑事法学者》，中国法律出版社、日本成文堂联合出版社1995年版，第181页。

④ 何显兵：《社区刑罚研究》，群众出版社2005年版，第61页。

罪”为研究对象。在犯罪学没有形成和诞生以前，在除了刑法学之外没有其他学科研究犯罪的情况下，不仅在理论上普遍认为刑法学是研究犯罪的，而且在事实上也赋予了刑法学对犯罪研究的垄断地位。① 但毋庸讳言，在犯罪学诞生以前，刑法学对于犯罪现象的认识和研究还相当肤浅，在刑法学研究视野里，只有个体的“犯罪行为”的概念而没有“犯罪现象”的概念，刑罚成为对犯罪的最原始的单一反应。犯罪学的诞生开启了人类认识犯罪现象的科学历程，推动了人类应对犯罪现象的理论和实践。正如法国犯罪学家乔治·卡比所言：犯罪学不仅产生于刑法的不足，同时也为刑法的新生创造了条件。犯罪学所能贡献的是一种比不同国家的立法更为广阔的视野，因为这个视野具有普遍性；其次是一种比刑法更为客观的视野，因为其不为公共秩序和打击犯罪的紧急需要所制约；最后是一种由社会学、临床学等不同学科研究成功所充实的视野。面对冰冷的刑法，犯罪学带来了科学的、人道的因素，并成为惟一的可以使人们掌握犯罪事实的学科。② 犯罪学理论的深化，为人类科学应对犯罪问题提供了新的思路，促使刑法学研究从关注犯罪到犯罪人的视角转换，推进人们对刑罚功能认识的理性化和现实化，在一定程度上促使刑罚制度朝着轻缓、人道的方向改革。

（一）关注罪犯的犯罪人格：刑法研究的新视角

纵观人类刑法史，刑法经历了从中世纪封建社会以前的任意刑法至19世纪后的行为刑法和20世纪初的行为人刑法的发展，时至今日，刑法理论已进入其最新发展阶段——人格刑法学。刑法学研究从行为本位到行为人本位的演变，受之于刑事人类学派的影响。美国犯罪学家艾兹恩评价说，刑事人类学派在刑法学、犯罪学理论上产生的最大影响，是它“在该学科主题上引起的变化。犯罪不再是研究的主题，应当分析的是犯罪人、犯罪类型”。③ 在以龙勃罗梭为代表的刑事人类学派产生以前，刑法学对犯罪的研究局限于犯罪行为。但是行为本位的犯罪观，并不能收到镇压及预防犯罪的效果，反而累犯、惯犯猖獗。龙勃罗梭以实证的方法对犯罪人的主观恶性和人格特征进行了经验主义研究，将犯罪的研究由犯罪行为转向犯罪人。龙氏以犯罪与遗传、犯罪人人格的关系为视角，对犯罪人进行分类。他主张，没有或缺乏自制力、爆发性感情、残忍、怠惰等精神或心理上之异常特征者为生来犯罪人，他们一出生即具

① 王牧：“犯罪学与刑法学的科际界限”，载《中国法学》2004年第1期。

② 转引自王牧：“根基性的错误：对犯罪学理论前提的质疑”，载《中国法学》2002年第5期。

③ ［美］艾兹恩著，谢正权等译：《犯罪学》，群众出版社1988年版，第10页。

有犯罪人之性格，无论其所处社会环境如何，必然成为犯罪人。这种犯罪人才是真正的犯罪人。除生来犯罪人之外，还有疯狂之犯罪人、情欲之犯罪人和偶发之犯罪人。并指出，偶然犯罪者乃不免犯罪之机会，因小事故而落入犯罪之陷阱，其人实不应该称之为犯罪人。① 龙勃罗梭对“遗传和犯罪人人格两者关系的研究有着相当大的影响”，这一点已为当代西方犯罪学界所公认。英国学者格林认为，“今天所有的文化人、立法者和法官，以及整个公众都确认是龙勃罗梭首先阐明了犯罪学和刑罚学的基本原则：即开始研究和考虑的是犯罪人而不是犯罪，我们应该处罚的是犯罪人而不是犯罪”。②

龙勃罗梭的学生菲利和加罗法洛继承并光大了刑事人类学派的思想。菲利沿着乃师开辟的研究路径继续前行并有所超越，他自认为其研究的意义在于“开辟了一条研究犯罪行为的新途径，在研究和理解犯罪之前，必须首先了解犯罪人”。菲利“指责旧派研究方法的重大缺陷就在于抹杀了罪犯的人格，仅把罪犯看做是法律上的符号”。③“这种否认一切基本常识的刑事司法制度，竟使聪明人得出这种结论，它们忘记了罪犯的人格，而仅把犯罪作为抽象的法律现象进行处理。这与旧医学不顾病人的人格，仅把疾病作为抽象的病理现象进行治疗一样。”④ 正是基于对犯罪人人格的重视，菲利在龙勃罗梭犯罪人分类的基础上增添了常习性犯罪人，认为这种人比一般人更具有危险的性格倾向。菲利的犯罪人分类理论尽管带有乃师的理论痕迹，但由于“在其研究成果中增加了对犯罪人的分类，应该说比龙勃罗梭的具体经验研究更具有特色”。⑤

加罗法洛的理论特色在于以自然犯中心创立了犯罪理论。他将犯罪分为自然犯罪与法定犯罪。前者是违反怜悯和正直这两种利他情绪的行为；后者是法律规定予以禁止的行为。自然犯罪的本质是恶劣的，法定犯罪的本质不一定恶劣。通过自然犯罪理论，加罗法洛对犯罪人也获得了全新的认识，他指出：“鉴于犯罪是一种既对社会有害又侵犯了一种或两种最基本怜悯和正直情感的

---

① 张文等：《人格刑法导论》，法律出版社2005年版，第92页。

② 转引自马克昌主编：《近代西方刑法学说史略》，中国检察出版社1996年版，第157～158页。

③ 陈兴良：《刑法的启蒙》，法律出版社1998年版，第197页。

④ ［意］菲利著，郭建安译：《实证派犯罪学》，中国人民公安大学出版社1990年版，第39页。

⑤ 转引自马克昌主编：《近代西方刑法学说史略》，中国检察出版社1996年版，第175页。

行为，罪犯则必然是这种情感部分或全部缺失、退化或薄弱的人。"① 基于这样的认识，加罗法洛认为缺乏怜悯和正直这两种利他情绪的人才能称之为真正的犯罪人，并进一步指出"心理反常状态"是导致其缺少正常发展的利他主义情操的症结所在。由此可见，加罗法洛对犯罪人人身特征的理解是以道德感缺乏为主要标志的心理异常，不同于龙勃罗梭所认定的生理异常。加罗法洛通过重新界定犯罪，进一步明确了刑事人类学派研究的对象，为刑法理论的发展作出了积极贡献。

意大利"三人组合"对犯罪人的真知灼见，对随后的刑事法学产生了深远的影响。刑事社会学派的创始人、德国学者李斯特虽然并不认同刑事人类学派的某些观点，但对其关注犯罪人人格的做法却深表赞许，认为龙勃罗梭及其门徒对于个人性格的研究是其最大的功绩。② 同时，李斯特本人也极为重视犯罪人人格，并将其引入犯罪原因的研究中，指出"犯罪系由环绕犯人的社会关系及犯人固有性格所必然成立者"。③ 李斯特反对龙勃罗梭将犯罪人人格归于遗传的观点，指出犯人的性格有一部分是先天形成，有一部分是由于后天的因素即"生存的命运外界的关系所致"，也就是环境的产物。故而，李斯特主张，最好的社会政策是最好的刑事政策。

自重视犯罪人及其人格的新派理论产生之日起，刑法学上新旧两派的论战就没有停息过。这种争论必然催生扬弃二者的新的刑法观，也就是人格刑法观。人格刑法的渊源是人格责任论，这是由德国学者毕克迈耶首创，由麦兹格和鲍克尔曼予以发展，在日本得到了团藤重光等人的大力支持。人格责任论是在调和古典学派的行为责任论和近代学派的性格责任论的基础上而萌发的责任理论，它站在道义责任论的立场上，以决定论的自由意志为前提，认为行为人主体的人格及其表现的行为才是责任的基础。④ 日本学者大冢仁在人格责任论的基础上创立了人格刑法学，他认为，构成要件该当性的行为，是作为行为者人格体现的行为；违法性是客观违法要素（行为）和主观违法要素的结合；有责性是以具有相对自由意志的行为人的行为的谴责为核心，同时也考虑对行为背后的行为人的犯罪人格的谴责；刑罚的量定应以行为对法益的危害程度和

---

① ［意］加罗法洛著，耿伟译：《犯罪学》，中国大百科全书出版社 1996 年版，第 67 页。

② 转引自马克昌主编：《近代西方刑法学说史略》，中国检察出版社 1996 年版，第 184 页。

③ 转引自马克昌主编：《近代西方刑法学说史略》，中国检察出版社 1996 年版，第 185 页。

④ 张文等：《刑事责任要义》，北京大学出版社 1997 年，第 44 页。

行为人的犯罪人格为基础。总之，既重视客观行为，也考虑行为人的人格，以此二者为核心，对整个刑法理论进行重新思考，是人格刑法学之精义。大冢仁的人格刑法理论是一个创造，是现代刑法理论的新发展。它指明了缩小犯罪圈，收缩刑事法网，发挥刑罚对犯罪人的矫正、改善功能，改革现行刑制的方向。①

综上所述，没有对犯罪人及其人格的关注，犯罪学不会产生；没有建立在对犯罪人人格考察基础之上的犯罪学的推动，刑法理论就不可能发生从行为刑法到行为人刑法再到人格刑法的演变。犯罪人人格作为重要的元素在刑法学中的引入，大大深化了刑法理论，正如意大利刑法学者所评价："承认犯罪者人格是一个与犯罪行为并存的现实，强调犯罪者人格在刑法中的作用，是现代刑法最具灵性、最有人性的部分。因为，只有从犯罪者人格的角度，才能真正理解刑法中规定犯罪的意义、犯罪的原因、犯罪实质、犯罪的目的，才可能真正地在刑法中将人作为刑法的目的，而不是作为实现某种目的（如一般预防或特殊预防）的手段。"② 同时，犯罪人人格在刑法的引入，也在很大程度上影响了司法实践。人格在各国刑罚裁量中作为重要的因素予以考量，人格矫正成为现代行刑的重要内容被付诸实践。正是基于对犯罪人及其人格的关注，现代刑罚制度才得以向轻缓的方向发展，也正是基于人格矫正的可行性，才把一部分罪行较轻、人身危险性较小的犯罪人置于社区环境进行矫治，最终导致社区矫正制度在20世纪50年代的滥觞。

（二）揭开刑罚的神秘面纱：刑罚功能的局限性

1. 刑罚功能的有限性

从终极意义上说，国家制刑和用刑的主要目的在于达到预防犯罪的效果。这一目的主要通过刑罚对犯罪人的惩罚和改造功能，对社会的威慑、教育和鼓励功能，对被害人及其亲属的补偿和安抚功能得以实现。但这只是理论上的预设状态，刑罚的实际运行远非如此，受多种因素的制约，刑罚预防犯罪的功能在特定情况下难收实效。几千年来残酷而大范围的刑罚投入不仅没有抑制住犯罪，相反，犯罪却有增无减。刑罚对犯罪无能为力的困境，证明了刑罚功能的局限性，刑罚并非如人们想象的那样有效。"在承认刑罚具有一定社会功能的同时，理性地评估刑罚社会功能的局限性，可以说已成为一种世界性的刑法思潮。"③

---

① 张文等：《人格刑法导论》，法律出版社2005年版，第8页。

② 陈忠林：《意大利刑法纲要》，中国人民大学出版社1999年版，第244页。

③ 许发民：《刑法的社会学分析》，法律出版社2003年版，第299页。

（1）刑罚功能的有限性源于犯罪存在的必然性。犯罪作为一种违反社会规范、破坏社会正常秩序的行为，是与人类社会共始终的社会现象。对于犯罪现象的认识，从古至今，经历了一个从愚昧到科学的转变。古代社会曾经把犯罪看做是魔怪作祟，以一种超自然的神学观点去理解犯罪。直到犯罪学的产生，人们才认识到犯罪表面看来是一种异常行动，但它却是“正常的”社会病理的投影。① 实证派犯罪学家龙勃罗梭运用人类学的知识来研究犯罪问题，得出了很难为时人所接受的结论：犯罪是一种自然现象，犯罪如同出生、死亡、妊娠一样，是一种必然现象。龙勃罗梭的学生菲利在乃师研究成果基础上，提出了“犯罪饱和法则”，认为“每一个社会都有其应有的犯罪，这些犯罪的产生是由于自然及社会条件引起的，其质和量是与每一个社会集体的发展相适应的”。② 19 世纪后期犯罪学研究的代表人物、德国学者李斯特批判地吸收了前辈学者有关犯罪原因的学说，提出了犯罪原因二元论。他认为，“任何一个具体犯罪的产生均由两个方面的因素共同使然，一个是犯罪人的个人因素，一个是犯罪人的外界的、社会的，尤其是经济的因素”。③ 尽管实证派学者对犯罪现象的研究带有一定的片面性，但他们的理论向人们展示了一个富有启发性的认识：一定条件下必然要发生一定数量犯罪。从此以后，犯罪的必然性成为犯罪学的一个基本结论，犯罪学也找到了自己展开研究的逻辑起点。既然一定的社会状况必然存在一定的犯罪，因此，在不存在犯罪减少空间的时候，犯罪是不能减少的。正如菲利所指出，社会“存在着不可避免的最小限度的犯罪，对此，刑罚未必是有效的，因而强调建立刑罚之外的补充策略，这种补充策略菲利称之为‘刑罚的代用物’”。④

（2）刑罚功能的有限性由犯罪原因的复杂性所决定。刑罚是针对犯罪而存在的法律手段，刑罚的功能如何，在很大程度上取决于人们对犯罪原因的认识状况。现代犯罪学通过实证研究得出结论：犯罪现象本质上属于一个社会问题，是由社会上存在的众多消极因素综合作用形成的；同时，行为人的个体特征在一定程度上也对犯罪的发生起着作用。既然犯罪发生的原因是多元的，那么，抗制犯罪的手段也必须是多元的，治理犯罪要靠综合治理，仅仅依靠刑罚

---

① 转引自王牧：“根基性的错误：对犯罪学理论前提的质疑”，载《中国法学》2002 年第 5 期。

② ［意］菲利著，郭建安译：《实证派犯罪学》，中国人民公安大学出版社 1990 年版，第 43 页。

③ ［德］李斯特著，徐久生译：《德国刑法教科书》，法律出版社 2000 年版，第 9 页。

④ 马克昌主编：《近代西方刑法学说史略》，中国检察出版社 1996 年版，第 179 页。

这个单一的工具，显然不能从根本上解决犯罪问题。对刑罚功能的局限性，菲利早就有过精辟的阐述："如果我们把犯罪的总体结果与导致其产生的人类学、自然的和社会的因素的不同特征进行比较，就会很容易发现刑罚对犯罪的结果只不过略微有些影响。其实，刑罚仅凭其作为心理力量的法律威慑的特殊作用，显然不能抵消气候、习惯、人口增长、农业生产及经济和政治危机等因素的世代相传的持续作用。统计资料一直表明这些因素的作用是导致犯罪增加或减少的最有力的原因力，除非属于同种的，不能相互抵触或抵消。这是一条自然规律……刑罚作为一种心理力量，只能抵消犯罪产生的心理因素，而且实际上只能抵消那些偶然的和不太有力的因素。"由此，菲利得出结论：刑罚"只是一种简单的万灵药，远远不能解决像犯罪这样复杂的问题……刑罚只不过是一种徒负盛名的万灵药……"①

（3）刑罚功能的发挥受其形成机制的限制。刑罚功能的有效发挥，还取决于主、客观两方面的条件。从主观条件而言，刑罚功能的发挥取决于作为刑罚对象的罪犯具有刑罚的感受力，即刑罚能对其发挥威慑和教育作用，而这又建立在犯罪人认罪、悔罪的前提之下。实践中并非所有的犯罪人都能对自己行为的犯罪性质有理性的认识，也并非所有的罪犯能够基于对刑罚的恐惧而放弃犯罪。实证研究证实，刑罚对以下罪犯威慑作用有限：①刑罚对于不知行为为罪的法盲不起威慑作用；②刑罚对于蔑视刑罚者威慑作用不大；③刑罚对抱有侥幸能逃脱心理的犯罪人威慑作用不大；④刑罚对激情犯难起威慑作用；⑤刑罚对性情鲁莽者难收威慑之效应；⑥刑罚对过失犯难以发挥威慑作用；⑦刑罚对以受刑罚处罚来博取"英明"者威慑力不大；⑧刑罚对头脑简单、认识水平低、思想幼稚者威慑力有限。② 从客观条件上讲，刑罚作用的有效发挥，还依赖于以下三个因素：一是刑罚的不可避免性，也即刑罚的必定性，这是影响刑罚功能的最主要因素。对此，贝卡利亚曾有过精辟的论述："对于犯罪最强有力的约束力量不是刑罚的严酷性，而是刑罚的必定性。"③ 我国学者储槐植先生也指出："……当我们的破案率真正能达到78%时，犯罪就会得到极大的控制。犯罪人就不会有那么大的侥幸心理，他们自己就会把自己遏制住了。"④二是刑罚的及时性，这是因为及时性是在人们头脑中建立犯罪与刑罚因果联系

① ［意］菲利著，郭建安译：《实证派犯罪学》，中国人民公安大学出版社1990年版，第26页、第68页。

② 许发民：《刑法的社会学分析》，法律出版社2003年版，第299~300页。

③ ［意］贝卡利亚：《论犯罪与刑罚》，中国大百科全书出版社1993年版，第59页。

④ 储槐植：《刑事一体化与关系刑法论》，北京大学出版社1997年版，第83页。

的基本前提。“犯罪与刑罚之间的时间间隔得越短，在人们心中，犯罪与刑罚这两个概念的联系就越突出、越持续，因而人们就很自然地把犯罪看做是起因，把刑罚看做是不可缺少的必然结果。”① 贝卡利亚的这段话清楚地说明刑罚及时性在预防犯罪方面的功效。三是刑罚的公正性和公平性。公正、公平的刑罚既能体现刑法的正义价值，提高刑法在社会成员中的威信，从而增强其受到自觉遵守的效力，而且也有利于提高受刑者对于所受刑罚的认同感和接受度，因而有利于发挥刑罚特殊预防的功能。②

刑罚功能的局限性和有限性为我们理性地应对犯罪和处遇罪犯提供了有益的启示。启示之一：刑罚有其限度，借助刑罚本身不可能完全阻止犯罪的发生，更不可能消除犯罪现象。因此，不应赋予刑罚在治理犯罪方面过高的期待，不能企望依靠重刑来遏制犯罪率的攀升。同样，基于刑罚功能的有限性，我们对“包括社区矫正在内的各种刑罚执行，都不必抱有过高的实现正义的理想和追求预防犯罪的目标。监禁刑罚和非监禁的社区矫正，都是人类面对犯罪的无奈和妥协，也是一种无理……从社区矫正之本义而言，原本它就不是追求刑罚惩罚的产物。因此，不必担心社区矫正不能很好地发挥作为刑罚措施的惩罚作用，这是必然的，也是必须的。这不仅是因为刑罚本身就是一种无理和浪费，而且不为追求体现刑罚之惩罚也是社区矫正本身的应有之义，否则社区矫正不仅无从产生，而且其存在也失去理由和意义。”③启示之二：既然刑罚效应有限，不如进而着力归还公民以自由。刑罚的终极目标是自由，刑罚是通过剥夺罪犯的自由来保护和实现公民的自由。同时，刑罚本身的目标，最终是归还或恢复受刑人的自由。随着人类文明的进程，人类无奈之下而不得已选择的刑罚，通过渐进地改变甚至丧失其原有形态的方式，而践行着又一种“以刑去刑”的不归之路。刑罚的方向只能是与剥夺、惩罚渐去渐远。如果说从酷刑到依法惩罚、再到监禁这一惩罚的变革过程，在福柯眼里是权力技术和“惩罚”术的转变的话，那么，赋予罪犯更多自由的社区矫正，也可以看做是剥夺罪犯自由艺术的一种新形式。社区矫正的出现，与刑罚发展的未来走向是一致的，它清晰地展示了一条刑罚靠近自由、回复自由的道路。社区矫正及之

① ［意］贝卡利亚：《论犯罪与刑罚》，中国大百科全书出版社 1993 年版，第 56～57 页。

② 张绍谦：“试论刑罚功能的局限性”，载《社会科学》2005 年第 1 期。

③ 张绍彦：“社区矫正在中国——基础分析、前景与困境”，载《环球法律评论》2006 年第 3 期。

后的替代措施，正是人类以刑罚走向自由，解放自己“万里长征”中的一步。[①]

2. 刑罚的致罪性

德国刑法学家耶林说过：“刑罚如两刃之剑，用之不得其当，则国家与个人两受其害。”[②] 现代犯罪学的研究成果为耶林的这句话提供了有力的注解，对于受刑者来说，刑罚具有“制造”犯罪的负面作用。意大利学者格拉曼迪指出：“根据长期的历史经验，国家使用刑罚权，按照罪刑法定主义惩罚犯罪，并没有收到明显的积极效果。刑罚不仅不能消除社会危害，反而增加了危害行为。”[③] 形成于20世纪30年代、至70年代发展到高峰的标签理论对刑罚的致罪作用进行了深入的研究。该理论试图说明人们在初次越轨之后，为什么会继续进行越轨或犯罪行为，从而步入犯罪生涯。标签理论认为，越轨行为本是特定的人和与该特定人有关的其他人之间相互作用，其他人对该行为适用特定规范，贴上越轨行为这一标签的结果。“由于社会群体制定规则并把触犯这些规则的行为确定为越轨行为，由于社会群体对某些人适用这些规则，把他们视为被社会排斥的分子，于是社会群体创造了越轨行为”，也即“越轨行为不是某人某种行为的性质，而是由他人适用规则，并对一名‘坏蛋’进行制裁的结果”。[④] 由此，标签理论的代表人物、美国历史学家弗兰克·坦南鲍姆(Frank Tannenbuam)得出结论：犯罪是社会制造的，犯罪人的产生过程，是一个社区对有不良行为的少年给予消极反应，使其对这种消极反应产生认同，从而走上犯罪道路的互动过程。

标签理论认为，一个人受到标定以后主要会产生两种效应：一是烙印的产生，二是自我形象的修正。早期标签论者利默特认为，任何人在其一生中均曾从事过不同程度的偏差行为，行为人未必因此而有罪疚感，尚能保有良好的自我概念，利默特称此为“原始的偏差行为”。

可是，一旦此种偏差行为被发现，被施以正式的社会控制后，行为人立即得到社会贴上的坏的标记，不但社会视其为异类，行为人的自我概念也产生戏剧性的变化，而径直沿着社会所认定的标记走，最终成为更严重的犯罪人。换言之，社会对某人偶尔犯错的初级偏差行为给予严重之非难并贴上不良的标

---

① 张绍彦：“社区矫正在中国——基础分析、前景与困境”，载《环球法律评论》2006年第3期。

② 转引自林山田：《刑罚学》，台湾地区商务印书馆1983年版，第127页。

③ 孙明：“预防犯罪：一种国际实践”，载《检察日报》2001年7月3日第3版。

④ 王智民：《当代国外犯罪学概说》，中国人民大学出版社1999年版，第113页。

签，就容易导致另一阶段更严重的偏差行为——次级偏差行为，利默特称之为“衍生的偏差行为”。①

以社会批判为己任的标签理论在进行理论研究的同时，也提出了改革控制犯罪的机构与制度的刑事政策建议：（1）非犯罪化，即对于没有必要列为犯罪行为予以惩处的行为加以除罪化处理，尤其是对少年犯罪更是如此。（2）转向处理，即让违法犯罪少年在进入刑事司法系统之前转向其他非刑事的和非监禁的处理，以免为他们贴上更为恶劣的标签。（3）非监禁化。对于非进入刑事司法程序不可的，尽量运用社区处遇替代监禁处遇，因为将罪犯判刑入狱是最深刻的标签化过程，所以，标签理论认为应将一些罪犯从矫正机构转到社区内进行矫正，以减轻监狱等司法机构对服刑者所形成的消极标签效应。“机构可能将犯罪人从身体和心理上与社会隔离开来，会割断犯罪人与学校、工作、家庭和其他支持性影响的联系，会增加向他们牢固地打上犯罪人烙印的可能性。重新整合的目标更有可能通过在社区中对犯罪人开展工作达到，而不可能通过监禁来达到。”② 此外，标签理论还主张通过犯罪人支付赔偿金或提供社区服务的方式来补偿受害人和社区的损失。一些犯罪学家还呼吁通过自愿进行的和解方式来解决个人之间的冲突，从而为恢复性司法的兴起提供了犯罪学的依据。

第二节　社区矫正的现实根据

一、监狱行刑悖论：社区矫正兴起的内在动力

自由刑曾被誉为“近代刑罚之花”而受到普遍青睐。在其确立之初，人们普遍对自由刑寄予厚望，对监狱的矫正作用充满了乐观，将监狱视为一个改造罪犯的理想场所。但是，自由刑200多年的历史证明，自由刑事实上并没有取得人们预想的刑事政策效果。自由刑不仅未能有效地威慑潜在犯罪者，发挥其一般预防作用，也未能实现使罪犯重返社会的理想，达到特殊预防的目的。相反地，以改造罪犯为目的的监狱却往往成为滋生犯罪的温床、生产累犯的工厂。以矫正、改善罪犯为目的的监禁却导致了罪犯恶习进一步加深的结果，自由刑陷入了诸如复归理想与复归效果的矛盾、一般威慑与犯罪现实的矛盾、判

① 黄华生：《论刑罚轻缓化》，中国经济出版社2006年版，第59页。
② 吴宗宪：《西方犯罪学》，法律出版社1999年版，第541页。

决刑期与判决目标的矛盾、监狱目标与监狱经济的矛盾等难以自拔的困境。①

1974年，美国犯罪学家马丁森发表了著名的“马丁森报告”，得出了“虽然有极少和偶尔的例外，迄今所报道的矫正效果对重新犯罪没有产生有价值的作用”的结论。“马丁森报告”像一枚炸弹投向行刑领域，对行刑领域的矫治理念与模式造成巨大的冲击。马丁森等人的研究结论似乎宣告了“矫正无效时代”的到来，引致新古典主义刑罚观的重新复活。新古典主义刑罚观的重新复活的一个重要表现，就是刑事司法领域中用公平模式取代医疗模式。主张公平模式的美国伊利诺斯州法律实施委员会执行主席戴维·福格尔认为，监狱不应当改造犯罪人，不应当把监狱变成治疗场所；监狱仅仅是惩罚犯罪人的场所，人们不应当要求监狱要有治疗的功能。② 甚至有人走向另一个极端，主张建立“无监狱社会”，废除监禁刑。德国犯罪学家利普曼就是最早的监狱废除论者之一，他认为给罪犯以自由，比将罪犯投入监狱，损害他们的健康，使其身心都不能适应社会，反倒成为比以前更加危险的亡命之徒，会有更大价值。③

“马丁森报告”所带来的对监狱行刑的批评声浪，促使理性的人们开始冷静反思自由刑的功能和价值，检讨自由刑理想与现实巨大反差产生的根源。通过反思，学者们认识到自由刑的问题正是源于自由刑本身。因为自由刑本身就是一个矛盾、一对悖论。自由刑以矫正、改善罪犯、使其重新适应社会生活为目的，但自由刑达成这一目的的手段却是使其与社会完全隔离，其过程是封闭性的。这样，自由刑的过程与目的就形成了一对悖论。正是这一悖论从根本上制约了自由刑的行刑效果。对自由刑的这一根本悖论，前苏联刑法学家A. M.雅科夫列夫首先予以了透彻、全面的分析。他指出：第一，自由刑的目的是最大限度地使人适应社会正常生活条件下的生活，但又不得不把他与社会隔离开来；第二，虽然希望以正确的观点取代犯罪人头脑中的有害想法和习惯，希望他能养成有益于社会的品质，可是，又要把他同其他犯人放在一起，而在这里却最容易相互传染各种恶习；第三，虽然力求使犯罪人适应在公民正常的、劳动环境中的生活，适应自由条件下的生活，却又要把他放在与自由公民的生活截然不同的环境中。对一个人来说，剥夺自由基本上是一种不正常和不自然的状态；第四，为了不重新犯罪，一个人应能跨过通往自由的大门，在正确的道

---

① 梁根林：《刑事制裁：方式与选择》，法律出版社2006年版，第216页。

② 吴宗宪：《当代西方监狱学》，法律出版社2005年版，第128页。

③ 翟中东主编：《自由刑变革——行刑社会化框架下的思考》，群众出版社2005年版，第203页。

路上积极地活动。从事公益劳动的本领乃是一个人同罪恶的生活方式彻底决裂的不可缺少的条件。然而，剥夺自由这种刑罚却使人失去很大一部分独立活动的能力，养成一种按照定好的规则被动行动的习惯。①

自由刑悖论有一系列的表现，我国学者储槐植教授将其归纳为两个方面：一是刑罚的存在以国家与犯人的对立为前提，但监禁刑的执行又以犯人与国家的合作为条件；二是监狱属性是将犯人与社会隔离，而监狱目标是使犯人回归社会。② 王平博士立足于罪犯矫正的视角，把监狱行刑悖论归纳为两大内在矛盾：一是罪犯监狱化与罪犯再社会化的矛盾；二是封闭的监狱与开放的社会的矛盾。③ 结合学者们的论述，笔者将监禁刑悖论概括为三个方面：

（一）罪犯监狱化与罪犯再社会化的矛盾

1. 罪犯再社会化

马克思主义人学理论告诉我们，人是自然属性和社会属性的统一，但人归根结底是一种社会性动物，必须参与到有组织的社会中去。从作为生物个体的人向作为社会群体的人转变的过程就是人的社会化过程。这是一个个人与社会双向互动的过程，社会学将其归纳为“社会教化”和“个体内化”的过程。前者指社会通过社会化的机构及其执行者实施社会化的过程；后者指个人经过一定方式的社会学习，接受社会教化，将一定的社会目标、价值观、行为规范和行为方式等转化为自身稳定的人格特质和行为反应模式的过程。④ 由于人的社会化必须具备个人与社会两方面的条件，欠缺某一方面的条件，就可能出现社会化的偏差和失败。犯罪也是一种社会偏差行为，是社会化过程的缺陷或障碍导致，而且是所有社会化偏差和失败中最为严重的表现。为了纠正和克服社会化过程中的偏差和社会失范问题，就需要再社会化。

再社会化，顾名思义就是在社会化基础上进行的社会化。再社会化有广狭两义：广义的理解指在生活的急剧转变中，一个人放弃原来的生活方式而适应另一种对他来说全新的生活方式的过程。这个过程可以是自愿的（如国籍的变更、专业的改变等），也可以是被迫的、强制的（如对罪犯的教化）。狭义的理解专指强制性的教化过程。⑤ 对罪犯的改造就属于狭义的再社会化，与普

---

① 梁根林：《刑事制裁：方式与选择》，法律出版社 2006 年版，第 219 页。

② 储槐植：《刑事一体化与关系刑法论》，北京大学出版社 1997 年版，第 395 ~ 397 页。

③ 王平：《中国监狱改革及其现代化》，中国方正出版社 1999 年版，第 110 页。

④ 周晓虹：《现代社会心理学》，上海人民出版社 1997 年版，第 124 ~ 125 页。

⑤ 郑杭生主编：《社会学概论新修》，中国人民大学出版社 1994 年版，第 133 页。

通社会化相比，罪犯再社会化有其特殊性：（1）强制性。罪犯再社会化一般是强制性的，不可选择的。（2）封闭性。对罪犯的改造通常是由一些与社会隔离的完全封闭的全控机构来实施的，罪犯被剥夺了与外界接触的权利。（3）教化者与受化者处在一种控制—教化型关系中，作为教化者的管教人员与作为受化者的罪犯之间在法律上处于不对等的法律地位。（4）非自主性。再社会化完全按照标准化方式进行，无论从日常生活，还是从接受教育和劳动都是按照标准化要求运作。可见，罪犯再社会化过程就是罪犯人格重塑的过程，其实质就是通过发挥刑罚的矫治功能和教化作用，使犯罪人得以改过迁善，再度适应正常的社会生活。

2. 罪犯监狱化问题

监狱化的概念，最早是由美国社会学家唐纳德·克莱默在其于1940年出版的经典性著作《监狱社区》中提出来的。在书中，克莱默把监狱化定义为犯人“接受监狱的风俗、习俗、习惯和一般文化”的过程。现在一般认为，监狱化就是犯人将监狱社会或者犯人文化中的规范、价值观和非正式规则内化的社会化过程或者同化过程。① 在监狱社会，罪犯特有的规则与价值观能够形成罪犯亚文化，并提供给其成员通过非正式手段获得在监狱内的权力和地位，以减轻其社会剥夺感，并补偿其独立与安全的损失，随着罪犯接受和认可监狱生活和罪犯价值标准，就可导致“监狱化”。②

根据唐纳德·克莱默的解释，监狱化是指罪犯对监狱文化的学习与内化过程，具体内容包括三个方面：一是对监狱亚文化的学习与接受；二是对监狱当局制定的正式规则和制度的学习与接受；三是对监狱普通文化的学习与接受。其中，监狱化的核心内容和主要结果是对监狱亚文化的学习和接受。③

所谓监狱亚文化，是指罪犯亚群体在监禁生涯中逐渐形成、自觉或不自觉地信奉和遵行，与社会主流文化偏离或对立的价值标准、行为方式和现象的综合体。④ 监狱亚文化本质上是一种反文化，它的生成，与其说是监狱外的犯罪亚文化的直接输入与移植，不如说是监狱生活的特殊产物和罪犯为减轻监禁中的孤独与痛苦而作出的暂时性反应更为准确。⑤ 一般来说，服刑的罪犯个体不可能长期处于孤立状态中，或迟或早要融入罪犯群体中以获得安全感和归属

---

① 吴宗宪：《当代西方监狱学》，法律出版社2005年版，第502页。

② Christopher Hensley: Prison Sex, lynne Rienner Publishers, 2001, p. 14.

③ 王平：《中国监狱改革及其现代化》，中国方正出版社1999年版，第112页。

④ 许章润：《监狱学》，中国人民公安大学出版社1991年版，第74～75页。

⑤ 赵宝成：“罪犯‘监狱化’初探”，载《政法论坛》1992年第4期。

感。“在这种背景下，罪犯产生了凝聚的自觉性，他们把自己联结为某种团体——‘我们’，而与所有生活在自由状态下的人——‘他们’相对立。与此同时，罪犯还赋予自己的团体以道德价值。这一切都有助于罪犯从消极的心理状态下解脱出来。但也正是这种团体的存在，使罪犯更疏远社会，更强烈地对社会抱戒备和敌视态度。”① 可见，罪犯亚文化和罪犯监狱化的发生根据，深植于罪犯作为人所具有的内在基本需要之中，深植于罪犯群体所追求的共同利益和共同目标之中。

3. 监狱化对罪犯再社会化的抑制

在世界上大多数国家，通过行刑活动实现罪犯的再社会化被界定为现代行刑的终极目标。在法社会学的视野中，罪犯再社会化就是改变行刑对象原有的世界观、价值观及其生活方式和行为习惯，接受社会主流价值观念、生活方式以及行为习惯的过程。由于监狱化是对与社会主流文化相背离的监狱亚文化的学习与内化的过程，所以，监狱化与重新社会化是截然相反的两个过程，由于前一个过程的发生与存在，往往使后一个过程受到抑制或抵消，从而使在剥夺罪犯自由条件下改造罪犯的种种设想与尝试归于失败。监狱化对罪犯再社会化所产生的抑制或抵消作用具体表现在以下五个方面：②（1）监狱化是一个反社会化过程，其最终结果是使具体罪犯接受罪犯社会的价值与习惯，并逐渐加入和适应罪犯社会。罪犯个体监狱化实质上是在遭到正常社会排斥之后而进行的一种非病态的心理逃避和补偿，这种逃避和补偿的另外一面便是对正常社会的愈加疏远和愈加难以回归。（2）监狱化过程是一个个性化过程，通过这个过程，罪犯人格会发生一定程度的变异或重塑，表现为极度自卑，缺乏自主性、自尊性和责任感，刻板、麻木和对外界事物感知迟钝等。（3）在一定程度上说，监狱化过程也是一个犯罪化过程。一方面，在监狱化过程中，罪犯彼此传习犯罪技巧和其他恶习，使罪犯由入狱时的“单面手”变成出狱时的“多面手”；另一方面，被监狱化了的罪犯接受了罪犯社会的非正式的价值、习惯和规范，同时也就产生了一种对社会主导价值和监狱当局的正式规则的“免疫力”，对抗和销蚀着社会主流文化对罪犯的规劝、教育效果，使得行刑功效大打折扣。因此，监狱化过程的发生，不仅可能使罪犯改造和重新社会化倍加困难，而且可能加深罪犯的反社会性程度，产生众多的累犯和惯犯。（4）监狱化过程还是一个烙印化过程，即把罪犯这一恶的名声与某一个人或某一类人固定地联系在一起，形成一种标签效应。如果说适用刑罚可以使罪犯意识到自己

① 陈和华：“论监禁的困境与改善”，载《法学》2005年第4期。

② 赵宝成：“罪犯‘监狱化’初探”，载《政法论坛》1992年第4期。

已经被社会划入“另册”，那么，对监狱生活的具体体验则可以使罪犯清楚地认识到自己已经属于社会的“另类”。

（二）封闭的监狱与开放的社会之间的矛盾

监狱历史发展的一般规律告诉我们，监狱的开放程度与社会的开放程度相适应——如果社会是封闭的，监狱内罪犯的生活与社会一般公民的生活相差无几，罪犯刑满释放后就能够比较顺利地适应正常的社会生活，监狱改造罪犯的效能就高；反之，如果整个社会是高度开放的，封闭的监狱与开放社会生活相去甚远，罪犯刑满释放出狱后，就难以适应开放的社会生活，监狱改造罪犯的效能就低，监狱的封闭性属性本身就会成为罪犯再社会化的障碍。①

传统意义上的监狱行刑宗旨是使罪犯与社会相隔离，以消极的方式使犯罪人无法再危害社会。“监狱的首要原则是隔离。使罪犯与外部世界、与促成犯罪的一切事物、促成犯罪的集团隔离开，使犯人彼此隔离开。”② 在米歇尔·福柯的眼里，监狱作为一种“彻底的规训机构”，它最大限度地强化了在其他规训机制中也能看到的各种做法，它针对罪犯的所有方面——身体训练、劳动能力、日常行为、道德态度、精神状况——强制实施一种全面的教育：在监狱中，政府可以任意剥夺犯人的人身自由和任意处置他们的时间。它可以不仅在一天之内，而且在连续的岁月里管制起床和睡觉、活动和休息的时间，吃饭的次数和时间，食品的质量和份额，劳动的性质和产品，祈祷的时间，语言的使用，甚至思想的使用。总之，这种教育就是简单地控制着肉体在餐厅到车间再到囚室之间的运动，甚至在休息时也是如此。这种教育占据了整个的人，占据了人的全部体力和道德能力，占据了人的全部时间。③ 监狱的封闭环境和一些耻辱性的设施、服装、活动和仪式等会给犯人造成精神上的创伤和人格贬低。美国齐多巴教授曾做过一个实验证实了上述理论。他用斯坦福大学一个楼房地下室作为模拟监狱，征募一群没有犯罪记录的大学生进行试验。根据抽签，有的学生充当“犯人”，有的充当“看守”。尽管这些试验参加者都具有正常人身份，但在这种“模拟监狱”的环境中很快地呈现出极权机构的特点。有三个“犯人”在试验的头四天就出现了严重的创伤反应，因而不得不被提前“释放”。其余“犯人”和“看守”的行为很快就相似于真正的犯人和看守。

---

① 储槐植：《刑法机制》，法律出版社 2004 年版，第 216 页。

② ［法］米歇尔·福柯著，刘北成、杨远婴译：《规训与惩罚》，三联书店 2003 年版，第 265 页。

③ ［法］米歇尔·福柯著，刘北成、杨远婴译：《规训与惩罚》，三联书店 2003 年版，第 265 页。

1/3的“看守”滥用他们的权力，搞得“犯人”垂头丧气。其余的“看守”虽然没有参与这种行为，但也没有制止他人对“犯人”的虐待行为。就是说，“看守”和“犯人”很快地显现出那种被理解为符合身份的行为模式，以致他们感到不再拥有几天以前在自由社会中所拥有的自由举动。齐多巴教授原打算进行两周实验，后来他觉得这对参加者的精神损害太大，以致不得不在6天之后就停止了这项实验。①

显而易见，封闭式监狱与正常社会生活的巨大反差必然影响到监狱改造罪犯的效能，并最终制约着犯人再社会化的进程。犯罪学的研究成果证实，人们适应社会的能力与犯罪的发生之间存在着非常直接而显著的正相关关系，适应社会的能力越差，越难于融入主流社会，犯罪发生的可能性就越大。因此，让一个人长期脱离正常的社会生活并将其置于监狱这种反常的社会环境之中，同时却希望他适应正常的社会生活，这是一种天方夜谭式的神话故事。很多国外学者早就注意到这样一种二律背反的现象并作出了精辟的评述。如美国学者巴特勒斯指出：“将一个人数年之久关押在高度警戒的监狱里，告诉他每天睡觉、起床的时间和每日每分钟应做的事，然后再将其抛向街头并指望他成为一名模范公民，这是不可思议的！”② 美国芝加哥大学莫里斯教授更是一语中的：“自由刑无疑是人类社会对罪犯的一种驱逐，它将罪犯驱逐于比普通社会条件更为糟糕的地方，而罪犯则必须由这种更为糟糕的地方重新回到社会上来，因而可以说这是一种奇怪而无益的驱逐。罪犯被驱逐之后，不但不可能过有意义的生活，而且被切断与外界社会的联系，使心理与社会性遭到损害，因而更加难以复归社会。”③

（三）监禁痛苦与刑罚人道之间的矛盾

刑罚的人道性是指刑罚的制定与适用都应当与人的本性相符合。纯粹理性意义上的自由刑的本质应当仅仅限于将犯罪人限制在特定的活动空间里，以此让犯罪人感受到痛苦作为惩罚。明白这一点的意义在于，从纯粹理性意义上讲，被判处自由刑的犯罪人只在于不能越过特定空间界线，此外的其他权利都不能予以剥夺或限制。然而，纯粹理性意义上的自由刑的本质只是一种理想甚至幻想，在实际执行自由刑时由于种种原因，犯罪人其他方面的权利、利益总

---

① 转引自储槐植：《刑事一体化与关系刑法论》，北京大学出版社1997年版，第510~511页。

② ［美］巴特勒斯著，孙晓雳等译：《矫正导论》，中国人民公安大学出版社1991年版，第130页。

③ 转引自张甘妹：《刑事政策》，台湾地区三民书局1979年版，第282页。

会受到不同程度的损失或限制，有的是必然的，有的是必要的。[①] 可见，从本质上看，监禁刑是反理性的，不符合人道精神的。以反理性、不人道的方法来试图感化、矫正罪犯、恢复罪犯的良知，这也是监禁刑的一大悖论。

监禁刑的非人道、违背人性的主要表现是犯人由于被监禁和失去自由而承受的身心痛苦，即所谓的“监禁的痛苦”。在西方国家，对监禁的痛苦进行系统研究并产生较大影响的是美国普林斯顿大学犯罪学教授格雷沙姆·赛克斯。他在1958年出版的《囚犯社会：对一所最高警戒毒监狱的研究》的著作中，提出犯人遭受5种剥夺，从而承受5种痛苦：（1）剥夺自由；（2）剥夺物品和服务；（3）剥夺异性关系；（4）剥夺自主权；（5）剥夺安全。赛克斯的研究成果，引发了其他学者对该课题的关注和研究兴趣。1991年，布赖恩·威廉斯的《对犯人开展工作》一书，对监禁的痛苦有了更加系统的论述。根据西方学者的研究成果，处在监禁状态下的犯人承受的监禁痛苦主要有以下方面：[②]

1. 行动自由的丧失。监狱是一个犯人没有行动自由的地方，被监禁的犯人遭受着严重的自由剥夺。监狱中的一切规则和制度，似乎都致力于最大限度地剥夺犯人的行动自由；监狱官员的日常管理活动，也在尽可能地缩小犯人的行动自由。这些基本自由的剥夺，对罪犯心理会产生巨大的冲击，导致其自我价值感的贬损。

2. 与家庭和朋友的分离。家庭和朋友是个人重要的社会支持系统。但是，犯人一旦进入监狱，就被迫与家庭和朋友分离，突然陷入没有亲友相助和支持的境地，只能自己应对在狱中遇到的挫折和困难。

3. 失去接触和机构化。一方面，犯人失去与外界的接触，不敢对外界讲述自己的真实情况。另一方面，随着服刑时间的增加，犯人与外界的隔离不断加深，与此同时，犯人受到监狱制度和监狱生活的影响却越来越大。监狱制度不仅约束他们的行为，支配他们的日常生活，而且影响到他们的心理和情绪，甚至影响到无意识的心理。

4. 恐惧和安全感的丧失。正如有人所言，对犯人来说，最糟的一件事就是他必须与罪犯长久地住在一起。监狱是一个充满暴力的地方，在这个环境中生活的犯人充满了恐惧心理，严重丧失了安全感。犯人不知道自己在什么时候会遭到其他犯人或者监狱官员的侵害，大量具有暴力行为历史的犯人的聚集，使监狱中的许多犯人生活在遭受暴力侵害的恐怖之中。

---

① 马贵翔：“狱内行刑社会化的价值及其实现”，载《复旦学报》2005年第2期。

② 吴宗宪：《当代西方监狱学》，法律出版社2005年版，第498～501页。

5. 性剥夺。与异性交往是人的本性之一。人们都有和异性交往的本能需要，并且在与异性交往的过程中获得很多益处。由于绝大多数监狱都是一种同性环境，犯人被剥夺了与异性交往的条件。虽然现代监狱允许犯人在一定条件下，可以享受“返家探视”、“与眷同住”等权利，从而舒缓受刑人与配偶隔离之痛苦。但由于限制条件严格，或者狱方出于安全因素的考虑，实际享受此种待遇的犯人极其有限。长期的异性关系的剥夺，造成许多犯人高度的性压抑痛苦，一些犯人为了满足感情和性方面的需求，不得不将性欲对象指向同性犯人，从而导致监狱中同性恋行为的泛滥。

6. 权利的丧失。与普通公民相比，罪犯已不可能完整地享有法律所规定的公民权利，他们的一部分原有权利已被依法剥夺，实体权利的范围缩小，从而在权利形态上表现出部分的缺失。同时，罪犯的某些权利虽然没有被剥夺，但是基于刑罚的性质和监管改造的需要，这些权利必然被烙上刑罚的印痕，从而在内容上表现出它们的不完整性。[①] 大量权利的被剥夺或受到限制，使犯人无法像普通人一样通过行使权利来维护自己的合法权益，体现自己的尊严和价值。

7. 自主性的丧失。监狱“对犯人施展一种几乎绝对的权力”，“它具有压迫和惩罚的内在机制，实行一种专制纪律”。[②] 犯人既不可能解释监狱规则，更不可能参与制定监狱规则。监狱为了管理犯人，就要借助于标准化的制度和日常活动，而这种标准化和制度化的生活，必然会以损害犯人的个别性和个人特征为代价，最终使犯人变成一个没有个性特征的人，犯人的自我也就逐渐被消除。监狱对于犯人自主性的剥夺，严重削弱了犯人的责任感和主动性，这是与监狱改造犯人的目标相背离的。

罪犯监狱化与重新社会化的矛盾、封闭的监狱与开放的社会的矛盾以及监禁的痛苦与刑罚人道的矛盾，深刻地揭示了监禁刑及其执行处所的传统监狱在矫正罪犯方面的弊端和缺陷。上述矛盾的存在，迫使人们对监禁刑以及监狱制度重新加以审视。为了避免或缓解上述矛盾和危机，各国在自由刑的运用和执行上主要采取两种措施：一是改变传统的行刑方式，实行行刑社会化和开放式处遇，尽量保持罪犯与外部社会的联系，使其对回归社会有充分的心理准备和适应能力；二是尽可能摆脱社会对刑罚尤其是监禁性刑罚的依赖，大量动用罚金刑、缓刑、假释等非监禁性刑罚和刑罚执行方法，努力探询短期自由刑的替

---

① 赵运恒：“罪犯权利论”，载《中国刑事法杂志》2001年第4期。

② ［法］米歇尔·福柯著，刘北成、杨远婴译：《规训与惩罚》，三联书店2003年版，第264页。

代措施。正是在这样的背景下，蕴含着人道、民主、效益等现代理念的行刑社会化思想得到了西方社会的广泛认同，作为行刑社会化重要环节的社区矫正制度在许多国家得到推行和发展。

二、监狱拥挤与行刑成本：社区矫正推行的外在压力

（一）监狱拥挤及其负面影响

监狱拥挤是许多国家监狱面临的共同问题。由于犯罪总量的持续攀升以及监禁刑的过度使用，造成许多国家监狱押犯人数的持续增长。例如，由美国司法部公布的司法统计局公告对 1990 年至 1998 年近 10 年美国犯人情况的报告显示：9 年间，平均每年入狱人数比上年增加 63144 人，年增长率为 6.7%。到 1998 年年底，30 个州报告因监狱人满为患，总共有 24925 名州罪犯不得不改在当地看守所或其他的机构关押。[①] 日本是世界上犯罪率较低的国家之一，但从 1990 年至 2000 年犯罪率增长了 50%。由于恶性犯罪增加，造成监狱严重超员关押。据新华网 2006 年 7 月 31 日的报道，意大利也面临监狱爆满的窘境，目前 205 所监狱中关押着 6 万多名囚犯，但监狱法定容纳人数仅为 4 万余人，超押 2 万人。[②] 在我国，自从 1983 年实行“严打”的刑事政策以来，监狱系统的罪犯数量急剧增长。1995 年，全国监狱在押犯人数超过 132 万，超押 30 万人。近几年，监狱关押设施有所增加，我国监狱的关押能力达 120 万人。但是，监狱容量的增加远远赶不上押犯人数的增长。据统计，2000 年，全国监狱押犯为 144 万人，超押 24 万人，超押率为 20%；2001 年，全国监狱押犯为 1546130 人，超押 346130 人，超押率为 28.8%；2003 年，全国监狱押犯为 1562742 人，超押 362742 人，超押率为 30.2%。[③] 当监狱人口接近甚至超过监狱的设计容量时，必然导致监狱拥挤问题的产生。监狱拥挤给监狱管理、罪犯改造带来了一系列的负面影响，制约着监狱行刑效能的有效发挥。具体表现在：

1. 降低罪犯的物质生活待遇。监狱爆满的结果将造成监舍更加拥挤，受刑人的活动空间相对缩小，可利用的生活设施相对减少，各项生活服务如饮食、卫生、医疗保健、文化娱乐等的标准有所下降。例如，在美国，由于押犯

---

① 转引自张文等：《人格刑法导论》，法律出版社 2005 年版，第 240～241 页。

② 参见 http://www.n025.com。

③ 章恩友、刘恒志：“开展中国特色社区矫正工作的思考”，载《中国监狱学刊》2005 年第 1 期。

增加，联邦和州监狱系统从 1994 年到 1998 年，增加了 467079 张监狱床位，平均每星期大约增加 1800 张新的监狱床位。但新增的床位与押犯人数之间仍有一定的缺口，1997 年 12 月 31 日，美国州一级的监狱人口是监狱床位的 113%。① 可见，监狱人满为患的结果使得罪犯的基本生活都受到了冲击。

2. 损害受刑人的身心健康。国外的研究认为，“过度拥挤构成了身体和心理疾病的主要基础。高密度的生活由于‘自然的’原因，例如，自杀、杀人、精神崩溃、生理疾病、过度的懒散造成的抑郁，而与过早的死亡有联系”。② 美国心理学家保罗·保罗斯（Paul B. Paulus）指出：“大多数档案研究集中探讨了监狱拥挤和社会不良行为，包括针对罪犯或矫正官员的侵犯行为之间的联系。研究得出的基本结论是，监狱拥挤可能与破坏行为或侵犯行为的增加有关……拥挤增加了造成挫折、易激惹或诱发攻击行为的机会，它们又会增加暴力行为和不良行为……由于身体接近会助长对抗，所以，空间密度尤其会增加包括攻击性冲突在内的违纪率。”③ 另一位美国学者亚特曼（Altman）也指出，监狱拥挤会增加受刑人心理紧张及压迫感，极有可能使原本就非舒适之处遇环境雪上加霜，其影响层面包括违规行为、暴行、心理压力、精神疾病、生理症状、自杀行为和死亡率等。④

3. 降低监狱行刑效能。对美国监狱的一些研究分析表明：拥挤会造成在管理中的不确定性、不可预测性和影响管理目标的实现。研究还表明：犯人对监规的违反包括一些暴力行为，与监狱的拥挤有着密切的关系。在联邦监狱的调查发现：最为拥挤的监狱有着最高的违规率。⑤ 可见，监狱拥挤在一定程度上消解了狱政管理人员为改造犯人所作的努力，使监狱行刑效能受到影响。

为应对日益严重的监狱拥挤问题，各国政府采取了多种措施，概括起来主要有两条途径：一是“扩容”，即扩大监狱的容量，以便监狱能容纳更多的犯人。为此，各国政府通过新建监狱和扩大原有监狱的容量来达到“扩容”的目的。但是，新建、扩建监狱一则花费巨大，二则耗费时日，“因为从决定新

---

① 吴宗宪：“论西方国家的监狱私营化及其借鉴”，陈兴良主编：《刑事法评论》（第 14 卷），中国政法大学出版社 2004 年版，第 369 页。

② 转引自吴宗宪等：《非监禁刑研究》，中国人民公安大学出版社 2003 年版，第 87 页。

③ Paul B. Paulus, Prison Crowding: A Psychological Perspective, New York: Springer - Verlag, 1988, pp. 15 ~ 16.

④ 冯卫国：《行刑社会化研究》，北京大学出版社 2003 年版，第 95 页。

⑤ 刘强编著：《美国刑事执法的理论与实践》，法律出版社 2000 年版，第 37 页。

建监狱到开始收犯一般需要至少两年时间，长的可达5至7年”。[1] 所以，不能起到立竿见影的功效，难以及时缓解监狱爆满的燃眉之急。二是“分流”，即疏减监狱押犯人数。为此，美国等西方国家采取“前门”和“后门”两种策略。“前门”策略是对一部分罪犯采取非监禁的惩罚方法，如实行缓刑、罚款、社区服务、强化监督、赔偿等。“后门”策略是通过缩短犯人的服刑时间、扩大适用假释等来增加释放率，以腾出监狱的“库容”，舒缓监狱拥挤的压力。可见，正是监狱拥挤这个外在压力，“前门”、“后门”策略的广泛运用，使社区矫正在西方国家大行其道，获得了旺盛的生命力。

（二）监禁成本

刑罚是一种重要的犯罪控制手段，同时也是一种有限的社会资源。国家对一个罪犯动用刑罚，不仅罪犯需要付出代价，国家也需要为此投入大量的人力与物力。这两方面的付出构成刑罚成本。所谓刑罚成本，是指国家动用刑罚所必然或可能支付的费用和代价。具体说，刑罚成本包括以下组成部分：(1) 对犯罪人有关重要权益的剥夺或限制。(2) 不必要的代价。不必要的代价是刑罚适用不当所造成的成本支出。它作为刑罚成本之一，只是具有可能性。(3) 刑罚的司法成本。这是指司法机关因求刑、量刑、行刑等司法活动而支付的有关人力、物力、财力、时间等的浪费。[2] 与非监禁刑相比，监禁刑的成本是极为昂贵的。对此，英国学者乔治·B. 沃尔德有过评述：在刑罚实践中，监禁刑作为最为普通的刑罚方法被普遍接受……但是监狱却是一个异常昂贵的机构——修建、维持和运作需要花费大量财富。[3]

根据上述刑罚成本的构成，监禁刑的成本主要有：

1. 对犯罪人人身自由的剥夺，这是监禁给罪犯产生的成本。监禁刑是通过剥夺罪犯的人身自由，使其产生痛苦的体验。对一个社会人而言，人身自由是仅次于生命的重要权益。对受刑人来说，监禁消耗了他们的生命，使其承受精神的痛苦。由于自由是公民所享有的最基本的权利之一，许多其他方面的权利是依附于自由权利而存在的，因而自由的丧失自然引发其他一些权利的缺损，如夫妻生活方面的权利、对子女的监护权、正常的社会交往的权利等。[4]

2. 监禁刑的执行会产生不必要的代价，即社会成本。监禁刑的社会成本

---

① 刘强编著：《美国刑事执法的理论与实践》，法律出版社2000年版，第46页。

② 陈正云：《刑法的经济分析》，中国法制出版社1997年版，第273～274页。

③ 转引自谢望原：《欧陆刑罚制度与刑罚价值原理》，中国检察出版社2004年版，第315页。

④ 冯卫国：《行刑社会化研究》，北京大学出版社2003年版，第87页。

主要包括：（1）由于罪犯被监禁而对原来工作单位造成的损失。（2）与罪犯家庭有关的资源耗费。（3）与社会贡献率的减弱有关的资源耗费。[①]（4）监禁刑的执行还可能要消耗一种无形的社会心理资源，即行刑活动对人们社会心理的影响。监禁刑的一些负面影响会对社会心理造成损害，使国家和社会的心理状况发生消极转化，损害社会道德和社会心理。[②] 例如，美国学者通过实证研究发现，将较大数量的已达家长年龄的男性罪犯监禁关押，由此导致的单亲家庭，会影响对子女的正常抚养功能，容易增加子女从事违法犯罪行为的机会，对社区产生危险的结果。[③]（5）监狱劳动力的高转换率和大多数监狱劳动力固有的缺乏劳动经验和劳动技能的问题造成了许多以监狱为基础的企业活动需要为培训犯人付出高昂的代价。[④]

3. 监禁刑的司法成本。适用任何刑罚方法，司法机关在求刑、量刑、行刑过程中都要付出一定的人力、物力、财力和时间的耗费。与非监禁刑相比，监禁刑在求刑和量刑方面的成本没有什么区别，但在行刑方面，监禁刑的成本就非常昂贵。因为监禁刑需要固定的行刑场所和设施，需要维持监狱的正常运转，需要看管犯人的管理人员，需要支付犯人的生活费用等。这是一笔庞大的费用，而且随着监狱押犯数量的激增，这方面的费用将会与日俱增。据统计，美国每年花费在一个囚犯身上的费用大约为 1 万至 1.5 万美元，全国每年为维持监狱运转的费用高达 300 亿美元，美国政府在监狱方面的投资是教育投资的 6 倍。[⑤] 据加拿大 2000 - 2001 年度统计，关押一个男犯的年度费用为 66381 加元，关押一个女犯的年度费用更高达 110473 加元。我国监狱监管罪犯的费用虽然没有美国、加拿大那么高，但是花费也相当可观。2002 年，全国监狱系统日常经费支出 165.4 亿元，其中，国家财政拨款 127.3 亿元，生产补充 39.4 亿元。另外，监狱基本建设项目支出 30 多亿元。若仅以纯国家财政拨款 127.3 亿元日常经费和 30 亿元基本建设经费，分摊到 154 万罪犯头上，关押改造一个罪犯的年费用也已超过万元。这 157 亿多元的经费还不包括从军费渠道支出的武装警察看押的费用。如果再加上超押的 24 万人，需要新建监狱，需要增加监狱设施，需要增加管理人员和管理费用。这势必又要增加国家的财

---

① 吴宗宪等：《非监禁刑研究》，中国人民公安大学出版社 2003 年版，第 96 ~ 97 页。

② 吴宗宪等：《非监禁刑研究》，中国人民公安大学出版社 2003 年版，第 104 ~ 105 页。

③ 刘强编著：《美国刑事执法的理论与实践》，法律出版社 2000 年版，第 44 页。

④ ［美］理查德·霍金斯、杰弗里·P. 阿尔珀特著，孙晓雳等译：《美国监狱制度》，中国人民公安大学出版社 1991 年版，第 270 页。

⑤ 刘强："刑罚适用模式的比较研究"，载《中国监狱学刊》2001 年第 4 期。

政负担，增加关押成本。①

监禁刑的高额费用和昂贵成本，迫使各国政府适度调整刑事政策。“有选择监禁”的刑事政策在西方国家的确立，正是它们在面临日趋严重的监狱拥挤以及代价昂贵的监禁成本的内在压力之下的明智之举。

“有选择监禁”刑事政策的主要内涵是：基于监禁刑仍是一种十分必要的刑罚措施，在抗制犯罪的斗争中发挥着不可或缺的作用，同时监禁刑本身存在着许多缺陷和弊端，监狱并非矫正罪犯的理想环境，因此，一方面应从总量上严格控制监禁刑的适用，适度控制监狱入口规模；另一方面，应当实现监禁刑资源的合理配置，监狱只应关押那些对社会危险性最大而有必要监禁的罪犯，对那些不必要监禁或不需要继续监禁的罪犯应尽可能放在社会上接受矫正。②“有选择监禁”刑事政策推行的结果，一方面是监禁刑的适用势头得到遏止，另一方面是社区矫正异军突起，除了罚金、缓刑、假释等传统的非监禁刑措施外，新的制裁方法如劳动赔偿、社区服务等被大量地引进与适用。时至今日，美国、加拿大、英国、法国、澳大利亚、德国、新西兰、日本等西方发达国家和地区都已形成了以非监禁刑为中心的刑罚适用和执行模式。

第三节　社区矫正的刑事政策学根据

刑罚作为一种由国家发动的制裁措施，其设定和运用都不是盲目的，而是基于一定的刑事政策考虑、在刑事政策思想指导下进行的。因此，研究刑罚制度离不开刑事政策思想的支撑，刑罚适用和执行模式的变革奠基于其背后深厚的刑事政策基础之上。社区矫正作为刑罚适用和执行的全新模式，产生于西方国家“轻轻”、“重重”的两极化刑事政策背景之下，是“国家·社会”双本位型刑事政策模式的理性选择。

一、社区矫正的背景：两极化刑事政策

（一）刑事政策及其与刑罚的关联

自“近代刑法学之父”费尔巴哈首次提出“刑事政策”这一概念以来，

① 郭建安：“社区矫正：改革与完善”，载陈兴良主编：《刑事法评论》（第14卷），中国政法大学出版社2004年版，第320页。

② 冯卫国、储槐植：“刑事一体化视野中的社区矫正”，载《吉林大学社会科学学报》2005年第2期。

中外刑法学者在研究刑事政策时往往热衷于根据自己的刑事政策理念以及对刑事政策作用界域的界定而解读刑事政策，致使刑事政策的概念在学术上存在着广泛的分歧。① 以致我国学者储槐植教授无奈地说："可以这样认为，至今几乎所有关于刑事政策的著述，找不到两个完全相同的刑事政策定义。"② 依据学界通行的观点，刑事政策的定义，存在广义与狭义之分。广义说认为，刑事政策是指国家预防及镇压犯罪为目的的一切手段与方法。依广义说，刑事政策之防止犯罪目的不必是直接、积极的或主要的，而凡与犯罪之防止有间接或从属的目的之方法亦可属之。申言之，广义的刑事政策并不限于直接的以防止犯罪为目的之刑罚诸制度，而间接的与防止犯罪有关的各种社会政策，例如居住政策、教育政策、劳动政策（失业政策）及其他的保护政策等均应包括在内。狭义说认为，刑事政策是指国家以预防及镇压犯罪为目的，运用刑罚以及具有与刑罚类似作用之诸制度，对于犯罪及有犯罪危险人发生作用之刑事上之诸对策。在狭义说，刑事政策之范围，不包括各种有关犯罪的社会政策在内，而限于直接的，以防止犯罪为主要目的的刑事上之对策。③ 无论是广义的刑事政策还是狭义的刑事政策，"它总是与犯罪原因的探讨、刑罚目的与刑罚制度的检讨相关联，并在此基础上探寻刑罚的范围、轻重及其限度从而为遏制犯罪与预防犯罪提供对策"。④

从刑事政策的手段上来看，广义的刑事政策包括两大部分内容：刑事惩罚政策和社会预防政策。所谓刑事惩罚政策，也就是狭义的刑事政策，是指国家运用刑事法律与犯罪作斗争的准则、策略、方针、计划和措施等的总称，狭义的刑事政策系统从横向结构上可分为定罪政策、刑罚政策和处遇政策。⑤ 作为刑事政策的一个组成部分，刑罚政策一直以来都是刑事政策的核心内容，刑事政策最重要的核心概念不能脱离"刑罚"这一要素。因为，在刑事立法阶段，若从"结果"来看，其目的就是设定一些构成要件以便选出一批人，让他们来接受"刑罚"；再从刑事司法的角度来看，则这个阶段的目的也是要确定被选出的这一批人，是否真正符合条件，从而应接受若何程度的刑罚；最后的刑事执行阶段，其目的亦不外乎如何执行刑罚，以符合刑罚原先设计的功能。这

---

① 梁根林：《刑事政策：立场与范畴》，法律出版社 2005 年版，第 3 页。

② 储槐植："刑事政策：犯罪学的重点研究对象和司法实践的基本指导思想"，载《福建公安高等专科学校学报——公共安全研究》1999 年第 5 期。

③ 张甘妹：《刑事政策》，台湾地区三民书局 1997 年版，第 2 ~ 3 页。

④ 蔡道通：《刑事法治：理论诠释与实践求证》，法律出版社 2004 年版，第 355 页。

⑤ 杨春洗：《刑事政策论》，北京大学出版社 1994 年版，第 16 页。

样看起来，刑事政策竟是可以以刑罚来贯穿的。① 正是立足于刑事政策与刑罚的关联性，我国台湾地区学者张甘妹教授指出："研究刑罚各制度之效果，探求更有效而合理的防范对策，乃为刑事政策之本来任务，理应为刑事政策的最主要内容。"②

（二）两极化：刑事政策的选择

刑事政策意味着一种选择。法国刑法学家马克·安塞尔指出："刑事政策是由社会，实际上也就是立法者和法官在认定法律所要惩罚的犯罪，保护'高尚'公民时所作的选择。"③ 如前所述，刑事政策本身有广义、狭义之分。广义的刑事政策在战略上虽然是正确的，但是在理论上它不能区别于社会政策，在实践中又因过于宽泛而无从把握，所以，我们只好采狭义的刑事政策。刑事政策的选择，最狭义的理解，就是围绕定罪（犯罪化）和量刑（刑罚化）的选择。历史地看，刑事政策的选择都经历了一个由随意、野蛮、感性向法定、文明、理性逐步演进的过程。当今世界，绝大多数的国家都把罪刑法定和保护人权奉为刑事政策的基本原则，把预防犯罪和惩罚犯罪作为刑事政策的基本任务，尤其是以防范犯罪为优先，把实现实质正义与形式正义作为刑事政策的基本目标。刑事政策的选择在现实层面要受到诸多因素的制约，如社会发展的阶段和条件，社会的制度条件（包括正式制度与非正式制度），决策程序的民主化、法制化、科学化等。总之，刑事政策的选择要体现社会进步、文明、科学的时代特征。④

一国刑事政策的选择尽管要受制于该国社会发展水平、现实的犯罪态势、法律制度的架构和文化传统等诸多因素，但犯罪作为人的一种行为和社会病态的反映，有着某些共同的原因，表现在防治犯罪的对策——刑事政策上，许多西方国家选择了相同的刑事政策，这就是所谓"轻轻、重重"的两极化刑事政策。日本学者森下忠指出，第二次世界大战后，世界各国的刑事政策朝着所谓"宽松的刑事政策"和"严厉的刑事政策"两个不同的方向发展，这种现

① 郑善印："两极化的刑事政策"，载《罪与刑——林山田教授六十岁生日祝贺论文集》，台湾地区五南图书出版公司1998年版，第9页。

② 张甘妹：《刑事政策》，台湾地区三民书局1997年版，第7页。

③ 马克·安塞尔著，卢建平译：《新刑法思想》，香港天地图书有限公司1988年版，第12页。

④ 卢建平："刑事政策视野中的巨额财产来源不明罪"，载《中国刑事法杂志》2002年第1期。

象被称为刑事政策的两极化。[①] 所谓两极化的刑事政策，是指对不同社会危害的行为及不同人格危险的行为者，采取不同的刑事政策。对于行为危害重大及有重大人身危险、矫治困难的不法分子，采取严厉的刑事政策；对于行为危害轻微及有矫治可能的犯罪人，采取宽松的刑事政策。之所以做出这样的刑事政策选择与定位，是因为：刑罚有其固有的局限，刑罚的资源是有限的，刑罚应当是谦抑的，有限的刑罚资源应当使用到最需要刑罚规制的地方，即刑罚的使用应当集中在维护社会最基本的秩序与最需要维护的秩序上。

1. 严厉的刑事政策：应对犯罪压力的无奈之举

20 世纪下半叶伊始，后工业社会的到来给西方国家的犯罪带来了质与量的变化。表现为一方面犯罪率的不断飙升，另一方面反映在累犯的不断上扬，少年犯罪的与日俱增与犯罪的低龄化，暴力犯罪尤其是有组织犯罪的日益张狂上。[②] 重大犯罪和有组织犯罪在给社会秩序带来巨大破坏的同时，也使社会公众的安全感大大降低（美国的“9·11”事件造成的人员伤亡与经济损失比 1941 年的珍珠港事件大几十倍，给社会民众带来的极度不安定感比战争还厉害），于是，“治乱世用重典”的呼声一浪高过一浪。法国社会学家涂尔干指出，任何社会秩序必须以共同的社会情感为基础，社会的集团情感必须被尊重，因而任何伤害集体情感的人都必须受到严惩与制裁。面对犯罪狂潮的压力和民众用“重典”打压犯罪的呼声，西方各国不惜突破传统的法律规范、制度和理念，纷纷采取严厉的刑事政策。

2. 宽松的刑事政策：基于刑罚限度的逻辑结论

孟德斯鸠曾经说过，任何刑罚，只要它不是绝对必要的，都是专制的。换句话说，刑罚要避免专制，必须受到一定的限制，由此决定了刑罚是有限度的。刑罚的限度，源于以下方面：[③]

（1）刑罚适用的负面性。首先，刑罚的施用会给犯罪人打上“标签”烙印。标签理论认为，越轨行为本是特定的人和与该特定人有关的其他人之间相互作用，其他人对该行为适用特定规范，贴上越轨行为这一标签的结果。一个人被“标签”后，便会产生烙印效应和自我修正、自我认同的犯罪者形象，因而脱离社会加深其犯罪性而成为真正的犯罪者。其次，监禁刑的诸多弊端阻

---

① ［日］森下忠著，白绿铉等译：《犯罪者处遇》，中国纺织出版社 1994 年版，第 4 页。

② 蔡道通：《刑事法治：理论诠释与实践求证》，法律出版社 2004 年版，第 359 页。

③ 蔡道通：《刑事法治：理论诠释与实践求证》，法律出版社 2004 年版，第 374 ~ 393 页。

滞了犯罪人再社会化的进程。监狱与其他监禁场所封闭式行刑与集体关押的特征，易于造成犯罪人之间的交叉感染，形成“监狱化”人格，这些都不利于犯罪人的改造与再社会化的努力。

(2) 刑罚目的的多元性。如前所述，在刑罚目的方面，存在报应主义和预防主义两大阵营的长期分野。刑事古典学派从人的自由意志出发，强调刑罚的报应目的，刑罚的处罚以罪行的轻重为基准，刑罚的正当性就在于其罪行的等价性。因此，在报应刑大行其道之时，难有宽松的刑事政策出头之日。直到预防主义阵营中树起教育刑主义的旗帜，刑事政策中的“放小”才有理论的支撑。教育刑理论认为，刑罚的目的不在于报应，而在于教育，在于对犯罪人回归社会、再社会化的期待上。刑罚的正当性并不在于其罪刑的等价，而在于能否使犯罪人复归社会，刑罚的轻重应当以受刑人复归社会为必要，又以使受刑人复归社会为限度。可以说，“放小”的或宽松的刑事政策只有在刑罚的目的在于使犯罪人复归社会的情况下才是可能的，也才是有意义的。

(3) 刑罚本质的谦抑性。刑罚的作用与功能受制于刑法自身的性质。刑法具有谦抑性，日本刑法学者平野龙一认为刑法的谦抑性包含三方面的含义：① 其一是刑法的补充性。即使是有关市民安全的事项，只有在采取其他手段如习惯的、道德的制裁即地域社会的非正式的控制或民事的控制不充分时，才动用刑法。其二是刑法的不完整性。刑法无论在规范内容方面，抑或在规范功能方面，均具有不完整性。从规范内容来看，刑法在事实上不可能将所有应当予以刑罚制裁的不法行为毫无遗漏地加以规范，因为犯罪之实质内涵并非一成不变，而是随着社会状况及价值观，相对地呈现浮动现象。一些新兴的犯罪形态，刑法就可能没有加以规范，此即形成刑法规范内容的不完整性。从规范功能上看，刑法只是所有社会控制体系或社会规范体系中最具强制性的一种法律手段。刑事司法制度需要与其他社会控制之机构，例如家庭、学校等密切合作，始能有效维持社会共同生活所需要的法社会秩序。因此，刑法只不过是整个社会规范体系中的一个重要环节，其在规范功能上具有相当的不完整性。其三是刑法的宽容性，或者说是自由尊重性，即使市民的安全受到侵犯，其他控制手段没有充分发挥效果，刑法也没有必要无遗漏地处罚。受刑法谦抑性的制约，刑罚本质上也只能是谦抑的：刑罚本质上只能用于需要刑罚规范的地方。对刑罚功能的过高期望和过度使用，不仅会产生一种新制度经济学所说的痴迷于刑罚的路径依赖，即一遇到社会问题，就马上想到刑罚；同时也会使刑罚趋

---

① 转引自储槐植、薛美琴：“刑法谦抑”，载《云南大学学报》(法学版) 2005 年第 3 期。

向极限呈饱和状态，从而出现刑罚危机。

（4）刑罚资源的稀缺性。从经济学的角度看，任何资源都是有限的，国家的司法资源同样如此。刑罚作为国家司法资源的一部分，它的投入与使用需要国家大量的成本耗费，而且一定成本的投入并不必然产生相应的抗制犯罪的效果。正是基于刑罚资源的稀缺性、刑罚的“报酬递减”规律与成本效率的考量，西方国家逐步调整刑事政策，对于一些轻微犯罪采取宽松的刑事政策。

综上，刑罚有其限度，它的使用有其极限，也有其局限。刑事政策上的“放小”或者说宽松的刑事政策其实正是人们基于对刑罚自身的流弊、犯罪原因、刑罚目的、刑罚功能乃至刑罚效益等一系列问题的理性把握与正确认知才产生的。

（三）社区矫正：宽松刑事政策的体现

20 世纪中期以来，基于对刑罚限度与局限的认识，西方国家在基本刑事政策方面达成三个共同的发展趋势，即定罪政策上的非犯罪化、量刑政策上的非刑罚化和行刑政策上的非监禁化。对此，德国当代著名刑法学家汉斯·海因里希·耶塞克从刑事政策的角度归纳为三个共识：其一，立法者为了避免不必要地将某些行为规定为犯罪，同时也为了在一般人的思想上维护刑罚的严肃性，必须将刑法归罪的行为范围限制在维护公共秩序所必需的最低范围之内。其二，因为大部分人都是正常发展的，所以，对于有轻微甚至中等程度的犯罪行为的人，应当扩大在自由状态中进行考验的办法。其三，应当使警察和司法机关的工作集中于较严重的犯罪，至于轻微的犯罪则委托给行政机关通过简易程序予以解决。① 耶塞克此处的“三个共识”其实就是当代世界实行宽松刑事政策的三个表现，即作为三种基本刑事政策的非犯罪化、非刑罚化和非监禁化：

一是刑事立法上的非犯罪化，即将以前作为犯罪处理的行为，在刑法上不再规定为犯罪。如英国在 1957 年以后，逐步将自杀、成人间的同性恋、卖淫、怀胎在 3 个月之内的堕胎等行为除罪化；美国也自 1967 年以后，将卖淫、公然大醉、猥亵图画、同性恋、赌博、若干州内的大麻持有等行为除罪化。②

二是刑事司法上的非刑罚化，即虽为犯罪行为但却不科处或不马上科处刑罚，而以其他非刑罚的制裁措施如转处、辩诉交易、刑事和解等来替代。

---

① ［德］汉斯·海因里希·耶塞克：“世界性刑法改革运动概要”，载《法学译丛》1988 年第 3 期。

② 郑善印：“两极化的刑事政策”，载《罪与刑——林山田教授六十岁生日祝贺论文集》，台湾地区五南图书出版公司 1998 年版，第 26 页。

三是刑罚执行上的非监禁化，即虽被科处刑罚，但却不在监狱等机构设施内，而是在社区内执行。非监禁化的措施很多，但最主要的有中间处遇和社区性处遇两种。中间处遇是介于监禁处遇与社区处遇之间的一种措施，通过多种手段来缓和监狱服刑的隔离和严厉，以使罪犯易于回归社会。社区性处遇是一种完全的非监禁化处遇，缓刑、假释、社区服务、保护观察是其典型形式。为了减轻监禁刑的负面效应，节省行刑成本，绝大多数国家都对罪行轻微的罪犯适用缓刑和假释制度。据统计，2000 年，加拿大适用缓刑、假释的人数为 121358 人，占服刑总人数的 79.67%；在法国，缓刑、假释人数为 135020 人，占服刑总人数的 72.63%；澳大利亚缓刑、假释人数为 718979 人，占服刑总人数的 77.48%；在美国，缓刑、假释人数为 4565056 人，占服刑总人数的 70.25%。即使在缓刑、假释比率相对较低的韩国和俄罗斯，其服缓刑、假释人数占服刑总人数的比例亦高达 45.90% 和 44.48%。而缓刑、假释的广泛适用又推动了社区矫正作为社会化的行刑处遇方式的大行其道，不仅对传统的监禁刑处遇方式进行了颠覆性的变革，而且潜移默化地启动了颠覆监禁刑的历史性进程，监禁刑越来越成为对付严重犯罪和累犯、惯犯的迫不得已的最后手段。①

二、社区矫正的基础：二元化刑事政策模式

（一）社会结构转型：从一元社会到二元社会

政治国家与市民社会是人类社会发展进程中的两种社会结构形态。马克思认为，随着社会利益分化为私人利益和公共利益两大相对独立的体系，整个社会就分裂为市民社会和政治社会两个领域，前者是特殊的私人利益关系的总和，后者则是普遍的公共利益关系的总和。但是，逻辑上的分离并不意味着两者在现实中的实现。在漫长的前资本主义社会，市民社会与政治国家高度融合，没有明确的界限，呈现出一个以专制和集权为特征的一元结构。在以政治国家为核心的一元社会结构体系中，国家垄断了一切社会权力，政治权力的触角伸向市民社会的每一个领域，一切私人的事务和活动都打上了国家的烙印，变成了政治问题。对此，马克思有过精辟的论述：“在中世纪，财产、商业、社会团体和每一个人都有政治性质；在这里，国家的物质内容是由国家的形式规定的。在这里，一切私人领域都有政治性质，或者都是政治领域，换句话说，政治也是私人领域的特征。在中世纪，政治制度就是私有财产的制度，但

① 梁根林：《刑事政策：方式与选择》，法律出版社 2005 年版，第 46 页。

这只是因为私有财产的制度就是政治制度。在中世纪，人民的生活和国家的生活是同一的。”①

市民社会与政治国家在现实中的分野是在资本主义时代完成的，资本主义市场经济的兴起，要求从事经济活动的人具有自由平等的主体身份，反对国家对经济的过度干预。在这样的背景下，政治国家同市民社会逐步由一体走向分立，政治国家的权力疆界有所收缩，市民社会获取了相对独立的生存空间和地位，从而形成了以民主和法治为基础的现代社会的二元结构。②

中国社会自周秦以来，就建立了以家族宗法制度为基础，政治国家为根本的一元社会结构体系。在这个社会结构体系之下，家国一体，融家于国的情形和观念可谓举世罕见。政治国家不仅成为社会的统治者，而且完全取代社会，使社会丧失了独立的品格。这种高度集权式的一元社会结构并没有随着新中国的建立而解体，相反，从前苏联引进的高度集中的计划经济模式进一步强化了政治国家的职能，市民社会不仅没有得到培育，反而受到很大的压抑。从新中国成立到改革开放的30多年时间里，整个社会高度政治化，国家权力不仅控制着所有社会公共领域，而且渗透到个人、家庭等私人生活领域。市民社会的所有特殊利益形式，几乎都失去了存在的人格权利，民间力量几乎没有独立的生存空间。正如学者所指出的：“1949年以后，中国的社会整合是以排斥、压抑、克服民间力量的一元的、以国家为轴心的等级的整合。民间力量及民间的各种诉求是处于一种被压抑的状态。国家一直试图把任何社会的民间的力量纳入到自身的统一的支配之中。”③ 这种以高度集权为特征的一元社会结构，尽管在建国初期巩固新生政权的斗争中起过一定的历史作用，但随着时代的发展，其弊端也日趋明显。事实已经证明，这种以政治国家为核心的一元社会结构已经成为现代化的障碍。

当历史进入到1979年，随着中国改革开放大幕的拉开，绵延二千余年的以政治国家为核心的一元社会结构在改革大潮的冲击下逐渐坍塌，政治国家与市民社会相对分离的二元社会结构开始悄然崛起。这体现在：政府逐渐退出了对公民日常生活的直接干预，其对社会的控制更趋向于宏观层面，一个相对独立并有自主运行规则的民间社会正在形成和扩大，并逐渐取代了政府推出的各

---

① 马克思：“黑格尔哲学批判”，载《马克思恩格斯全集》（第1卷），人民出版社1972年版，第284页。

② 冯卫国：《行刑社会化研究》，北京大学出版社2003年版，第75页。

③ 李金：“从国家与民间力量的关系看中国的社会整合问题”，载《探索》2000年第3期。

种功能；随着社会自治能力的扩大，社会自身对于国家权力形成了一定的监督和制衡作用，公民以更为积极主动的姿态参与到公共事务的管理和处置中。①

刑法是一种社会现象，它植根于一定社会的物质生活并在此基础上实现其存在的价值。二元社会结构的形成，必将引起刑法功能、观念与文化的嬗变。在二元社会结构中，人的本质具有二重性，这就是市民与公民的对立。人作为公民，生活在政治社会里，过着政治生活，因而没有自由，受到国家权力的强制；人作为市民，生活在市民社会里，过着物质生活，因而又有自由，这种自由是国家法律所不可剥夺的。因此，市民社会的存在，在一定程度上限制了政治国家的权力，从而也限定了刑法的调整范围。刑法由以往的无所不及，被从私人领域中驱逐出来，限定在调整公共关系，成为与私法相对立的公法的组成部分。因此，只有在市民社会与政治国家二元分立的社会结构中，刑法才不至于单纯地成为保护社会的工具，而且也具有了保障人权的使命。②

（二）刑事政策模式的转换：从“国家本位”到“国家·社会”双本位

二元社会结构的形成，也对刑事政策模式的选择产生了深远影响。刑事政策模式首先是由法国刑法学家米海依尔·戴尔玛斯—马蒂教授提出的，她认为，“模式”一词是指反映某一事物或过程的工具，所以，刑事政策模式就是将模式作为一种研究工具来对刑事政策进行科学的研究，以期能科学地理解和把握刑事政策。③ 根据米海依尔·戴尔玛斯—马蒂刑事政策的结构系统论，在刑事政策结构系统中，基本的常量有：一是偏离社会规范的行为，具体包括犯罪行为和越轨行为这两种行为典型；二是社会整体反应，包括来自国家的反应和源于市民社会的反应。由上述常量演化出四大关系和五种“复杂的游戏”式的模式：四大关系是犯罪行为与国家反应之间的关系、犯罪行为与社会反应之间的关系、越轨行为与国家反应之间的关系、越轨行为与社会反应之间的关系；五种模式分别是：统合于国家的社会国家模式、专制国家模式、极权国家模式，统合于社会的自主社会模式和自由社会模式。④

1. 国家模式

三种国家模式的共同点表现在对犯罪的国家反应上，即它们与刑法的关系

---

① 冯卫国：《行刑社会化研究》，北京大学出版社 2003 年版，第 76 页。

② 陈兴良：《走向哲学的刑法学》，法律出版社 1999 年版，第 181 ~ 182 页。

③ ［法］米海依尔·戴尔玛斯—马蒂著，卢建平译：《刑事政策的主要体系》，法律出版社 2000 年版，第 51 页。

④ ［法］米海依尔·戴尔玛斯—马蒂著，卢建平译：《刑事政策的主要体系》，法律出版社 2000 年版，第 51 页。

很强。(1) 专制模式的最大特点是国家垄断了监视与惩罚，在专制国家模式中，国家不仅对犯罪行为作出反应，而且对越轨行为也加以控制，但是犯罪行为与越轨行为并不是不加区别的，社会在其中所起的作用微乎其微，国家完全占据主导地位。“这种专制是一种阴沉的，在社会生活中无孔不入的权威，是一种连拒绝也被整合，最终受到鼓励的不痛不痒的、不可捉摸的权威，这种权威虽不可捉摸，却被人糊里糊涂地接受。”① (2) 极权国家模式对犯罪的反应不是预防、惩罚，而是采取消灭的战略，因而其共同的特征是将对刑事犯罪的反应延伸到越轨领域，将一切偏离正常性的行为都视同刑事犯罪。在这种模式中，国家凌驾于法律之上，行政权具有有限地位，“国家机器在某种程度上吸收、吞食了市民社会”。② (3) 在自由社会国家模式中，由法律来规定犯罪以及对犯罪的国家反应；但因为难以精确地界定越轨行为，法律禁止国家插足其间，而将其交给市民社会。这种模式受自由思想的影响较深，自由作为首要的价值有着双重保障：一是对犯罪和越轨行为进行区分的保障；二是对国家干预的范围进行限制的保障，即将国家干预仅限在犯罪领域。国家刑事法网日渐向市民社会开放，形成参与性的刑事政策，参与方式既包括个人名义、公众名义，也包括以协会的名义。社会团体参与刑事司法的性质可能会因其不同目的而有很大区别，如果社会团体参与是为了加强隔绝犯罪人，则为惩罚性参与，如监狱私有化即为其例；如果该参与是为了帮助刑罚向更好地安置犯罪人的方向发展，则为团结性参与，如对刑满释放人员的社会安置、以防止在押犯与外部社会隔绝而进行的监狱造访等。③

2. 社会模式

刑事政策的社会模式是与国家模式相对而言的，社会模式排斥了一切国家反应，以社会反应来对付全部犯罪与越轨行为。社会模式包括这样两种可能的情形：第一种情形反映了社会整体对国家的取代，或者是因为国家不能起到社会团体寄希望于它的处理纠纷作用，或者是因为社会团体以及各行业组织想自行管理全部或部分偏离规范的行为，而介入国家与犯罪现象之间，但不论是在哪种情况下，国家仍然是实际上的参照，因而也保留了犯罪行为与越轨行为的区分，而这种区分的基础在于国家和法律对于犯罪作了明确的界定，被称为自主社会模式。自主社会模式的首要特征是对犯罪行为的社会反应，市民社会组

---

① 转引自严励：“刑事政策模式建构的理论基础”，载《山西大学学报》2003 年第 6 期。

② 严励：“刑事政策模式建构的理论基础”，载《山西大学学报》2003 年第 6 期。

③ 袁登明：《行刑社会化研究》，中国人民公安大学出版社 2005 年版，第 163 页。

织比较发达，形成自主管理网络，自行制定了与其活动类型相一致的专门规范，并期望在与国家保持或多或少独立性的前提下自主管理，形成“自律网络”，或者以国家软弱无力、难以有效地保障人身安全和财产安全为借口，自行组织起他们自己的“自卫网络”。第二种情形即刑事政策表现为与国家彻底独立，完全不以国家为参照，刑事政策的过程完全处在社会团体内部，因而不必以犯罪的精神界定为基础，犯罪行为与越轨行为相混淆，形成一种收缩的刑事政策模式，类似于原始社会、无国家的社会实践，被称为自由社会模式。在自由社会模式中，国家的形象几乎自行消失。因为没有了国家，所以，总体的社会关系，尤其是社会冲突，重又回到最初的复杂状态，包括共同体网（越轨行为吸收了犯罪行为）与报复网（犯罪行为吸收了越轨行为）。①

以上是对戴尔玛斯—马蒂提出的刑事政策两种模式和变量的五种应然形态模式的分析，我国学者严励在此基础上，运用马克思·韦伯“理想类型”研究的理论，将刑事政策模式分为以下三类：第一类是国家本位型，它是国家至上理念在惩罚犯罪中的表现，具体又可分为两种主要形态，即专制型刑事政策和极权型刑事政策。第二类是国家·社会双本位型刑事政策，其思想基础源于“社会优于国家”理念。第三类是社会本位型刑事政策，其思想基础来自两个方面，一是以巴枯宁、蒲鲁东为代表的无政府主义思潮，二是马克思主义的国家消亡观。②

刑事政策是一个时空性很强的事物，它随社会、历史的发展变化而有不同时期的内涵，因而研究刑事政策模式也应具有适时性。综观戴氏提出的五种应然形态的形事政策模式，有的已经没落和过时，有的尚未出现，仅是一种理想状态。比较而言，自由社会国家模式是适合我们当今社会的理想模式，具有借鉴的意义。依据自由社会国家模式，我们可以构建这样一种二元化刑事政策模式：将大部分犯罪行为交由国家控制，国家反应在控制这些犯罪行为时居于主导地位，并辅之以社会反应；将一小部分轻微犯罪行为与越轨行为交由社会控制，社会反应在其中居于主导地位，同时辅之以国家反应。在这种刑事政策模式中，社区矫正等针对轻微犯罪行为与越轨行为的社会反应方式就有了存在的意义。③

在西方国家，随着二元社会结构的最终形成，政治国家与市民社会共同应

---

① 袁登明：《行刑社会化研究》，中国人民公安大学出版社 2005 年版，第 165 页。

② 严励：“刑事政策模式建构的理论基础”，载《山西大学学报》2003 年第 6 期。

③ 冯殿美、韩建祥：“社区矫正：刑事政策学的诠释”，载《犯罪研究》2004 年第 4 期。

对违法犯罪的反应机制得以构建。“我们也看到，习惯上像刑事机构这样的封闭的国家机构现在也对市民社会开放了。这或者是为了加强社会团结（协会参与司法监督、参与公益劳动刑的实施以避免监禁刑），或者是为了加强打击犯罪（如监狱的私有化）。”① 由此形成了一种“参与型的刑事政策”，确认了市民社会是刑事司法合作者的地位。市民社会参与刑事司法有两种形式：一是惩罚性参与，如私立组织（公司、协会或工会）以被害人的身份提起的要求损害赔偿的诉讼；再如社会团体参与控制犯罪，即“犯罪控制私有化”，最突出的是在维护公共安全中的私人侦探社、私人保安、私人警卫已经组织化。还如“监狱私有化”，社会团体参与到对法院判处剥夺自由刑执行的全过程。社会团体的这种参与形式一方面具有惩罚性（限制、监视），另一方面也具有营利性。例如，从监狱私营化的运作来看，私营公司参与监狱的建设、管理和服务，可以获得较多的利润。私营公司参与监狱事务，并不是一种慈善行为，而主要是一种经营行为。② 二是团结性参与，该参与是为了帮助刑法向更好地安置犯罪人的方向发展。这种参与或是在未成年人的领域，或是有关刑满释放者的社会安置，或是以防止在押犯与外部社会隔离而进行的监狱探访而成立的协会，或是社会团体发展起来的替换措施。③ 市民社会参与型刑事政策的最新发展当属方兴未艾的“恢复性司法运动”。恢复性司法是一种通过恢复性程序实现恢复性后果的非正式犯罪处理方法，申言之，在犯罪发生后，经由专业人员或社区志愿者充当的中立的第三方的调解，犯罪人与被害人进行面对面的协商，由犯罪人通过道歉、赔偿、社区服务、生活帮助等使被害人因犯罪所造成的损失得以补偿，从而实现被害人和社会的恢复以及犯罪人与被害人关系的重新整合。恢复性司法被视为刑事司法的一个替代模式。它被认为是对犯罪做出的一种独特反应，有别于改造性的和报复性（只是惩罚）的反应。恢复性司法及其他形式的非正式或半正式争端解决办法反映了西方国家目前存在的一种趋势，即国家职能逐步削弱，“社会秩序并不必然仅仅依靠国家公权力加以维护，法治并不必然是以国家意志为基准的法律规则之治，多元化的价值观和多元化的犯罪处理模式将使现代法治更富有活力。社会控制固然需要有国家强制

---

① ［法］米海依尔·戴尔玛斯—马蒂著，卢建平译：《刑事政策的主要体系》，法律出版社 2000 年版，第 42 页。

② 吴宗宪：“论西方国家的监狱私营化及其借鉴”，载陈兴良主编：《刑事法评论》（第 14 卷），中国政法大学出版社 2004 年版，第 362 页。

③ ［法］米海依尔·戴尔玛斯—马蒂著，卢建平译：《刑事政策的主要体系》，法律出版社 2000 年版，第 78～82 页。

力的权威，但这并不意味着必须由国家垄断处理犯罪的所有权力。恢复性司法与传统司法的最大不同在于‘角色转换’，即国家在解决刑事案件中的地位下降，个人或社区的地位上升。”① 当然，国家在处理犯罪方面的权力削落，并不意味着国家对恢复性司法的放任自流。这种体现社会自治精神的恢复性司法仍然是在国家规范和调控之下的对犯罪现象有组织的社会性反应，国家在恢复性司法实践方面仍具有重要的引导、支持和维护的功能。作为市民社会对犯罪作出的有组织的反应模式，恢复性司法运动对传统刑事司法处理犯罪模式的替代与超越，在刑事政策实践中，就直接表现为非犯罪化、非刑罚化以及非监禁化的过程。在刑事政策模式上，则表现为由“国家本位主义刑事政策”向“国家·社会双本位刑事政策”的转向。②

对照我国现阶段刑事司法现状，我国当前的刑事政策模式基本上归属于国家本位型，有学者称之为“专属国家模式”。在“专属国家模式”下，刑事政策的主体是国家对犯罪的反应被看成是国家的专属事务，在刑事政策的决策和实践方面均由国家大包大揽，各类社会组织、团体和公民个人，只是刑事政策实践的辅助参与者或配合者。虽然在法律上犯罪行为与越轨行为得到严格区分，但国家不仅仅对犯罪行为保持绝对优势的反应，而且对越轨行为也保持一定程度的反应。这些可以说明我国现行的对违法犯罪的反应基本上是以国家为本位的、以国家权力特别是国家刑罚权的运作为核心的犯罪控制模式。③ 但是，犯罪现象是社会各种矛盾的综合体现，“人类行为，无论是诚实的还是不诚实的，是社会性的还是反社会性的，都是人的自然心理机制和生理状况及其周围生活环境相互作用的结果”。④ 而以刑法（刑罚）为代表的正式社会控制形式，历史已经证明并且现实也在继续证明，在诱发犯罪的三大因素中，起主要作用的只是其中之一，即犯罪人和社会不稳定分子的心理层面，基于“力，除非属于同种而不能抵消”的物理学公理，正式控制之“力”相对于犯罪发

---

① 陈晓明：“论修复性司法”，载《法学研究》2006 年第 1 期。

② 梁根林：“解读刑事政策”，载陈兴良主编：《刑事法评论》（第 11 卷），中国政法大学出版社 2002 年版，第 24 ~27 页。

③ 我国学者袁登明博士认为，在戴氏刑事政策模式中，用“专属国家模式”替代“专制国家模式”似乎更为恰当，更为符合我国社会政治生活的现实。参见袁登明：《行刑社会化研究》，中国人民公安大学出版社 2005 年版，第 166 页。

④ ［意］菲利著，郭建安译：《犯罪社会学》，中国人民公安大学出版社 1990 年版，第 14 页。

生之“力”具有明显的不对称性。① 学者储槐植也指出，以国家为本位控制犯罪，随着经济的发展，存在一个致命的弱点，就是国家控制犯罪的力和犯罪的力不对称。因为随着经济的发展，国家的触角不可能伸展到社会的每一个角落，凭这一点，就决定了国家为本位控制犯罪“力不对称”这么一个不可克服的致命弱点。② 因此，解决犯罪这一社会问题仅仅依靠国家和动用刑罚难以奏效，其根本途径应当是动用社会力量消除犯罪的社会致罪因素。面对社会转型时期犯罪的持续攀升，刑罚投入加码，而扬汤止沸的“严打”又难以奏效的情况下，我国刑法学界有些学者开始关注形事政策的研究，并提出了转换犯罪控制模式的崭新思路。储槐植教授早在1993年就提出，在当代社会背景下提高犯罪控制效益的根本出路在于改变刑法运行模式，即刑罚权和刑事司法权从国家手中分出一部分还给社会，使刑法运行模式由“国家本位”向“国家·社会”双本位过渡，加强国家力量和社会力量在犯罪控制方面的协同和配合。“合理想的犯罪控制模式当是‘国家和社会’双本位……这已逐渐成为当今世界的共识，21世纪的刑法思想和刑法形态将以此为基点。”③

刑事执行和罪犯改造是犯罪控制体系中的重要环节，社会结构转型和刑事政策调整必然影响到行刑模式的变动。④ 进入21世纪的第三个年头，在古老的中国大地上开始了一场涉及行刑制度和罪犯改造模式的变革——社区矫正。尽管社区矫正才刚刚起步，但它毕竟在国家和社会共同治理犯罪方面跨出了一大步，标志着中国的刑事政策模式正在由国家本位型向“国家·社会”双本位型过渡。考虑到我国社会尚处在转型过程中，二元结构社会远未发育成熟的现状，刑事政策模式的转换需要一个相当长的历史时期。但可以预见的是，随着社会转型期的完成和二元社会结构的最终确立，社会自治机构和民间组织将获得广阔的发展空间，以此为中介，社区和民众参与犯罪治理和罪犯改造的热情会与日俱增，有利的社会环境和多元的参与模式必将推动包括社区矫正在内的行刑社会化实践的发展。

---

① 张远煌：“论刑事政策的概念”，载赵秉志主编：《刑事政策专题探讨》，中国人民公安大学出版社2005年版，第38页。

② 储槐植：《刑事一体化与关系刑法论》，北京大学出版社1997年版，第89~90页。

③ 储槐植：《刑事一体化与关系刑法论》，北京大学出版社1997年版，第409页。

④ 冯卫国：《行刑社会化研究》，北京大学出版社2003年版，第78页。

第四章 社区矫正价值论

美国法理学大师庞德曾指出，“在法律史的各个经典时期，无论是在古代和近代世界，对价值准则的论证、批判或合乎逻辑的适用，都曾是法学家们的主要活动”。因此，“价值问题虽然是一个困难的问题，但它是法律科学所不能回避的”。[①] 何谓价值？按照伦理学的一般理论，价值是指值得人们追求和向往的“善”，它可以区分为内在价值和外在价值。社区矫正的内在价值是指社区矫正本身是否具有独立的优秀品质，而社区矫正的外在价值是指其作为行刑的一种方式，对于实现行刑目标是否有用，也就是我们通常所说的工具价值。[②] 对社区矫正进行价值分析，从“应然”的角度看，有助于我们更好地设计这一制度；而从“实然”的角度，又有利于我们对试点中的我国社区矫正作合乎理性的评价，并在此基础上对其进行完善。

第一节 社区矫正的公正价值

公正，顾名思义，意为公平、正义。美国哲学家罗尔斯指出：“正义是社会制度的首要价值，正像真理是思想体系的首要价值一样。一种理论，无论它多么精致和简洁，只要它不真实，就必须加以拒绝和修正；同样，某些法律和制度，不管它们如何有效率和有条理，只要它们不正义，就必须加以改造和废除。”[③] 社区矫正作为一种法律制度，同样以正义为其首要价值。离开了正义，社区矫正就成了无源之水、无本之木，它也就失去了存在的基础。社区矫正的公正价值体现在以下方面：

---

① ［美］庞德：《通过法律的社会控制——法律的任务》，商务印书馆 1984 年版，第 55 页。

② 狄小华：“关于社区矫正的思考”，载陈兴良主编：《刑事法评论》（第 16 卷），中国政法大学出版社 2005 年版，第 631 页。

③ ［美］约翰·罗尔斯：《正义论》，中国社会科学出版社 1988 年版，第 1 页。

一、社区矫正的合理性

社区矫正的合理性，是指社区矫正是否有存在的正当根据。笔者认为，社区矫正的合理性主要体现在以下两方面：

（一）社区矫正契合了人类对正义的不懈追求①

在中国这样一个浸润了浓厚报应主义思想的国度里推行社区矫正，最大的非难莫过于来自人们这样的质疑：杀人偿命，犯罪坐牢，天经地义，社区矫正放纵罪犯，显失公正。其实，“正义有着一张普洛透斯似的脸”，随着时代的变迁，正义的内涵也在发生着变化，实现正义的方式也并非一成不变。社区矫正的实施，正是人类对正义的不懈追求的结果。

首先，社区矫正是对传统正义观的扬弃和对现代正义观的追求。传统的刑事司法追求的是一种报应性正义，强调以报应实现正义，于是，“杀人者死”、“犯罪者坐牢”才会被视为天经地义，被认为是实现了社会正义。如果说这是一种正义的话，那也是一种缺损的正义。这种缺损性表现在：漠视被害人的需求，损害被害人的权利；只是要求犯罪人付出代价，而不是要求其积极修复因犯罪所造成的损害；远离社区，未能使社区在犯罪预防中发挥积极的作用；司法成本高，但预防犯罪的收效甚微；国家干预程度过大，扩大了社会裂痕等。② 所以，随着人类文明的进化，“杀人者死”这种古老的公平正义观念已逐渐被人们所抛弃。同样，“犯罪者坐牢”也并非实现正义的惟一途径。正如黑格尔所指出的：“由于文化的进步，对犯罪的看法已经比较缓和了，今天的刑罚早已不像百年以前那样严峻。犯罪或刑罚并没有变化，而是两者的关系发生了变化。”③ 刑罚作为人类对付犯罪最为古老、最为有效，也是最为严厉的手段，之所以没有随着犯罪恶性化的加剧而变得更加残酷和严厉，相反却越来越轻缓和人道，就在于刑罚正义的内涵随着刑罚的进化而发生着变化。如今，一种新的正义理念——复合正义——正被越来越多的人们接受，并日益渗透到刑事司法实践中去。所谓复合正义，“意思是使受害人、犯罪人及社会恢复到

---

① 狄小华：“关于社区矫正的思考”，载陈兴良主编：《刑事法评论》（第 16 卷），中国政法大学出版社 2005 年版，第 631 页。

② 陈晓明：“论修复性司法”，载《法学研究》2006 年第 1 期。

③ 转引自［美］庞德著，沈宗灵译：《通过法律的社会控制——法律的任务》，商务印书馆 1984 年版，第 9 页。

原来的状态，是一个以受害者为重心的刑法公义制度”。[①] 立足于复合正义理念的刑罚运作模式，更加重视受害人利益的保护，更加重视罪犯的特殊预防，更加重视社会公众的参与。20 世纪下半叶兴起的社区矫正制度，其不同于传统的监禁矫正的显著特点是：弱化自由刑的监禁程度，采用非监禁的刑罚种类和行刑方式，重视对犯罪人的更新改造；吸收被害人参与刑事司法过程、以社区服务等形式赔偿被害人的损失来强化对被害人的保护；鼓励民众和社区积极参与对在社区服刑罪犯的监督和管理。可见，社区矫正契合了复合正义的若干理念，是正义观念在新的时代的具体体现。

其次，社区矫正的实施，体现了刑罚正义观念由社会本位向个人本位的倾斜。传统的正义观念强调以刑罚来保护社会的利益，制刑、量刑和行刑以满足社会正义为最高目标。因此，社会本位正义观导向下的刑罚实践，强调刑罚的惩罚和报应效果，严刑苛罚被认为是实现社会正义的正当手段。随着人权思想的勃兴，人们逐步认识到罪犯也是人，也是社会中的一员，对待罪犯的态度也在一定程度上反映了一个社会的正义的实现程度。“对人身权利的重视（人身价值日益高于非人身价值）必然导致刑罚在总体上的趋轻”。[②] 如果说社会本位的正义观在过去还冠冕堂皇的话，那么，随着人类对自身价值逐渐觉醒并日益重视，个人本位的正义观必将崛起。社区矫正是以肯定罪犯的权利主体地位为前提的，关注罪犯的人性要求，帮助罪犯重返社会是国家应尽的义务，而不再是其宽容和恩赐的体现。因此，社区矫正的推行，反映了人类正义观念由社会本位向个人本位的转换的时代要求。

（二）社区矫正兼顾了刑罚的报应和功利目的

首先，社区矫正体现了刑罚的报应目的。报应的含义有两方面的逻辑指向：其一，无辜者不受罚；其二，惩罚不是报仇。因此，报应概念应当“中性地”理解为回报或回溯，是罪犯用他的犯罪行为和社会交换价值大致相等的应得惩罚量，而与报仇无关。[③] 报应论者认为，“报应可谓社会对于犯罪人为恶的反应，以刑罚来报应犯罪，用刑罚的痛苦来衡平犯罪的害恶，一方面可以实现正义的理念，另一方面则可以增强‘伦理的力量’，用以形成社会大众的法意识，以建立法社会赖以存在的法秩序”。[④] 社区矫正适用的前提和基础

---

① 狄小华、李志刚编著：《刑事司法前沿问题——恢复性司法研究》，群众出版社 2005 年版，第 187 页。

② 储槐植：“刑罚现代化：刑法修改的价值定向”，载《法学研究》1997 年第 1 期。

③ 周光权：《刑法学的向度》，中国政法大学出版社 2004 年版，第 359 页。

④ 林山田：《刑罚学》，台北三民书局 1983 年版，第 48 页。

仍然是报应，即以犯罪行为的社会危害性作为适用社区刑罚的基本依据，换言之，犯罪人的已然之罪依然是他今天应受何种刑罚处罚的依据。另外，罪犯在社区服刑过程中，其若干权利会受到一定程度的限制或剥夺，同时还须履行特定的义务，这些也体现出对罪犯的惩罚，反映出社区矫正对刑罚报应目的的追求。

其次，社区矫正体现了刑罚的功利目的。功利是指一种外物给当事者求福避祸的特性。预防论者认为，刑罚之所以存在并不是它能满足抽象的社会报应观念，而在于惩罚犯罪人可以给社会带来一定的实际利益，即预防犯罪。社区矫正并非是对罪犯放任不管，矫正机构通过一定的手段和方式对罪犯进行教育矫正，使他们认识到自己行为的错误，促其悔过自新，从而达到预防其重新犯罪的刑罚效果。

二、社区矫正的公平性

博登海默指出："给予每个人以其应得的东西的意愿乃是正义概念的一个重要的和普遍有效的组成部分。"① 亚里士多德将正义划分为分配正义与矫正正义。分配正义涉及群体成员之间权利、义务的配置问题。矫正正义发生于社会成员违反分配正义的情况，在这个领域，伤害者补偿受害者，受害者从伤害者那里得到补偿，就是正义。② 社区矫正的公平性体现在：

（一）社区矫正体现了刑罚的个别化

由于犯罪行为的多样性、犯罪人具体情况和人身危害程度的差异性等因素，决定了刑罚执行方法的不同性。对于罪行严重、社会危害性较大的罪犯，需要将他们监禁起来，以剥夺其自由的方法执行刑罚；对于罪行较轻、人身危险性较小或者经过一段时间的监禁改造以后，确有悔改表现、人身危险性显著降低的罪犯，采用社区矫正的方式进行教育矫正。这种根据犯罪人的罪行、人身危险性和改造表现决定刑罚方法和行刑处遇的做法，就是刑罚个别化，在我国的刑事政策中被称为"区别对待的政策"。这也是公平性在刑罚执行制度中的具体体现。

（二）社区矫正满足了各方当事人的利益诉求

社区矫正就是要给予与犯罪有关的各方以其应得的东西，使当事人各方的

---

① ［美］E. 博登海默著，邓正来译：《法理学：法律哲学与法律方法》，中国政法大学出版社 1999 年版，第 264 页。

② 张文显：《法理学》，北京大学出版社 1999 年版，第 253 页。

需要都能得到满足。对于被害人而言，可以通过犯罪人的赔偿使其物质和精神损失得到全部或部分补偿；对于犯罪人而言，社区矫正的实施，使其获得自由和早日回归社会的愿望得以实现；对于社会而言，社区矫正的实施有助于犯罪人顺利融入社会，使社区人际关系变得和谐从而使社区更加安全。可见，社区矫正追求的是一种均衡价值，实现的是一种全面正义，促进的是刑事司法的整体公正性。

第二节　社区矫正的人道价值

一、刑罚人道主义的价值取向

（一）刑罚人道主义的基本内涵

“人道”一词是与人道主义这一概念紧密联系的。早在古希腊时，人道主义意味着一种身心的全面训练，以使人有教养、有文化从而与野蛮人相区别。可见，从词源上讲，人道主义与人性、人的价值及其实现密切相关。人道主义在人类历史上源远流长，深刻地影响着人类的社会制度和社会实践活动，其中包括刑罚制度。刑罚人道主义就是人道主义在刑罚领域中的体现，它是西方启蒙思想家针对中世纪残酷、暴虐的刑罚而提出来的。我国台湾地区学者林山田认为，刑罚人道应包含三层含义，即人性尊严的保护与尊重、禁止以人作为达到刑罚目的的工具、禁止使用残酷而不人道蔑视人权的刑罚手段。① 我国大陆学者陈士涵将行刑实践中的人道主义划分为三个层次：第一，关心和改善罪犯的物质生活，这是行刑人道主义的最基本的层次；第二，尊重罪犯的人格，维护罪犯的人权，这是行刑人道主义的较高层次；第三，使罪犯的人格得到改造并健康发展，实现其作为人的价值，这是行刑人道主义的最高层次。② 袁登明博士把刑罚人道化归结为三个方面：一是惩罚目的（刑罚目的）的人道化，不是为了惩罚而惩罚；二是惩罚种类（刑罚种类）的人道化，即刑罚制度的基本内容同人性相符合；三是惩罚过程（行刑过程）的人道化，如符合联合国《囚犯处遇最低限度标准准则》之基本要求。③

根据上述学者们的论述，笔者认为刑罚人道主义可以概括为三个方面：

---

① 林山田：《刑罚学》，台湾地区商务印书馆 1983 年版，第 126～127 页。

② 陈士涵：《人格改造论》（下卷），学林出版社 2001 年版，第 677 页。

③ 袁登明：《行刑社会化研究》，中国人民公安大学出版社 2005 年版，第 90 页。

1. 刑罚适度和宽和。众所周知，刑罚在所有法律效果中是最具严厉性、强制性和残酷性的制裁手段。作为社会防卫的工具，它应当是“必需的”和“尽量轻的”，对于某一危害社会的行为，如果采用民事、行政制裁等非刑罚手段不足以抑制时，刑罚作为一种后盾的社会控制手段才能出场，而且刑罚的强度与犯罪的性质和严重程度相适应。与此同时，刑罚方法的设计和使用应当尽量宽和，绝不能将刑罚当做摧残、折磨人的工具。正如法国学者福柯所言，“人们绝不应对一个罪犯，哪怕他是一个叛逆或怪物，使用‘非人道’的惩罚”，“把惩罚减到最低限度，这是人道的命令，也是策略的考虑”。①

2. 尊重和保障罪犯人权。随着人类文明的进步，社会对待罪犯的态度也发生了显著的变化。“现代文明社会对待坏人坏事不同于古代野蛮社会的一个重要区别，就是坏人和好人一样，只要是人，统统都受到人权的保护。”② 既然罪犯也是人，因此，刑罚不得将罪犯视为客体物和丧失权利的奴隶，刑罚应只限于剥夺其行动自由，除此之外，罪犯享有宪法赋予他们的一切权利。他们同样具有人的尊严，必须得到公正对待。③

3. 帮助罪犯复归社会。马克思主义人学的一个基本观点是：人是自然属性和社会属性的统一。从人的自然属性而言，禁止打骂、体罚虐待罪犯，保障罪犯最低处遇等，固然是行刑人道，但这是浅层次的，不完整的。高层次的完整的行刑人道主义应当立足人的社会属性，关注罪犯个人价值的复归、个人尊严的复归。“在某种意义上讲，关注个人社会价值的复归、个人尊严的复归，更能反映人道主义的真谛，表现对人的关怀。”④

（二）刑罚人道主义的历史轨迹

自从刑事古典学派提出刑罚人道主义原则以来，随着时代的变迁和社会的发展，刑罚人道主义原则的内涵有所变化，侧重点发生一定的转移，不同时期不同刑事法学者的主张，不断为刑罚人道主义思潮注入新鲜的思想活力和时代内涵。

1. 刑事古典学派视野中的刑罚人道主义侧重于限制刑罚。刑事古典学派继承了18世纪启蒙思想家提出的“自由、平等、博爱”的思想观点，针对封

---

① ［法］米歇尔·福柯著，刘北成、杨远婴译：《规训与惩罚》，三联书店1999年版，第100～102页。

② 茅于轼：《寻求社会的致富之道》，四川人民出版社2002年版，第335页。

③ ［德］汉斯·约阿希姆·施奈德：《犯罪学》，中国人民公安大学出版社、国际文化出版公司1990年版，第928～929页。

④ 翟中东：《刑罚个别化研究》，中国人民公安大学出版社2001年版，第190页。

建刑罚的残酷性、身份性和擅断性，提出了罪刑法定、罪刑均衡、刑罚人道三大原则，为将国家刑罚权纳入法治的轨道作出了极大的努力。刑事古典学派的代表人物贝卡利亚从社会契约论入手，论证刑罚权源自公民自愿转让的自然权利，其限度应该是维护公共福利，同时也应保障个人的尊严和权利。贝卡利亚反对报复和威吓主义的刑罚观，主张刑罚的宽和。他指出："刑罚的目的既不是要摧残折磨一个感知者，也不是要消除业已犯下的罪行……刑罚的目的仅仅在于：阻止罪犯再重新侵害公民，并规诫其他人不要重蹈覆辙。"基于这样的刑罚目的观，贝卡利亚对当时盛行的酷刑制度进行了无情的挞伐："纵观历史，目睹由那些自命不凡、冷酷无情的智者所设计和实施的野蛮而无益的酷刑，谁能不怵目惊心呢？目睹帮助少数人、欺压多数人的法律有意使或容忍成千上万的人陷于不幸，从而使他们绝望地返回到原始的自然状态，谁能不毛骨悚然呢？目睹某些具有同样感官、因而也具有同样欲望的人在戏弄狂热的群众，他们采用刻意设置的手续和漫长残酷的刑讯，指控不幸的人们犯有不可能的或可怕的愚昧所罗织的犯罪，或者仅仅因为人们忠实于自己的原则，就把他们指为犯罪，谁能不浑身发抖呢？""严峻的刑罚造成这样一个局面：罪犯所面临的恶果越大也就越敢于规避刑罚。为了摆脱对一次罪行的刑罚，人们会犯下更多的罪行。刑罚最残酷的国家和年代，往往就是行为最血腥、最不人道的国家和年代。因为支配立法者双手的残暴精神，恰恰也操纵着杀人者和刺客们的双手……刑罚的残酷性还造成两个同预防犯罪的宗旨相违背的有害结果。第一，不易使犯罪与刑罚之间保持实质的对应关系。无论暴政多么殚精竭虑地翻新刑罚的花样，但刑罚终究超越不了人类器官和感觉的限度。一旦达到这个极点，对于更有害和更凶残的犯罪，人们就找不出更重的刑罚以作为相应的预防手段。第二，严酷的刑罚会造成犯罪不受处罚的情况……一种对于人性来说是过分凶残的场面，只能是一种暂时的狂暴，决不会成为稳定的社会体系。如果法律真的很残酷，那么停止或者必须改变，或者导致犯罪不受处罚。"①

继贝卡利亚倡导刑罚的人道主义之后，康德和黑格尔从哲学的视角论证刑罚的人道性。康德立足于自由意志学说，认为人的本质是人性，这种人性的基础是人有自由意志，有理性，与这种人性相关，人人都有与生俱来的人的自由权利和尊严，这种权利和尊严必须受到他人，包括社会的尊重。因此，人在任何时候都只应当作为目的，而不能主要作为实现其他目的的手段。基于这种认识，康德认为，即使对犯罪者而言，对他进行惩罚也只能是因为他的自由意志

---

① ［意］贝卡利亚：《论犯罪与刑罚》，中国大百科全书出版社1993年版，第42～44页。

行为给他人的自由或社会利益造成了侵害，这种侵害违背了正义要求，那么，对他进行惩罚也就是恢复被损害的正义，此外别无其他重要的目的。① 黑格尔尽管没有系统地研究刑罚制度，但从他在讨论其他刑法基本问题时对刑罚制度的零散论述中可以看出，他是热心倡导刑罚人道主义的。他坚决反对对罪犯使用酷刑，对古代东方的中国、印度、中世纪的欧洲等专制国家中广泛存在的对罪犯使用身体刑、肉刑等折磨、摧残人身的酷刑的现象表现出极大的愤慨，指出："最令人憎恶和可恨的莫过于欣赏残酷。"② 经过康德、黑格尔的哲学论证，刑罚人道主义逐渐成为一种文化信念和伦理原则，并开始得到人们的认同。

2. 刑事实证学派和新社会防卫论的刑罚人道主义立足于矫正罪犯。刑事实证学派学者菲利指出："古典派犯罪学的实际辉煌业绩在于宣传了废除中世纪最野蛮的刑罚，如死刑、严刑拷打和肢体刑等酷刑。现在我们将接过古典派犯罪学的现实的科学的使命，担负起一种更为高尚而富有成效的任务——在减轻刑罚的同时减少犯罪。"③ 为了达到既减轻刑罚又减少犯罪的双赢局面，刑事实证学派的学者们提出了矫正刑论和教育刑论。他们否定古典学派的自由意志论，认为犯罪是由犯罪人个体因素、自然因素和社会因素相互作用的结果，其中起主要作用的是社会因素。由于犯罪主要是一种社会问题，它只能依靠社会的方法来解决，"最好的社会政策，也就是最好的刑事政策"。基于这样的犯罪观，刑事实证学派主张对犯罪人适用刑罚并不是单纯为惩罚而惩罚，在报应之外，刑罚应该还有另外的目的，即通过教育改造犯罪人，达到预防犯罪的目的。在矫正刑论和教育刑论者看来，刑罚人道化就是刑罚矫正化和刑罚教育化。

第二次世界大战后，社会防卫运动兴起。前期激进的社会防卫论者格拉马蒂卡认为，社会防卫的本质目的在于"改善那些反社会的人"，使之回归社会。国家担负着拯救罪犯、把罪犯改造成为能够重新适应社会生活的新人的义务，这是最高尚的人道主义。继格拉马蒂卡之后，法国刑法学家安塞尔执掌社会防卫运动，他以折中调和特色异军突起，自立一派，称"新社会防卫论"。安塞尔把自己的新社会防卫论概括为"人道主义的刑事政策运动"，他坚决反

---

① 马克昌主编：《近代西方刑法学说史略》，中国检察出版社 1996 年版，第 100～101 页。

② 马克昌主编：《近代西方刑法学说史略》，中国检察出版社 1996 年版，第 136 页。

③ ［意］菲利著，郭建安译：《实证派犯罪学》，中国人民公安大学出版社 2004 年版，第 186 页。

对传统的报复性惩罚制度，认为对各种不正常的人或罪犯，首先应考虑的是教育而不是刑罚。安塞尔承认犯罪者有复归社会的权利，社会有使犯罪者复归社会的义务，认为能够把犯罪者教育改造成为新人复归社会是真正的最高的人道主义。①

综上所述，从刑事古典学派限制刑罚，反对酷刑，改善监狱罪犯待遇，到刑事实证学派、新社会防卫论矫正、改善罪犯，使其复归社会，刑罚人道主义完成了从古典到现代的转变，其思想内涵也日趋丰富和完整，不断得到深化。

二、社区矫正的人道价值解读

人道，是现代刑法追求的三大价值目标之一。人道的基本要求是人类出于良知而在其行为中表现出的善良与仁爱的态度与做法，即把任何一个人都作为人来看待。② 罪犯也是人，也有其人格的尊严，也追求其自身的自由和幸福。社区矫正立足于人性的基本要求，以人性关爱为出发点，以罪犯人性的复归为归宿点，真正体现了人道主义的真谛。对社区矫正人道价值的解读，可以从以下方面入手：

（一）社区矫正体现了一种宽容精神

宽容，是指容许别人有行动和判断的自由，对不同于自己或传统观点的见解的耐心公正的容忍。房龙认为，无论是人类思想史，还是刑罚史，都是为宽容而斗争的历史。宽容是刑罚人道主义的重要标志，只有人道的宽容精神才能化解对于犯罪和犯罪人的仇恨心理。我国学者曲新久教授指出："刑罚人道主义与宽容、柔和、人性等德行词汇相联系，与野蛮、残酷、恐怖、折磨等形象相对立。刑罚人道主义表现出国家在规定和运用刑罚时对犯罪以及犯罪之实施者的一种宽容态度。"③ 对实施了反社会行为的罪犯，国家和社会并不抛弃他们，而是给予他们重返社会的希望和机会，并且为罪犯的矫正营造宽容的社会氛围，使矫正对象在宽容中感受人性关爱。这些正是宽容性的体现。

（二）社区矫正符合人类本性

美国现代著名社会学家库利指出："人类本性是最容易变化的，因为导致行为的本性，随着外部影响的变化而在道德或其他意义上都是变化的……一切取决于本性是如何被唤醒和运用的……人类本性最基本的特点就是可教育性。

① 参见黄华生：《论刑罚轻缓化》，中国经济出版社2006年版，第73~76页。

② 陈兴良：《走向哲学的刑法学》，法律出版社1999年版，第76页。

③ 曲新久：《刑法的精神与范畴》，中国政法大学出版社2000年版，第538~539页。

如果我们理解人类本性，我们可以让他按我们的意愿发挥作用，就像一个聪明的机械师，运用物质和运动的普遍规律来为他的目的服务一样。”① 我国学者也指出：“人道的真谛并非是慈善性地减轻痛苦，而必须在其刑罚中注入新的目的意识，即为教育发挥合理的作用。”② 在教育刑理论指导下的社区矫正，发挥的主要是刑罚的教育性，注重的是对犯罪人的病态人格的教育和矫治，以使其成为具有正常规范意识的人，从而顺利复归社会。可见，从立足于刑罚的教育性这一层面来理解，社区矫正完全符合人类本性和人道的真谛。

（三）社区矫正闪耀着人性关爱的光芒

罪犯尽管危害了社会，被判罪服刑，但他也有与正常人一样的需求和情感，社区矫正在很大程度上满足了罪犯的需求和情感。首先，社区矫正满足了罪犯渴望自由的需求。自由是公民所享有的最基本的权利之一，也是其他方面的权利存在的基础。在市场经济社会，个人的独立与自由是市场交换的基础，个人自由具有空前的价值。这一点对罪犯也适用。社区矫正是在社区环境中对罪犯进行监管和矫治，罪犯并不脱离正常的社会生活，与监禁矫正相比，具有较大的自由度。其次，社区矫正满足了罪犯的情感寄托。罪犯如果被判刑入狱，就无法过正常的家庭生活，导致家庭残缺，婚姻关系名存实亡。而社区矫正使罪犯保持健全的家庭生活和稳定的婚姻关系，从而使其情感需求得到了满足。

（四）社区矫正以罪犯的复归社会为终极目标

美国学者D. 霍吉斯在考察了人道主义的渊源及流变以后，曾经一语中的地断定：人道主义传统的中心就是关于人格全面发展的观念。③ 我国学者陈士涵研究员指出，行刑人道主义的最高层次是使罪犯的人格得到改造并健康发展，实现其作为人的价值。④ 曲新久教授在论述刑罚人道主义表现出“国家在规定和运用刑罚时对犯罪以及犯罪之实施者的一种宽容态度”之后，进一步指出：刑罚宽容“只是问题的表象”，“刑罚人道主义的实质性命题乃是，将犯罪人作为伦理主体对待，而不是物体处理。刑罚人道主义意味着对于人的自主性的承认，其中心思想是，犯罪人是人，因而必须将其作为人，而不是作为

---

① ［美］查尔斯·霍顿·库利著，包凡一等译：《人类本性与社会秩序》，华夏出版社1999年版，第25页。

② 鲁兰：《牧野英一刑事法思想研究》，中国方正出版社1999年版，第198页。

③ 转引自冯卫国：《行刑社会化研究》，北京大学出版社2003年版，第49页。

④ 陈士涵：《人格改造论》（下卷），学林出版社2001年版，第677页。

手段对待。"① 以人格矫正为前提、罪犯复归社会为目标的社区矫正制度，集中体现着行刑的人道价值。首先，社区矫正的实施可以让罪犯继续保持与家庭和社会的联系，有利于塑造罪犯的"公民人格"。犯罪学的研究表明，犯罪人的家庭和社会资源，是帮助犯罪人改过自新的重要支持系统，是任何其他的力量都不能取代的改造力量。其次，社区矫正可以避免监禁矫正所带来的负面效应，避免"监狱化"人格的出现。如前所述，监狱行刑对服刑犯的人格和自我价值感构成巨大的威胁，极易造成自律力萎缩、意志力丧失、孤僻和颓废等"监狱化"人格现象。罪犯的监狱化是同罪犯的再社会化相抵触与背离的过程，对罪犯人格的塑造和重返社会目标的实现起着阻滞作用。而在社区矫正的罪犯不会受到监禁环境的感染，健全的家庭生活、稳定的就业机会、正常的休闲活动，加上适度的社会监督，可以较好地矫正罪犯的反社会人格，从而使罪犯顺利地融入社会，实现再社会化的目标。

三、社区矫正的人道诉求

（一）权利保护

刑罚人道主义是以肯定罪犯的权利主体地位为前提的，重返社会是罪犯享有的权利，而不是社会的宽容和恩赐。罪犯是实施了犯罪行为而被国家处以刑罚的人，国家为了维护社会正义和保护公民权利，通过对罪犯实施刑罚来剥夺和限制他们的一定权利，以示惩戒。但罪犯作为"人"的资格和罪犯仍然是"人"的事实并不因罪犯服刑而丧失和消灭。正如国外学者所言："在民主社会里，罪犯遭受的损失就是失去自由，所有其他权利，政治上的、经济上的、教育上的权利，都应像其他公民一样地保留。"② 尽管与社会上的人相比，在社区矫正的罪犯，其权利是不完整的，表现为罪犯的某些权利（如人身自由权）虽然没有被剥夺，但是基于刑罚的性质和矫正的需要，这些权利必然被烙上刑罚的印痕。但是，在社区矫正的罪犯，其权利仍然自成体系，体现为三个层次：即生命的尊严、人性生活的尊严和个性尊严。这三个层次可进一步具体化为生命权、人身及财产权、个人发展权、救济权等。③ 罪犯权益的存在与享有，意味着社区矫正机关有保障这些权益的职责和义务。平等地将罪犯当人

---

① 曲新久：《刑法的精神与范畴》，中国政法大学出版社2000年版，第539页。

② 转引自冯卫国：《行刑社会化研究》，北京大学出版社2003年版，第79页。

③ 刘保民、张庆斌、刘方冰："监狱行刑人道化问题研究"，载《犯罪与改造研究》2004年第2期。

看待，不是人们对罪犯的怜悯，而是人道的起码要求。德国刑法学家耶赛克指出："作为刑事政策基础的人道主义不再是每个人对于事物所持的同情态度这样一种个人的事情，而是社会对于犯罪现象所应承担的共同责任问题。对于犯罪人的关怀不再是一种恩惠，而是法制国家一项义务性的社会任务。"① 因此，社区矫正机关应当切实保障罪犯的合法权益，使社区矫正的人道价值真正落到实处。

（二）罪犯处遇

处遇，是矫正理论发展的产物。矫正理论认为，罪犯之所以犯罪是因为他们人格存在一定缺陷或者说他们在社会化中的某些缺陷而犯罪，因此，他们是社会中的"病人"，既然是病人，当然需要 treatment。② 远古至今，罪犯处遇经历了一个从野蛮到文明、非人到人的历史演变过程。在这个过程中，处遇的价值渐为人知：处遇措施是矫正罪犯人格的重要工具。而矫正罪犯人格，使其人格健康发展是刑罚人道主义的最高层次，从这个角度来看，罪犯处遇又是实现刑罚人道主义的重要工具。在社区矫正领域，罪犯处遇包括三种有机联系的措施：(1) 公益劳动。中外罪犯矫正史告诉我们，劳动具有重要的人格矫正功能。因此，在社区矫正的罪犯，应当参加一定时数的公益劳动或社区服务，使他们在劳动中矫正恶习，提高自己的技能，培养健康的情感，重塑全新的观念。(2) 罪犯教育。教育具有重要的人格矫正价值：①教育可以提高罪犯的理性；②提高人的生存与发展能力；③促进罪犯人格向善的方向发展。③ 在社区矫正中，矫正机关应当加强对矫正对象的思想道德教育、文化教育和职业技术教育，使他们在接受教育的过程中明辨是非，努力向善。(3) 心理矫治。心理矫治在罪犯矫正中具有重要价值：①改变罪犯认知；②调整罪犯情绪；③矫正行为；④减轻、消除异常心理。④ 国外在社区矫正的开展中十分重视对罪犯的心理矫治，它们吸收心理学方面的专家参与社区矫正工作。国外在选择缓刑官时需要考虑医学、心理学或者适合性标准，目的就是有利于对罪犯进行心理矫治。从我国开展社区矫正的试点地区来看，有的已经开展对矫正对象的心理矫治。例如，北京市在试点过程中，广泛发动包括心理学家、精神病医师在内的社会力量参与社区矫正工作，东城区通过区卫生局，依托社区精神预防

① 转引自高芸："社区矫正的价值论"，载《犯罪与改造研究》2003 年第 4 期。

② ［日］森下忠著，白绿铉译：《犯罪者处遇》，中国纺织出版社 1994 年版，第 4～5 页。

③ 翟中东：《刑法中的人格问题研究》，中国法制出版社 2003 年版，第 225～226 页。

④ 翟中东：《刑法中的人格问题研究》，中国法制出版社 2003 年版，第 228～230 页。

康复中心，组建了由各区属各医院专职医师组成的社区心理矫正队伍。同时，针对社区矫正工作对心理咨询与矫正工作的特殊要求，东城区还聘请了犯罪心理学教授，开设了系列讲座，使工作人员以科学的态度、严谨的作风，规范有序地开展心理矫正工作。[①] 试点街道针对矫正对象制定心理矫正方案，在详细调查了解矫正对象的心理辅导、存在的问题、面临的困扰以及心理压力之后有针对性地请有关专家给其做一个辅导方案，以有利于他尽快适应社会，适应环境。但从试点地区传来的信息表明：目前社区矫正遇到的最突出的困难就是缺乏富有经验的心理专家，因而矫正工作中非常重要的“心理矫正”工作开展艰难。[②]

（三）生活扶助

社区矫正本质上是做矫正对象的思想转化工作，属于意识形态的范畴。但它们的思想转化进程如何，与它们各自现实的实际利益相关。因此，在实行社区矫正的过程中，矫正机关需要根据矫正对象面临的实际问题和困难，尽力予以生活上的扶助。如帮助他们妥善解决个人与家庭、邻里的关系，使他们树立生活的勇气和信心；提供职业培训的机会，使他们获得自食其力的本领；广开就业门路，使他们获得稳定的收入来源等。当前，生活扶助最重要也是最艰巨的任务就是积极创造就业条件，使矫正对象有一个安身立命之所。之所以说是最重要的任务，是因为对于矫正对象来说，如果无业或无稳定的职业，就会生活无着落，很容易诱发犯罪。因此，要防止他们重新犯罪，就要使他们有业可就。之所以说是最艰巨的任务，是因为当前我国的就业形势十分严峻。据劳动和社会保障部门预计，“十五”期间，我国新成长的劳动力数量将升至峰值，加上现存的下岗失业人员，每年城镇需要安排的就业人数将达到 2300 万人，年度供大于求的缺口达 1500 万人。[③] 在这样的就业压力下如何保障社区矫正罪犯的生活、就业是非常艰巨的课题。上海市在社区矫正试点过程中已切实感受到这种压力。虽然上海的经济正在高速发展，但仍然有社会的就业压力，下岗人数较多，外地的流动人口源源不断进入上海，因此，社区矫正对象的就业问题并不乐观，致使一部分人面临生活困难，医药费问题也有待解决。在斜土路街道保外就医和假释人员中，除少数人外出打工，多数人均无业，有的靠出租旧房，有的靠家属生活，有的从事摩托车载客等。社区矫治对象办理“劳动手册”也没有明确规定，一些地区执行中不统一，造成当事人情绪的不稳

① 鲁兰：《中日矫正理念与实务比较研究》，北京大学出版社 2005 年版，第 189 页。
② 朱弈：“社区矫正：全新的刑罚执行方式”，载《记者观察》2003 年第 6 期。
③ 乔木主编：《解读新政府》，中共党史出版社 2003 年版，第 153 页。

定，如果不能妥善安排他们的就业和生活问题，可能会成为他们重新犯罪的隐患。[①] 为此，各地社区矫正机关应当紧紧依靠当地政府，拓展就业渠道，努力为社区矫正对象提供就业帮助和服务，解决他们生活中的实际困难，让广大在社区接受矫正的罪犯能真正体味人道主义的关爱。

第三节 社区矫正的效益价值

效益本是一个经济学上的概念，后来被引入法学领域。在法学领域中，效益的基本含义是指：从一个给定的投入量中获得最大的产出，即以最少的资源消耗获取最大的有用效果，或以同样的资源消耗取得更大的效果。[②] 效益，是现代刑法追求的又一价值目标。“在刑法中，我们的宗旨是使犯罪的直接成本和间接成本以及刑事审判制度的运转成本最小化。”[③] 从经济学的角度看，任何资源都是有限的，国家的司法资源也是如此。刑罚是一种重要的犯罪控制手段，同时也是一种有限的社会资源。和经济的运行一样，刑罚的运行也需要核算效益和成本。何谓刑罚的效益？我国学者邱兴隆教授对刑罚效益的构造进行了梳理，认为刑罚的效益应该包括至少三个要素：即刑罚的有效性、刑罚的有益性以及刑罚的节俭性。这三个要素代表着刑罚的效益价值对刑罚的不同层次的要求。[④] 因此，对社区矫正的效益价值的考察，理应包括对社区矫正是否有效、是否有益以及是否节俭的追问。

一、社区矫正的有效性

对社区矫正是否有效的追问，主要考察的是社区矫正是否具有个别预防与一般预防的效果。

（一）社区矫正有助于实现刑罚的个别预防的目的

在刑罚理论上，个别预防是指预防犯罪人重新犯罪。实施社区矫正，对受刑人而言，能起到比较好地预防其重新犯罪的功效。

---

① 刘强：“上海社区矫正的发展与评价”，载《法治论丛》2002 年第 6 期。

② 张文显：《法学基本范畴研究》，中国政法大学出版社 1993 年版，第 273 页。

③ ［美］罗伯特考特、托马斯尤伦著，张军等译：《法和经济学》，三联书店 1994 年版，第 755 页。

④ 邱兴隆：《刑罚的哲理与法理》，法律出版社 2003 年版，第 528 ~ 529 页。

首先，奠基于报应基础上的社区矫正，能充分促成犯罪人赎罪感的产生。我国台湾地区学者林山田先生指出：理想的刑罚，应该促使犯罪人产生赎罪感，在刑事矫治工作上务必促成受刑人的赎罪能力与赎罪的心理条件，使其真正出自内心的悔悟而改过自新，在此情况下，赎罪思想实际上也应涵盖着教育思想。① 如前所述，社区矫正仍然是奠基于报应基础之上的刑罚执行方式，体现了刑罚的公正性。因此，社区矫正所产生的赎罪效应为进一步矫正罪犯的病态人格，实现罪犯的再社会化提供了良好的心理契机，使其形成对先前犯罪行为的自我否定和自我谴责，促成良心的复苏和自我反省，从而真正发自内心地悔悟而改过自新。

其次，对那些罪行较轻、人身危险性较小的罪犯实施社区矫正，体现了国家对这些罪犯的人性关爱和人道处遇，可以激发罪犯们内心的感恩心理，并把这种感恩心理转化为积极改造的内在动力。

再次，社区矫正使罪犯可以在正常的社会环境下接受矫治，不仅可以避免监狱行刑所带来的监狱亚文化对犯罪人的侵袭，同时可以保持与社会的联系，增强社会适应能力，加速其重新社会化的进程，最终融入社会。

考察社区矫正是否具有个别预防的效果，重新犯罪率是一个重要标尺。国外社区矫正的开展已有数十年的历史，学者们也进行了预防再犯方面的实证研究。以美国为例，社区矫正实施的第一个目标就是保护社会公众的利益，也即减少罪犯重新犯罪，借以保护社会公众。尽管有研究者认为社区矫正在减少重犯的效果上成效并不显著，但另一部分学者主张，替代性刑罚比监狱环境更有效。博尔和奥弗沃特把判处社区矫正的罪犯与判处到监狱服刑的罪犯进行比较，发现42%的社区矫正罪犯再次犯罪，而54%的监狱囚犯再次犯罪。兰沃西于1993年、莱茨萨于1996年，通过对醉酒驾车矫正计划的最初研究和4年的追踪研究，发现旨在减少与酗酒相关联的再次犯罪的一项计划在降低重犯方面是成功的，表现为低于监狱囚犯的重犯率。1998年维托和图克斯伯里指出，法院戒毒计划完成者的重犯显著地低于没有完成者，因而得出了戒毒治疗计划能有效降低重犯的结论。其他调查研究支持这样的观点，即替代性刑罚在减少罪犯将来的犯罪行为方面比监狱更有效。②

由于我国社区矫正实行试点不久，这方面的实证数据还比较少，但部分试点省市的数据颇能说明问题。根据司法部提供的信息，在第一阶段的试点工作中，社区服刑人员重新犯罪率不足1%，95%以上的社区服刑人员都能服从监

① 林山田：《刑罚学》，台北三民书局1983年版，第49~50页。

② 王志亮、王俊莉："美国的社区矫正制度"，载《法学》2004年第11期。

督管理，积极接受教育。[①]

（二）社区矫正对实现刑罚的一般预防目的也有特殊功效

众所周知，一般预防是指预防犯罪人以外的社会成员实施犯罪。一般预防的目的可以通过消极的一般预防和积极的一般预防两条途径来实现：前者主要通过对犯罪人宣告和适用刑罚来遏止其他人实施类似的犯罪（威慑预防）；后者主要通过“唤醒和强化国民对法的忠诚、对法秩序的存在力与贯彻力的信赖”来预防犯罪（规范预防）。[②] 社区矫正同时具有威慑预防和规范预防的功效：就刑罚的威慑力而言，社区刑罚尽管稍逊于监禁刑，但它毕竟仍是一种刑罚，对犯罪人而言仍具有一定的痛苦，因此，对犯罪人以外的人仍具有一定的威慑力，从而可以起到遏止他们犯罪的作用；就刑罚的积极预防效果而言，社区矫正通过给予罪犯社会内处遇，将行刑过程暴露在社区公众的目光之下，这种“惩罚术”的改变使刑罚的戏剧性效果比远离社会的监狱行刑要强烈得多，使正义以人们看得见的方式得到实现，[③] 为社区共同体意识的形成，提供了正面的道德和法规范强化与反面的惩罚强制范例，从而树立民众对法的忠诚感和对法秩序的信赖感。

二、社区矫正的有益性

（一）社区矫正对犯罪人有益

首先，社区矫正拓展了服刑罪犯的自由空间。监禁刑是以剥夺罪犯的人身自由为基本特征，而自由是公民所享有的最基本的权利之一，许多其他方面的权利是依附于自由权利而存在的，因而自由权利的丧失自然引发其他一些权利的缺损。尽管在社区矫正的罪犯的人身自由还要受到一定程度的限制，但较之监禁刑，社区刑罚对罪犯的人身自由的剥夺要少得多，从而为罪犯行使法律赋予的正当权利提供了保障。

其次，社区矫正缩短了服刑罪犯再社会化的进程。努力保证罪犯与社会的联系，是罪犯回归社会工程的重要一环，因为大部分罪犯最终要回归社会，重

---

① 参见司法部基层司司长王珏在2004年上海“对轻刑犯的非监禁矫治措施中英研讨会”上的讲话：“中国社区矫正制度介绍”。

② 张明楷主编：《刑法学》，法律出版社2005年版，第405页。

③ 法国“行刑学派”领袖夏尔·卢卡斯指出：“正义不仅要得到实现，而且要以人们看得见的方式得到实现。”社区矫正使行刑公开化，使刑罚正义以社区公众看得见的方式得以实现。

塑其社会角色。与监禁刑的封闭性不同，社区矫正是在开放的社会中实施对罪犯的教育和改造，不仅可以避免监禁刑对罪犯再社会化进程的阻滞影响，而且可以保持罪犯与家庭和社会的联系，不丧失工作和教育机会，使他们在与社会的正常交往中学会做人、处事，习得基本的职业技能，培养对法律的信赖意识。因此，在开放社会中的社区矫正能比封闭环境中的监禁矫正更快地完成罪犯再社会化的进程。

（二）社区矫正对被害人有益

被害人是犯罪行为的直接受害者，在肉体、精神或财产上遭受了损失。通过对犯罪人判处和执行刑罚，在一定程度上满足被害人及其家属要求惩罚犯罪的强烈愿望，平息他们因受到犯罪侵害而产生的激愤情绪，抚慰其受到的精神创伤，防止他们对犯罪人实施私人报复，从而避免酿成新的犯罪。但现行刑事诉讼制度还有一个缺漏，就是受害人的物质损失和精神损害往往得不到赔偿。根据联合国在世界范围内所做的一项调查，有半数以上的被害人关注的并不是对犯罪人的惩罚，而是如何使自己的物质精神损失得到补偿，但现行刑事司法体制的运作模式，显然无法满足被害人的真正需要。① 而社区矫正的施行则可以部分弥补这一缺漏，被害人在诉讼阶段要求损害赔偿无果的情况下，可以通过犯罪人在社区行刑过程中的劳动报酬得到赔偿。如美国的社区服务，就是“使犯罪者通过公益劳动挣一些钱来赔偿受害者、社区或二者”。又如（劳动）赔偿，就是指“让犯罪者来补偿因犯罪而造成的对受害人财产的损失和破坏以及身体的伤害”。② 国外社区矫正的这些措施，显然是专门为维护被害人的利益而设计的。

此外，社区矫正的运行还在一定程度上改变了被害人在正规刑事司法中边缘化的地位。特别是在欧美近年来盛行的恢复性司法中这一努力尤为明显，不但犯罪人承担责任的形式是以补偿被害人的损失为目的，而且被害人还被部分赋予决定犯罪人的责任形式的权利。另外，受恢复性司法理念的影响，英、美、加拿大等国的刑事司法机关在决定是否对犯罪人判处缓刑，是否对犯罪人进行假释时也往往征求被害人的意见，在一些地方，甚至还赋予了被害人最终

---

① 张庆方：“恢复性司法”，载陈兴良主编：《刑事法评论》（第12卷），中国政法大学出版社2003年版，第449页。

② 刘强：《美国刑事执法的理论与实践》，法律出版社2000年版，第242页、第239页。

决定是否给予犯罪人缓刑、假释的权利。①

（三）社区矫正对社会有益

刑事司法的终极目标，不是“发现”和“惩罚”越来越多的犯罪人，不是加剧社会中的情绪对立和矛盾冲突，而是消除情绪对立，化解矛盾冲突，修复社会裂痕，最终实现社会的稳定与和谐。然而，在传统的刑事司法模式下，用“重刑”“严打”犯罪分子是我国刑事司法一贯遵循的惩罚哲学。对犯罪人的“严打”，加剧了社会中的对立情绪和矛盾冲突，制造了越来越多的社会的对立面或“敌人”。可见，传统刑事司法模式运行的结果，不是对刑事司法终极目标的追求而是背离。而在社区矫正这一新的刑罚适用模式下，由于拓展了服刑罪犯的自由空间，减轻了对罪犯的惩罚力度，其结果是服刑罪犯从社会的宽容中感受到人性的关怀，并因此对社会抱有一种感恩心理。在这种心理支配下，服刑罪犯与矫正机关之间就会形成合作而不是对抗的局面，罪犯会主动配合行刑机关的改造努力，加快重新社会化的进程，最终融入社会。因此，社区矫正的实施有利于促进社会的稳定和人际关系的和谐，是构建和谐社会的理性选择。

三、社区矫正的节俭性

（一）社区矫正能够节省刑事司法资源

与监禁矫正的昂贵行刑成本相比，社区矫正能够大量节省行刑资源。社区矫正对社会资源的节省，突出地表现在以下两个方面：②

首先，社区矫正可以节省国家的刑事司法资源。就人力资源而言，社区矫正不需要像监禁矫正那样多的看守人员和监狱警察，除少量专职矫正工作人员外，可以大量动用社会志愿人员；就经济资源而言，社区矫正不必像监禁矫正那样花费巨资修建监狱和其他相应的设施，也无需为监狱系统的运行支付更加庞大的资金，包括大量监狱工作人员的费用、设施维护和运行费用以及犯人的生活费用等。根据英国政府对于不同种类刑罚执行成本所做的最新统计数据，被判处监禁刑的服刑人员，平均每人每月消耗政府 2700 英镑，而对于被判处社区矫正的犯罪人，国家每月只需支付 200 英镑左右的成本。英国的司法实践

① 张庆方：“恢复性司法”，载陈兴良主编：《刑事法评论》（第 12 卷），中国政法大学出版社 2003 年版，第 491 页。

② 郭建安、郑霞泽主编：《社区矫正通论》，法律出版社 2004 年版，第 75 ~ 77 页。

表明，监禁刑与社区矫正的执行成本反差巨大。[1]在澳大利亚，1995－1996年度，监禁一名犯人的年度费用是49491澳元，每名社区矫正犯人的年度费用是1690澳元，社区矫正犯人的年度费用仅为监禁犯人年度费用的3.41％。[2]根据希尔顿对美国科罗拉多州、北卡罗来纳州、俄亥俄州和弗吉尼亚州的矫正费用的调查，不同形式的矫正每年花在每个罪犯身上的运作经费有很大的差别(见表1)。除了矫正训练营之外，其他社区矫正项目的花费均少于监禁的费用。

表1：美国4个州不同矫正形式形式的运作费用（单位：美元；时间：1994年）[3]

矫正形式	年人均费用	矫正形式	年人均费用
社区服务	2759	家庭监禁	402
缓刑	869	中途之家	12494
严格监督的缓刑	2292	矫正训练营	23707
电子监控	2759	看守所	14363
日间报告	2781	监狱	17794

其次，可以节省社会在救济出狱人方面所需的资源。如果对罪犯判处和执行监禁刑，就会引起一系列相关的社会问题。由于罪犯被隔离社会多年，自我生存能力非常薄弱，为避免其出狱后重新犯罪，社会需要给予出狱人员生活上、职业技能教育上的帮助，以便使他们能够平稳度过出狱后的危险期。而在实施社区矫正的情况下，就不会产生上述问题，社会也不必为解决这些问题消耗额外的资源。

（二）社区矫正能够提高罪犯改造质量

首先，社区矫正有助于监狱提高罪犯改造的质量。刑事法学者普遍认为，监禁期间的罪犯劳动是监狱改造罪犯的重要手段。但长期以来，罪犯劳动承担着改造罪犯与维护监狱发展所需经费的双重任务。造成这一困境的原因是多方面的：一是“监企社”高度合一的体制的桎梏，目前“监企社”高度合一的体制，使得监狱不得不从事与刑罚执行、矫治罪犯无关的大量工作，严重制约了监狱行刑功能的发挥。二是监狱经费缺乏财政保障，尽管国家对监狱的财政投入十分巨大，许多监狱实际上仍是入不敷出，面临着严重的财政困难。以北

---

① 王明：“完善我国社区矫正制度的法律思考”，载《人民司法》2004年第4期。

② 转引自郭建安、郑霞泽主编：《社区矫正通论》，法律出版社2004年版，第85页。

③ 吴宗宪：“关于社区矫正若干问题的思考”，载《中国司法》2004年第7期。

京市监狱局为例，近几年每年的财政拨款均在3个亿以上，2002年为3.374亿元，但每年仍有近2000万元的经费缺口。① 三是持续上升的押犯人数，挤占了监狱本就入不敷出的经费以及监狱正常的教育场所、活动空间。面对上述困境，监狱不得不将监狱改造工作目标定位在“收得下、管得住、跑不掉”，不少监狱把应付监狱经济与安全作为首要任务。监狱工作重心一旦偏离，改造质量的下降也就成为必然。所以，要提高监狱改造质量，必须通过推行社区矫正，尽可能将监狱押犯人数降下来，只有这样，才能从根本上解决当前监狱面临的经费、人员、场所等严重制约罪犯改造工作质量的难题。②

其次，社区矫正有助于在社区服刑的罪犯的更新改造。犯罪学的实证研究发现，罪犯不同程度地存在着人格缺陷，如情绪控制力薄弱、认知和思维偏差等。罪犯的改造，实际是其人格重塑的过程。传统的监禁刑，由于改造手段与改造目标的背离，在很大程度上延缓了犯罪人重新社会化的进程。而在社区矫正的罪犯，由于不脱离原来生存的社会环境，较好地解决了监狱行刑所面临的封闭监狱与开放社会的矛盾，以及由此带来的行刑手段与行刑目标的背离。因此，罪犯能较快地融入社会，完成其人格重新社会化的过程。

---

① 许冷、王祖明：“北京实行罪犯‘社区矫正’的设想”，载《犯罪与改造研究》2003年第9期。

② 狄小华：“关于社区矫正的思考”，载陈兴良主编：《刑事法评论》（第16卷），中国政法大学出版社2005年版，第631页。

第五章　社区矫正适用论

第一节　社区矫正的主体

社区矫正本身是一个总括性的概念，涉及的内容相当广泛，诸如缓刑、假释、刑满释放人员的安置等，都是社区矫正制度的基本内容。从实施社区矫正制度的西方国家的实践来看，一般没有冠以“社区矫正”名称的机构和人员。不同种类的社区矫正由不同的机构作出相关决定，并由专门的执行人员负责执行。

一、社区矫正的机构

（一）国外社区矫正的执行机构

考察国外社区矫正的实施情况，多数国家都设有专门的机构负责对处在社区矫正中的罪犯的执行、监督和管理。这些机构尽管称谓不一，但在隶属关系上，多数国家是由司法行政部门管理，属于司法行政部门下设的一个专门机构，但也有国家是由非政府组织负责社区矫正的执行工作。

在美国，联邦法务部下设监狱局，负责联邦的监狱和社区矫正事务。联邦和州没有隶属关系，美国大部分州均设有矫正局，负责各州的监狱和社区矫正的管理。可见，现代美国的罪犯矫正事业基本上实行的是两级垂直领导的体制。据1997年的统计，美国社区的矫正机构2931个，其中缓刑办公室有812个，占27.7%；假释办公室有486个，占16.6%；缓刑和假释合署办公的机构共有1633个，占55.75%。①

在法国，缓刑、假释、监外执行等工作由司法部专门设立的考验监督委员会负责。与此同时，执行法官也参与对假释犯的监督执行。②

---

① 刘强编著：《美国社区矫正的理论与实务》，中国人民公安出版社2003年版，第321页。

② 郭建安、郑霞泽：《社区矫正通论》，法律出版社2004年版，第104页。

俄罗斯的社区矫正机构是由1900多个专门的刑事执行监督机构来进行的。①

在日本，社会内处遇相当于广义的社区矫正制度。实施社会内处遇的机关主要有：法务省的相关部门、地方改造保护委员会、保护观察所。其中，法务省内与实施社会内处遇有关的部门主要是法务省保护局、中央改造保护审查会和矫正保护审议会。地方改造保护委员会设于全国8个高等法院的所在地，其主要职责是审查许可假释及取消该假释、对保护观察所的事务工作进行监督。保护观察所设于全国50个地方法院所在地，负责本地区的社区矫正工作。②

加拿大的成人矫正分别由联邦矫正局和省级矫正机关（10个省和3个地区）负责管理。联邦矫正局隶属于内政部，负责对联邦矫正机构和假释的管理，负责对刑期在2年以上的罪犯的关押和社区矫正。省和地区的矫正机关则负责对刑期不满2年的犯人的监禁和社区矫正。③

澳大利亚政府设有缓刑与假释事务局，管理包括附条件的特许离监罪犯和被判处社区服务令的罪犯的监督执行。各个州均有社区矫正中心。

英国的社区矫正是由设立于各地的介于政府机关和民间组织的非政府组织——保护观察局负责。④

（二）我国目前社区矫正的执行机构

1. 试点阶段社区矫正的执行机构设置

2003年7月最高人民法院、最高人民检察院、公安部、司法部《关于开展社区矫正试点工作的通知》（以下简称《通知》）指出："司法行政机关要牵头组织有关单位和社区基层组织开展社区矫正试点工作，会同公安机关搞好对社区服刑人员的监督考察工作，组织协调对社区服刑人员的教育改造和帮教工作。街道、乡镇司法所具体承担社区矫正的日常管理工作。"根据这一规定，有学者认为我国社区矫正试点阶段的执行主体是双主体并存模式，即司法行政机关是社区矫正的工作主体；而根据现行刑法、刑事诉讼法以及监狱法的规定，社区矫正所涉及的五类对象，都是由公安机关负责执行、进行监督管理

---

① 田越光："俄罗斯监狱现状分析"，载《犯罪与改造研究》2002年第2期。

② 刘涛、田新则："日本社区矫正制度介评"，载《犯罪与改造研究》2006年第2期。

③ 社区矫正考察组："加拿大社区矫正概况及评价"，载《法治论丛》2004年第5期。

④ 胡陆生："社区矫正制度的比较研究"，载《河北法学》2005年第4期。

的，也即公安机关是社区矫正的执法主体。①

笔者认为，“双主体”的表述是不准确的，理由是：“双主体”的表述人为割裂了社区矫正的任务。根据《通知》的精神，社区矫正承担着三项任务：一是对社区服刑人员的监督考察以及相应的管理；二是对服刑人员的改造和矫治；三是对服刑人员提供一定的服务。而根据现行刑法、刑事诉讼法及监狱法的规定，公安机关应承担对社区服刑人员进行监督考察的责任，换言之，公安机关承担的是社区矫正的第一项任务，后两项任务则由司法行政机关来完成。这样一来，就把社区矫正的任务人为分割为两块，一块具有执法权，一块不具有执法权。事实上，社区矫正是一项复合性质的罪犯处遇制度，刑罚执行贯穿社区矫正的全过程，它与矫治、服务等功能不可分割。刑罚的执行有助于对罪犯的矫治，矫治的实施和服务的提供又可以巩固刑罚执行的效果。因此，“双主体”是不利于社区矫正工作的整体推进的。

2. 对我国社区矫正执行机构的科学设置

近年来，我国刑事执行权的归属问题引起了学者广泛而持久的关注和讨论。除了个别学者认为“现行的刑事执行体制的配置符合我国现状，有利于执法的便利，应当保留”② 以外，大多数的学者都认为，现行刑事执行体制应当进行改革，主张把刑事执行权归属于司法行政机关，建立一体化的刑事执行体制。③

笔者赞同学者们的论证和设想，主张在国家司法部设立刑事执行总局，负责全国的刑事执行工作，在刑事执行总局下设监狱管理局和社区矫正局。之所以把监禁矫正和社区矫正放在一个部门管理，是因为监禁刑与非监禁刑在执行上有许多相似之处，都包括对服刑人员的监管、改造以及帮助服刑人员回归社会的内容。而且社区矫正和监禁矫正具有操作程序上的接续性，如果将二者放在一个部门来管理，有利于它们工作之间的相互渗透和相互衔接，如果分成两个局进行管理，在具体运作过程中可能会引起两个机构之间的互相扯皮和推诿，既浪费行政管理资源，又造成行刑效益的低下。④

在省、直辖市、自治区司法厅（局）设立刑事执行局，具体负责监狱矫

---

① 鲁兰：《中日矫正理念与实务比较研究》，北京大学出版社2005年版，第219～221页。

② 王利荣：“论行刑权运作的两种趋势”，载《政治与法律》2001年第3期。

③ 参见储槐植、汪永乐：“论刑事执行主体的合理配置”，载《犯罪与改造研究》2000年第10期；邵名正、于同治：“论刑事执行法的创制”，载《犯罪与改造研究》2000年第10期；力康泰等：“刑事执行一体化初探”，载《犯罪与改造研究》2000年第10期。

④ 刘强：“我国社区矫正试点中的管理体制弊大于利”，载《法学》2005年第9期。

正和社区矫正管理工作。关于刑事执行局的机构设置，有学者提出按照社区矫正的种类来划分下属管理部门的建议，在社区矫正局下设管制执行处、社区服务执行处、罚金及没收财产执行处、剥夺权利执行处、缓刑考察处、假释考察处、暂予监外执行处。[①] 笔者赞成刘强教授的设想，按照社区矫正工作的性质来设置管理部门，在刑事执行局下设社区矫正执法管理机构，负责对服刑人员的监督考察和奖惩事项；社区矫正的教育、矫正的协调机构，负责对社会工作者和志愿者参与社区矫正的协调；社区矫正的人事管理部门，负责招聘、管理社区矫正工作者，对专业人员进行必要的培训。[②]

在市、县、区一级司法局设立社区矫正科，负责本地区社区矫正执行工作的日常管理。在城市街道和农村乡镇司法所由专人执行社区矫正工作，直接负责矫正对象的日常监督考察、教育和服务工作。

二、社区矫正的工作者

（一）国外社区矫正工作者

1. 国外社区矫正工作者的定位

美国的社区矫正在世界范围内最具典型性，以美国为例来说明社区矫正工作者的角色定位具有典型意义。美国学者克劳卡将矫正工作者分为四种类型：(1)“法律的执行者”。这类工作者的主要动力是基于：第一，法院确定的限制条件和要求罪犯遵从的有关条件；第二，享有矫正工作者的官方的和作出决定的权力；第三，矫正工作者对公共安全的责任；第四，警察的职责，社区工作者的工作与警察有相似之处。(2)“时间的服务者”。这类人认为自己的工作是在满足一定时间内的要求直到退休，“我不是法律的制定者，我只是按时在这里工作”。(3)“矫正的代理人”。他们把自己看做是担负矫正的管理角色的工作者，通常通过解决罪犯的个别问题来帮助罪犯。(4)“综合的工作者”，在工作中兼顾矫治和执法的职责，他们扮演着家长的、代表权力机关的和帮助罪犯矫治适应的角色。综合工作者试图实现刑事执法和矫治的目的。[③] 在现实工作中，美国的矫正工作者可以扮演以下几种角色：(1) 惩罚的实施者。他们把自己看成是美国中等阶层伦理道德的保护者，试图通过威胁和惩罚的手段

① 刘晓梅：“试析我国社区矫正的主体”，载《犯罪与改造研究》2005 年第 7 期。

② 刘强：“我国社区矫正试点中的管理体制弊大于利”，载《法学》2005 年第 9 期。

③ 刘强编著：《美国社区矫正的理论与实务》，中国人民公安大学出版社 2003 年版，第 325 页。

强迫罪犯履行职责，通过强调对罪犯的控制、监管来保卫社会，罪犯在他们的监督下经常处于被怀疑的状况。（2）保护的工作者。他们角色介于保护罪犯和保护社区之间，他们的方法是通过交替的表扬和批评对罪犯进行直接的帮助、训诫。（3）福利的工作者。这种角色的最终目的是为当事人提供福利，他们期望帮助罪犯适应社区，减少对罪犯的能力和资格的限制。（4）消极被动的矫正工作者。他们认为自己的工作是一个应付的差事，不求高标准，只求管理的案件不出大问题就可以。①

2. 国外社区矫正工作者的构成

国外社区矫正工作者可以分为三类：第一类是执行社区矫正的专业人员，即受雇于各社区矫正管理机构的工作人员；第二类是准专业人员或专业人员的助手，即接受过一定的正规训练、领取薪水、承担正规的义务和责任，并在一定时间内开展矫正工作的人员；第三类是志愿人员，即无偿为社区矫正工作提供服务的社区居民。

（1）社区矫正的专业人员

如同社区矫正的执行机构那样，在大多数国家中，并没有以“社区矫正”命名的、统一的社区矫正执行人员。在一些国家和地区中，执行社区矫正的专业人员主要是缓刑官；在另一些国家和地区则主要是假释官；还有一些国家和地区，社区矫正则由缓刑官和假释官共同执行。绝大多数国家社区矫正的专业人员属于政府雇员，如加拿大、日本、英国和瑞典等。②

在日本，从事社区矫正管理工作的专业人员是保护观察官。保护观察官虽然是地方改造保护委员会的事务局及保护观察所所配备的一般国家公务员，但“其从事的则是基于医学、心理学、教育学、社会学及其他有关改造保护的专门知识，进行保护观察、人格调查及其他与犯罪人的改造保护及与犯罪预防有关的事务”。全国所配备的保护观察官的编制，1994 年 4 月 1 日为 892 人。③

美国正式的社区矫正工作人员约 7 万人，其中在缓刑办公室的有 3.2 万人，在假释办公室的有 1.03 万人，在缓刑和假释办公室的有 2.6 万人。④

（2）准专业人员

矫正领域中的准专业人员是指接受一定的正规训练、领取薪水、承担正规

① 刘强编著：《美国社区矫正的理论与实务》，中国人民公安大学出版社 2003 年版，第 324 页。

② 郭建安、郑霞泽主编：《社区矫正通论》，法律出版社 2004 年版，第 105 页。

③ ［日］大谷实著，黎宏译：《刑事政策学》，法律出版社 2000 年版，第 262 页。

④ 刘强编著：《美国社区矫正的理论与实务》，中国人民公安大学出版社 2003 年版，第 321 页。

的义务和责任，并在一定时间内开展矫正工作的人员。[①]

准专业人员是从当地社区中选拔出来的人员，他们与犯罪人生活在相同的社区，具有相似的文化背景、生活方式、语言、道德观念、兴趣爱好和社会经济地位。甚至有一些刑释人员也被挑选成为准专业人员，因为他们曾经是罪犯，与被矫正对象具有相同的人生挫折或体验，因此，他们比普通人更理解犯罪人面临的问题，更好地与犯罪人沟通，更有效地开展矫正工作。刑释人员的这些优势，使他们能够从事某些专业人员难以进行的工作。

（3）志愿人员

聘请志愿人员是外国社区矫正工作的一大特色。例如，日本罪犯社区处遇制度是以志愿者的广泛参与为显著特色的，志愿者实际上成为社区处遇的主要力量。[②] 日本从事社会内处遇的志愿人员有三种：一是保护司，其是“具有社会奉献精神，在帮助犯罪人改造自新的同时，努力启发有关犯罪的舆论，从而净化地域社会，为个人以及公共利益作贡献”的民间志愿者。二是改造保护法人，这是以1995年所制定的《改造保护事业法》为依据，由法务大臣许可从事改造保护的民间团体。三是民间志愿者，即纯粹从民间立场来帮助社会内处遇事业的组织和个人，比较著名的有改造保护妇女会、大兄弟姐妹会、帮助雇佣业主会等。[③] 在美国，根据1987年的统计，每年有30万至50万的公民自愿参与社区矫正，分布在2000至3000个司法区。后来的资料表明矫正自愿者的数量有较大的增长。[④]

各国社区矫正志愿人员通常具有下列特点：

第一，地域性。参与社区矫正的志愿人员一般是居住在所在社区的居民。他们把参与社区矫正计划，投身社区矫正活动看成是对社区的一种贡献。

第二，无偿性。在社区矫正领域，志愿人员与专业人员的最大区别是，志愿人员是无偿提供服务和参与对罪犯的矫正工作的。他们出于或是给社会尽义务、或是个人的兴趣和爱好、或是发挥自己的特长等原因而成为社区矫正志愿人员。当然，志愿人员无偿提供矫正服务，并不排斥给他们提供一定的补贴或津贴，以补偿他们在从事矫正工作中的花费。例如，日本在1985年时，负责

---

① 郭建安、郑霞泽主编：《社区矫正通论》，法律出版社2004年版，第105页。

② 林遐：“日本罪犯社区处遇概况”，载《犯罪与改造研究》2002年第7期。

③ 刘涛、田新则：“日本社区矫正制度介评”，载《犯罪与改造研究》2006年第2期。

④ 刘强编著：《美国社区矫正的理论与实务》，中国人民公安大学出版社2003年版，第341页。

监督一个缓刑犯或假释犯，每月可获得3900日元的补偿；提供一份罪犯将来回归地环境报告有800日元补偿；出席培训会议每天补偿650日元。① 向志愿人员提供一定数额的津贴或补贴，是许多国家和地区使用志愿人员的惯例，也是保障志愿人员顺利开展工作的重要条件之一。

第三，构成成分的复杂性。这一特点源于社区矫正领域中的志愿人员来源的多样性。一般而言，志愿人员的来源主要有：①退休人员。在各国的矫正志愿者队伍中，活跃着一支由退休教师、退休医师、退休军人、矫正机构的退休人员等组成的人群，他们利用自己的人身经历和专业特长为社区矫正贡献自己的余热。在日本，退休人员（包括家庭主妇）在自愿缓刑官的构成中所占比例最高，达总数的24%。② ②宗教人士。从文化渊源看，志愿者的出现与基督教精神传播有一定的关系。人的本性是自私的，但接受宗教的天命观后人有了行善帮助他人的愿望，由利我转向利他。正因为如此，在西方国家，最早到监狱参与罪犯教化的人是牧师、信教的人。③ 从一些国家和地区的情况来看，几乎所有的宗教组织都参与了社区矫正和其他矫正工作，许多宗教人士充当矫正志愿人员，无偿为犯罪人提供宗教和其他方面的服务。日本的宗教人士担任自愿缓刑官的比例达12%，位居第三。④ ③社会团体人员。许多社会团体都致力于开展社区矫正工作，组织自己的成员提供服务。④学生。学生是社会志愿者行列的一支生力军。许多在校大学生都积极参与社区矫正工作，利用自己的学业专长为矫正对象提供各类服务。

第四，作用的多元性。矫正领域的志愿人员发挥了多方面的作用，充当了多方面的服务角色：①支持、交往、关照和聆听；②充当社会物理环境的调解者和促进者，包括提供就业帮助、为犯人请教师、为犯罪人寻找机会等；③当好行为榜样；④进行社会控制；⑤充当文化教育、职业技能教育和社会技能教育方面的教师；⑥对缓刑犯、假释犯等执行社区制裁的犯罪人进行观察、诊断，了解他们，搜集有关他们的信息，聆听他们的看法；⑦在工作中接受训练，为从事刑事司法领域的职业做准备；⑧参与决策活动，为决策活动提供咨询和建议；⑨从事行政管理工作和其他办公室工作；⑩帮助招募、培训、监督其他职员人员并向新的志愿人员提供咨询。⑤

① 林遐："日本罪犯社区处遇概况"，载《犯罪与改造研究》2002年第7期。
② 林遐："日本罪犯社区处遇概况"，载《犯罪与改造研究》2002年第7期。
③ 翟中东：《自由刑变革》，群众出版社2005年版，第310页。
④ 林遐："日本罪犯社区处遇概况"，载《犯罪与改造研究》2002年第7期。
⑤ 转引自郭建安、郑霞泽：《社区矫正通论》，法律出版社2004年版，第109页。

鉴于志愿人员在社区矫正中的独特作用，各国对志愿人员的能力要求和选拔程序都作出了具体规定：

美国犯罪学家福克斯（Vernon Fox）在其著作中，归纳了社区矫正志愿人员的能力要求，认为从事志愿工作的人员应当具备以下20项能力：理解并且不用惩罚手段对付挑衅行为的能力；客观地对待和发展与犯罪人的关系，并且在发展这种关系中不带惩罚色彩或者怨恨情绪的能力；不带个人感情地接受一个人的能力；提供工作咨询的技能和知识；在必要时有理由地进行拒绝的能力，以及在有正当理由的情况下表示同意的能力；敏锐地感知病态行为的能力；在决定如何处置犯罪人时对犯罪人的优点能够给予恰当评价的能力；根据自己的理解和经验向工作人员、社区资源和其他专家提出建议的能力；使用技巧避免引起或者加剧问题情景的能力；使用技巧改善问题情景的能力；为矫正机构的工作人员或者矫正机构进行辩解和提供支持的意愿；精确观察和记录个人行为和小组行为的能力；评价社区和家庭对犯罪人的态度的能力；用建设性的方式解释矫正机构或者社区对犯罪人的态度和行为的能力；在犯罪人和矫正机构之间进行沟通，从而帮助改善矫正服务的态度和行为的能力；在一些关键性问题上保持谨慎的沉默的能力；通过劝说方式对犯罪人进行外部控制的能力；对有关特别程序的知识，包括改变矫正计划的程序、进行咨询的程序等；有关犯罪人的宪法权利和民事权利的知识；正确解释司法制度以便恰当回答犯罪人提问的能力。①

在日本，根据《自愿缓刑官法》的规定，自愿缓刑官须具备以下资格：①人品和行为在社区内有威望，受到公认；②有从事该项工作的热心和时间；③经济状况稳定；④身体健康。②

在确定了志愿人员必须具备的能力或资格以后，接下来就应该通过有效的方法和法定的程序选拔符合要求的社区居民担任矫正志愿人员。为了防止让那些具有不良性格和嗜好的人进入志愿者队伍，社区矫正机构和专业人员应该对志愿者候选人进行筛选。筛选的内容主要是：评价志愿者的需要；向志愿者展示工作的目的和对工作的说明；工作人员和志愿者能否在一起工作；在有选择的前提下，招聘工作积极主动的志愿者；告诉志愿者有关罪犯的情况以及志愿者可能受到欺骗；告诉志愿者防范措施；告诉志愿者基本的情况，指导他们如

① 转引自郭建安、郑霞泽：《社区矫正通论》，法律出版社2004年版，第109～110页。

② 林遐："日本罪犯社区处遇概况"，载《犯罪与改造研究》2002年第7期。

何适应工作，如何能最好地完成工作；评价项目的有效性；辨识志愿者的贡献。①

（二）我国社区矫正工作者

1. 我国社区矫正工作者的定位

由于我国目前社区矫正还没有立法，所以，如何对社区矫正工作者定位还缺乏法律依据，仅限于学者对此进行的学理探讨。有学者认为，我国的社区矫正是在社区对特定罪犯的刑事执法活动，基于这一定位，社区工作者是执法者，具有执法权，其与社会工作者的一个重要区别在于是否有执法的性质。②这种界定实际上把社区矫正工作者的范围缩小为官方矫正机构的专业人员，而把其他一切社区参与者、民间志愿者排斥在社区矫正工作者的范畴之外。从目前试点阶段来看，这种定位有一定的道理，但从长远而言，将社区矫正工作者进行如此狭窄的界定是不利于社区矫正事业发展的。鉴于目前矫正对象是非监禁服刑人员以及法律尚未给矫正人员授权的现状，笔者主张，我国社区矫正工作者应当包括两方面的人员：刑罚执行人员和专业矫正工作者。社区矫正工作者承担两方面的职能：一是刑罚执行的职能；二是修正和康复矫正对象社会功能的职能。同时启动社区矫正志愿者制度建设，建立一套征聘、培训、使用志愿人员的完整、有效的制度。一俟条件具备，可以把所有参与社区矫正的人员统称为社区矫正工作者。

2. 我国社区矫正工作者的构成

参照国外社区矫正工作者的构成和我国社区矫正的试点情况，笔者认为，我国社区矫正工作者队伍应包括以下人员：

（1）社区矫正专业人员

其性质属于司法行政机关社区矫正部门的国家公务员。社区矫正专业人员除了具体负责辖区内所有社区矫正事务，包括社区刑罚的执行、组织官方和民间资源开展出狱人保护工作以及组织、协调社区参与监狱行刑社会化事务外，还要承担起组织和协调社区志愿者、民间团体开展矫正工作的任务。目前，社区矫正专业人员十分缺乏，据了解，笔者所在城市目前在试点过程中缺乏一百多名社区矫正专业人员。作为权宜之计，有些试点省市采取由司法助理员和抽调的监狱司法警察组成专业矫正人员的做法。笔者认为，这一做法其实并不妥

---

① 刘强编著：《美国社区矫正的理论与实务》，中国人民公安大学出版社2003年版，第343页。

② 刘强："社区矫正的定位及社区矫正工作者的基本素质要求"，载《法治论丛》2003年第2期。

当，因为社区矫正是一项专业性、法律性和政策性很强的工作，不是简单的现有人员的拼凑就可以完成的，它需要具有专业的知识和技能的人员才能胜任。可以考虑国际上通行的做法，建立缓刑官、假释官、矫正官选任制度。选拔具有人文社会科学知识基础的大学毕业生或者已经通过公务员考试、国家司法考试的人员作为专业矫正人员，经过一段时间的专业培训后，从事对罪犯的矫正工作。

（2）社会民间团体

民间团体是公民根据一定的非营利性目标依法自发组成的一种自治性群众组织，它既不隶属于任何政府组织，也不控制成员赖以生存的生产和生活资源，经费依法自行筹措，成员依约定来去自由。这些组织既是公民利益的代表者，又是大量社会事务的组织实施者。社区矫正中的民间团体，是专门服务于在社区接受矫正的罪犯的非政府组织。目前，我国大陆地区尚没有真正意义上的这种组织，但在港、澳、台地区已经较为普遍，如香港的善导会、更生会等。这些非政府组织长年聘用合同工并组织义工，进监狱或社区为罪犯和刑释人员提供形式多样的服务，以促进他们顺利融入自由社会。[①] 目前可以利用的民间团体主要是宗教团体和慈善机构，它们可以为社区矫正提供一定的资金支持，以弥补政府在社区矫正财政支付上的不足。为了使我国的社区矫正能够可持续发展，组织和培育社会民间团体是重要的一环。

（3）民间志愿者

将志愿者引入社区矫正符合国际惯例，大多数国家的社区矫正都得到志愿者的支持。从我国社区矫正试点省、市的实践看，各试点单位都很重视志愿者资源的挖掘与利用，将志愿者作为社区矫正队伍中的一部分。随着社区矫正试点省份的进一步推开直至将来在全国的普及，我国应当建立一套征聘、培训、使用民间志愿者的制度，充分发挥民间志愿者在社区矫正中的不可或缺的作用。具体可以从以下群体中进行挑选：一是大学生。青年大学生富有知识和热情，是我国志愿者队伍中的一支生力军。可以选择一些具有人文社会科学知识背景、热心社会公益事业的大学生充当社区矫正志愿者，负责帮教在社区服刑的未成年罪犯。二是退休和下岗人员。这部分人员有较为充裕的时间，可以聘请他们担任专职志愿者，给予他们必要的补贴和报销合理支出的费用。三是刑释人员。使用刑释人员参与矫正的现象始于20世纪60年代的美国。根据美国的经验，多数犯罪者或多或少地带有一定程度的精神疾患或心理症状，因此，

---

① 狄小华：“关于社区矫正的思考”，载陈兴良主编：《刑事法评论》（第16卷），中国政法大学出版社2005年版，第638页。

这些罪犯对于一般人具有较强的戒备心理，利用犯过罪的人对服刑罪犯进行帮助，相同的人生挫折或体验的人的现身说法，或许更有说服力。[①] 我国也可以积极探索这一做法，发挥刑满释放人员在社区矫正中的独特作用。

第二节　社区矫正的客体

一、社区矫正的对象

（一）试点阶段社区矫正的对象

由于我国社区矫正尚未立法，目前在试点阶段的社区矫正，还必须在现有法律的框架内推行。因此，在涉及社区矫正的对象问题时，无论是学者、政府官员还是司法机关，都出言谨慎，为社区矫正对象设定了许多前置条件。司法部长张福森在答记者问时，将社区矫正的对象限定为“不需要监禁或不再需要继续监禁的罪犯”。“所谓不需要监禁或不再需要继续监禁，分别是指罪行比较轻微、不致再危害社会，以及在狱中服刑已够保释条件，不致再危害社会，这是最基本的前提条件。”2003 年“两高”、“两部”的《通知》将试点阶段的社区矫正定性为非监禁刑罚执行方式，明确规定社区矫正的适用范围是被判处管制、被宣告缓刑、被裁定假释、被暂予监外执行和被剥夺政治权利并在社会上服刑的五种罪犯。与国外社区矫正的适用对象相比，我国社区矫正的对象范围要狭窄得多。但是，考虑到我国社区矫正处于初创阶段，从决策层到普通民众的观念更新需要假以时日，因此，现阶段社区矫正的适用对象限于五种非监禁罪犯，是比较符合我国国情的。

（二）未来社区矫正应当扩大适用的对象

1. 拓展社区矫正适用对象应考虑的因素

（1）我国违法犯罪二元预防体系是确定社区矫正对象的前提。

西方国家刑法中对犯罪的界定采用的是定性分析方法，行为只要违反了法律，不论危害后果严重与否都认为是犯罪，适用刑罚加以处罚，实行的是一种单一的犯罪预防体系。而我国刑法对犯罪概念的界定采用的是定性加定量的模式，行为不仅违反了法律，而且其后果必须达到一定程度才作为犯罪处理，才能使用刑罚处罚；对于那些因数量因素不能定罪的违法行为，则适用行政处罚，由此形成了刑罚、行政处罚共同构成的预防打击违法犯罪的二元体系。中

① 鲁兰：《中日矫正理念与实务比较研究》，北京大学出版社 2005 年版，第 223 页。

外预防犯罪体制的差异，决定了我们在实施社区矫正制度时不能盲目引进西方的模式和做法。

（2）社区矫正适用对象的选择必须走出犯罪圈，以整个预防违法犯罪体系作为选择范围。

由于西方国家的犯罪圈与违法犯罪体系相重合，社区矫正的对象是那些罪行比较轻微，不需要处以监禁刑的犯罪人。我国目前的社区矫正被定位为与监狱矫正相对的行刑方式，受这种定性的局限，决定了社区矫正只能适用于五类非监禁罪犯。如果说在创建新型社区矫正制度初期，把社区矫正的对象限定在五种非监禁罪犯的范围内，作为一种权宜之计有其合理性。但是，由于我国二元预防违法犯罪体系的存在，其他国家适用社区矫正的轻罪行为，在我国适用治安处罚和劳动教养，从社区矫正制度的长远发展来看，如果仅在犯罪和刑罚的范围内适用社区矫正，必然会造成社区矫正适用范围的狭小甚至错位。正如中国政法大学王平教授所言，如果不将刑罚、劳动教养、治安处罚通盘考虑，中国的社区矫正终究走不远。①

（3）完善社区矫正的适用对象，必须明确社区矫正的适用条件。

在当前的试点过程中不需要依据某些条件遴选适用对象，因为适用社区矫正的对象范围有着很客观直接的标准，只要属于《通知》规定的五种对象就自动划入社区矫正的范畴，无需再作额外的判断。但是，当把属于行政处罚对象的违法行为者也纳入社区矫正的选择范围时，就必须明确社区矫正的适用条件。对此，我国已有学者作了探讨，基本上都是以我国现有刑法所规定的刑罚级别为基础，结合罪犯犯罪行为的性质和严重程度、罪犯的特点、需要和保护社会的需要来判断。② 笔者认为，在考量和设计社区矫正的适用条件时，应当遵循 1990 年《联合国非拘禁措施最低限度标准准则》确定的基本准则：力求在罪犯的个人权利与受害者的权利和社会对于公共安全和预防犯罪的关注之间达到妥善的平衡。根据这一准则，我们可以具体设计以下条件：①违法犯罪行为的社会危害性较小。对违法行为社会危害性的考虑，是为了满足社会公众对正义的需要，同时不致给虞犯传递犯罪可以不受或少受惩罚的错误信息；②违法犯罪者人身危险性较小。社区矫正利于违法犯罪者重新社会化，但不能牺牲社会公众的安全，否则必将受到社区的抵制。③

---

① 张昕航："试论社区矫正适用对象的完善"，载《中国司法》2006 年第 2 期。

② 刘守芬、王琪等："社区矫正立法化研究"，载《吉林大学社会科学学报》2005 年第 2 期。

③ 张昕航："试论社区矫正适用对象的完善"，载《中国司法》2006 年第 2 期。

2. 拓展社区矫正对象的具体路径

鉴于我国目前社区矫正对象过于狭窄的弊病以及学者们提出的走出犯罪圈的呼吁，未来我国社区矫正的内涵和外延都应当拓展，其具体路径是：以现有的社区刑罚为基准，向前延伸至监狱开放式处遇这一环节，向后延续至出狱人保护事业，相应地，社区矫正的适用对象也应当有所拓展。此外，国际上通行的做法，是把违法行为者也纳入社区矫正的范畴。因此，可以考虑把行政处罚条件下适宜社区矫正的人员纳入到未来社区矫正的适用对象中。

(1) 把开放式处遇对象纳入社区矫正的对象范畴

行刑社会化是当代刑罚执行的世界性趋势之一，也是分析中国自由刑变革的一个合理框架。随着我国经济和社会结构的全面转型，以及社会的日益开放，传统的监狱罪犯改造模式遇到了前所未有的挑战，刑释人员重新犯罪率的逐年上升，使人们对监狱改造效能产生了怀疑。在这样的背景下，行刑社会化改革逐渐成为中国学者研究的课题。行刑社会化的途径有很多，行刑社会化在不同国家有不同做法。我国的行刑社会化应当循着两个方向进行：一是监禁刑的日益开放化，二是社区刑罚的扩大化。考虑到监禁刑在当今中国乃至今后相当一个历史时期都不可能取消，还将成为刑罚适用的主要模式，因此，倡导监狱行刑社会化、发展开放式处遇制度，尽量弱化监狱行刑的封闭性成为我国自由刑改革要着力推进的方向。从西方国家行刑实践来看，开放式处遇制度就是为了消解监狱行刑困境的一个重要举措，是监狱行刑社会化的重要表现。根据各国行刑实践，开放式处遇可分为外出制、归假制和周末拘禁制三大类。①

随着我国开放式处遇的推行，一大批原来在监狱服刑的罪犯将提前进入社会，随之而来的一个操作上的难题是罪犯的社会危险性问题。任何事物都有两面性，开放式处遇制度不同程度地减少甚至基本取消了对罪犯人身自由的限制，这对于实现其再社会化无疑具有积极意义，这是开放式处遇积极的一面，但消极的一面是它将给社区公众的安全带来危险，如何确保处遇对象不会继续危害社会就成为值得研究的一个问题。笔者认为，要解决这个问题，可以从源头和过程两个方面着手：在源头上，谨慎选择处遇对象，把那些人身危险性小、有悔改表现的罪犯挑选出来适用开放式处遇；在过程中，把适用开放式处遇的罪犯纳入社区矫正的对象范畴，由矫正机构统一进行监督和管理。这样，就可以把处遇对象的社会危险性降到最低程度，从而实现开放式处遇制度的最大价值。

① 刘中发："论开放式处遇制度"，载《中国监狱学刊》2000年第4期。

（2）把刑释人员纳入社区矫正的对象范围

“一个犯人的一生中，再没有一个时期，比他刚从监狱被假释或释放出来的一刹那时，更殷切地需要朋友的。”美国本雪尔文尼亚监狱会的宣言中的这段话，说明了刑释人员地位的脆弱。罪犯由监狱回归社会，一般会遇到三个方面的问题，即社会的轻视、就业上的困难和旧的不良环境的影响。① 这些问题的存在，可能导致刑释人员在回归社会时陷入孤立无援的境地。如果这些问题得不到及时解决，又有可能促使出狱人重新走上犯罪的道路，而使监狱多年的改造努力前功尽弃。正如法国学者卡斯东·斯特法尼所指出的：“刑事政策的极其严重的困难之一是，我们尽力使犯罪人能够适应社会，其本人也恢复了信心，尽管如此，这些犯罪人却发现对他们的真正惩罚是在他们走出监狱之后才开始的，社会专门排斥他们，使他们的全部生活都由犯罪打上了烙印，在这种情况下，犯罪人会有一种受到欺骗的感觉，并且会不无理由地感到这种局面是一种社会不公正。这种不公正将重新使他投入对他来说惟一可以容纳他的环境之中，也就是将他重新推入犯罪的环境之中。”② 为了预防出狱人重新犯罪，许多西方国家都十分重视出狱人保护事业，相继颁布了出狱人保护法，并设立了专门的出狱人保护组织。我国的出狱人保护尽管在20世纪30年代初就已经起步，也积累了一些成功的经验，但与国外完善的出狱人保护体系相比，仍然处于比较薄弱的环节，尚未成立专门的机构，也没有可操作的程序。为了使监狱改造成果得到延续和巩固，有必要把刑释人员纳入到社区矫正的体系中来，由专门的矫正机构来落实刑释人员回归社会后的落户、安置、就业、帮教和管理，使他们能平稳地度过出狱后的困难期，最终顺利地回归社会。

（3）把劳动教养人员纳入社区矫正的对象体系

劳动教养是对违反治安管理规定经处罚仍不悔改，或者有轻微违法犯罪行为尚不够刑事处罚的人所实施的强制性教育改造的行政措施。长期以来，我国法学界对劳动教养的合法性提出了质疑，主张取消劳动教养制度的呼声不断。关于劳动教养制度的存废之争，在经过多年的论证之后，即将因《违法行为教育矫治法》的问世而终结。由于《违法行为教育矫治法》没有指明在社会上负责承担矫治的机关，因此，我国社区矫正试点伊始，已有学者开始思考

① 转引自赵运恒：“罪犯权利论”，载《中国刑事法杂志》2001年第4期。

② ［法］卡斯东·斯特法尼等著，罗结珍译：《法国刑法总论精义》，中国政法大学出版社1997年版，第426页。

"未来由哪个机关承担社会内的违法者处遇职责"这个重大的实践课题,[①] 认为《违法行为教育矫治法》立法是局部完善社区矫正适用对象的一个契机。的确,正如学者所言,无论是在社会上"矫治"违法者,还是在社会上"矫正"犯罪者,两者都是本着开放式处遇,更加有利于违法、犯罪行为人再社会化的需要,而将其放在社会上进行矫正(治),故这两种制度之间无论是宗旨、方法及社会资源都是相似的。因此,现行的《违法行为教育矫治法》立法应当充分兼顾我国正在进行社区矫正试点的客观情况,将社区矫正违法、犯罪者的需要纳入规划一并考虑,并在改组现行司法所和劳动教养机关的基础上,单独设置司法部社区处遇管理机构,统一行使社区刑罚的执行权。[②] 应当说,这是一个具有可行性的设想,而且,把具有轻微违法犯罪行为的人员纳入社区矫正体系,也是符合国际惯例的做法。因此,我们有必要整合劳动教养和社区矫正之间的关系,把一部分劳动教养人员纳入社区矫正的范畴。目前我国劳动教养适用的对象主要有三类:一是常习性违法行为;二是吸毒成瘾者;三是有轻微违法行为,不构成犯罪的"刑法边缘人"。对这三类人,陈兴良教授曾提出劳动教养三分化的主张:对吸毒、卖淫、嫖娼人员处置的行政强制措施化;对常习性违法行为人处置的保安处分化;对轻微违法行为人处置的刑法化。[③] 笔者认为,这是对劳动教养比较科学的改革方式。因此,在整合劳动教养和社区矫正的关系时,应对上述三种人作不同的处置:①对常习性违法者,由于其具有较强的人身危险性,不适宜社区矫正,仍然留置机构内进行强制矫治。②对吸毒成瘾者根据不同情况作相应处理。我国目前的戒毒模式由自愿戒毒、强制戒毒和劳教戒毒构成,对自愿戒毒者适用社区矫正,以巩固戒毒效果;对强制戒毒和劳教戒毒对象,因其毒瘾较深,客观上需要环境的隔离以及生理和心理的康复,应该适用机构内戒治,不适用社区矫正。③对"刑法边缘人"应当实行轻罪化并适用社区矫正。因为"刑法边缘人"的社会危害性要小于目前刑法规定的最轻犯罪行为,根据社区矫正的适用条件,理应对其适用社区矫正。"刑法边缘人"群体的产生,是因为犯罪定量标准设置不合理,在刑法和治安管理之间出现了一个空白地带,如对他们定罪则显得过重,适用

① 参见鲁兰:《中日矫正理念与实务比较研究》,北京大学出版社2005年版,第263~265页;张昕航:"试论社区矫正适用对象的完善",载《中国司法》2006年第2期。

② 鲁兰:《中日矫正理念与实务比较研究》,北京大学出版社2005年版,第263~264页

③ 陈兴良:"中国劳动教养制度研究——以刑事法治为视角",载《中外法学》2001年第6期。

治安管理处罚又过轻而形成的。由于劳动教养的期限为1年至3年，必要时还可以延长1年，因此，对这些社会危害性和人身危险性并不强的“刑法边缘人”处以期限较长的教养处分，势必形成劳动教养重于刑罚的印象，同时造成了司法资源的浪费。要解决这个问题，对轻微违法行为人处置刑法化可以说是一个好办法。通过适当修订犯罪的定量标准，把轻微的违法行为轻罪化，并适用社区矫正。①

二、社区矫正的客体

矫正犯罪人是人类社会一个古老却常生常新的话题。无论是对监狱矫正还是对社区矫正来说，有一个问题始终不能回避：那就是矫正的客体是什么？矫正的客体与矫正的对象既密切联系，又有着原则区别。矫正的对象是正在服刑的罪犯，他是矫正客体的载体；而矫正的客体是指对于正在服刑的罪犯执行刑罚的具体指向。关于矫正客体的理论，历来存在争议。从世界范围来看，主要有以下三类观点：

第一类观点认为矫正的客体是人的主观方面，但在其理论依据与表述上又存在一些差异。如西方社会早期的矫正观念认为矫正的客体是人内心之恶；在19世纪的英国，关于矫正的客体曾有一种重要的主张，认为矫正的客体是罪犯的道德水平；矫正的客体是人的不健康心理；矫正的客体是罪犯的犯罪思想与恶习；矫正的客体是罪犯的主观构成；矫正的客体是罪犯的犯罪心理结构；② 还有学者认为，矫正（改造）客体是导致罪犯个体犯罪的主观恶性。③

第二类观点认为矫正的客体是罪犯适应社会的能力。持该观点的学者认为，罪犯的犯罪是因为他们没有经历一个正常的社会化过程，因此，矫正的客体是罪犯适应社会的能力，矫正的任务是在犯人与社区之间建立或重建牢固的联系，使罪犯归入或重归社会生活中去，恢复家庭关系，获得职业和教育。④

第三类观点认为矫正的客体是罪犯的人格。矫正人格理论认为，人格是矫正行为的客体，罪犯本人不能成为矫正行为的客体，人格是矫正工作的出发点，矫正应当根据罪犯的人格进行，人格不同，矫正的方法应有所不同，矫正

---

① 张昕航：“试论社区矫正适用对象的完善”，载《中国司法》2006年第2期。

② 翟中东：《刑法中的人格问题研究》，中国法制出版社2003年版，第205页。

③ 张全仁等：“监狱行刑改造客体的内容”，载《河北法学》2000年第4期。

④ ［美］巴特勒斯著，孙晓雳等译：《矫正导论》，中国人民公安大学出版社1991年版，第22页。

的过程就是重塑罪犯人格的过程。① 人格矫正的观念首先是由菲利提出的，他认为，同样类型的犯罪，由于犯罪人人格的差异，因而犯罪原因并不相同，甚至有些犯罪人本身就是精神病人。对这样的犯罪人，惩罚是无济于事的，只能依其具体的特点进行治疗，因此，适用刑罚应当以犯罪人的人格为依据。菲利认为，在古典学派那里，每个罪犯都是一个抽象的人，是一个法官可以在其背上贴上一个刑法条文的活标本。在菲利眼里，这种对犯罪人不加区分，仅仅在抽象意义上将其一视同仁的处遇方法，与不问病因病根的江湖庸医没有两样。由此，菲利得出结论："同样的犯罪，从人类学和社会学方面说，由于犯罪的原因不同，对各种人格的罪犯则需要采取不同的矫正方案。"② 近年来，随着人格刑法学的提倡，国内已有多位学者也主张人格矫正说。③

笔者也赞同人格矫正说，认为刑事矫正（包括监狱矫正和社区矫正）的客体是罪犯的人格。理由是：首先，犯罪危险性人格是导致行为人实施犯罪的决定性因素。犯罪学研究成果已经证实，行为人之所以犯罪，是行为人的犯罪危险性人格和社会环境多种因素交互作用的结果。其中，行为人的犯罪危险性人格是决定性因素，否则，就如菲利所诘问的那样："如果说犯罪仅仅是社会环境的产物，那又怎样解释下面这一众所周知的事实呢？在同样的社会环境下，在同样贫穷、遗弃和缺乏教育的情况下，为什么有60%的人不犯罪呢？而其余的40%的人中，为什么有5%的人自杀，5%的人发疯，5%的人只是乞讨或流浪但并不危害社会，而剩下的25%的人却犯了罪呢？在犯罪的25%的人中，为什么有些人仅仅犯了非暴力盗窃罪，而其他人则在除获利外并没有其他目的的情况下犯了暴力盗窃罪，甚至于在被害者抵抗、威胁他们或呼喊前就杀害了被害者呢？"④ 答案显然是：犯罪危险性人格所导致。可见，在社会大环境不发生改变的情况下，犯罪危险性人格是促使行为人实施犯罪行为的能动因素。其次，无论是监狱矫正还是社区矫正，其目的都是使犯罪人复归社会，成为具有正常规范意识的人，而人的品行、行为取向在根本上则取决于人格，因此，矫正的客体应当是犯罪人的人格。其他有关矫正客体的学说，诸如罪犯说、主观恶性说、犯罪思想说、罪犯适应社会能力说等，都只是看到了矫正的

---

① 张文等：《人格刑法导论》，法律出版社2005年版，第333页。

② ［意］菲利著，郭建安译：《实证派犯罪学》，中国政法大学出版社1987年版，第40页。

③ 参见张文等：《人格刑法导论》，法律出版社2005年版，第333～334页；翟中东：《刑法中的人格问题研究》，中国法制出版社2003年版，第205～210页。

④ ［意］菲利著，郭建安译：《实证派犯罪学》，中国政法大学出版社1987年版，第146页。

外在表现，而没有看到矫正的本质。由于人格概念的高度概括性，因而无论是将矫正定位于罪犯的道德、主观恶性、心理结构，还是适应社会的能力，皆在人格概念的范围之内，为人格概念所包容，均是犯罪人人格的外化和表现形式。从实质的角度讲，犯罪人格才是矫正的实质客体。①

第三节　社区矫正对象人身危险性评估和控制

与狱内矫正对象相比，社区矫正对象是一些人身危险性较小的罪犯。但是，我们丝毫不能放松警惕，因为他们毕竟是罪犯，仍然具有一定的社会危险性。因此，在社区矫正中，仍然面临着一个再犯预测和控制的问题。可以说，对于社区矫正对象的危险性的控制效果，在很大程度上影响着社区公众对社区矫正制度的认同和参与，决定着社区矫正工作的成败。

一、社区矫正对象人身危险性评估

（一）人身危险性概念辨析

人身危险性如同社会危害性一样，是刑法理论中的基石范畴。在论述人身危险性概念之前，先要对“危险性”这一概念进行分析。按照我国刑法学者甘雨沛的理解，危险性是指一定的危害事实尚未发生或尚未成为客观存在的现实，但将发生、成为现实已显现出充分的可能性或盖然性，而这种可能性或盖然性是以客观诸条件为基础而形成的现实状态。② 日本刑法学者野村稔认为，在刑法理论中，关于危险性的概念有两种不同的理解：第一种是“行为人危险性说”，它指的是性格的危险性，或者叫做犯罪的品质，犯罪人的危险性及其反社会性；第二种理解是所谓行为危险说，它指的是行为对法益造成侵害的危险性。③ 我们所要研究的人身危险性是第一种意义上的行为人危险性。人身危险性在我国刑法理论上曾经是一个危险的概念，它充满争议而又饱受指责。直到近年来，随着我国刑法理论的不断深化，尤其是刑罚个别化原则受到肯定，人身危险性理论也逐渐在一种科学态度的指导下被纳入刑法学界的研究视

① 张文等：《人格刑法导论》，法律出版社 2005 年版，第 334 页。

② 甘雨沛、何鹏：《外国刑法学》，北京大学出版社 1984 年版，第 667 页。

③ ［日］野村稔：“刑法中的危险概念”，载西原春夫主编，李海东等译：《日本刑事法的形成与特色》，中国法律出版社、日本成文堂 1997 年版，第 271 页。

野，相继有一些研究成果问世。[1] 从现有的研究成果来看，我国刑法学界对人身危险性的概念有着不同的理解，归纳起来有两种观点：(1)“广义说”，认为人身危险性是指实施犯罪的可能性或再犯可能性。广义的人身危险性不以行为人曾经犯过罪、受过刑为前提，不仅指再犯可能性，同时也包括初犯可能性。如陈兴良教授就认为：“人身危险性并非再犯可能性的同义语，除再犯可能性外，人身危险性还包括初犯可能性。”[2] (2)“狭义说”，此说认为人身危险性是指曾经犯过罪并受过刑罚处罚的人再次实施犯罪的可能性，如邱兴隆教授指出的：“所谓人身危险性，指的是犯罪人的存在对社会所构成的威胁，即其再犯罪的可能性。”[3]

上述两种观点分歧的焦点在于人身危险性主体的界定上。“狭义说”把人身危险性的主体界定为犯罪人，这是无可争议的，问题的关键是犯罪人以外的人能否成为人身危险性的主体。对这个问题的解答可从两方面考虑：[4] 一是初犯的可能性是否实际存在，答案是肯定的，这种可能性存在的依据不单纯地来自社会上存在犯罪现象，这种犯罪现象的存在使得有人去模仿。在解释为什么要把初犯可能归结为犯罪人的人身危险性时，论者指出：“一个人犯了罪，不仅本人具有再犯可能，而且犯罪人作为一种犯罪源，对于其他人也会发生这种罪之感染。初犯可能正是这种犯罪的传染性的表现，因此，它应该属于犯罪人的人身危险性的范围。”[5] 更重要的还有行为人内在的原因，包括未实施犯罪行为但具有不良行为习性者，实施了严重危害社会行为但因未达到责任年龄而未给予刑事处罚的未成年人以及不具有责任能力的精神病人等。正因为如此，有些国家在法律中将这些人推定为具有社会危险性。二是研究初犯可能性是否具有价值。如果仅从刑罚论角度考察，就不存在初犯可能性研究的价值。初犯可能性的研究价值主要不是体现在刑罚论中，而是体现在犯罪论中，表现为立法上将人身危险性作为犯罪构成选择要件加以规定。[6] 综上分析，初犯可能性不仅是存在的，而且对刑法学研究也是有价值的，因而我们应当把犯罪人以外的其他具有犯罪倾向的人纳入到人身危险性主体的范畴。

在对人身危险性的几种概念进行评述之后，我们可以对人身危险性作如下

---

① 参见陈兴良为黄兴瑞的专著《人身危险性的评估与控制》所作的序言。

② 陈兴良：“论人身危险性及其刑法意义”，载《法学研究》1993年第2期。

③ 邱兴隆、许章润主编：《刑罚学》，群众出版社1999年版，第241页。

④ 黄兴瑞：《人身危险性的评估与控制》，群众出版社2004年版，第23页。

⑤ 陈兴良：“论人身危险性及其刑法意义”，载《法学研究》1993年第2期。

⑥ 赵永红：“人身危险性概念新论”，载《法律科学》2000年第4期。

界定：人身危险性是由行为人的犯罪倾向性人格所产生的严重危害社会的可能性，既包括犯罪人再犯的可能性，也包括具有犯罪倾向性人格的人的初犯可能性。当然，从刑罚论的角度以及我国社区矫正的现状考虑，本节主要从再犯可能性的角度来使用人身危险性这一概念。

（二）人身危险性的评估

由于社区矫正对象再犯问题事关社区安全以及社区矫正的发展前景，国外非常重视社区矫正对象的危险控制。而要有效控制危险，对社区矫正对象的危险性评估是关键。社区矫正中的人身危险性评估分为三个部分：第一部分是服刑人员进入社区时的评估；第二部分是在矫正期间的阶段性评估；第三部分是矫正完毕，即将离开社区时的评估。在不同部分，人身危险性评估具有不同的目的，从而也就具有不同的内涵。①

1. 服刑人员进入社区时的风险评估

该项评估的主要目的是对服刑人员在社区期间危害监管安全的可能性、危害他人和社会的可能性作出预测。罪犯人身危险性预测从两方面对社区矫正产生影响：一是罪犯人身危险性大小决定社区矫正机关或法官是否适用社区矫正；二是罪犯人身危险性状况是社区矫正执行机关对犯罪人进行分类，确定监管宽严等级及实行个案管理的依据。基于该项评估的目的和影响，我们需要评估的内容包括：②（1）服刑人员的基本情况（包括居住状况、婚姻状况、家庭经济状况、受教育状况、就业经历、人员交往、劳动技能的掌握）；（2）服刑人员的不良爱好情况（赌博、酗酒、吸毒或贩毒）；（3）服刑人员的犯罪史；（4）服刑人员本次犯罪的情况（包括本次被判刑的年龄、犯罪类型、罪名、刑种刑期、共同犯罪或者黑恶势力与否）；（5）服刑人员的心理情况（对环境的适应心理、自杀心理产生情况）；（6）心理、认知和行为特性评估。该项目主要依据心理学知识，制定详细的量表进行评估。

国外对服刑人员进入社区时的人身危险性评估或预测十分重视，并在长期实践中形成了一套比较科学合理的做法。例如，英国在适用社区矫正时，将罪犯人身危险性评估作为适用社区矫正的前置程序。评估内容主要有：危害被害人、公众、监督官员及互殴的危险；犯罪原因及类型及再犯罪的可能性；犯罪相关需要及犯罪情节；自我改变犯罪相关需要的动机；需要接受社区惩罚刑（社区服务）罪犯的身体健康状况、技能、对劳动的熟悉情况、工作分配中的文化与宗教方面需要考虑的因素。被判社区刑的罪犯不仅要由社区执行人员通

① 刘诗嘉："社区矫正评估对象的选择"，载《中国刑事法杂志》2005年第2期。

② 于爱荣主编：《罪犯改造质量评估》，法律出版社2004年版，第234页。

过各方面的调查在"判决前报告"中对其再犯危险作出结论，而且需由社区执行人员提出对罪犯使用社区刑的建议。对于监狱的罪犯，其要想到社区服刑，必须通过"罪犯评估系统"（OASys）的评估关。在英国，罪犯一入监狱就要持续不断地接受评估，并且社区执行人员通过参与监狱实施的刑期管理对罪犯危险进行判断。①

澳大利亚是亚太地区假释率较高的国家之一。在假释委员会作出假释决定之前，需要对罪犯进行假释前的评估。澳大利亚对每一个监狱服刑罪犯均做假释前的评估报告，当一个罪犯的服刑期超过3年，矫正中心的缓刑或假释工作者向假释委员会准备释放前的报告。当假释委员会考虑罪犯的假释时，应该充分掌握有关材料包括矫正工作者和案件管理者的报告，另外需要掌握有关罪犯判决的资料。通常评估内容包括以下方面：（1）罪犯的态度；（2）犯罪情况；（3）释放后的计划；（4）对罪犯个性的评价；（5）释放后的项目。②

在加拿大，国家假释委员会在对罪犯作出有关假释决定时考虑的首要问题是社会的安全，因此，国家假释委员会的政策要求成员们对犯人被释放而给社会带来的危险性进行系统的审查。第一步，假释委员会成员审查犯人现有的全部相关资料，对犯人作出最初的危险性评估。评估的内容包括罪行，犯罪记录，诸如酗酒或吸毒、家庭暴力等社会问题，精神状态，早期释放的表现，犯人的人际关系和工作资料、心理或精神报告，来自原住民长老、法官、警察等专业人士和其他人的意见，从被害人处获得的信息和其他表明犯人的释放是否对社会造成潜在危险性的信息。第二步，在初步评估后，假释委员会将考察以下具体因素：监禁表现；来自罪犯的表明其改变的证据、对犯罪行为的洞察力和对危险性因素的管理的情况；犯人从矫正项目中获得的益处，这些项目有戒毒咨询、生活技能训练、原住民的精神指导和长者提供的咨询、文化培训、工作、社会和文化项目以及帮助犯人处理家庭暴力问题的项目；关于心理障碍治疗项目；犯人的释放计划。③

2. 服刑人员矫正期间的阶段性风险评估

阶段性评估的目的主要是研究矫正过程对服刑人员人身危险性变化的作用，为个别化地调整已有矫正项目提供依据。评估的工具仍然是前述心理、认知和行为特性量表，通过对比量表测评结果在各个阶段的变化来了解矫正的

---

① 翟中东主编：《自由刑变革》，群众出版社2005年版，第306页。

② 刘乐："澳大利亚的罪犯假释前评估"，载《中国监狱学刊》2003年第4期。

③ 王增铎、兰洁、徐浚刚主编：《中加矫正制度比较研究》，法律出版社2001年版，第179~180页。

效果。

与我国学者建议的量表相比较，美国各州的阶段性风险评估内容比较简洁。以爱荷华州为例，评估对象一共是15个项目，归纳起来是犯罪史（有4个子项）、以往被判假释缓刑的数量、以往假释缓刑被撤销次数、性别、酒精问题、麻醉品问题、就业情况、交友情况、当前生活状况问题、对监管条件的反应、重新被捕情况、对社区资源的利用情况。①

3. 服刑人员矫正完毕的风险评估

此时风险评估主要是用于预测服刑人员未来的重新犯罪可能性。评估内容由三部分组成：

（1）心理、认知和行为特性量表最后一次评测；

（2）社区矫正心理体验评测（该项目类似于刑罚心理体验评测）；

（3）对服刑人员可能具有的消极面设立问卷，该项评测会用到前两项评测的结果。

各国对矫正完毕的风险评估也十分重视，最具代表性的是美国的伯吉斯、格卢克对假释成败的预测。世界上最早的犯罪预测研究，被认为是以成年罪犯假释成败预测研究开始。这一研究由美国伊里诺大学教授伯吉斯于1928年首创。伯吉斯对伊里诺的彭的克、门那尔与朱利三个矫治机构内假释出狱的3000名罪犯，分别调查其在假释以前的生活经历，再从搜集的资料中，精选出21个因子做犯罪预测因子，对于各个因子给予若干点数，然后按照受刑人在21个因子上得点总数，制作点数与假释成败相关联的再犯预测表，作为对罪犯进行假释后是否再犯以及再犯可能性大小的预测工具。两年以后，哈佛大学格卢克夫妇在所著的《500名犯罪者生涯》一书中，采用与伯吉斯全然不同的方法作假释者之再犯预测研究。他们动用大量调查人员，对于在1919年至1920年间，由麻州矫治机构所假释的510名男性犯罪者做实地调查，搜集其入狱前、入狱中、假释中及假释后四阶段内的各种资料，选出犯罪可能因子50个。然后运用统计技术，再拣选出与犯罪具有重大关联的因子8个，以作再犯之预测。②

我国台湾地区学者张甘妹在伯吉斯、格卢克研究的基础上建立了自己的出狱人员风险评估表，内容共计8个因子：以前犯罪记录、家庭经济状况、不良交友关系、入狱前职业记录、勤劳习惯、特殊技能、入狱时年龄、出狱后职业

---

① 转引自刘诗嘉："社区矫正评估对象的选择"，载《中国刑事法杂志》2005年第2期。

② 黄兴瑞：《人身危险性的评估与控制》，群众出版社2004年版，第122～128页。

之正当性。① 尽管是一项出狱者风险评估，不是社区矫正服刑人员风险评估，但是其简洁的评估对象、通用的评估内容对我们从事社区矫正中的风险评估还是很有参考价值的。

我国大陆地区对罪犯风险预测起步较晚，直到20世纪80年代后期，许多监狱部门和社会治安机构才开始重视研究刑释人员重新犯罪可能性的预测问题，但这类再犯预测，大多还属于低水平的直觉经验型再犯预测。为了适应监管部门准确确定适用缓刑、假释的对象以及准确判断罪犯改造效果的需要，1991年9月，上海市监狱管理局成立了我国首个刑释人员再犯预测课题组，进行再犯预测量表的研制。课题组主要分析了1990年上海市对1986年刑满释放人员进行调查所获得的4542份资料来确定再犯相关因素和各相关因素对刑释人员重新犯罪作用力的大小。经过统计分析，课题组确定了12项与再犯关系密切的因子：家庭关系、安置情况、帮教情况、婚姻状况、违法犯罪次数、改造表现、经济状况、出狱年龄、犯罪种类、判刑前职业、刑期、户籍地。在确定了预测因子后，课题组根据预测因子编拟了测题，以制定测验的常模。最后，课题组采用数理统计中的回归分析方法，得到了再犯因素总分与再犯率之间的对应关系：回归方程为 $P = ax^2 + bx + c$，其中P为再犯率，x为再犯因素总分，a、b、c为常数项。再犯预测量表制作完成后，预测结果经过较大范围的实践验证，在研究基础的可靠性方面超过了西方国家。②

近年来，大陆地区的刑事司法工作者对刑释人员人身危险性的测评又作了一些尝试，取得了一些关键性的数据和成果。如华东政法学院的邬庆祥领衔的课题组对上海市1994年至1999年所释放的全部约1.5万名上海籍刑释人员进行了详细调查，从中筛选出与重新犯罪有显著关联的14个因素编制“刑释人员个体人身危险性测评量表”，用多元回归分析方法测评刑释人员在获释后2年内的重新犯罪情况。随后用量表对2000年释放的调查资料齐全的全部2264名上海籍刑释人员进行人身危险性测定，其准确率为92%。③ 此外，浙江警官职业学院院长黄兴瑞领导的课题组于2003年11月至2004年5月也展开了再犯可能性评估研究。课题组通过选取370份再犯样本数和345份初犯样本数进行调查，共选取与重新犯罪有显著相关性的12个预测因子，编制再犯预测量

① 张甘妹：《刑事政策》，台湾地区三民书局1977年版，第197页。

② 上海市再犯预测量表研究课题组：“刑释人员再犯预测量表的研制”，载《福建公安高等专科学校学报——社会公共安全研究》1999年第4期。

③ 邬庆祥：“刑释人员人身危险性的测评研究”，载《心理科学》2005年第1期。

表。研究结果与有关再犯的理论假设基本一致。①

二、社区矫正对象人身危险性控制

（一）社区矫正中的危险管理②

1. 危险管理的基本含义

社区矫正中的危险管理，就是根据犯罪人的危险程度分配矫正资源的活动。在矫正领域对危险的管理是根据罪犯的过去以及对今后的行为进行预测和统计分析的过程。这与保险公司的危险管理非常接近，保险公司要求有高度危险的人支付更多的保险费，矫正机关需要对有高度危险的罪犯给予更为严密的监管，因而，有必要对社区矫正的罪犯给予进一步的分类划分。

社区矫正中的危险管理，包括两个方面：（1）危险的控制，即对高危险犯罪人进行限制，从而使其难以进行犯罪行为的活动；（2）危险的降低，即使用治疗计划改变犯罪人的基本危险水平，从总体上降低犯罪人进行新的犯罪行为的可能性的活动。危险的控制是企图改变罪犯的生活环境以及通过对罪犯活动的限制而不是使用药物，但危险的控制没有对罪犯的犯罪动机给予直接影响，而危险的降低则试图改变罪犯的思想和动机，引导犯罪人选择守法的生活。

2. 危险管理的基本内容

对罪犯的危险管理主要体现在以下方面：

（1）管理中的区别对待

管理中的区别对待是根据当事人的不同情况给予不同程度和类型的监督与接触。与犯罪人接触的类型主要包括下列几种：

①与犯罪人的直接接触，这种接触可以是亲自接触，也可以是电话接触；

②面对面的接触；

③现场接触，这种接触发生在犯罪人的家庭、邻里或者工作场所；

④办公室接触，这种接触发生在社区矫正办公室；

⑤间接接触，这种接触是指与犯罪人以外的其他人进行的接触，包括犯罪人的家庭成员或者雇主。

---

① 黄兴瑞：《人身危险性的评估与控制》，群众出版社2004年版，第148～164页。

② 以下参阅郭建安、郑霞泽主编：《社区矫正通论》，法律出版社2004年版，第122～129页；刘强编著：《美国社区矫正的理论与实务》，中国人民公安大学出版社2003年版，第199～213页。

监督接触提供了了解犯罪人的机会。通过监督接触，可以了解掌握罪犯在社区的进步，强化对他们的要求，促使罪犯过守法的生活。严格的监督要求接触的频率更多而且形式多样，社区监督机构对每个人接触的要求是不同的。典型的社区监督机构通常会建立4种监督等级：强化的监督、高度的监督、中度的监督、低度的监督，对每一种监督等级有不同的要求。

(2) 管理中的前后衔接

在通常情况下，对犯罪人的危险等级分类应当与相应的监督等级相匹配，使犯罪人所具有的危险性与监督措施的严格性相对应，监督随着危险性的变化而变化。例如，当某个罪犯被确定为中等危险，在特定的时间内（一般为12个月），该犯将会受到中等程度的监督。如果该罪犯在1年内完全遵守了监督条件，在尿检中也没有发现问题，那么在接下来的6个月内，对他的监督等级降为“低度等级”，直至最后过渡到第五种监督等级——“书面报告”等级。但是，犯罪人处于某一等级期间，如果违反了监督条件，就会被变更监督等级，对其实行更加严格的监督。

美国学者克利尔等人认为，前后衔接的概念是以三个观念为基础的：①它试图将社区矫正机构接触犯罪人的等级与犯罪人的危险等级相匹配；②它承认犯罪人在服刑期间的危险程度可能会随着事件的变化和犯罪人的进步情况而上下波动；③它试图通过对犯罪人的不同对待强化犯罪人的服从性。当犯罪人违反监督条件时，就对他们进行更强有力的控制；当犯罪人服从规则时，就放松对他们的控制。

从国外社区矫正的实践来看，根据犯罪人的危险程度确定对其的监督等级，符合社区矫正中的罪犯的实际情况。对于大多数犯罪人而言，要成功地在社区服刑是不容易的。犯罪人可能会有一个很好的开始阶段，随后犯罪人可能会发生“反弹”现象，发生酗酒或违反宵禁的行为。有经验的社区矫正工作者知道，这种轻微的不良行为往往是犯罪人重蹈覆辙的“征兆”。对此需要给予一个迅速而且适度的反应制止犯罪人的“下滑”，促使犯罪人遵守监督条件。

(二) 个案管理①

国外长期以来危险管理的实践表明，要想高效地进行危险管理，必须重视危险管理的科学化。危险管理科学化的途径之一，就是对社区中的犯罪人实行个案管理。个案管理制度就是一种试图将特定社区矫正机构中所有工作人员的

① 以下参阅郭建安、郑霞泽主编：《社区矫正通论》，法律出版社2004年版，第129～132页。

监督工作标准化的方法。这种方法最先由美国联邦监狱局所属的全国矫正研究所设计出来，并在该所 1981 年的模范缓刑和假释制度项目中开始使用。目前，个案管理制度已经在美国社区矫正中普遍实行。

个案管理制度包括三个主要环节：

1. 分类：危险/需要评价

危险/需要评价是一种专门化的工作，需要有专门的人员利用专门的方法进行。在进行危险评价工作的过程中，要根据犯罪人具有的危险因素，评估犯罪人的危险程度，对犯罪人进行危险等级分类。一般把犯罪人划分为三个危险等级：高度危险、中度危险和低度危险。由于危险是一种可能性而不是必然性，因此，人们在进行危险评价的过程中不可避免地会发生误差。误差主要分为两类：一类是分类为低度危险的罪犯在社区中又重新犯罪；另一类是分类为高度危险的罪犯，在社区中没有重新犯罪。两种误差的结果会产生不同的以及重要的政治和实践的影响。第一种误差更为多见，当低度危险的罪犯重新犯罪，公众对矫正失去信心，对于特别引人注目的案件，会引起政治领导和公众媒体的指责导致对矫正体系的改造。第二种误差往往不引人注目，因为在日常生活中，公民很少听到有关高度危险的罪犯成功地完成了他们的矫正期限。由于被分类为低度危险的罪犯可能重新犯罪，因此社区矫正机关往往会面对一个困难的处境：他们把注意力集中在高度危险的犯人，因为这一群体重犯的可能较大，但是他们也不能忽视低度危险的案件，因为这些人虽然犯罪比例小，但是政治的和社会的影响却相当大，因此也需要增加对这种人监管的资金投入。

在进行需要评价工作的过程中，也要确定犯罪人对治疗计划的需要类型和程度。为了达到这个目的，可以识别出一些“需要”因素，并对每个人的需要因素进行评估。通常需要评估包括以下内容；受教育程度、就业情况、职业技能、经济情况、婚姻家庭关系、交友情况、个人技术、情绪稳定性、对酒精和麻醉品的依赖程度、健康福利、心理健康。① 根据需要评估的情况对犯罪人进行需要分类，即把犯罪人划分为不同的需要等级：高度需要、中度需要和低度需要。

在综合考虑犯罪人的危险性和需要情况的基础上，对犯罪人做出准确的危险/需要分类，以此作为对犯罪人给予个别化监督的依据。

2. 制定监督计划

监督计划是指对在监督期间要追求的目标和要采取的行动的描述。进行个案管理的重要环节，就是根据对犯罪人的危险/需要分类，制定监督计划。在

---

① 刘诗嘉：“社区矫正评估对象的选择”，载《中国刑事法杂志》2005 年第 2 期。

监督计划中，不仅要明确描述犯罪人的危险/需要等级，而且要明确对犯罪人进行监督的等级、监督的种类、监督的内容、监督的目标等方面。例如在英国，社区执行部门要在罪犯社区刑判决交付执行或者出监后15个工作日作出书面的监督计划。监督计划应当在罪犯评估基础上进行，特别要注明罪犯的危险因素，其内容应当包括：在什么地方罪犯表现出他对社会的危险；怎样可以控制这种危险，控制的强度需根据危险评估所作出的再犯危险确定；哪里有罪犯直接的被害人，罪犯对被害人持有什么态度；怎样才能使罪犯知道他的犯罪行为危害；怎样才能使其再犯罪的危险降低；与犯罪相关的需要，诸如就业、吸毒、无家可归；对罪犯应当适用什么样的矫正项目；在什么地方对罪犯的社区矫正效果差，怎样提高；如果同时适用多个社区矫正刑如何监督；怎样安排刑罚与监督规定对罪犯的不同要求等。监督计划至少要在16周内根据社区刑罚目标进行修改。①

3. 实行按照工作量分配监督案件的制度

从国外社区矫正的实践看，为了使社区矫正工作人员高质量地完成对矫正对象的监督任务，实行按照工作量分配监督案件的制度。过去，在大多数社区矫正计划中，工作量总是通过分配给每个矫正官员的案件量来衡量的。多年来，矫正管理人员努力减少矫正人员的案件量，因为他们相信，案件量越少，监督工作就会越有效。人们一般认为不应当让矫正人员同时监督6个以上的犯罪人。但是在实际上，矫正人员的案件量远远高于这个数量。后来，研究者发现，案件量规模大小对犯罪人重新被逮捕的可能性没有影响，也即与监督效果没有正相关关系。这一研究成果改变了人们单纯关注案件量大小的倾向，于是个案管理制度确立了结构化差别监督的概念，社区矫正官要根据不同犯罪人的不同问题给予不同类型的监督。这种制度与过去的以案件量为基础的监督制度不同，它不是根据犯罪人的数量来确定工作量，而是以对犯罪人的分类结果为基础，根据花费在不同类型的犯罪人身上的时间数量确定工作量。按照工作量分配案件制度的确立，可以使社区矫正官有充裕的时间对自己负责的案件进行结构化差别监督。研究表明，结构化差别监督制度有利于降低犯罪人的重新逮捕率，特别是有利于降低危险性最高的犯罪人的重新逮捕率。

（三）我国社区矫正对象危险评估和控制体系的构建

1. 我国社区矫正对象危险评估的缺陷

与国外科学的社区矫正危险评估和控制体系相比，我国在社区矫正对象的危险评估和控制方面存在明显的差距和不足，表现在以下方面：

---

① 翟中东主编：《自由刑变革》，群众出版社2005年版，第306～307页。

（1）人身危险性预测标准模糊，缺乏可操作性。在现有法律框架内，罪犯被适用缓刑和假释时，法律规定的一个实质性条件是“不致再危害社会”，也即法律要求对罪犯进行人身危险性的评估和预测。但如何判断罪犯“不致再危害社会”，法律给定的评判依据是“犯罪情节”、“悔罪表现”、“认真遵守监规、接受教育改造”。但对“犯罪情节”、“悔罪表现”的认定，不同的法官对此往往认识不一。法官个人经验、知识水平、个人性格等因素对“不致危害社会”判断影响非常大，主审法官个人的社会和职业经验以及理性，就成为预测犯罪人未然的再犯可能性的重要基础。人身危险性预测标准的模糊，容易导致司法实践中对人身危险性预测的随意，使得部分具有人身危险性、不适宜社区矫正的罪犯蒙混“入关”。

（2）缺乏专业的危险预测机构和人员。长期以来，我国对缓刑犯、假释犯等社区矫正对象的人身危险性预测主要由审理案件的法官进行。实事求是地说，法官担当此任是力不从心的。理由是：法官担负着繁重的审判任务，在法庭上要对控辩双方的“角斗”作出正确的判断，很难把精力集中于人身危险性预测，此其一。其二，对犯罪人未来再犯罪的危险性评估和预测，需要具备心理学、犯罪学、社会学、精神病学、人类学、统计学等学科的专业知识的人士方可胜任，而我国目前大多数刑事法官的知识储备显然不到位。

（3）缺乏科学的评估方法。尽管已有学者开始从事对犯罪人再犯危险性的定量预测，但司法实务部门目前仍然运用的是直觉法，即基于信息、经验和职业的定性判断。直觉预测法具有简便易行的特点，但由于预测者无法全面掌握再犯可能的因素，因此，评估不可避免地带有浓厚的主观色彩，导致预测结果的可信度低。

（4）缺乏动态的危险控制方案。国外对社区矫正对象危险控制是一个全方位、动态的过程：第一步，控制“入口”，确保所有进入社区服刑的罪犯都经过危险评估，从而避免具有较大危险性的罪犯进入社区而给社区安全带来隐患；第二步，重视社区矫正执行中的危险控制，通过推行各种矫正项目降低罪犯的危险；第三步，“出口”把关，在社区矫正结束时对矫正对象实施风险评估，以判断其未来的再犯可能性。比较而言，我国对社区矫正对象的危险评估是单维度、静态的描述，一般是在社区矫正对象“入口”时进行预测、评估。社区矫正过程中的危险控制相当程度上依赖于罪犯违法犯罪后的刑罚再制裁的威慑效应，缺乏矫正对象危险分类制度与配套的矫正个别化处遇措施。

2. 社区矫正对象危险评估和控制体系的建构

社区矫正作为一种非监禁性刑罚执行活动，其首要目的仍然在于保护社会。鉴于社区矫正在全国试点范围的逐步扩大，可以预见将有越来越多的罪犯进入社区实施矫正，这在客观上给社区安全带来了隐患。为了确保社区矫正的平稳推进，同时又能保障社区公共安全，一个重要的措施就是构建我国科学、高效的社区矫正对象危险评估和控制体系。

（1）设置专业的社区矫正对象危险评估机构。可在社区矫正工作机构内设置专门的危险评估机构，负责对社区矫正对象的人身危险性和再犯可能性的预测和评估。该评估机构除了专职从事危险性评估的工作人员外，还应当吸收适当比例的心理医生和社会工作者参加。由于人身危险性评估主要涉及人格测量，因而精通心理学、精神病学的专业医师是必不可少的。心理医师的工作主要是依据一定的测量标准，从心理学、精神病学的角度对社区矫正对象的人格状况作出评定。社会工作者参加评估机构的目的，是为了取得有关矫正对象的社会经历方面的信息资料。

（2）建立社区矫正前的调查制度。美国、英国等国家有比较成熟的“判决（量刑）前调查制度”，这对我国具有借鉴意义。在社区矫正前对被矫正对象进行调查，主要是确认其人身危险的大小，以判断其是否适宜社区矫正。社区矫正前调查内容主要包括两部分：一是医学和心理学调查，医学调查主要通过医学检查手段诊断被矫正人员的健康状况，心理学检查是对被矫正人员心理现状和行为倾向的判断，具体又分为危险性预测和心理发展预测。① 二是人格调查，人格调查是矫正前调查制度的核心内容。人格调查是指为了在刑事程序中对每个犯罪人都能选择恰当的处遇方法，使法院能在判决前的审理中，对被告人的素质和环境作出科学的分析而制定的制度。② 人格调查的内容一般应当是能够证明犯罪人的人身危险性的有关事项，具体包括：①犯罪与违法行为的调查，包括已实施的犯罪性质、犯罪的罪过形式、犯罪的动机和目的、犯罪记录等；②家庭结构调查，涉及罪犯家庭与生育史、家庭内聚力、职业状况、收入状况、文化程度等诸多因素；③调查确认，调查人员通过访问犯罪人的家庭、近邻、学校、单位以及会见其家属、邻居、雇主、同事等人员，确认调查的真实性。在进行调查的基础上，由调查机构向法院提交判决前调查报告。在我国社区矫正试点过程中，已有试点城市进行尝试。上海市徐汇区法院开庭审理一名年轻人两年前盗窃邻居4000元财物的案件，在庭审中，由社区矫正工作者向法庭出示了被告人综合情况的详细调查报告。③ 2006年6月，江苏省海

---

① 连春亮：“论社区矫正前的调查制度”，载《四川警官高等专科学校学报》2005年第4期。

② ［日］菊田幸一：《犯罪学》，群众出版社1989年版，第178页。

③ 参见《北京青年报》2003年4月9日。

安县人民法院与司法局经过协商，在全省率先出台了《关于适用非监禁刑罚社会调查的实施办法》，对可能被判处管制、有期徒刑或拘役并宣告缓刑、被判处有期徒刑或拘役暂予监外执行的被告人，将在宣判作出前，由法院委托社区矫正机构进行社会调查。① 英美国家的成功经验和我国试点城市的有益尝试，需要我们尽快把这一制度法制化。

（3）实施科学的社区矫正危险评估方法。与国外注重对罪犯人身危险性的定量预测相比，我国重视定性分析。令人欣喜的是，近年来我国刑事法学者和实务工作者在罪犯人身危险性的定量预测方面进行了卓有成效的努力，编制了三份再犯预测量表。尽管上述三份预测量表都是涉及刑释人员重新犯罪的，但是它们对于我国当前社区矫正中的风险评估同样具有实证意义。笔者通过对三个课题组筛选出的预测因子比较后发现，有 7 个因子在三份预测量表中均被确定为与重新犯罪有显著相关性的因子：即婚姻状况、犯罪种类、判决刑期、被捕前职业、前科次数、改造表现、出狱（释放）年龄。这些因素反映出刑释人员在重新犯罪问题上的某些共性，对于社区矫正对象人身危险性的预测和评估具有参考价值。因此，我们在对社区矫正对象进行风险评估时，应当积极借鉴国内相关研究成果。并在条件成熟时，专门针对社区矫正对象展开实证调查，取得第一手的资料后，编制社区矫正对象人身危险性预测量表，从而为社区矫正风险评估和控制提供科学依据。

（4）推行累进处遇，建立社区矫正个别化制度。试点阶段能够进入社区施行矫正的是五种罪犯，这五种罪犯有一个共性，就是其人身危险性较小，适宜在社区矫治。但是，这并不表示五种被矫正人员的危险性是整齐划一的，他们在人身危险性方面仍然存在着差异：管制犯和缓刑犯的罪行较轻，相应地人身危险性也较小；被暂予监外执行的罪犯在社区内服刑的主要原因是生理问题，而非改造良好的缘故。由于其刑罚尚未执行完毕，对其人格改造也未完成，故其人身危险性程度较之管制犯、缓刑犯为大；被裁定假释的罪犯因其改造表现良好、人身危险性降低而进入社区改造，但这类罪犯的改造过程是长期的，要巩固狱内改造的成果，就必须在社区矫正过程中，对他们给予严格的监督；被剥夺政治权利、并在社会上服刑的罪犯，由于剥夺政治权利刑的适用范围广泛，既有单独适用的轻罪犯，也有徒刑执行完毕或假释后的重罪犯，因此，也存在与假释犯同样的问题。基于这样的分析，有学者提出在社区矫正中

① 郭玉祥、许晓莉："被告人获非监禁刑先过'评估关'"，载中国法院网 2006 年 6 月 19 日。

适用累进处遇的构想。① 笔者认为，累进处遇的构想与国外社区矫正危险控制措施中的个案管理制度有异曲同工之处。其基本精神就是根据被矫正人员的危险性进行分类，然后针对不同类别的罪犯施行不同的矫正项目，从而降低罪犯的危险，真正体现矫正个别化原则。令人欣喜的是，有些试点城市已经朝这方面努力，正在积极探索提高矫正质量的科学方法。如北京市司法局与首都师范大学合作研发了《北京市社区矫正对象综合状态评估指标体系》，以指标体系为分类依据，以矫正对象的人身危险性大小为分类标准，结合其回归社会的趋向程度，将矫正对象分为A、B、C三类，其中A类人身危险性小、再社会化程度高，B类人身危险性和再社会化程度一般，C类人身危险性大、再社会化程度低。对三类人实施低、中、高三种不同强度管理。三类人在报到的间隔时间，活动范围的大小以及公益劳动时间长短，工作人员走访和个别教育的频率等方面均不相同。通过分类管理，实现对人身危险性较大的重点人的甄别和控制，不仅提高了管理安全系数，同时也减轻了矫正组织的工作压力。②

① 蒋建宇："社区矫正中适用累进处遇的构想"，载《中国司法》2004年第8期。

② 北京市社区矫正工作领导小组办公室常务副主任吕国兴在首都师范大学与北京市司法局主办的"社区矫正研究——2006年北京国际论坛"上的报告："更新工作理念，创新工作思路，在更高起点上推动北京市社区矫正工作的深入发展"。

第六章　社区刑罚论

第一节　缓　　刑

缓刑，是现代社区矫正的一项重要制度。缓刑自诞生以来，在抗制犯罪的刑事政策中扮演了十分重要的角色。学者们把多项桂冠赋予缓刑制度，有的称“缓刑是当代刑罚制度的宠儿”，有的把它作为除了刑罚和保安处分以外的第三根支柱，还有的学者把缓刑视为一种具有“多元作用的独立性的刑法反应手段”。①

一、缓刑制度的存在价值

（一）避免短期监禁刑的弊端

短期监禁刑虽然普遍规定在各国刑法典中，并曾作为替代死刑、肉体刑的刑罚措施而受到人们的追捧，但由于其固有的负面效应，从其产生之日就受到学者们的抨击。不少学者认为短期监禁刑的弊端主要有三：其一，短期监禁刑因其时间太短而不能给犯罪人以接受教育或促进道德改良的足够时间，但它却使犯罪人有足够的时间受到其他犯罪人的不良影响，从而进一步学坏。其二，从一般威慑与特别威慑的角度来看，短期监禁刑也不具有积极意义。因为时间太短，无论是对犯罪人还是对其他社会成员均不具有威慑力；相反，蹲监狱时间再短也能损害一个人的自尊，而一个丧失了自尊的人很容易成为累犯。其三，若大量适用监禁刑（包括短期监禁刑），就需要建造足够的监所，这必将耗费国家大量财力、物力。② 因此，短期自由刑常遭到“威慑无功、教化无效、学好不足、学坏刚好”的批评。③ 缓刑制度正是为避免短期自由刑弊端而

① 左坚卫：《缓刑制度比较研究》，中国人民公安大学出版社2004年版，第1页。

② 谢望原：“西欧探寻短期监禁刑替代措施的历程”，载《政法论坛》2001年第2期。

③ 许福生：《刑事政策学》，台北三民书局2005年版，第275~276页。

走向世界刑法舞台的。法国参议员布伦格提出缓刑立法的基本理由就是缓刑可以避免短期自由刑弊端。从世界各国的刑事立法来看，缓刑一般是对判处短期自由刑的罪犯适用的。被宣告缓刑的犯罪人无需入狱关押，可以避免因短期关押而受监狱亚文化侵袭的危险。

(二) 促进犯罪人的改过自新

从某种程度上说，缓刑是一种“虚拟刑”，与“实刑”相比，缓刑的惩罚强度并不强烈。但是，从刑事司法实践来看，缓刑却有着比较好的刑罚适用效果，缓刑能够有效地促进受刑人改过自新。原因在于：首先，缓刑能发挥刑罚的威慑功能。缓刑的适用对象一般是罪行较轻、恶性较小的初犯、偶犯，他们对刑罚的感受性往往比较敏锐，缓刑足以使罪犯受到震慑，从而使刑罚的威慑功能得以发挥。其次，缓刑能发挥刑罚的感化功能。缓刑体现了国家和社会对犯罪人的宽容和信任，犯罪人由此心生感激之情，并把这种内心的感念外化为自觉改造的动力，从而利于罪犯改过迁善。

(三) 促进犯罪人的再社会化

对于罪犯而言，再社会化是强制其矫正偏差行为，重塑健康人格的过程。缓刑是实现罪犯再社会化的一条有效途径。首先，缓刑制度具有促进罪犯再社会化的必要条件。再社会化是以强制为必要条件的，如果没有强制条件，再社会化就无从谈起。缓刑具有强制性：一方面，缓刑犯需要遵守有关缓刑指示，这些指示正是他们再社会化所必须具备的基本条件；另一方面，如果缓刑犯违反遵守事项，将面临撤销缓刑、收监执行被判处的刑罚。可见，缓刑与再社会化具有某种契合性。其次，监禁刑与罪犯再社会化之间之所以发生严重背离，关键在于罪犯在监禁前的生活条件与监禁后的生活条件之间存在着严重的矛盾。而缓刑的执行具有开放性，罪犯在其生活的社区服刑，与服刑前的生活条件没有发生多大的变化，不会导致像监禁刑那样犯罪人因关押而脱离社会、从而难以融入社会的问题发生。

(四) 促进刑罚谦抑和刑罚经济

刑罚谦抑，是指刑罚只有在迫不得已的情况下才能使用。刑罚经济是指在动用刑罚时应当尽可能节俭。刑罚谦抑源于刑罚功能的局限性，刑罚经济反映的是刑罚资源的稀缺性，两者传递的核心理念就是谨慎用刑和节俭用刑。

缓刑制度能够促进刑罚的谦抑和经济。表现在：其一，缓刑是一种“虚拟刑”，它以刑罚的暂缓执行为其本质特征，它使刑罚保持在一种量定而不实际执行的状态，不到迫不得已时，缓刑就不会撤销，刑罚也就不会动用，从而促进了刑罚谦抑。① 其二，缓刑制度的实施，一方面，可以极大地降低监狱行刑成本。把一些罪行轻微、危害不大的罪犯宣告缓刑，放在社会上进行监督改造，可以节省监狱空间，减少监狱行刑环节和投入，使监狱可以把有限的资金和设施投入到对危重犯人的改造上。另一方面，缓刑执行本身花费较低，它无需专门的监管设施，除了少量专职监管人员外，可以大量动用社会志愿人员从事对缓刑犯的监督改造工作。在英国，监狱关押一个犯人，每年的开支约 4 万英镑，而被判缓刑的犯人，一年的监督考察费用才 1000 英镑。② 因此，缓刑的适用，可以有效节约并合理配置行刑资源，促进刑罚的经济性。

二、缓刑制度比较研究

（一）缓刑类型之比较

缓刑制度在英、美诞生以来，欧洲大陆法系国家以之为摹本进行了移植并加以创新。由于两大法系在法律传统和制度架构上的差异，在缓刑制度发展的具体方向上，欧洲大陆法系国家选取了与英、美不同的路径，从而形成了两大法系并驾齐驱的缓刑制度。就最为普遍的情况而言，英、美的缓刑主要指的是暂缓宣告制度；而大陆法系国家的缓刑主要指的是暂缓执行制度。在当代，两大法系国家的缓刑制度不再像最初一样泾渭分明，而是以暂缓宣告和暂缓执行作为基干，衍生出多种类型，并呈现出一种彼此借鉴、相互融合的趋势。③ 概括而言，缓刑制度从创立至今主要有三种立法模式：

1. 刑罚暂缓宣告制（广义缓刑、宣告犹豫）

（1）刑的暂缓宣告，即对被告人所犯之罪确认后在一定期间内不予宣告，犯罪人在规定的期间内接受监督而没有重新犯罪时，即免去刑罚的宣告。根据暂缓宣告的刑罚是否已经作出，这种缓刑又分为两种：一种是在对刑罚已经作出裁量后暂缓宣告。现行德国刑法典就规定了这种缓刑类型。另一种是在未量定刑罚的情况下决定暂缓宣告刑罚，现行法国刑法典中规定有这种缓刑。

（2）罪的暂缓宣告，即在认定被告人构成犯罪的基础上暂缓宣告其刑罚的缓宣告缓刑。根据暂缓宣告的刑罚是否已经作出，罪的暂缓宣告又可分为两种形式：一种是被告人在被判决有罪之前，即暂停有关诉讼程序，从而避免作出有罪判决，将被告人交付考验。英美早期的缓刑实践便属于这种类型，现今

① 左坚卫：《缓刑制度比较研究》，中国人民公安大学出版社 2004 年版，第 82 页。

② 郭翔："英国的缓刑制度"，载《法学家》1996 年第 5 期。

③ 刘守芬、丁鹏："现代缓刑类型与中国的选择"，载《现代法学》2005 年第 6 期。

美国的马里兰、特拉华、怀俄明等州也采用这种缓刑。另一种是直接中止对被告人的刑事诉讼程序，裁定免予被告人刑事责任，并将其交付考验。现行加拿大的刑法规定有这种形式的缓刑。

2. 刑罚暂缓执行制（狭义缓刑、执行犹豫）

我们通常所说的缓刑就是指暂缓执行，它是指对被告人判处刑罚并予以宣告，同时在一定的期限内对所判决的刑罚暂缓执行，如果犯罪人平稳通过考验期，就不再执行原判刑罚的制度。这种缓刑因考验期满后所产生的法律效果不同，又可分为：

（1）使原判决丧失效力的暂缓执行，又称附条件宣告主义，是指犯罪人在缓刑考验期内没有出现撤销缓刑的法定情形，则原判决丧失效力，不仅免其刑，而且赦其罪，犯罪人视为未曾犯罪。这种缓执行缓刑首创于法国和比利时，后为众多的大陆法系国家采用。

（2）保留原判决的暂缓执行，又称为附条件赦免主义，是指缓刑考验期满后，只是不执行原判刑罚，原来的罪刑宣告仍然有效，犯罪人属于有犯罪前科之人。日本的旧刑法和德国1895年的刑法曾采用这种缓刑制度。

3. 缓予起诉（起诉犹豫）

缓予起诉是对犯有轻微罪行的人，在一定期间内遵守一定事项就不予起诉。缓予起诉是附条件的不起诉，在西方被认为是侦查、检察的“便宜主义”。缓予起诉在各国刑法典中很少规定，但实际上大多数国家在司法实践中使用这种缓刑制度，如日本就曾大量适用过。这一暂缓制在适用上无限制性的明文规定，一般适用于情节显著轻微、危害很小、虽有违法的非难但又有可饶恕的一面；犯罪后对被害者深感歉意，甘愿赔偿损失，且系初犯或偶犯的场合。①

我国刑事立法者参考了世界各国缓刑制度的立法例，结合我国的实际情况，采用了当今世界各国缓刑立法中比较普遍的狭义缓刑即刑罚暂缓执行制。具体又分为两种形式：一般缓刑和战时缓刑。一般缓刑采纳的是附条件赦免主义，即对于被判处拘役、3年以下有期徒刑的犯罪分子，根据其犯罪情节和悔罪表现，认为适用缓刑确实不致再危害社会的，规定一定的考验期，暂缓其刑罚的执行，如果其在考验期内没有撤销缓刑的法定情形，则原判刑罚不再执行的制度。战时缓刑则采附条件宣告主义，它是指在战时，对于被判处3年以下有期徒刑没有现实危险的犯罪军人，暂缓其刑罚的执行，允许其戴罪立功，确

---

① 王伟兰：“论缓刑”，载《刑事法专论》（下卷），中国方正出版社1998年版，第961页。

有立功表现时，可以撤销原判刑罚，不以犯罪论处的制度。同时采用附条件赦免主义和附条件宣告主义，这是我国刑法的独创。

（二）缓刑适用条件之比较

由于缓刑的适用是有条件的，故无论采用何种缓刑立法模式，各国刑法一般都对缓刑的适用条件作出明确规定。缓刑的条件分为两类：一类是适用缓刑的形式要件或前提条件，是指法律规定的可以适用缓刑的犯罪性质、刑种、刑期、有无前科等要件；另一类是适用缓刑的实质要件，即法官据以适用缓刑的事实和理由，这是适用缓刑之关键所在。

1. 适用缓刑的形式要件

（1）适用缓刑的罪种条件

关于适用缓刑的犯罪种类，大多数国家的刑法都未作出限制性规定。但也有少数国家和地区的刑法对适用缓刑的罪种作了限制。例如，在英国，对谋杀罪、纵火罪、抢劫罪和强奸罪等严重的刑事犯罪分子不适用缓刑。我国香港特别行政区刑事诉讼程序法也有类似的规定，对于非预谋杀人、强奸或者强奸未遂、聚众斗殴、运输毒品、提供毒品、企图谋杀、意图造成伤害结果造成重伤、非礼、抢劫、经营或者持有火器等犯罪，不得判处缓刑。我国 1979 年刑法规定，对于反革命罪，不得适用缓刑。

（2）适用缓刑的对象条件

适用缓刑的宗旨，是为了补救短期自由刑的不足。因此，各国缓刑立法的基本原则是：缓刑一般只适用于被判处短期徒刑或监禁的罪犯。对于被判处长期徒刑和无期徒刑的罪犯，则排除其适用缓刑的可能性。为此，各国刑法都对可适用缓刑的刑期有所限制。由于各国对短期自由刑划分标准不一，因而对适用缓刑的刑期规定也存在较大差别。有的国家对适用缓刑的刑期规定得过短，如瑞士刑法典第 41 条规定，缓刑只适用于被判处 18 个月以下的犯罪人。同是欧洲国家的瑞典和丹麦，对缓刑刑期的规定则比较宽容，前者规定为 10 年，后者规定为 16 年。这两种长短悬殊的立法例，表明了不同国家对缓刑所采取的谨慎和开放的态度。从大多数国家的法律规定来看，把 1 年至 3 年作为缓刑最高刑期的居多，如德国刑法典第 56 条规定：缓刑只适用于被判处 1 年以下自由刑者或者被判处 2 年以下自由刑的具有特别情况的犯罪人。我国澳门特别行政区刑法典第 48 条规定，缓刑只适用于被科处 3 年以下徒刑之犯罪人。我国刑法第 72 条规定，一般缓刑适用于被判处拘役、3 年以下有期徒刑的犯罪分子；战时缓刑适用于被判处 3 年以下有期徒刑的犯罪军人。

（3）适用缓刑的前科条件

就前科而言，各国刑法一般都规定缓刑只适用于初犯，对累犯则不适用缓刑。理由是累犯屡教不改，主观恶性深，改造难度大，对其适用缓刑，无异于“放虎归山”，不利于保障社会安全，也有违缓刑制度的宗旨。法国刑法典第132－30条规定，对于犯罪行为前5年内因普通法之重罪或轻罪判处徒刑或监禁刑的自然人，或者对于判处数额超过40万法郎的法人，不适用缓刑。瑞士刑法典也规定，适用缓刑的被判刑人在过去的5年内没有被判处3个月以上的自由刑。我国刑法第74条规定，对于累犯，不适用缓刑。

2. 适用缓刑的实质要件

缓刑适用的实质要件是对被缓刑人的缓刑预测。各国关于缓刑的实质要件，大多比较原则、抽象，给法官留下了较大的自由裁量空间。立法上的共同之处是规定缓刑预测的基本判断标准，即对犯罪人不执行刑罚也不会再犯罪或者危害社会。至于判断犯罪人不执行刑罚是否会再次危害社会的依据，各国刑法的规定又各不相同。概言之，大体有两种情况：

（1）以犯罪人的犯罪情节和悔罪表现作为缓刑预测的依据。我国刑法第72条规定，根据犯罪分子的犯罪情节和悔罪表现，适用缓刑确实不致再危害社会的，可以宣告缓刑。根据这条规定，判断犯罪人“确实不致再危害社会”的依据有两条：一是犯罪情节；二是悔罪表现。可见，我国刑法对缓刑预测侧重犯罪行为的客观社会危害性和犯罪分子的主观恶性。

（2）以犯罪人的人格因素作为缓刑预测的依据。西方国家的刑法一般比较注重犯罪人的人格因素，把它作为可否缓刑评价的核心。

（三）缓刑考验制度之比较

缓刑考验制度是促使犯罪人悔过自新，从而实现缓刑制度设立宗旨的重要环节。缓刑考验制度的设置是否科学合理，直接影响到缓刑的效果。下文从缓刑考验期限、考验主体和考验内容三个方面对各国缓刑考验制度进行比较研究。

1. 缓刑考验期限

考察世界各国对于缓刑考验期间的规定，大体有三种立法模式：（1）法定主义，即缓刑的考验期限由法律作出明确规定，期间是确定的，法官没有自由裁量的余地。如意大利刑法典第163条规定，对重罪的缓刑考验期为5年，对违警罪为2年。法定主义模式的优点是具体明确，便于司法操作；缺点是过于机械，不能适应各个缓刑犯的个体情况，不能很好地体现刑罚个别主义。（2）裁量主义，即法律不明文规定缓刑的考验期，而是由法官根据罪犯的不同情况自由裁量决定。美国的一些州采用这种模式。裁量主义模式的好处是体现了刑罚个别化原则，但其不足是易造成法官滥用自由裁量权，有失公允。（3）折中主义，即由法律规定考验期的限度，由法官在此期限幅度内酌情决定缓刑考验期。这种模式避免了前两种立法模式的弊端，吸收了两者的合理成分，既体现了罪刑法定主义的要求，又可以发挥法官的自由裁量权，因此，为大多数国家立法所采纳。

我国刑法第73条规定，拘役的缓刑考验期为原判刑期以上1年以下，但是不能少于2个月。有期徒刑的缓刑考验期为原判刑期以上5年以下，但是不能少于1年。可见，我国刑法典关于缓刑考验期限的规定采纳的是世界通行的折中主义立法例，但与德国、瑞士等国相比，我国刑法典的规定有自己的特色：其一，缓刑考验期限的长短以原判刑期为基础，在司法实践中，缓刑考验期限一般掌握在原判刑期以上，以不超过原判刑期1倍为限。这样规定，既体现了罪刑相适应原则，又反映了区别对待的刑事政策的要求。其二，对缓刑考验期的选择具有一定的灵活性。就拘役的缓刑考验期而言，鉴于拘役的刑期为1个月以上6个月以下，我国刑法将拘役的缓刑考验期规定为原判刑期以上1年以下，但是不能少于2个月。这样规定既能够防止把缓刑考验期限定得过短，无法实现改造目的，又能防止将缓刑考验期限定得过长，与拘役的轻刑特征不符。这样规定能给予法官们一个较大的自由裁量空间，以使主审法官所确定的缓刑考验期的长短较好地符合缓刑目的。①

2. 缓刑考验的主体

缓刑考验的主体，就是负责对缓刑犯进行监督考察的机构和人员。由于各国司法制度与法律传统的差异，因而在缓刑考验机构和人员的设置上也大相径庭。概言之，主要有以下三种模式：（1）由法院及其指定的人员作为考验主体。负责缓刑考察工作的法院多数是原审法院，有的国家规定是被告人居住地初审法院。② 法院指定的负责缓刑考验的人员被称为缓刑官。如德国刑法第57条第3项规定，由执行法院指定考验辅佐人予以监督指导；奥地利刑法第50条规定，由法院指定考验辅导人。（2）由法院之外的其他机构和社会团体负责缓刑的监督考察。如日本的缓刑考察工作由法务省监督下的保护观察所为之，保加利亚对缓刑犯的考察由社会团体保证实施。（3）设置专门负责缓刑监督考察工作的机构和人员。这类专门机构和人员的存在是缓刑制度不断发展完善的结果。例如，在英国设立了专门负责缓刑工作的缓刑局，再由缓刑局派驻到各地从事缓刑考验事务的专职缓刑官。

从我国现行刑法的规定来看，我国的缓刑考验主体实行的是上述第二种模

---

① 周红梅：《刑罚执行论》，辽宁人民出版社1993年版，第250～251页。

② 张文学等编著：《中国缓刑制度理论与实务》，人民法院出版社1995年版，第144～145页。

式，即法律规定的法院之外的其他机构，具体而言，是由公安机关进行考察，所在单位或者基层组织予以配合。

3. 缓刑考验的内容

根据各国刑法的规定，缓刑考验的内容一般分为两种类型：①

第一种类型是只规定缓刑犯在考验期间应遵守的义务，体现的是一种监督、管理或约束。缓刑人的义务主要有以下两方面的内容：② 其一，缓刑负担，即给缓刑人规定的类似于刑事制裁的义务，其目的是对已经实施的违法行为给予补偿。如现行德国刑法典第 56 条 b 第 2 款规定，法院可以使判决人承担以下负担：(1) 尽力补偿由其行为所造成的损害；(2) 根据行为人的行为和人格性，为有利于公益设施支付钱款；(3) 提供其他公益性服务；(4) 为有利于国库支付钱款。现行法国刑法典也对缓刑犯应遵守的义务作出了明确规定：(1) 根据其承担义务之能力，赔偿全部或部分因其犯罪造成的损害；(2) 证明其按承担义务之能力向国库支付了因其被判刑应当支付的款项；(3) 为公法法人或有资格实施公共利益劳动之协会的利益，从事 40 小时至 240 小时的公共利益劳动。其二，缓刑指示，即为了防止缓刑人将来继续实施犯罪而规定的某些必须遵守的事项。遵守事项大体又可分为两类：一类是常规监督措施，即缓刑犯应当遵守的程序性事项，以确保监督机关对缓刑犯的监督。常规监督措施针对所有缓刑犯适用，大体包括：(1) 遵守法律法规，服从考验监督人员的监督指导；(2) 在特定地点安置居所，未经执行机关批准，不得擅自离开居住地；(3) 按照考验监督人员的要求定期如实报告自己的活动情况，接受考验监督人员的传唤或来访；(4) 更换工作、变换住所应当及时通知考验监督人员。另一类是消极的禁令，即法院判决要求缓刑犯必须遵守的某些事项或不得从事某些行为，以此确保缓刑犯避免受不良环境或消极因素的影响，防止其再次犯罪。消极的禁令由法官针对不同罪犯的不同情况作出要求，以此体现刑罚个别化。

缓刑考验内容的另一种规定类型，就是既对缓刑犯进行监督管束，同时也进行指导帮助，即国外常常适用的“保护观察”或“保护管束”。保护观察制度在西方国家是一项成功的保安处分制度，少数场合是对少年犯替代刑罚而适用，多数情况下是对缓刑犯作为附随处分而适用。将缓刑与保护观察制度结合适用，被认为是最有效的罪犯改造措施。保护管束的内容，主要分为调查与监

---

① 刘德法、田宏伟：“缓刑考验制度比较研究”，载《郑州大学学报》2000 年第 6 期。

② 左坚卫：《缓刑制度比较研究》，中国人民公安大学出版社 2004 年版，第 175 页。

护两部分。调查旨在了解缓刑犯的情况，除去其所处环境中的障碍，依其需要而决定对其适当处遇，进行有效观护。如英国法律规定，法院在判决前，要参考缓刑监督官对案件的评估和判决建议。① 监护包括监督和指导两方面的内容，监督是法院根据调查情况，对缓刑犯依个人情况差异确定其具体行为规则，即在保护管束期内，缓刑犯须遵守一定的事项，这些事项大体可分为三类：(1) 使保护观察易于进行的事项，如须居住于一定的场所、定期向观护机构报告情况、未经批准不得离开指定地区等。(2) 防止罪犯再犯的事项，如不得与不良素行者来往，不涉足容易诱发犯罪的不良场所等。(3) 执行法律裁判所须事项，如缴纳罚金、赔偿由其犯罪行为所造成的损失等。② 指导就是对缓刑犯提供必要的辅导和帮助，要求执行考验的机构或人员为缓刑犯尽可能提供膳宿、进行职业辅导、谋求职业、协调生存环境，指导、帮助他们重返正常的社会生活。如法国刑法典第 132－146 条规定："被判刑人得享有旨在利于其重返社会生活的救助性措施"，"救助性措施之目的在于对判刑人重返社会的努力给予支持协助"。

（四）缓刑撤销之比较

缓刑是有条件消灭刑罚的制度，缓刑犯在考验期内必须遵守一定的条件或义务，如果他平稳度过考验期，原判刑罚就不再执行；如果他不遵守这些条件或义务，表明缓刑的目的并没有实现，就要被宣告撤销缓刑，执行原判刑罚。撤销缓刑的法定条件各国规定不一，但大致是相同的，主要有三种情况：

1. 缓刑考验期内又犯新罪。一般认为，缓刑犯在考验期内又犯新罪，足以表明其人身危险性并未消除，因而与缓刑制度的宗旨相悖。因此，各国均把罪犯在缓刑考验期内再犯新罪作为撤销缓刑的法定事由之一。但在所犯新罪的性质、罪种及其宣告刑的具体规定上，又可分为以下类型：

(1) 对缓刑犯在考验期内所犯新罪不作限定，不管是故意犯罪还是过失犯罪，也不管是判处何种刑罚，一律撤销缓刑。德国刑法典把缓刑犯"在缓刑考验期间重新犯罪，因而缓刑的目的不能实现"作为撤销缓刑的事由之一。瑞士刑法典第 41 条第 3 款规定缓刑撤销的根据之一是"被缓刑人在缓刑考验期间又犯重罪或轻罪"。

(2) 对缓刑犯在考验期内所犯新罪进行限定：其一是从罪过形式以及被判刑罚的轻重上进行限定。如我国台湾地区"刑法"第 75 条规定，缓刑期内

---

① 郭翔："英国的缓刑制度"，载《法学家》1996 年第 5 期。

② 李朝晖："保护观察制度与缓刑、假释的考察监督"，载《法学评论》2001 年第 3 期。

再犯罪，受有期徒刑以上刑之宣告者，应撤销缓刑宣告。但因过失犯罪者，不适用前项规定。其二是从所犯新罪被判处的刑罚轻重上进行限定。如意大利刑法规定，被判刑人实施某一应处以监禁刑的重罪或者同样性质的违警罪，缓刑当然撤销。其三是从所犯新罪被判处的刑罚是否宣告缓刑进行限定。如日本刑罚规定，在缓刑期间内又犯被判处监禁以上刑罚而未宣告缓刑的，应当撤销缓刑的宣告。

2. 缓刑考验期内发现漏罪。发现漏罪的事实表明，缓刑人员尚未真正悔改，尚存危害社会的可能，与缓刑的条件不符，故应当撤销缓刑。

3. 违反缓刑遵守事项。如德国刑法典规定，缓刑犯严重或屡次违背义务，或屡次不服从缓刑帮助人的监督与指导，因而可能重新犯罪的；严重或屡次违背有关指示的，可以撤销缓刑。瑞士刑法典也有类似的规定，缓刑犯虽经正式警告，仍蔑视法官规定之义务的；屡次逃避缓刑帮助人监督的；以其他方式辜负法官对他的信任的，撤销缓刑。

三、缓刑制度的发展趋势与我国缓刑制度的完善

（一）缓刑制度的发展趋势

1. 缓刑形式日趋丰富。

传统缓刑的基本形式是刑罚暂缓执行制和刑罚暂缓宣告制。随着时代的变迁和刑罚观念的进化，当今世界各国在保留传统缓刑形式的基础上，相互借鉴，不断创新，从而使缓刑类型日趋丰富。如在法国，最初实行的是普通缓刑——刑罚暂缓执行，其后为了贯彻刑罚个别化原则，先后于 1958 年和 1983 年创制了附考验期的缓刑和附完成公共利益劳动义务的缓刑。1994 年 3 月 1 日生效的新刑法典除了对这三种缓刑加以确认外，还规定了一种新的缓刑形式——附命令的推迟刑罚宣告。美国是刑罚缓期宣告制的创始国，20 世纪 90 年代后，缓刑的形式有了进一步的发展和变化，出现了三种具有综合性质的缓刑：（1）休克缓刑（shock probation），即将犯罪人监禁一段时间后释放并重新宣告缓刑和执行缓刑的刑罚措施；（2）复合刑罚（split sentence），即对犯罪人宣告缓刑后，先让其在矫正机构内执行一定时间的监禁刑之后再执行缓刑；（3）间歇的监禁、缓刑，即对罪犯从周一至周五的白天予以缓刑，周末和晚上由当地看守所收监。[①] 在芬兰，也创设了具有综合性质的缓刑。芬兰刑

---

① 刘强编著：《美国社区矫正的理论与实务》，中国人民公安大学出版社 2003 年版，第 57 页。

法典第2b章第2条规定：如果附条件的监禁（指暂缓执行）被认为是对犯罪不充分的制裁，可以对犯罪人施加辅助罚金；或者如果附条件的监禁超过1年，就可以施加20至90小时的社区服务作为辅助制裁。如果对未满21岁的犯罪人判处附条件的监禁，则可以施以监管作为辅助制裁。① 此外，在一些西方国家还出现了"类缓刑"制度，即原来由审判阶段确定的缓刑，前移到起诉阶段，具体做法是附条件不起诉。② 通过多样化缓刑类型的设置，法官获得了更广阔的裁量空间，能够根据犯罪人的个别情况及时而更有针对性地调整缓刑策略。这样既可以避免某一种缓刑本身固有的缺陷，又可以最大限度地发挥缓刑制度的特殊预防作用。③

2. 缓刑适用日渐拓展。

最初的缓刑制度因受报应刑思潮的影响，对缓刑的适用主要针对短期自由刑的弊害，故其适用对象仅限于被宣告短期自由刑的罪犯。随着教育刑在全球取得显赫地位，成为当代刑罚观的主流，缓刑除了继续发挥其在去除短期自由刑弊害方面的功能外，在促进犯罪人再社会化方面也扮演着十分重要的角色。因此，多数国家在立法上逐渐放宽缓刑的适用条件和范围，具体表现在：（1）延长了适用缓刑的自由刑刑期。例如，瑞士刑法典原来规定适用缓刑的自由刑刑期为8个月，1996年修订后的刑法典把刑期延长到18个月。又如日本，原来刑法典规定短期自由刑的短期限制为2年以下，新法则修改为3年以下。（2）增加了适用缓刑的刑种。许多国家把适用缓刑的刑种扩展到比短期自由刑更短的拘役，有的国家允许罚金刑和剥夺权利刑也适用缓刑。（3）取消了前科的限制。过去缓刑只能适用于初犯，许多国家刑法都规定累犯不得适用缓刑。现在有些国家在立法上取消了前科的限制，只要认为暂缓刑罚执行能收改善之效，即使是累犯，也可适用缓刑。

3. 缓刑监督日臻完善。

自缓刑在英、美国家起源之始，监督就伴随其左右，如影随形，恰如一个钱币的两面。缓刑的成败在相当程度上取决于缓刑监督的实施。伴随缓刑制度的发展历程，西方国家不断完善缓刑的监督考察制度，使之日臻完善。具体体现在：（1）缓刑监督的专业化。缓刑考验制度初创之时，世界各国对缓刑犯

---

① 转引自刘守芬、丁鹏："现代缓刑类型与中国的选择"，载《现代法学》2005年第6期。

② 高铭暄主编：《刑法学原理》（第三卷），中国人民大学出版社1994年版，第444页。

③ 刘守芬、丁鹏："现代缓刑类型与中国的选择"，载《现代法学》2005年第6期。

的监督考察多由一些热心于社会公益事业的社会志愿者担负。随着缓刑适用力度的加大，缓刑后交付保护管束者渐趋增多，超越了个人规劝罪犯改过迁善所能负荷的力量，同时对缓刑犯的辅导帮助也必须有相当的专门知识及技能的专职人员方能胜任，因而专司监督考察的组织及人员应运而生。在法国，专职缓刑监督官称为“执行推事”，德语国家称之为“考验帮助人”。英国缓刑的考察监督是由缓刑监督官和缓刑工作人员担当的。在日本，缓刑监督是由保护观察员进行的。(2) 缓刑监督的社会化。随着缓刑适用的日益拓展，专业缓刑监督官的工作量不断增加，以致出现所谓的“缓刑拥挤”现象。为了减轻专职缓刑官的工作负担，提高缓刑服务的质量，充分发挥社区资源在缓刑犯帮教工作中的作用，各国相继聘请了为数众多的社区人员作为志愿缓刑官。例如，在美国，自20世纪70年代中期始，在2000多个缓刑管辖区服务的志愿缓刑官就在30万到50万人之间，每年提供2000多万小时的服务。除此之外，在加拿大、澳大利亚的一些州或省，日本、瑞典、英国等国家和地区，都使用志愿缓刑官从事缓刑服务工作。① (3) 缓刑监督的个别化。在缓刑考验期内，缓刑官可以根据被缓刑人的人身危险性的不同，选择宽严不等的监督方式。在缓刑刚开始时，缓刑官针对每个缓刑犯的个人特点和所处的社会、家庭环境，作出对其监督的整体计划并征求他本人的同意，随着缓刑执行情况的变化及时调整缓刑计划；根据缓刑犯的表现申请法院提前结束缓刑或者改判其他刑罚。② (4) 缓刑监督的科学化。缓刑监督的目的，一方面是基于防卫社会的需要，监督缓刑犯在考验期内遵守法定和指定的事项，预防其再次犯罪。为此，英、美国家在缓刑监督中通常对犯罪人的犯罪的内在因素、再犯可能性、社会危险性等进行评估并量化，以确定监督方案，增加缓刑成功的机会。另一方面，而且是更主要的方面，是帮助缓刑犯成功地度过考验期，适应正常的社会生活，达到复归社会的目的。③ 因此，各国在对缓刑犯进行监督管束的同时，还尽可能为其提供膳宿、职业辅导、谋求职业、协调生存环境等保护性措施，指导、帮助他们重返正常的社会生活。

① 郭建安、郑霞泽主编:《社区矫正通论》，法律出版社2004年版，第170页。

② 李文伟:“缓刑的发展及我国缓刑监督制度的改革建议”，载《青少年犯罪研究》2001年第1期。

③ 李文伟:“缓刑的发展及我国缓刑监督制度的改革建议”，载《青少年犯罪研究》2001年第1期。

（二）反思与重构：我国缓刑制度完善之思考

1. 我国缓刑制度存在的问题反思

（1）缓刑立法中存在的问题

我国缓刑立法模式单一。如前所述，我国现行刑法规定的缓刑，采纳的是刑罚暂缓执行制中的附条件赦免主义和附条件有罪宣告主义模式。由于附条件有罪宣告主义缓刑模式只适用于在战时有立功表现的犯罪军人，不仅适用的对象非常狭窄，而且对处在和平环境的我国来说，战时缓刑制度在司法实践中长期处于虚置状态。因此，从总体上看，我国的缓刑立法存在着模式单一的问题。

（2）缓刑裁量中存在的问题

首先，缓刑条件缺乏可操作性。

我国1979年刑法将缓刑的实质条件表述为："根据犯罪分子的犯罪情节和悔罪表现，认为适用缓刑确实不致再危害社会的。"在1997年刑法修订过程中，曾有学者建议把缓刑的条件在立法上规定得明确具体些，增加可操作性，以减少适用上的保守性或随意性。但立法机关最终没有采纳这个建议，而是保留了1979年刑法过于原则的规定，因而导致司法实践中缓刑的裁量仍然存在不易操作的难题。具体表现在：其一，犯罪情节与悔罪表现的具体含义不清。对于"犯罪情节"的理解，我国刑法理论界存在较大分歧。有的学者认为，犯罪情节是指行为的性质已经被确定为犯罪的前提下，表明犯罪社会危害性程度的各种事实状况；① 有的学者认为是"犯罪分子进行犯罪时所为行为的各种情况，是组成犯罪事实的基本单位"；也有学者认为犯罪情节与量刑情节是同一概念的两种称呼。② 对于"悔罪表现"，在司法实践中，有的认为只要能交代自己的犯罪事实就可以认定是具有悔罪表现；也有的认为，悔罪表现除了体现在犯罪分子彻底坦白交代自己的犯罪事实外，还要有其他的实际行动，如积极进行退赃或经济赔偿等。③ 理解和掌握的标准不一，必然导致缓刑适用时的随意和失衡。其二，"确实不致再危害社会"的立法用语表述不当。缓刑是对犯罪分子附条件不执行原判刑罚而留在社会上接受教育改造，因此，犯罪分子人身危险性的消失是适用缓刑的关键因素。这就需要法官在审判时对犯罪分子未来的再犯可能性进行预测，而大凡预测仅仅只是一种主观判断，不可能百分之百的准确，需要冒一定的风险。但刑法第72条用了"确实"这样的措辞，

---

① 喻伟：《刑法学专题研究》，武汉大学出版社1992年版，第297页。

② 马克昌主编：《刑罚通论》，武汉大学出版社2002年版，第328页。

③ 应建廷："缓刑实践的调查与思考"，载《中国刑事法杂志》2000年第5期。

不仅显得生硬，而且还可能使人产生这样的联想：如果缓刑犯在缓刑期间实施了危害社会的行为，就“反证”了当初作出缓刑判决是错误的。立法用语的不当在一定程度上抑制了法官适用缓刑的积极性，导致了我国司法实践中缓刑适用的保守倾向。其三，立法对缓刑适用的导向不明。一般说来，对过失犯罪因其主观恶性不大，应当多判缓刑，而对严重危害社会的故意犯罪，如抢劫、强奸、贩毒等应当限制或禁止适用缓刑。但遗憾的是，立法上并没有提供相应的司法指引，从而造成司法实践部门应判缓刑的不判，而不应判缓刑的却判了缓刑的情况时有发生。

其次，缓刑预测缺乏科学性。

如何预测犯罪人将来不致再危害社会，这是一个十分棘手的难题。世界各国都在寻求缓刑的科学预测方法，但迄今未取得实质性的进展。在各国的司法实践中，法官们至今仍然依靠直觉预测法对犯罪人能否缓刑进行预测。直觉预测法是法官依据自己的专业训练与经验，参考若干因素，预估犯罪人的再犯可能性。主审法官个人的社会和职业经验以及理性，就成为预测犯罪人未然的再犯可能性的重要基础。由于法官个人的认知结构、自身经验及利益倾向的不同，在预测过程中，不能完全排除法官个人的价值观对裁判的影响和作用。“即使是聪明的执法者，然而他是有感情的，因此会产生不公平，不平等。”①所以，直觉预测法不免带有主观色彩，缺乏科学性。

再次，缓刑裁量缺乏有效的监督。

这表现在两个方面：一是缺乏有效的法律监督。目前在司法实践中对罪犯适用缓刑时，主要限于法官自由裁量权在起作用。由于立法上的原因，在缓刑案件上检察院与法院两家的认识分歧较大。一些基层检察院对缓刑的适用认识比较模糊，他们比较关注的是自己提起公诉的案件是否得到人民法院的有罪判决，是否对犯罪人判处了实刑，而几乎没有在提起公诉的同时要求对被告人宣告缓刑，并且也极少就人民法院对某个案件的判缓刑发表不同意见。在实践中，检察机关对人民法院因为对某个犯罪分子不恰当地宣告了缓刑而提起抗诉的案件非常罕见，从而直接影响到检察机关行使法律监督权。二是缺乏有效的社会监督。从我国司法实践来看，尽管法官在对犯罪分子适用缓刑时也要考虑到社会的意见和反响，但这种意见和反响，一是可能不全面，二是背靠背收集的，群众与社会对这一过程看不见，他们无法对各方面的意见与反响作出自己的评判，因而难以使缓刑的决定置于社会的监督之下。②

---

① 张宏生：《西方法律思想史》，北京大学出版社1998年版，第10页。

② 阮方民：“对改进我国缓刑制度的两点思考”，载《法学》2000年第10期。

由于缓刑适用条件的过于原则抽象和法官主观认识、价值判断的不确定性，以及对法官缓刑裁量权缺乏有效的监督，导致许多法外因素在审判中左右着法官对缓刑的适用，因而我国各地法院在适用缓刑过程中，出现了缓刑适用标准随意、宽严失度的问题，缓刑适用存在诸多误区。具体表现在以下两个方面：

其一，缓刑适用标准随意。

由于立法规定过于原则笼统，如何判断犯罪人“确实不致再危害社会”就完全取决于法官的主观认识，法官的个人喜好、魄力以及对罪犯的宽恕程度等主观因素会融入缓刑条件中。此外，许多基层法院为了降低缓刑适用的风险，在刑法现有规定的基础上，又人为增加一些“土规定”，如将社会治安形势与改造环境好坏、犯罪人所在单位或基层组织配合考察等作为适用缓刑的前置条件。主审法官的个人因素和管辖法院的法外因素的渗透，使得案情基本相似的案件，在不同地区、不同法院、不同法官手中，有着完全不同的审理结果，甚至同一法官在不同时期对类似案件所作的判决不尽相同，以致出现了缓刑适用中的地区差别、个案差别。如某省检察院对本省法院缓刑适用情况所作的调查发现，某经济相对欠发达的县在1999年判决的438人中，适用缓刑计130人，比例达30%；而相邻经济比较发达的县级市在1999年判决的1356人中判缓刑的只有123人，比例仅为9%。可见，两地对缓刑适用的巨大反差，说明实践中在缓刑适用的认识、掌握的标准上存在较大差距。① 因此，司法实践中缓刑适用标准的随意性，极大地损害了刑罚的公正性和权威性，有损司法公正的形象。

其二，缓刑适用宽严失度。

由于刑事立法对缓刑适用导向不明，一些法院在缓刑量刑时出现了宽严失度的问题。

“宽”表现在：第一，对不符合缓刑法定条件的案件适用缓刑，甚至为适用缓刑而降格判刑。如某省检察院在调查中发现，不少缓刑案件中被判缓刑的犯罪分子没有悔罪表现，表现为拒不认罪或避重就轻等。还有的一审法院钻立法上的“空子”，把本应判处3年以上有期徒刑的犯罪分子恰好只判3年有期徒刑并适用缓刑，表面上符合法律的规定，但实际上确实存在罚不当罪的问题。② 第二，对国家工作人员适用缓刑“从宽”。来自某省的调查数据显示：

---

① 应建廷：“缓刑实践的调查与思考”，载《中国刑事法杂志》2000年第5期。

② 佟莉莉：“对缓刑适用中存在问题的调查与思考”，载《人民检察》2000年第6期。

目前，贪污、贿赂犯罪适用缓刑的比例平均达到40%多，有的地方达60%以上，个别基层办案单位在当年查处的10余件经济犯罪中，竟无一人被判实刑。渎职犯罪的缓刑比例更高于贪污、贿赂犯罪，平均比例达50%以上，在一些时间内缓刑比例高达80%以上，不少地方的渎职犯罪在相当一段时间里是100%判处缓刑。[①] 另据有关报道，“国家工作人员犯罪后的判决结果，缓刑的适用率高于普通人，有关内部统计资料也表明了这一点”。[②] 本来，国家工作人员只要符合法定的缓刑条件是完全可以适用缓刑的，甚至由于国家工作人员在犯罪后悔罪表现好，有立功或主动退赃的情节，适当多适用一些缓刑也无可厚非。但国家工作人员与普通人员在实践中缓刑适用比例的巨大反差就很不正常了，说明特权的影子正走进刑事审判的大庭。对国家工作人员适用缓刑过宽，对职务犯罪适用缓刑过多、过滥的现象，严重挫伤了广大民众参与反腐败斗争的积极性，影响到我国反腐败斗争的深入开展。

“严”表现在：第一，对未成年罪犯适用缓刑没有与成年罪犯区别对待。缓刑作为一种刑罚制度与未成年人有着不解之缘，最早的缓刑仅适用于未成年犯罪人，后来才逐步推广运用于成年犯罪人。正是基于缓刑与未成年犯罪的渊源关系，当前世界各国的刑事立法无不强调对未成年犯罪人的缓刑适用，而且一般规定对未成年犯罪适用缓刑的条件要宽于成年犯罪。从我国刑法典关于缓刑条件的规定来看，并未对未成年犯罪人适用缓刑作特别规定。相反，有关司法解释却规定了较之成年人更为严格的适用条件。2006年最高人民法院发布的《关于审理未成年人刑事案件具体应用法律若干问题的解释》中对未成年人适用缓刑在刑法规定条件的基础上又增加了“初次犯罪，或者积极退赃或赔偿被害人经济损失，或者具备监护、帮教条件”的额外条件。因而，从某种程度上说，对于未成年犯罪人适用缓刑的条件要严于成年犯罪人。显然，这样规定是不利于发挥缓刑制度教育、感化和挽救未成年犯罪人的作用的。第二，对弱势群体适用缓刑相对严格。本来，我们对失业下岗人员、外来务工的农民工等社会弱势群体应当体现倾斜的政策，他们犯了罪，只要符合缓刑的法定条件，就应当对他们宣告缓刑。但在审判实践中，有些法官认为对有公职的人员适用缓刑，可以保留公职，而对农民和无正当职业的社会闲散人员、待业人员等适用缓刑，不仅意义不大，而且对他们在缓刑考验期内的考察工作也难

① 应建廷：“缓刑实践的调查与思考”，载《中国刑事法杂志》2000年第5期。
② 陈杰人：“警惕‘缓刑’的滥用”，载《中国青年报》2001年4月2日。

以落到实处，因而不予宣告缓刑。[①] 还有的地方法院，对本地人犯罪适用缓刑较宽，对外地人员犯罪适用缓刑相对较严。例如，一项对浙江省宁波市中院和所属各基层法院3年内未成年犯罪人缓刑判决的调查发现，3年中对来自外地的928名不满18周岁的未成年犯罪人未判处一例缓刑。在全国各地法院中，对外来未成年犯罪人一概不判或基本上不判缓刑现象也非常普遍。[②]

(3) 缓刑监督中存在的问题

首先，监督主体缺位。

关于缓刑犯的监督考察主体，1979年刑法规定缓刑犯“由公安机关交所在单位或者基层组织予以考察”。依据这条规定，公安机关只是名义上的缓刑考察机关，实际承担缓刑监督考察任务的是缓刑犯所在单位或基层组织。应当说，这种监督主体的配置，与我国当时计划经济体制下的二元社会结构是相适应的。随着改革开放进程的不断推进，传统体制下的二元社会结构逐步解体，并为现代体制下的多元社会结构所取代。社会结构的转型，给中国社会带来了更深层的变化：一方面，公民的人身依附性逐渐弱化，自由度较过去有了明显提高；另一方面，各类经济单位、城乡基层组织逐渐褪去泛政治化的外色，回归其本来面目，从而导致对个人约束的不断弱化。[③] 适应中国社会转型的需要，同时考虑到缓刑考察工作的专业化要求，1997年刑法在修订时，对缓刑的监督考察主体进行了重新配置。现行刑法第76条规定，被宣告缓刑的犯罪分子，在缓刑考验期内，由公安机关考察，所在单位或者基层组织予以配合。这种立法导向，无疑是正确的。但是，从长远角度来看，新刑法对缓刑监督考察主体的规定仍只具有暂时的意义，在合适的条件下，仍有修改完善的必要。理由是：其一，由公安机关监督，有“警察监视”之嫌。因为，处于缓刑中的犯罪人在面对先前努力工作以追究其刑事责任的公安人员时，会油然而生愤恨、恐惧等心情，难免会产生抵触情绪。公安人员担任监督考察人，对缓刑犯的威慑作用肯定是大大增加了，但对其的帮教工作的效果不一定理想。早在1880年和1881年美国马萨诸塞州通过的《缓刑法令》修正案中，就将缓刑的监督交给了专门的缓刑官，切断了缓刑和警察之间的联系。[④] 为此，联合国也

---

① 王伟兰：“论缓刑”，载《刑事法专论》（下卷），中国方正出版社1998年版，第965页。

② 钱正宝：“如何对外来未成年犯罪人适用缓刑”，载《人民司法》1998年第8期。

③ 阮方民：“对改进我国缓刑制度的两点思考”，载《法学》2000年第10期。

④ 李文伟：“缓刑的发展及我国缓刑监督制度的改革建议”，载《青少年犯罪研究》2001年第1期。

告诫各国当局，缓刑之监督考察不可委之于警察。对缓刑犯适用警察监视的方法，不利于他们自觉地更生，反而会增加精神负担，成为悔过自新道路上的障碍。其二，现行警力不足，难以实施有效的监督。众所周知，我国公安机关的主要任务是打击现行犯罪和预防犯罪。此外，公安系统的基层派出所肩负着众多的其他治安和行政事务，如常住人口、暂住人口、寄住人口的管理，敌情搜集，社区治安防范，民间纠纷调解，居民身份证管理以及基层治保组织的指导、建设等工作。据统计，1999 年被各级人民法院判处缓刑的罪犯约 9 万人，被予以假释的罪犯约 2 万人，如果其缓刑和假释期平均按 2.5 年计算，全国每年就有近 30 万人需要缓刑和假释。1998 年公安机关逮捕的人犯共 59 万人，涉及的案件才 40 万件。如果按照国外的绝对管束模式，公安机关花在监督这 30 万缓刑和假释犯上的时间和精力要比花在侦查和逮捕人犯上的时间和精力还要多得多。[①] 由于现行警力严重不足，广大干警常年超负荷运转，侦查犯罪、维护社会治安等“硬任务”已使他们分身无术，对缓刑犯的监督考察等“软任务”只能暂搁一边。其三，法定配合单位无法履行“配合”任务。根据刑法第 76 条的规定，缓刑犯所在单位或基层组织必须“配合”公安机关承担起对缓刑犯的监督考察任务。但实际上所在单位或基层组织很难配合。主要的理由是：由 1997 年刑法第 75 条规定的缓刑犯在考察期间应遵守的四项义务，均不具有公开性与公示性，老百姓看不到，所在单位或基层组织管不到，使得缓刑的考察义务无法做到社会化，配合单位根本“插不上手”。[②] 由于上述原因，很多地方在缓刑的执行中出现监督主体缺位的情况，缓刑考察形同虚设。

其次，监督内容缺失。

现行刑法第 75 条规定了被宣告缓刑的犯罪分子应当遵守的四项义务：遵守法律、行政法规，服从监督；按照考察机关的规定报告自己的活动情况；遵守考察机关关于会客的规定；离开居住的市、县或者迁居，应当报经考察机关批准。仔细审视这四项规定，与国外刑法规定的缓刑犯遵守条件进行横向比较，可以发现我国刑法的上述规定还停留在较低水平，存在较大的缺陷。表现在：其一，缓刑监督内容过于原则，缺乏应有的规范标准，体现不出惩罚性。[③] 在上述四项内容中，“遵守法律、行政法规”是每一个公民的应尽义务，缓刑犯也不例外，因此，这项义务对缓刑犯来说没有实际意义。至于“报告

① 郭建安：“刑罚的历史趋势呼唤行刑体制改革”，载《犯罪与改造研究》2000 年第 10 期。

② 阮方民：“对改进我国缓刑制度的两点思考”，载《法学》2000 年第 10 期。

③ 储槐植、陈敏：“改善社区司法”，载《中国监狱学刊》2002 年第 6 期。

活动情况”，遵守“会客规定”，也没有具体的规范可供操作。其二，缓刑监督仅仅涉及行为控制方面的内容，对促进罪犯再社会化方面的规定尚付阙如。我国刑法立足于社会防卫的立场，对缓刑犯在考验期间的遵守事项作出了原则性的规定，反映的是管束、监督，而鲜有保护、服务、教育、指导等真正体现社区“矫正”的措施。缓刑的主要宗旨是促进犯罪人的再社会化，但是现实中被宣告缓刑的犯罪分子尤其是未成年缓刑犯面临众多困惑而不能自拔，亟须社会各界在职业培训、就业指导以及心理治疗等方面提供积极的帮助指导，如果仅仅对其进行消极的行为控制而不给予积极的更生保护，恐难达到重返社会的目标。

2. 我国缓刑制度的重构

（1）丰富缓刑类型

与国际上出现的多样化缓刑趋势相比，我国的缓刑类型多少显得有点单一。为了更有效地发挥缓刑制度的价值和功能，有必要设置多样化的缓刑类型，以便裁量机关根据犯罪人个体情况的差异选择不同的缓刑形式，最大限度地体现刑罚个别化原则。具体设想是：

首先，引入暂缓宣告制缓刑模式。暂缓宣告制缓刑发端于英美，但这种“专属”于英美的缓刑类型开始超越法系的界线进入欧陆国家，为德国、法国、瑞典、比利时、丹麦等大陆法系国家所采用，显示了缓刑制度发展的新方向。因此，笔者主张借鉴英美暂缓宣告的立法模式，增设暂缓宣告制缓刑。理由是：其一，与暂缓执行制缓刑相比，暂缓宣告制缓刑更有利于避免刑罚对犯罪人带来的“标签”效应，因而更利于犯罪人顺利复归社会目标的实现。其二，暂缓宣告制缓刑符合当今非犯罪化和非刑罚化的世界性趋势，与“轻轻”、“重重”的刑事政策相契合。其三，基层法院进行的暂缓判决的有益尝试，亟须刑事法律予以肯定。我国司法实践中所探索的暂缓判决制度始于1992年3月江苏省南京市鼓楼区人民法院所试行的“观护帮教、定期宣判制度”。① 上海市长宁区法院少年法庭自1993年就开始对少年犯适用缓期判决制度，江苏泰兴市人民法院还专门就缓期判决制度制定了相关的适用规则。② 暂缓判决的实践表明，这一制度在教育、感化和挽救少年犯罪人上是卓有成效的。上海市长宁区法院少年法庭自1993年至2001年共对29人适用暂缓判决

---

① 姚建龙：《少年刑法与刑法变革》，中国人民公安大学出版社2005年版，第265页。

② 王平、何显兵：“我国缓刑制度之改革与完善”，载《犯罪与改造研究》2004年第2期。

制度，没有1人重新犯罪。① 设置暂缓宣告制缓刑的具体设想是，对犯罪时不满18周岁的初犯、罪行轻微、恶习较浅、认罪态度较好，宣告刑在3年以下有期徒刑或者拘役的少年被告人，给予3个月至1年的考验期，交付有关机关监督考察，视其实际表现再作出处罚与否的决定。

其次，扩大附条件有罪宣告缓刑的适用范围。由于附条件有罪宣告主义模式在法律后果的设计上不仅免其刑，而且赦其罪，对原判刑罚的撤销意味着犯罪人犯罪记录的勾销。因此，此种缓刑体现了对特殊预防目的的一种近乎极致的追求。② 我国刑法虽然设置了这种缓刑，但由于其适用的对象是犯罪的军人，适用的时间仅限于战时，因此使得这一理想的缓刑类型在我国司法实践中几乎处于虚置的状态。为最大限度地发挥附条件有罪宣告制缓刑对犯罪人的特殊预防作用，我国有必要把附条件有罪宣告缓刑的适用对象从战时的军人扩展到某些罪行轻微的初犯、偶犯和未成年犯罪人。

(2) 改进缓刑裁量制度

缓刑制度的建立应维护社会安全这一现代行刑目的，将“确实不致再危害社会”作为适用缓刑的实质条件是合理的。综观世界主要发达国家立法例，均有此实质要件之规定。但是，如何判断犯罪人将来不致再危害社会，这是一个十分复杂而又难以掌握的问题。其原因就在于，我们既不可能从立法上规定一套科学的预测标准，也不可能在理论上提供一个统一的判断模式，而主要靠审判人员在实践中酌情处理。③ 为了规范缓刑裁量活动，避免缓刑适用中掌握标准不一、宽严失度的问题，笔者主张从两方面来改进我国缓刑裁量制度。

首先，从实体上细化缓刑实质条件，增加缓刑适用的导向性与可操作性。

根据现行刑法第72条的规定，判断“犯罪人确实不致再危害社会”的依据主要是两条：一是犯罪情节；二是悔罪表现。前者主要反映犯罪行为的客观社会危害性；后者主要体现犯罪人的主观恶性。犯罪行为的社会危害性，主要通过犯罪客观方面的诸因素表现出来，而且这种危害性一旦产生，就呈现出一种“静”的状态；而犯罪人的主观恶性则是犯罪人主观上是否悔罪以及悔悟的程度问题，它经常处于一种可变的“动态”中。④ 所以，对“犯罪人确实不致再危害社会”的判断也即缓刑预测必须建立在综合分析犯罪行为的客观

① 姚建龙：《少年刑法与刑法变革》，中国人民公安大学出版社2005年版，第268页。

② 刘守芬、丁鹏：“现代缓刑类型与中国的选择”，载《现代法学》2005年第6期。

③ 鲍遂献：“论缓刑的适用”，载《中国法学》1992年第6期。

④ 鲍遂献：“论缓刑的适用”，载《中国法学》1992年第6期。

危害性和犯罪人主观恶性的基础上。鉴于刑法没有对“犯罪情节”和“悔罪表现”作出进一步的规定，笔者建议这一工作由最高人民法院通过司法解释来完成。第一，对“犯罪情节”和“悔罪表现”的具体内容进行解释，以利于法官在审理案件时把握。结合学者们的研究，笔者认为，“犯罪情节”主要包括以下因素：①犯罪性质；②犯罪动机；③犯罪手段；④犯罪对象；⑤犯罪形态；⑥损害结果；⑦犯罪主体情况等。“悔罪表现”主要包括：①投案自首；②认罪态度好，归案后如实交代自己的罪行；③主动检举揭发他人的犯罪事实，有立功表现；④采取积极措施避免或减少损失，如侵害人身案件，犯罪人积极抢救被害人；财产案件，犯罪人积极退赃；⑤积极对被害人进行补偿等。[①] 第二，通过正面列表法把适宜缓刑的犯罪类型和罪犯类型列举出来，为法官适用缓刑提供导向。我国台湾地区的“司法会议”曾列举了10项标准作为“宣告缓刑理由的参考”，这10项标准是：25岁以下的幼年犯；过失犯；非破廉耻犯；轻微或间接帮助的从犯；未下手实施的助势犯；自首犯；被害人请求免罪的犯罪人；法定得免除其刑而未免除的犯罪人；激于义愤的犯罪人；其他因失业失养而认为不适于执行刑罚的犯罪人。[②] 我国也有学者早就提出类似的设想，[③] 但未被立法机关采纳。笔者认为，台湾地区的这一做法有其可取之处，值得我们借鉴。基于此，笔者列举下列因素作为倡导缓刑适用的参考：①初犯和偶犯；②过失犯；③中止犯；④防卫过当犯和紧急避险过当犯；⑤自首犯；⑥激情犯；⑦基于被害人承诺而实施犯罪的罪犯等。

其次，从程序上规范缓刑裁量活动，增强缓刑裁量的科学性和透明度。

①建立判决前人格调查制度。

目前，判决前的人格调查在德国、法国、英国、日本等国家已作为刑事立法的一项法律制度。在美国和英国，为了保证缓刑适用的准确性，法律要求缓刑监督官向法院提供判决前报告，对案犯是否适宜缓刑提出建议。1994年，英国缓刑监督机构为治安法院、皇家刑事法院提供了223000个判决前报告。[④]

我国长期以来的刑事司法实践，没有系统的诸如美国诉讼程序中的“判决前调查报告”，定罪量刑完全是由法官根据案件开庭审理过程中获取的证据

---

① 参见陈兴良：《刑法适用总论》（下卷），法律出版社1999年版，第581～583页；何显兵：《社区刑罚研究》，群众出版社2005年版，第164～166页。

② 蔡墩铭主编：《刑法总则论文选辑》（下辑），台湾地区五南图书出版公司1984年版，第871页。

③ 参见鲍遂献：“论缓刑的适用”，载《中国法学》1992年第6期；周道鸾等主编：《刑法的修改与适用》，人民法院出版社1997年版，第94页。

④ 郭翔：“英国的缓刑制度”，载《法学家》1996年第5期。

材料来决定。为了保证缓刑再犯预测的准确性，我国可以借鉴国外的做法，在适用缓刑时引进人格调查制度：法官根据被告人的犯罪情节和悔罪表现认为可以适用缓刑时，由法官委托缓刑考验监督机关对该被告人进行人格调查，制作判决前调查报告。

②设置缓刑听证程序，增强缓刑裁量的透明度。

在一些法制比较健全的西方国家，听证程序广泛运用于行政执法领域，它是执法民主化和公开化的一个标志。但从听证的本意来看，它并不囿于行政程序法的范畴。笔者认为，在缓刑裁量中引入听证程序是十分有益的：一方面，听证程序的设置可以减少法官在适用缓刑过程中的随意性，杜绝法官在缓刑裁量上的徇私舞弊或枉法裁判现象，最大限度地实现司法公正；另一方面，通过设置听证程序，赋予社会公众以知情权和参与权，使他们能够充分理解和接受缓刑判决，从而积极配合监督机关对缓刑犯的监督考察，为缓刑的执行工作奠定广泛的社会基础。

2003 年上半年，浙江省杭州市萧山区法院在全国率先实施缓刑听证程序，要求对故意犯罪拟适用缓刑的，必须经过缓刑听证程序。① 杭州市萧山区法院的尝试，表明增设缓刑听证程序具有可行性。鉴于此，笔者建议人民法院在裁量适用缓刑时，设置听证程序：由主审法官主持听证会，邀请检察机关公诉人、公安机关辖区派出所的管片民警、被告人所在单位代表、被告人居住社区基层组织代表、被告人本人及其家属、被害人等参加。在听证会上，主要就被告人的犯罪情节、悔罪表现、再犯可能、社区改造环境和监督考察责任等事项进行核实和论证，并由公诉人对听证过程进行全程法律监督。听证程序的设置，使得缓刑决定从单纯的法官裁量变为社会各方面的参与决策，缓刑在透明的程序中受到严格规制，既提升了缓刑预测的可靠性，又彰显了“程序正义”的法治理念。

（3）完善缓刑考察制度

①改革现行缓刑监督模式，建构“专门人员负责，社会力量参与”的新体制。

缓刑的监督考察是一项非常专业性的工作，由公安机关担当此任显然难以奏效。为有效发挥缓刑制度的功能，笔者认为，应当借鉴国外保护管束制度的有益经验，建立由专门人员负责考察，社会力量积极参与的新体制。首先，设立缓刑官选任制度。从一定意义上讲，缓刑官素质的高低可能是决定一国缓刑制度成功与否的关键。国外对缓刑官员的任职资格提出了较高要求，而我国没

---

① 转引自翟中东主编：《自由刑变革》，群众出版社 2005 年版，第 298 页。

有缓刑考察人员的选任制度，更不用说此类人员的资格规定了。为此，笔者建议设立缓刑官选任制度。鉴于我国正在实施全国统一的国家司法考试，可以考虑从通过司法考试的人员中选拔一批政治素质好、热心观护工作的人，经过专门的训练后，充任专职缓刑监督官。其次，社会力量积极参与，建立缓刑志愿服务制度。无论是我国1979年刑法还是1997年刑法，都没有规定缓刑志愿服务制度，表明我国立法机关对于充分利用志愿人员和组织对缓刑犯进行监督缺乏足够的重视。为了顺应世界的潮流，我们应当逐步建立一套征聘、培训、使用志愿人员的完整、有效的制度。目前可考虑征聘志愿服务人员对青少年缓刑犯进行社会援助，取得经验后，再把这种制度推广到所有的缓刑犯。具体设想是：选拔一些熟知法律，掌握一定的心理学、社会学、行为科学知识的在校大学生充当志愿者，经过适当的培训后，每名志愿者负责一名缓刑犯，与他们建立经常性联系，充当他们的角色模范，引导这些服务对象平稳度过考验期，重返社会。建立缓刑志愿服务制度，可以充分利用社会力量、慈善机构来对缓刑犯进行监督和帮教工作，并对他们提供必要的社会援助，以弥补专门机构监督考察带来的空当和漏洞。

②充实缓刑考察内容。

缓刑的监督考察方面的规定，不仅具有约束缓刑人员行为的意义，而且具有促进缓刑人员悔过自新的意义。为此，《联合国非拘禁措施最低限度标准准则》（《东京规则》）在第五部分“非拘禁措施的执行”中对缓刑、假释等非监禁刑的监督考察作了原则规定：a. 主管当局在决定罪犯应遵守的条件时，应考虑到社会的需要以及罪犯和受害者的需要和权利；b. 须遵守的条件应切实可行、明确，条件数目尽可能少，其目的应是减少罪犯重新染上犯罪行为的可能性，并应是增加他们重返社会的机会，同时考虑到受害人的需要；c. 在开始实行非拘禁措施时，应以口头或书面方式向罪犯解释包括罪犯的义务和权利在内的关于使用该措施的条件；d. 主管当局可以根据既定的法律规定，视罪犯的进展表现，更改这些条件。

因此，我国在充实完善缓刑考察内容时，一定要充分考虑社会、受害人和罪犯三者的需要，对缓刑犯遵守条件的规定，既要具有约束缓刑犯行为的意义，又要包含促进他们重返社会的意蕴，还要有防卫社会的要求。鉴于刑法修改不久，再次对刑法进行修订时机还不成熟，可以考虑由最高人民法院根据刑法的规定制定《缓刑实施细则》，从两方面对缓刑考察内容加以完善：

一是充实缓刑指示。在国外，缓刑指示是为了防止缓刑犯将来再实施犯罪而规定的必须遵守的事项。我国刑法有关缓刑指示的规定集中体现为刑法第75条的四项规定，仔细考量这四项规定后就会发现，犯罪人所承担的是一种最低限度的义务，强调的是对所有缓刑犯在考验期内的行为进行一般性的约束和监督。本来缓刑是实现刑罚个别化的重要手段之一，但现实的状况是，不同类型的犯罪人承担着完全相同的而且是作为底线的考验义务，其结果必然是刑罚个别化的目标在缓刑的实际执行中落空。因此，为了贯彻刑罚个别化原则，我国有必要针对缓刑犯的不同情况设计具有刑罚个别化色彩的处遇策略。具体而言，可以考虑规定以下缓刑指示：其一，命令性义务，主要有：a. 遵守法律、行政法规；b. 按照考察机关的要求定期报告自己的活动情况；c. 接受考验监督人员的传唤或来访；d. 未经批准，不得改变住所、更换职业或者离开居住的县、市。为了便于考察机关掌握缓刑犯的动向和群众的监督，缓刑犯应当将自己的活动情况、遵守义务情况定期写成书面报告，呈交考察机关，并抄送缓刑犯所在单位或者基层组织。考察机关应当委托缓刑犯所在单位或者基层组织将书面报告公开张贴，以接受群众的监督与异议。① 其二，禁止性义务，主要包括：a. 禁止出入特定场所；b. 禁止与违法乱纪、品行不良者交往；c. 禁止赌博、酗酒、吸毒以及持有、携带或保管可能诱发其再犯的物品；d. 禁止对被害人、检举人、揭发人、作证人寻衅报复；e. 禁止在缓刑期间担任国家机关、国有企业、事业单位的领导职务；等等。

二是增设缓刑负担。国外的缓刑负担是对缓刑犯的制裁性义务，以补偿其犯罪行为给被害人、社区造成的损失。参照国外的立法例，笔者认为可从两个方面对缓刑犯设置缓刑负担：一方面，补偿由其犯罪行为给被害人造成的损害。之所以要对被害人补偿，是因为被害人是犯罪行为的直接受害者，犯罪行为给被害人的身心或财产造成了损害，所以，缓刑犯对被害人进行补偿，一则可以在一定程度上弥补被害人的损失，二则通过此举向被害人传递犯罪人的悔过之意，以求得被害人的谅解。因此，让缓刑犯补偿由其犯罪行为给被害人造成的损失，与当下欧美国家盛行的恢复性司法理念是不谋而合的。另一方面，从事一定时间的无偿公益劳动。犯罪不仅侵害了被害人的权益，同时也给社会、特别是所在社区造成了一定的损害，主要体现为犯罪使社区成员的安全感下降，使人与人之间的信任度降低，使社区的道德传统和交往原则出现危机。因此，要求具有劳动能力的缓刑犯从事公益性劳动，也是对社会、社区的一种补偿。更为现实的意义在于，被判处缓刑的罪犯，由于分散居住，考察机关很难对其做到人盯人的不间断的监管和考察。通过定期的社会公益性劳动，既有利于社区矫正机关将他们直接置于自己的视线之下，而且从中也可获得这些罪犯在缓刑期间改造表现的信息。

---

① 阮方民："对改进我国缓刑制度的两点思考"，载《法学》2000 年第 10 期。

③实施更生保护措施，帮助缓刑犯顺利回归社会。

刑事政策的最终目标在于教育改造犯罪人，使其重新成为对社会有用之人。为此，有必要在对缓刑犯进行考察监督的同时，为其提供心理、物质和社会生活技能等方面的辅导和帮助。鉴于我国正处在社会经济转型期，缓刑人员的就业问题遇到了前所未有的困难。因此，各级政府应创造条件，努力为缓刑犯提供就业机会。社会慈善机构和热心于公益事业的人士，可以捐资设立另一种“希望工程”，为缓刑犯提供经济资助，帮助他们增强适应社会的信心，顺利回归社会。

第二节 假 释

假释，是具有悠久历史的社区矫正项目。假释制度起源于美国，现已成为当今世界各国普遍采用的一种刑罚执行制度。假释制度自创立以来，以其鼓励受刑人自新、弥补长期徒刑不足和作为犯罪人回归社会之桥梁的诸多功效，逐渐成为现代刑事政策的宠儿。[①] 假释制度与保安处分、缓刑制度一起，被刑法学者称为“近代刑罚合理化道路上的‘三驾马车’”。[②]

一、假释制度概述

（一）假释制度的价值功能

1. 假释制度具有激励受刑人改过自新的功能。

渴望自由是人之天性，高墙之内的服刑者尤其如此。对于受刑人来说，“获得自由是一种梦想，囚犯总是为此而思虑。如果他们看到有一条比逃跑更保险和更可及的阳关大道，他们会立即奔向那里”。[③] 假释制度，就在于抓住受刑人希望早日出狱的心理，把罪犯要求假释出狱的心理需要，内化为积极改造的动力，外化为真诚接受改造和自我改造的实践。对真诚悔悟、改过迁善的罪犯依法予以假释，有利于鞭策罪犯本人及其他罪犯自律自励，激扬其努力改造的内在力量。

---

① 张甘妹：《刑事政策》，台湾地区三民书局 1979 年版，第 178 页。

② 甘雨沛主编：《比较刑法学大全》，北京大学出版社 1985 年版，第 1150 页。

③ ［意］切萨雷·龙勃罗梭著，黄风译：《犯罪人论》，中国法制出版社 2000 年版，第 352 页。

同时，对于罪犯改造实践的评价标准主要来自于监狱、劳改单位和人民法院作出的评判。罪犯能否得到假释，是行刑部门评价罪犯改造质量的手段之一。狱政部门通过对积极改造、服刑表现良好的罪犯适用假释在内的奖励手段实行正反馈效应；对抗拒改造、服刑表现恶劣的罪犯通过行政的、法律的惩罚手段实行负反馈，从而将罪犯的改造实践导入行刑目的所预设的轨道，向罪犯展示只有努力改造方能新生的前途。另外，假释还以剩余刑期随时可以执行为威慑和压力，时时提醒罪犯必须继续自励自律；倘若故态复萌、重蹈覆辙，将重新收监执行剩余刑罚。

2. 假释制度具有调控长期自由刑量刑失当的功能。

依照现代刑法理论，刑罚并非是对于犯罪的一种恶报，而是以受刑人改过自新为目的。刑罚复归的哲学认为，罪犯犹如病人，法院判处犯人的刑罚，也就等于医生给病人开的药方。正如药剂的分量应根据病人病情的变化而随时加减，刑期也应当根据罪犯的改造表现而有所伸缩。但在定期刑制度下，“判决的确定性和犯罪人改造效果的不确定性之间的冲突与矛盾是有期徒刑的内在缺陷”。① 当罪犯在服刑期间确有悔改表现，就表明刑罚所追求的目标已基本实现，这样就不需要原判刑罚拟需的改造时间。如果对此视而不见，呆板地执行完所判刑期，那么对那些积极改造、人身危险性业已消除的罪犯来说，将是一个打击。尤其是对那些被判无期徒刑或长期徒刑的罪犯，如果没有一种使他们看到前途、早日重获自由的救济制度，他们将极易自暴自弃。假释制度正是对那些确实达到悔改要求的犯人的一种救济制度，它能够根据罪犯的人身危险性的消长而作出及时反应。由此可见，假释制度具有变更刑罚执行方法的调控功能。

3. 假释制度具有促使受刑人复归社会的功能。

假释的适用，“通过剩余刑期的执行可能所造成的威慑效果，迫使罪犯在假释期间不得不继续进行自我改造和自我约束，保持、巩固和强化行刑司法所培养的刑罚感受能力和社会适应能力，压抑和销蚀罪犯主观构成动力定型的残余作用”；② 同时，按照犯罪学和监狱学理论，受刑人出狱初期是最危险的时期，尤其是出狱后 1 年内，重犯率最高。因为受刑人在监狱完全失去自由，一旦出狱，突然得到完全的自由，其间相差过于悬殊，如果没有适当的调节，极易使出狱人失去对自己行为的控制而重蹈覆辙。对此，边沁在《立法理

① 陈光中、[加] 丹尼尔·普瑞方廷：《联合国刑事司法准则与中国刑事法制》，法律出版社 1998 年版，第 384 页。

② 邱兴隆、许章润主编：《刑罚学》，群众出版社 1999 年版，第 382 页。

论——刑法典原理》中有过评述："一个罪犯在服完监禁期以后，不应该未加监视和考验地重返社会。将其突然从一种监管与囚禁状态转向无限自由状态，抛入孤立个人的欲望与需求之中，处在由无限欲望浸透的诱惑里，这是一种应当引起立法者关注的粗心与残忍。"假释制度的价值体现在为被判处长期徒刑的受刑者设置了一个能适应社会生活的预备阶段，在不自由与完全自由之间架设一座过渡的桥梁，或者说设立一个缓冲带，使受刑人出狱之后，仍受一定期间的管束，使其不致因受外界环境的变化与他人的引诱而重蹈覆辙，并使他经过一段过渡期间后，能够真正适应社会生活。

4. 假释制度具有降低行刑成本的功能。

将犯罪人囚禁于监狱，本为不得已的措施，不但犯罪人失去了自由，而且国家因此而损失人力，消耗财力。大量罪犯的关押，不仅使监狱人满为患，还需要国家投入大量的资金，增设监狱，增加管理人员和管理费用。如果将符合条件的罪犯尽可能地假释出去，就可以在不增加国家投入的情况下，收押新的犯人，从而大大降低监狱成本，减轻国家负担，也缓解了监狱的压力。从国外的一些资料来看，都认为假释比监禁节省费用。例如，加拿大 1991 至 1992 年财政年度的统计，关押一个罪犯的年费用要 5184 加元，而被假释的罪犯在社会监督改造，每个罪犯的年费用仅为 972.6 加元，减少 5.3 倍之多。①

（二）假释制度的发展趋势

假释制度自创立至今，已有近二百年的历史。随着社会的发展和刑罚思想的演进，假释制度也与时俱进，呈现出一系列新的发展趋势：

1. 假释由恩典变成了权利，由例外变成了原则。

我国台湾地区学者张甘妹教授认为，从恩典到权利，是假释制度随刑事思想进步而出现的新趋势。西方刑法中的假释，最初与赦免制度一样，带有浓厚的恩典色彩，假释被认为是国家对改过迁善的罪犯的一种恩赐，是对极少数表现优良者予以提前释放的一种优待。而在现代，假释的适用已不再是例外，而带有原则化的倾向，是"犯罪人得以自己之努力缩短自己刑期之权利"。② 现行日本的刑法理论与行刑实践，已经抛弃了将假释视为对罪犯的恩典的看法。③ 在加拿大，1992 年颁布的《矫正与有条件释放法》规定了法定释放制度。该法规定，1992 年 11 月 1 日之后被判处有期徒刑的罪犯，在服刑 2/3 刑

① 陈一敏："对完善我国假释制度的几点思考"，载《犯罪与改造研究》2000 年第 4 期。

② 张甘妹：《刑事政策》，台湾地区三民书局 1979 年版，第 180 页。

③ 郭建安、郑霞泽主编：《社区矫正通论》，法律出版社 2004 年版，第 212 页。

期之后就应当获得法定释放。可见，假释在加拿大已成为服刑罪犯的一项权利。

2. 假释形式日趋多样化。

传统意义上的基本假释形式是完全假释，随着改造罪犯的需要，西方国家又发展出诸如教育假释和工作假释的新的假释形式——部分假释。20世纪70年代以来，在美国又出现了一些新的假释形式，比较突出并具有相当影响的是假释合同和休克假释。前者是罪犯、假释委员会和监狱三方共同签订的关于假释问题的具有法律效力的合同，后者是符合法定条件的罪犯在服刑6个月后开始有可能获得假释。① 这些新的假释形式的运用，克服了传统假释形式的呆板，有利于行刑机关根据罪犯的改造情况及时调整假释策略，真正使假释成为调控罪犯行刑活动的重要手段。

3. 假释制度与保护管束紧密结合。

各国刑法学者认识到：要防卫社会，预防再犯，不能专靠监狱里面的感化，还要靠出狱之后，给予适当的矫正和保护。于是，保护管束制度应运而生并日臻完善。假释制度与保护管束相结合，是当代行刑制度的发展趋势，也是假释制度不断完善的一个标志。

二、假释制度比较研究

（一）假释类型的比较

综观世界各国刑法的规定，假释大体可以分为两种类型：必要假释和裁量假释。必要假释，是指法律规定犯人服满一定刑期，就必须假释，有关部门没有任何裁量的余地。必要假释，最初见于瑞典1943年法律。裁量假释是指犯罪人执行原判刑罚的一定刑期之后，司法机关根据其犯罪人格状况、服刑期间的悔改程度以及回归社会后的表现，决定对其附条件提前予以释放。目前，绝大多数国家的假释属于裁量假释，裁量假释又可分为两种：第一种是绝对裁量假释，指法律连最低刑期也不规定，完全由有权机关决定；第二种是相对裁量假释，法律规定最低服刑期及限制条件，有权机关只有在满足这个条件的基础上裁量。前者被采用的地区如美国的乔治亚、依阿华等州，后者为绝大多数国家普遍采用。②

必要假释和裁量假释都各有利弊。必要假释制度有利于犯罪人适应从监狱

① 郭建安、郑霞泽主编：《社区矫正通论》，法律出版社2004年版，第219页。

② 陈兴良：《刑法适用总论》（下卷），法律出版社1999年版，第646页。

生活到社会生活的转变，有利于犯罪人的复归社会，代表着假释制度的发展方向。① 其致命不足则是忽略了犯人的人身危险性，从而使刑罚防卫社会的目的落空。裁量假释的优点在于紧紧地把握假释适用质的要求——人身危险性的消失，有利于发挥假释的激励功能。其最大的缺点是容易导致司法擅断，导致假释滥用，从而使刑罚目的难以实现。

我国刑法规定罪犯假释不但需要度过一段服刑期，而且必须具有悔改表现，不致再危害社会。可见，我国的假释属于裁量假释。

（二）假释适用条件的比较

由于假释是附条件提前释放，因而法定的假释适用条件是各国假释制度的重要内容。各国刑法规定的假释条件主要包括以下三个方面：

1. 对象条件

假释只适用于被判处自由刑的罪犯，这是世界各国的通例。绝大多数国家假释对有期自由刑和终身自由刑都适用，但极少数国家排斥对无期自由刑的适用，如德国、法国、丹麦等，也有些国家和地区限制短期自由刑的适用，如我国台湾地区“刑法”第77条规定，对“有期徒刑之执行未满1年者”，排除假释的适用。对假释的适用对象，有少数国家作了限制，大体有以下几种情况：（1）犯罪前科的限制，如伊朗、阿根廷规定累犯不能假释；（2）从犯罪前科和罪种上限制，如蒙古刑法规定：对两次以上因犯下列罪被判刑而又犯下列罪中任何一罪的人，不得适用假释和易科以较轻的刑罚：盗窃国家或公共财产罪、盗窃罪、抢劫罪或强奸罪；（3）从犯罪人类型和罪种上限制，如俄罗斯联邦刑法典规定，特别危险的累犯、特别危险的国事罪、情节严重的故意杀人罪等不适用假释；（4）从犯罪人类型，罪与刑的结合上限制，如我国刑法即是如此，我国刑法第81条规定，对累犯以及因杀人、爆炸、抢劫、强奸、绑架等暴力性犯罪被判处10年以上有期徒刑和无期徒刑的犯罪分子，不得假释。

2. 时间条件

假释适用于执行一定刑期的罪犯，这也是世界各国的通例。究竟服刑多久才能授予假释，大体上有三种立法例：一是年限制，即规定服刑的年限，当罪犯服刑达到一定的年限，如果符合其他的假释条件的，可以假释。如《美国联邦刑事诉讼条例》规定：“被判处无期徒刑或判处四十五年以上刑期的犯人服刑满十五年后，可以假释。”这种规定在其他国家很少采用。二是比例制，即罪犯服刑达到刑期的一定比例后，如果符合假释的其他条件的，可以假释。

① 陈光中、[加]丹尼尔·普瑞方廷主编：《联合国刑事司法准则与中国刑事法制》，法律出版社1998年版，第461页。

采用比例制的国家，根据不同情况规定了不同的刑期比例，具体可分为五种：（1）对不同罪犯规定了不同期限。例如法国规定初犯需服刑1/2，再犯2/3，累犯3/4。波兰规定一般罪犯服刑2/3，青年罪犯服刑1/2，累犯服刑3/4。（2）对于不同罪行规定了不同比例。例如，伊朗规定轻罪服刑1/2，重罪服刑2/3，累犯服刑3/4。（3）根据不同刑罚规定了不同比例，例如罗马尼亚规定10年以下监禁者服刑1/2，10年以上监禁者服刑2/3，同时又特别规定，对危害安全之罪，10年以下监禁者服刑2/3，10年以上监禁者服刑3/4。（4）有些国家只规定一个最低服刑比例，适用于所有有期自由刑。例如，韩国规定服刑1/3以上，瑞典规定服满刑期的2/3以上，可以适用假释。（5）实行不定期刑的国家，有些地方要求需达到最大刑期的一定比例。例如美国伊利诺依州和南达卡他州规定需服最大刑期1/3以上，才能适用假释。① 三是采用年限制与比例制并用的混合制，即在某种情况下适用年限制，而在另一种情况下适用比例制。例如，对被判处无期徒刑的罪犯采用年限制，而对被判处有期徒刑的罪犯适用比例制。德国、法国、日本等国就适用混合制。

我国刑法在借鉴各国立法例的基础上，根据我国司法实践的经验，对于罪犯实际执行刑罚的期限作出了规定：被判处有期徒刑的犯罪分子执行原判刑期的1/2以上，判处无期徒刑的犯罪分子实际执行10年以上，符合假释条件的可以假释。可见，我国采用的是混合制。

3. 实质条件

各国关于假释的实质条件，基本上注重两个方面：一是罪犯的狱内表现。各国的刑事立法大都把悔罪作为假释的重要依据。如《俄罗斯联邦刑法典》规定："只有当犯人以模范的行为和诚实的劳动态度证明自己已经得到改造时，才能适用假释。"法国刑事诉讼法第729条规定："如其提供充分证据，表明自己的行为端正，并有可以重新进入生活的令人信服的表现时，可要求获得假释。"瑞士刑法典规定："其在执行期间之行状良好，并可认其于获释后亦能保持此一良好之行为时。"二是人身危险性。如美国联邦刑事诉讼条例第4203条规定："有充分理由证明罪犯在社会上居住和生活不会违反法律，如果该（假释）委员会认为他的释放不会给社会福利带来危害，那么该委员会有权对该犯予以假释。"日本刑法把适用假释的实质性条件具体分为四个方面：（1）有悔悟的感情；（2）有更生的欲望；（3）无再犯的危险；（4）社会舆论对假释出狱的认可。概括起来讲，仍然属于上述两个方面。此外，有些国家要求罪犯履行由犯罪产生的民事义务作为假释的条件，如意大利刑法典第176条

① 李贵方：《自由刑比较研究》，吉林人民出版社1992年版，第321页。

第4款规定："假释以履行附带民事义务为条件，但证明受刑人无履行能力者，不在此限。"还有的国家要求犯人假释后，有从事正当职业谋生的能力，或保证重获自由后能过诚实信用的生活。如奥地利刑法典要求考察犯人的人格、素行、诚实谋生之可能。

我国刑法把"认真遵守监规，接受教育改造，确有悔改表现，假释后不致再危害社会"作为假释的实质条件，体现了"狱内表现"与"人身危险性"的协调。而且"狱内表现"与"人身危险性"两者之间不是一种选择式或并列式的关系，而是一种递进式的关系。确有悔改表现仅是适用假释的一种客观基础；是否假释关键要看这种悔改表现是否已经达到了不致危害社会的程度。可见，确实"不致再危害社会"是决定是否适用假释的关键因素。

（三）假释监督考察的比较

1. 假释考验期限

假释是附条件的提前释放，"假释就是对行刑中显有成效的受刑者设定了一个作为能真正适应社会生活的新人的预备阶段，成为能适应较为复杂的社会生活的阶梯或过渡期"。[①] 这个过渡期称之为考验期。世界各国对假释考验期的规定各不相同，大体上有三种类型：（1）绝对确定主义，即假释的考验期由法律作出明确的规定，期间是确定的，法官无自由裁量的余地。如朝鲜规定有期徒刑考验期为余刑，无期徒刑考验期为10年；意大利、阿根廷规定有期徒刑考验期为余刑，无期徒刑考验期为5年。（2）相对确定主义，即立法规定一个量刑幅度，具体由司法裁量，如法国规定终身自由刑考验期为5~10年；捷克规定有期徒刑考验期为2~10年。（3）绝对不确定主义，即立法不作规定，完全由司法裁量，英美法系一些国家如此。

我国刑法对假释考验期限的规定采行的是绝对确定主义。刑法第83条规定，有期徒刑考验期为没有执行完毕的刑期，无期徒刑考验期为10年。与其他国家刑法的规定相比，我国假释的考验期不能延长或缩短。笔者认为，既然已经确信被假释者确有悔改，释放后不致再危害社会，就不应当对假释犯特别是无期徒刑假释犯规定过高的考验期。建议借鉴法国刑法的规定，对无期徒刑犯假释考验期作弹性规定为宜，由裁量机关根据罪犯的具体情况灵活掌握。

2. 假释犯的保护观察

假释保护观察制度的健全与否，与假释功能的发挥程度密切相关。为此，大多数国家在刑事立法上都建立了与假释相配套的保护观察制度。由于对假释考察监督重视程度不一及国情不同，各国假释保护管束之形态及内容各不

① 甘雨沛、何鹏：《外国刑法学》，北京大学出版社1984年版，第562页。

相同。

(1) 假释的保护管束形态

考察各国假释保护管束形态及归属，大体可分为三种模式：①设置专门的机构负责假释犯的监督保护，如美国的联邦假释委员会。②由行政机关负责，如意大利的保护管束由警察官署为之。③由社会团体负责，如英国的缓刑监督官和工作人员由当地社区设立的专门委员会任命和雇佣，缓刑监督机构既负责对缓刑犯的监管，又担负对假释犯的保护管束任务。

(2) 假释犯应遵守的行为规范

假释犯必须遵守一定的条件，这是假释制度的基本原则。通常这些条件可分为两类：改善的条件和控制的条件。前一类条件主要规范罪犯的行为，使之保持善行；后一类条件是为了使有关监督官员掌握罪犯行踪。一般而言，各国刑法关于假释犯应遵守的事项和履行的义务，可归纳为以下几项：①在特定地点安置居所，未经执行机关批准，不得擅自离开居住地；②不得与特定之人交往，回避特定场所、特定住宅或特定之交际；③禁止携带、拥有或使用某些特定物品，如枪支弹药、毒品等危险品或违禁品；④不得对被害人、告诉人、作证人寻衅报复；⑤定期向监督机关报告自己的工作和生活情况，接受监督人员的来访和监督指导；⑥接受戒酒、戒毒治疗，接受心理治疗或其他医药治疗等；⑦根据行为人的经济能力，要求其赔偿被害人全部或部分因犯罪而造成的损害。

我国刑法第84条、第85条从罪犯应遵守的行为规范和假释的监督机关两个方面规定了我国假释的观护监督制度。(1) 假释犯应遵守的行为规范。根据我国刑法第84条的规定，被宣告假释的犯罪分子，应当遵守下列规定：①遵守法律、行政法规，服从监督；②按照监督机关的规定报告自己的活动情况；③遵守公安机关关于会客的规定；④离开居住的市、县或者迁居，应当报经监督机关批准。(2) 假释的监督机关。我国刑法第85条规定：被假释的犯罪分子，在假释考验期间，由公安机关予以监督。可见，我国假释的监督机关是公安机关。

(四) 假释撤销的比较

假释是附条件的提前释放，又保留原判刑罚执行可能性的一种行刑制度。假释犯在考验期内必须遵守一定的条件，否则就将导致撤销假释的问题。各国刑法大都规定了假释的撤销条件，但以何种事由为撤销的条件，则宽严不等，大致有以下五种情况：①

---

① 柳忠卫：“假释撤销条件比较研究”，载《现代法学》2006年第1期。

1. 因再犯新罪而撤销。假释以罪犯人身危险性消失，不致再危害社会为实质条件。罪犯在假释期间重新犯罪的事实表明其人身危险性并未消除，而且已从一种犯罪可能性转化为现实性，因而与假释的实质条件相悖。基于此，各国刑法都把罪犯在假释期内再犯新罪作为撤销假释的根据之一。由于各国在再犯新罪的内容以及撤销条件的宽严上规定不一，因此，各国对假释犯重新犯罪后的处理也大相径庭。

（1）规定假释犯在假释期间只要再犯新罪，不论其犯罪性质、罪行轻重、罪过形式及刑罚种类如何，一律撤销假释，这种情形称为“必撤销”。采用这种立法例的国家主要有朝鲜、西班牙和阿根廷等国家。

（2）规定假释犯在假释期间再犯新罪原则上要撤销假释，但有特殊原因者可以例外。奥地利、瑞典刑法典有此规定。

（3）根据假释犯实施的新罪的罪过形式规定不同的处理方式：第一种，规定只有故意犯罪才撤销假释，过失犯罪不适用。韩国、我国台湾地区刑法如此规定。第二种，规定故意犯罪必须撤销假释，过失犯罪是否撤销假释，由假释撤销机关裁量决定。俄罗斯刑法作此规定。

（4）规定假释犯在假释期间只有实施某种性质的犯罪才撤销假释。如意大利刑法典第 177 条规定，如果被假释的人实施了同一性质的违警罪，假释将予以撤销。

（5）根据新罪应判处的刑罚情况决定是否撤销假释。如日本刑法典第 29 条规定，假释犯在假释中又犯罪，被判处罚金以上之刑时，可以撤销假释的决定。瑞士和我国台湾地区刑法都规定，假释犯在假释期间再犯罪，受徒刑以上刑之宣告时，应撤销假释。

2. 因漏罪而撤销。大体有三种立法例：

（1）规定在假释期间发现漏罪一律撤销假释。我国 1997 年修订后的刑法如此规定。

（2）规定在假释期间发现漏罪，漏罪被判处一定以上刑罚时才可以或应当撤销假释。日本、巴西刑法有此规定。

（3）不把在假释期间发现漏罪作为撤销假释的法定事由。世界上绝大多数国家和地区的刑法规定皆是如此。

3. 因违反管束规定而撤销。其中因宽严掌握标准不同可分为两种情况：一种是笼统地规定假释犯违反假释条件或规则的，可以或应当撤销假释，日本、韩国、中国都有类似规定，不同之处在于：日本、韩国规定的是“得撤销”，我国规定的是“必撤销”。另一种是规定严重违反假释监督管理规定或假释规则的，应当或可以撤销假释。瑞士、德国、奥地利等国属于该种立法例。

4. 因不良行为而撤销。如法国刑法典规定假释期间有严重不法行为的得撤销假释。美国规定假释出狱人或不履行其善良公民之义务，或其行为有损假释制度之信誉，或违背社会公共福祉的得撤销其假释。

5. 假释后，如发现假释出狱人在其获准假释过程中，曾有不诚实之陈述，或曾隐匿事实，情节严重者。美国有此规定。①

我国1979年刑法是以再犯新罪作为假释撤销条件的，行刑实践证明，这样规定过于单一，不利于对假释犯的监管。修订后的刑法典放宽了假释撤销的条件，对假释犯提出了更高的要求。刑法第86条规定了三个撤销假释的条件：(1) 在假释考验期内又犯新罪；(2)"发现漏罪"，即在假释考验期内，发现被假释的犯罪分子在判决宣告以前还有其他罪没有判决的；(3) 在假释考验期内，假释犯有违反法律、行政法规或者国务院公安部门有关假释的监督管理规定的行为，尚未构成犯罪的。与有些国家相比，我国刑法对假释撤销条件的规定相对要严厉些，因为我国刑法规定，假释犯在考验期内再犯新罪，不论是故意还是过失，也不论是重罪还是轻罪，一律撤销假释。

三、我国假释制度的改革和完善

(一) 我国假释制度低效运行的现状

1. 假释适用绝对数量和比例偏低。

随着刑罚观念的更新、监狱拥挤状况需要及时的缓解以及监管矫正工作的进一步社会化，逐步扩大假释适用面已成为当今世界各国行刑制度改革的必然趋势。据统计，美国1993年的假释率为72%；加拿大1992－1993年度联邦矫正机构罪犯的假释率为36.2%；瑞典1993－1994年度假释率为33%。另据亚太矫正管理者大会提供的有关资料，2000年中期亚太国家和地区假释的适用率为：中国香港特别行政区40.4%、澳大利亚39.7%、新西兰39.4%、泰国37.9%、韩国26.3%，中国大陆（2.3%）在12个亚太国家和地区假释率的排名中位居倒数第三，仅比斯里兰卡（0.6%）和印度尼西亚（1.9%）略高。② 由此可见，在亚洲乃至整个世界范围内，我国的假释率都是偏低的。

---

① 柯葛壮："适用假释和撤销假释的法定条件比较研究"，载《政治与法律》1992年第6期。

② 翟中东：《自由刑变革》，群众出版社2005年版，第238页。

2. 假释适用地区发展不平衡。

司法部监狱管理局的权威统计数据显示（1995 年至 1999 年全国假释适用比例最高和最低的省份分别见下表），① 我国各地区监狱假释工作发展很不平衡，地区差异明显，最高比例与最低比例之间相差近 10 倍，由于经济发展水平以及社会开放程度的制约，东西部地区假释适用总体上呈现较大差异。

年份	假释适用率最高的省份	假释适用率最低的省份
1995	河南（8.78%）、山东（7.22%）、陕西（5.94%）	天津（0.19%）、西藏（0.26%）、青海（0.44%）
1996	河南（9.01%）、山东（7.91%）、陕西（5.80%）	西藏（0.22%）、天津（0.38%）、青海（0.43%）
1997	广东（10.04%）、河南（9.32%）、山东（6.54%）	北京（0.13%）、西藏（0.2%）、青海（0.45%）
1998	山东（10.12%）、河南（8.25%）、海南（5.20%）	北京（0.04%）、青海（0.20%）、西藏（0.26%）
1999	山东（11.58%）、河南（5.07%）、陕西（4.63%）	西藏（0.07%）、青海（0.16%）、广西（0.36%）

3. 假释适用率呈逐年下降趋势。

据司法部监狱管理局的统计，1995 年至 1999 年全国监狱假释罪犯的数量和比例分别为：1995 年假释罪犯 29,950 人，假释数占押犯总数的比例为 2.3%；1996 年假释罪犯 36,552 人，假释数占押犯总数的比例为 2.68%；1997 年假释罪犯 41,993 人，假释数占押犯总数的比例为 2.93%；1998 年假释罪犯 29,541 人，假释数占押犯总数的比例为 2.07%；1999 年假释罪犯 30,075 人，假释数占押犯总数的比例为 2.13%。② 数据显示，我国假释率总体上呈下降趋势，尤其是在 1997 年刑法修订以后，下降的幅度更为明显。

4. 在假释与减刑适用上厚此薄彼。

在我国刑事法的制度建构中，减刑和假释是放在同等重要位置的。而且与

① 李豫黔："改革和完善我国家假释制度的理性思考"，载《中国监狱学刊》2001 年第 2 期。

② 李豫黔："改革和完善我国家假释制度的理性思考"，载《中国监狱学刊》2001 年第 2 期。

减刑相比，假释不必对原判刑罚进行实质更改，只是附条件地变更行刑方法，因而给予司法部门以更大的选择余地，这也正是大多数国家普遍适用假释的原因所在。而我国的情况恰恰相反，行刑政策的惯性取向是普遍启动减刑，有意限制假释的适用。1995年至1999年全国监狱适用减刑、假释的数据反映了我国司法机关“厚减刑”、“薄假释”的现状（见下表）。①

年　度	减刑数（人）	减刑率%	假释数（人）	假释率（%）
1995年	277,527	21.35	29,950	2.3
1996年	285,455	20.92	36,552	2.68
1997年	311,206	21.72	41,993	2.93
1998年	330,035	23.18	29,541	2.07
1999年	350,799	24.79	30,075	2.13

上表数据显示，与假释适用的低迷状态明显不同的是，我国减刑适用率始终处于较高的水平，减刑数与假释数的比例始终在11:1到9:1之间，假释数量仅占减刑数量的1/10。另据北京市法院减刑假释工作的调研报告，北京市2001-2003年度减刑率分别为32.04%、33.43%、32.76%，而同期假释率分别为2.91%、2.3%、2.38%，两相比较，北京市的减刑假释比例反差高于全国水平。②

（二）假释低效运行的成因

假释，作为一种非监禁化措施和行刑社会化的重要手段，具有调动罪犯积极改造的内在力量的激扬功能，对罪犯实行正反馈的鼓舞功能和对于刑罚执行的调控功能，并为罪犯由完全剥夺自由的监禁生活逐渐适应完全恢复自由的正常社会生活架设过渡的桥梁。③对于功能如此齐全并在立法上不断得到完善的我国假释制度来说，理应在实践中被广泛适用。但是，我国监狱近年来的假释适用情况很不理想。为什么构想完美的假释制度在实践中遭到执法机关如此冷遇呢？笔者对此问题进行反思，认为以下四个层面的因素导致了我国假释适用的低迷状态：

---

① 尉迟玉庆：“假释适用面面观”，载《中国监狱学刊》2002年第3期。

② 刘京华：“关于北京市法院减刑假释工作的调研报告”，载陈兴良主编：《刑事法判解》（第8卷），法律出版社2005年版，第125页。

③ 邱兴隆、许章润主编：《刑罚学》，群众出版社1999年版，第382页。

1. 观念层面

我国自古以来就有“治乱世用重典”的治国思想，“刑罚世轻世重”观念为重刑主义思想在我国经久不衰提供了充分的理论养分。在重刑主义观念的影响下，监禁刑的大量适用有着丰富的法律文化土壤，假释的适用步履维艰。(1) 社会公众的观念误区。自从自由刑替代传统的刑罚方法并在刑罚体系中占据主导地位后，人们在惩治犯罪的观念上形成了一种定势，认为惩治罪犯的最好办法就是拘捕监禁，剥夺或限制其人身自由，使其丧失再次犯罪的条件。在社会公众缺乏安全感的时期，假释往往受到批评。面对犯罪危害，社会公众更信赖监禁刑的隔绝作用，尤其是长期监禁刑的适用。所以，公共舆论对假释的适用表现得十分敏感，他们绝对不愿承担假释所带来的犯罪风险，往往一个适用假释的个案失败，都可能导致舆论大哗。显然，在中国这样一个具有“重刑弼教”悠远传统和刑事犯罪率居高不下的国度里，转变一般公众的重刑观念，引导他们关注假释等非监禁刑的推行，需要假以时日。(2) 行刑机关的保守倾向。重刑主义观念不仅扎根于公众意识之中，而且在很大程度上左右着刑事决策者和刑事执法者。在刑事司法实践中，相当一部分司法人员形成了宁左勿右、宁重勿轻的思维惯性，唯恐受到“打击不力”的指责。面对社会舆论的压力，执法机关在适用假释时表现出相当谨慎乃至消极的态度。全国监所每年假释比例平均为1% -2%，连法院规定的3%的指标都用不完。究其原因，观念上的保守是一个重要的因素。据法院办案人员称，假释条件中的“确有悔改表现”、“不致再危害社会”的标准很难把握，很难预测，怕假释多了，出问题的比例高。他们的观点是，宁可多减刑，也要少假释。①

2. 立法层面

(1) 假释的适用条件过于苛刻。为减少假释适用的社会风险，我国刑法第81条规定了在押罪犯适用假释的前提条件、刑期条件和实质性条件。但由于受刑人“不致再危害社会”难以准确预测，在司法实践中，全国许多地方的高级法院对办理假释案件又规定了实施细则，对假释的条件在刑法规定的基础上进一步严格化，如规定老年犯的假释限定在63岁以上；假释的罪犯必须余刑在2年以下；假释的罪犯必须符合减刑的条件；被假释者必须存在一定的“家变”困难，确需罪犯假释后回家照顾等。本来，修订后的刑法使得假释的适用条件更趋于严格，在具体适用假释时又增加地方实施细则这样的“法外法”的限制，这使假释的适用更是难上加难。

---

① 陈一敏：“对完善我国假释制度的几点思考”，载《犯罪与改造研究》2000年第4期。

(2) 假释的适用对象过于狭窄。关于假释的适用对象，1979 年刑法规定为被判处有期徒刑、无期徒刑的罪犯，1997 年刑法在此规定基础上作了禁止性规定："对累犯以及因杀人、爆炸、抢劫、强奸、绑架等暴力性犯罪被判处 10 年以上有期徒刑、无期徒刑的犯罪分子，不得假释。"这样修订，虽然为假释的适用设置了安全保障，使假释适用的风险降到了社会可以容忍的程度，①但客观上进一步限定了假释的适用对象，使假释制度的激励功能难以有效展开，甚至产生了一些负面效应：部分累犯对刑法第 81 条第 2 款的禁止性规定不能理解，认为这种规定客观上在罪犯中造成了不公平，他们即使比其他罪犯表现得再好也不能获得假释，这种处遇上的限制实际上是对原罪的双重处罚。② 于是，有的累犯感到希望破灭，甚至产生了逃跑、自杀或重新犯罪、报复社会的邪念。况且，从更深远的意义上考察，假释制度之所以被广泛采用乃是因其具有独特的功效，可以救济无期徒刑或长期徒刑的失当，排除了累犯和暴力性长刑犯作为假释对象后，假释制度的适用价值就大打折扣了。

3. 司法层面

(1) 假释裁量权配置不当。

首先，假释由人民法院裁定，有悖刑事诉讼程序的客观要求。按照我国刑事诉讼法的规定，刑事诉讼分侦查、起诉、审判、执行四个阶段。"假释的实质是法律规定的对某些刑罚的变通的执行方式，并不涉及对于原刑事判决刑罚的更改，即无干预审判权事宜，属于行刑的手段、刑事执行的一种制度。"③因此，假释属执行程序中的法律事务，其裁量权应由执行刑罚的机关来行使。然而，现行假释决定权的归属模式却与刑事诉讼法关于刑事诉讼程序分四个阶段的规定相矛盾，使执行审判职能的机关行使了执行刑罚的机关的职能。这种职能的混同，是假释调控功能失效的内在因素。

其次，假释由人民法院掌握，有碍假释功能的正常发挥。行刑部门处在教育、改造罪犯的第一线，最能全面、准确、及时地掌握罪犯的思想动态及行为表现，最有资格就罪犯假释与否发表意见。然而，它们只有假释提请权，而无假释决定权，因而很难使假释成为一种适时的有针对性的奖励犯人自律自新、提高改造质量的手段。人民法院虽行使假释决定权，但并不十分了解罪犯的狱

① 司法部预防犯罪研究所课题组："假释问题研究"，载《犯罪与改造研究》2000 年第 6 期。

② 焦熠、胡晓龙："假释制度的修改在监狱中的反响"，载《人民检察》1999 年第 2 期。

③ 夏宗素主编：《狱政法律问题研究》，法律出版社 1997 年版，第 187 页。

内表现，仅凭行刑部门提供的书面材料，难以及时、准确地把握罪犯是否“确有悔改表现、不致再危害社会”，怕假释不当，承担风险，因而顾虑重重，影响到及时、果断地裁定假释。

（2）假释适用程序过于繁琐和被动。

根据修订后的刑法、监狱法和相关司法解释的规定，假释由狱政部门提出假释建议书，由中级以上人民法院进行审理和裁定。监狱在为罪犯办理假释时，必须由罪犯家属申请并配合，按照法院的要求办理相关的证明文书。法院在批准罪犯假释时，要征求被假释者户籍所在地的公安派出所的意见，并要求其家属在申请书上签署“同意假释，假释后负责监控”的意见，管片民警签字，居委会还要出具证明等。① 另外，由于假释是一种奖励性措施，除相应的结果由罪犯承担外，罪犯完全被排斥在假释决定程序外，就假释批准程序本身而言，其完全是一个被动的客体，决定是否假释，完全是司法部门的事务，罪犯只是单纯的接受审查的对象，既不能提出要求假释的申请，也不能对人民法院作出的不予假释的裁定提出申诉。假释适用程序上的繁琐性和被动性，在很大程度上抑制了罪犯改造的积极性，影响到我国假释制度的适用效率。

4. 执行层面

假释是行刑机关和人民法院依照法律规定进行的刑罚执行方法的变更，为保证这一制度真正符合法律的要求，起到促进罪犯改造的社会效果，我国刑事法律对假释的执行规定了多个层次的监督机制，其中最重要的是对被假释后的罪犯的监督机制。修订后的刑法第 85 条规定，被假释的犯罪分子，在假释考验期内，由公安机关予以监督。但毋庸讳言，这一规定在实践中存在诸多脱节现象，对假释犯的释后监督很难落到实处，致使假释犯放任自流。

首先，缺乏专业的假释监督主体。公安机关作为对假释犯的法定监管主体，难以实施有效的监督。因为公安机关不仅担负着维护社会治安的重任，而且承担着绝大部分刑事案件的侦查、预审工作，此外，还负责管制刑的执行和其他监外执行罪犯的监督考察任务，实在难堪假释犯监督考察的重负。而实际上，公安机关由于警力不足，根本无暇顾及假释执行工作，致使假释的罪犯大多处于无人监管、无人过问的状态，出现了“法院只管判，考察无人管”的现状，这严重影响了假释犯的再社会化进程。

其次，缺乏严密的社会观护机制。在国外，假释的监督考察大多由专职假释（缓刑）监督官担负，但社会力量的广泛参与是西方国家假释制度成效卓

① 司法部预防犯罪研究所课题组：“假释问题研究”，载《犯罪与改造研究》2000 年第 6 期。

著的一个重要保障。但在我国，随着传统二元社会结构向现代多元社会结构的转换，各类社会组织逐渐褪去泛政治化的外衣，日益受自身经济利益的驱使，从而导致对个人约束的不断弱化。社会上普遍认为假释犯是“秋天的茄子难扶持”而不愿承担监管义务，加上刑法修订后所在单位和基层组织已没有了法定监管义务，于是把假释的监管看做是“释与不释，公安在管”，一概推给公安机关。

再次，缺乏完善的更生保护措施。假释犯虽然回到社会上服刑，但仍然背负着“罪犯”这个沉重的十字架，就业的困难，人情的冷暖，极易使他们自暴自弃，难以走上自力更生的道路。因此，建立完善的更生保护体系尤为重要。但目前我国对假释犯的释后监督主要着力于控制、规范其行为，防止其重新犯罪，对如何帮助假释犯重新适应社会生活即假释犯的再社会化考虑较少，缺乏具体的应对措施。

（三）假释制度的完善：从观念到体制的变革

1. 理念嬗变：从“假释恩惠说”转向“假释权利说”

任何一项制度的变革，都必然是理念先导。只有在正确的行刑理念指导下，包括假释制度在内的我国刑事法律制度的改革才能顺利进行。对于假释制度的完善，除了下文将要阐述的假释条件的细化、假释权的重构以及假释运作机制的创新外，更为重要的是假释观念的更新。除了要破除司法实践部门在假释适用上的保守观念外，更为重要的是实现从“假释恩惠说”向“假释权利说”的理念嬗变。

虽然假释制度已经存在并践行了近二百年，但时至今日，刑法理论对假释的性质尚未形成一个统一的认识。围绕假释的性质，主要形成了两种不同的学说：假释恩惠说与假释权利说。“如何看待假释的性质，不仅事涉我国刑法理论体系本身的协调一致，更重要的是联系着罪犯应有权利的保障，决定着国家行刑制度的具体内容与面貌。”①

恩惠说是对雏形状态假释性质的一种阐明。该说认为假释如同赦免一样，是国家对受刑人的恩典，即对于服自由刑的受刑人，如果在服刑期间长期保持良好的行为状态，则由国家赐与其在刑期届满前提前释放，以作为对其良善行为的一种奖赏。恩惠说所昭示的假释的本质，除了有鼓励受刑人在监狱内勤勉向上外，最主要的是着眼于维持监狱秩序，未必与受刑人的再社会化、保护更生等意蕴相联系。②

① 朱伟临：“美国假释程序评述及借鉴”，载《中国监狱学刊》1997年第5期。

② 许福生主编：《刑法学讲义》，台湾地区国兴印刷厂2001年版，第147页。

作为对假释性质的一种理论阐述，恩惠说具有一定的合理性：（1）恩惠说是对处于雏形阶段的假释性质所作的符合当时历史原貌的描述。假释制度初创时期，创立者的本意就是把假释作为对行状良好的罪犯的一种奖赏，由行政首长以命令的方式实施。因而，早期的假释完全可以说是一种特殊的恩赦。（2）恩惠说导向下的假释制度可以鼓励罪犯保持良善行为，有利于罪犯悔改向善以及维持监内的秩序和安全。正如被称为“假释之父”的麦克诺基所言：“如果让一个人掌管着自己被囚的钥匙，他很快就会把钥匙插进锁里。”（3）蒙受假释恩惠的罪犯可以产生对国家的一种感恩之情，从而促使自己在社会上继续保持良善行为。①

如果说恩惠说反映了假释制度初创阶段的历史原貌，那么，从今天的眼光来看，恩惠说与现代刑罚理念相去甚远，存在着诸多不合理之处：（1）把假释作为对行为良善的罪犯的奖励，必然导致过分重视罪犯在矫正机构内的行为表现而忽视其回归社会后的保护观察，不利于罪犯的再社会化。（2）在恩惠说导向下的假释制度架构内，国家始终以施恩者的姿态赐予罪犯假释，视自己为掌握绝对权力的行刑主体，把罪犯当成绝对服从的受刑客体，忽略罪犯的主体地位，不利于罪犯的人权保障。（3）把假释当做恩惠也必然造成假释运用的恣意性和不确定性。作为施恩方，国家在运用假释时具有随意性，它可以赋予罪犯也可以不赋予罪犯，即使赋予罪犯，也可以任意收回或者因罪犯违反条件而经一定的但绝对排除罪犯主动参与的程序收回；作为受恩方，罪犯因无法预测自己能否被假释而处在一种前途不确定的状态中，因而导致其没有明确的努力方向。②

假释权利说认为，假释是基于自由刑的弹性，受刑人自己在徒刑执行中因努力表现而得到的成果，因而获得假释的基础是受刑人的权利而不是国家的恩典。③ 尽管假释权利说在中国大陆几乎没有市场，但笔者还是愿意站在少数学者一边，对假释权利说投赞成票：④（1）假释权利说是对犯罪认识的深化以及国家对罪犯刑罚观念和关系的嬗变在假释本质理论上的具体反映。首先，由于全球范围内对犯罪学研究的深入，人们对犯罪原因进行了多视角的探究。随着研究的深入，越来越多的人认识到，犯罪不但是个体主观选择的结果，也是社

① 柳忠卫：“假释本质研究”，载《中国法学》2004年第5期。

② 柳忠卫：“假释本质研究”，载《中国法学》2004年第5期。

③ 丁道源编：《中外假释制度之比较研究》，台湾地区中央文物供应社1987年版，第36页。

④ 柳忠卫：“假释本质研究”，载《中国法学》2004年第5期。

会诸因素对行为人综合作用的具体反映。所以，犯罪除了归咎于行为人个人的责任外，社会也往往具有不可推卸的责任。因而行为人对其犯罪行为所承担的刑事责任也应该是相对的和有限的，而不是绝对的和无限的。这一认识是我们正确认识国家对犯罪人刑罚关系由绝对的“命令—服从”关系发展演变成相对的“权利—义务”关系的一个重要的认识论的基础。其次，在20世纪中叶以前的西方社会，行刑机关与罪犯之间的关系曾被定性为“公法上的特别权力关系”，在这种关系格局下，国家对罪犯具有绝对的权力，而罪犯仅仅是蜷缩在国家极端权力之下的受刑客体，不具有任何主体性。现代法治社会国家原理以及社会连带主义法学思潮的兴起改变了传统的刑罚关系，并赋予其崭新的含义。根据社会连带思想，人们生活在社会中必然具有连带关系，这种连带关系是一切社会规范的基础，也是法律规范的基础。它一方面承认个人在社会中的权利，另一方面又要求社会对个人承担责任。① 对犯罪人的救助，正是基于社会连带关系而产生的一种义务。因此，在法治社会，国家有对罪犯施用刑罚的权力，也有对他们施以扶助和救助的义务；罪犯有依法接受国家刑事惩罚的义务，也有请求扶助、挽救的权利。这种新的刑罚关系理念为假释权利说的生成提供了充足的理论养分，使人们对假释性质的理解和认识发生了一次脱胎换骨的转变。正如我国台湾地区学者张甘妹所言：“从前的假释具有恩典的性质，即对于一定期间能保持优良成绩者予以假释的恩惠。但在今日，假释已被视为受刑人之权利，在行刑上欲求受刑人真正的改善，须促使受刑人主动以自力改善，假释制度赋予受刑人得以自己之努力缩短自己刑期的权利。”②

(2) 假释权利说与现代刑罚目的相契合。在刑罚发达史上，围绕着刑罚目的的争论已是旷日持久且至今尚未停息。笔者以为，刑罚是作为犯罪的对应物而出现的，立足于犯罪本体的二元性——社会危害性与人身危险性的统一，刑罚目的也应当是二元的——报应与预防的兼容。对于罪犯来说，刑罚不但是对其所实施的已然之罪的报应，而且是对其将来可能再次实施的未然之罪的预防。基于报应目的，罪犯自当体验与其罪行相当的强制隔离惩罚以彰显社会的公平与正义。即使罪犯因服刑表现良好而获得假释的机会重返社会，也并不意味着犯罪报应之罚的解除或终结，而不过是报应之罚落实的形式发生了变更。另一方面，基于“刑罚当以矫正罪犯为目的”的意蕴，国家对于罪犯的强制性隔离，只有在对罪犯的矫正和改造没有收到预期的效果，罪犯未重获社会正常生活能力的前提下，才是正当的和必要的。一旦罪犯业已受到必要的惩罚并已恢

① 冯卫国：《行刑社会化研究》，北京大学出版社2003年版，第86页。

② 张甘妹：《刑事政策》，台湾地区三民书局股份有限公司1979年版，第180页。

复社会正常的生活能力而不致再危害社会时，国家就有义务将其放归社会，罪犯也就相应获得了请求国家将其附条件提前释放的权利。因此，假释作为一种对“确已悔改不致再危害社会”的罪犯适用的措施，其性质显然不属单向性的奖励，而无疑应当是权利。[①]（3）假释权利说已得到国际社会的普遍认可和我国政府的文件确认。从世界上绝大多数国家的刑事立法中规定假释制度以及西方国家较高的假释适用率来看，假释权利说的观念已得到国际社会的普遍认可。此外，把假释作为罪犯的一项权利也已得到国际会议决议和我国政府文件的确认。早在1950年于海牙召开的国际刑法及监狱会议上，由比利时监狱局长 Jean Dupreel 执笔起草的会议总结报告书认为：从前把假释看做对于显有改悔情状者的恩典，但因为处理少年犯罪的结果，现在已把它看做刑罚执行之一部，是监禁和释放的中间阶段。[②] 1992年8月10日，我国政府向世界公开公布的《中国改造罪犯的状况白皮书》第二节“依法保障罪犯的权利”中也明确指出：“罪犯在服刑期间表现好的有获得依法减刑、假释的权利。”

鉴于假释恩惠说本体的缺陷及其导向下的我国假释制度的低效运行的现状，为了充分发挥假释的功能和凸显假释的价值，促使罪犯顺利复归社会，笔者主张更新假释观念，实现从传统的假释恩惠说向现代的假释权利说的理念嬗变，给罪犯以主体地位，还假释以本来面目。

2. 模式创新：构建多种形式并行的假释制

鉴于我国假释形式的单一性，笔者建议借鉴国外的做法，结合我国的司法实践，对我国的假释模式作一些创新，构建多种形式并行的假释制，为假释的扩大适用提供切实可行的途径。具体可从两方面着手：（1）引进教育假释和工作假释，实行完全假释和部分假释并行的假释制。通常意义上的假释都是完全假释，即把犯人从监狱释放出来，像普通人那样自由地生活，若平稳地度过考察期，则刑罚就认为执行完毕。而部分假释是一种新类型，其不同于完全假释之处有二：一是其释放状态乃是刑罚的执行，计入刑期之内；二是不要求良好行为。教育假释和工作假释即属于部分假释。教育假释是犯人白天到监外接受教育，晚上回监狱服刑。工作假释是监狱挑选合适的犯人在白天到监外参加工作，晚上或周末回监狱服刑。教育假释和工作假释的好处，是使犯人不致与社会隔离太久，克服罪犯出狱后对社会的不适应状态，同时可使其获得技术和工作的经验，避免出狱后生活无着。笔者建议在可能条件下，引进西方的教育假释和工作假释，挑选那些服刑表现好，学历层次较高，刑期将满的罪犯，允

---

① 朱伟临：“报应·矫正与假释权利”，载《现代法学》1995年第6期。

② 林纪东：《监狱学》，台湾地区台北三民书局1978年版，第84页。

许其白天参加学习和工作，周末返回监狱继续服刑。（2）增设“应当假释制”，实行裁量假释和法定假释并行的假释制。如前所述，我国现行刑法规定的假释是一种裁量假释，它的适用完全受制于行刑机关和人民法院的裁量，这在一定程度上影响到假释的适用。为扩大假释的适用，笔者建议仿照减刑的规定，在现行酌定假释的基础上，增设法定假释制度，即“应当假释制”。应当假释的适用范围包括：①罪犯具有刑法第 78 条规定的重大立功表现，同时符合假释其他规定的；②罪犯在服刑期间被评为省级劳改积极分子，同时符合假释其他规定的；③罪犯在分级处遇中连续 3 年获得从宽级处遇，同时符合假释其他条件规定的；④经过两次以上减刑，余刑在两年以下的。

3. 立法修正：完善假释条件，制定假释规则

（1）细化假释的实质性条件

我国刑法第 81 条第 2 款规定了假释的实质性条件是：认真遵守监规，接受教育改造，确有悔改表现，假释后不致再危害社会。依据这条规定，假释的实质性条件包括两个方面：一是确有悔改表现，即罪犯在服刑期间具备一定的刑罚感受能力；二是不致再危害社会，即在具备一定的刑罚感受能力的基础上还具备一定的社会适应能力，能够遵纪守法、自食其力地重过正常的社会生活。同缓刑的实质性条件一样，“不致再危害社会”这样的立法用语过于原则、抽象，缺乏可操作性。而且容易使人们产生这样的认识：如果假释犯在考验期内再次实施了危害社会的行为，则反证了假释决定是错误的。这是导致监狱和法院在假释问题上持保守态度的一个重要原因。其实，仔细分析假释的实质性条件，发现“不致再危害社会”这个条件纯属多余，应当予以删除。理由是：其一，最高人民法院 1997 年对假释问题所作的司法解释对“不致再危害社会”是这样认定的：不致再危害社会，是指罪犯在刑罚执行期间一贯表现好，确已具备以下情形：认罪服法，认真遵守监规、接受教育改造，积极参加政治、文化、技术学习，积极参加劳动、完成劳动任务，不致违法、重新犯罪的；或者是年老、身体有残疾（不包括自伤自残），并丧失作案能力的。而上述四种情形也就是最高人民法院对“确有悔改表现”的解释，因此，“不致再危害社会”的规定纯粹是多余的。其二，“不致再危害社会”纯粹是一个预测性判断，是司法人员基于罪犯的狱内表现和其他因素所作的主观判断。罪犯不管是基于何种原因被释放后，任何人都不敢保证他将来不再危害社会。如果能够保证他释放后不再危害社会，也就没有必要规定假释后的考验期了。既然规定假释后的考验期，对假释犯予以监督考察，这本身就是承认他们还有再犯的可能性。可见，一方面规定“不致再危害社会”才能假释，另一方面又规定对假释犯进行监督考验，这样规定在逻辑上是自相矛盾的，因而应当删除

"假释后不致再危害社会"这句话。① 在考虑删除"不致再危害社会"这一立法用语后，进一步细化假释的实质性条件，以增强立法的可操作性。建议将假释的实质性条件修正为：①服刑期间真诚悔罪；②认真接受教育改造，积极参加学习和劳动；③经考虑案件的情节、受刑人以往的生活及其人格，期待其假释后将能以对社会负责的态度生活而无再犯之虞的。

（2）修正假释的禁止性条件

修订后的刑法第81条第2款增设了一个对假释适用的禁止性条款，即对累犯以及因杀人、爆炸、抢劫、强奸和绑架等暴力性犯罪被判处10年以上有期徒刑、无期徒刑的犯罪分子，不得适用假释。这个规定乍看似乎有利于保护公共安全，但仔细思量发现其实并非如此。假释禁止性条款的不当之处表现在：

①该条的规定将累犯以及杀人、爆炸、抢劫、强奸和绑架等暴力性犯罪被判处10年以上有期徒刑、无期徒刑的犯罪分子排除在假释范围之外，其实际是将假释制度作为针对犯罪行为的惩罚措施而不是作为行刑过程中的奖励性措施，不是将假释作为一种行刑规范而是作为一种量刑规范，这是禁止假释条款的失措性所在。②

②对累犯禁止假释的规定，有失科学合理。表现在：首先，它不符合我国的假释理论。假释和缓刑虽然都以"不致再危害社会"作为适用的实质条件，但假释不同于缓刑之处是前者是行刑规范而后者是量刑规范；从立法的角度看，缓刑是根据"已然"之犯罪情节和悔罪表现来预测犯罪人的人身危险性，而假释是根据"未然"的服刑人的改造表现来预测其再犯可能性。缓刑是法院在决定判处刑罚时，同时宣告对所判刑罚缓期执行的制度。某个罪犯有累犯经历，足以让法院在判刑时就断定其主观恶性和人身危险性较大，不具备适用缓刑的实质条件。因而我国刑法规定"对于累犯，不适用缓刑"是合理的。而假释则不同，只有在刑罚已经执行了部分后，才能根据罪犯的服刑表现来判断其是否符合假释的实质条件，从而决定假释的适用。行为人是累犯，固然表明其再犯罪时的主观恶性和人身危险性比较大，但这并不等于，后罪之刑执行了部分后累犯的主观恶性和人身危险性仍然较大，以致适用假释"确致再危害社会"。因此，对犯罪人是否适用假释，起决定作用的应是犯罪人在服刑后的悔改表现，而非其犯罪时的主观恶性和人身危险性。可见，我国刑法仅仅因

① 侯国云："论废除减刑，完善假释"，载《犯罪与改造研究》2005年第1期。

② 苏惠渔、孙万怀："论行刑的合理性与和目的性"，载《人民司法》2003年第1期。

为构成累犯时的主观恶性和人身危险性，就否定了所有累犯者适用假释的可能性，是与我国假释理论相违背的。① 其次，有违刑罚公正性的要求。累犯是作为法定从重处罚情节规定在我国刑法中的，在量刑时已经体现了累犯从严的精神。如果在行刑过程中再把累犯作为假释的禁止性条件，这很容易使人产生重复评价的联想。② 这种处遇上的限制实际上是对原罪的双重处罚，违背了现代刑罚的公正理念。

③假释的禁止性规定，不利于行刑目的的实现。预防犯罪与防卫社会是现代行刑制度的目的所在和最终归宿。但有关研究表明，罪犯出狱初期是最为危险的阶段，尤其是罪犯出狱的1年之内，再犯率是最高的。究其原因，一个重要的因素便是监禁刑的隔离功能使受刑人阻断了与社会生活的联系和沟通，他们对“高墙”外的社会变化所知甚少，一旦重返社会，过上自由的生活后，就会无所适从。在无法适应社会规范的前提下，违背社会规范带有现实性。假释制度实际上就是一种中和效应的结果，在现阶段国家没有取得更好的替代方式时，假释的中和效应对于任何受刑人都是可能需要的。③ 假释的禁止性规定，在某种程度上消解了暴力性长刑犯的中和效应，使他们在复归社会的道路上增加了困难，从而不利于刑罚目的的实现。

④假释的禁止性规定对假释本身的确定性产生了消极影响。假释禁止性规定的不确定性表现在：首先，禁止性规定是针对刑法第81条列举的五种暴力性犯罪还是针对所有被判处10年以上有期徒刑和无期徒刑的暴力性犯罪？问题的关键是如何理解条文中“等”的含义。从语法词性上看，“等”是个助词，既可以是语句中所列事项之后的煞尾，又可以是列举未尽的表示。④ 从第一种含义上理解，“不得假释”的暴力性犯罪只限于上述列举的五种，从第二种含义上理解，还包括与上述犯罪的暴力程度相当的其他暴力性犯罪。由于目前最高人民法院对此问题尚未作出统一的司法解释，各地在具体适用时，可能会因理解不一而自行其是，这实际上是刑法规范的明确性与最大程度安抚社会心理的对立在刑法中的又一体现。其次，“被判处10年以上有期徒刑和无期徒刑”是针对单一的暴力性犯罪还是针对数罪的宣告结果而言？来自行刑部

① 苏彩霞：“现行累犯制度的不足及其完善”，载《法学》2002年第4期。

② 苏惠渔、孙万怀：“论行刑的合理性与和目的性”，载《人民司法》2003年第1期。

③ 苏惠渔、孙万怀：“论行刑的合理性与和目的性”，载《人民司法》2003年第1期。

④ 陈兴良：《刑法适用总论》（下卷），法律出版社1999年版，第664页。

门的同志提出了两种数罪并罚的情况：第一种，若某一罪犯因抢劫罪被判 9 年，盗窃罪被判 7 年，伤害罪被判 6 年，数罪并罚合并执行 20 年，这种情况算不算“10 年以上”？如果不算，符合法条规定，因为数罪中暴力性主罪不够 10 年以上，如果算，似乎也有道理，因为一方面主罪是暴力性犯罪，另一方面犯数罪在行为人主观上的恶性比一罪要深，应该从严掌握。第二种，若某一罪犯因抢劫罪被判 12 年，盗窃罪被判 7 年，伤害罪被判 5 年，合并执行 20 年，这种情况下，似乎可以认定为“10 年以上”而“不得假释”，因为其暴力性主罪是 12 年。但出现了另一问题，从该犯数罪并罚情况看，其暴力性成分和非暴力性成分各占 1/2，暴力性部分“不得假释”，但非暴力性部分在理论上又可以假释，那么，在实践中怎样操作呢？① 在司法实践中，面对上述问题，要把握准确性，掌握合理性，体现合法性，确非易事。上述疑问之所以产生，不仅是立法技巧层面的问题，根本的原因在于假释禁止性规定本身的存在是不合理、不合目的的，其所产生的影响也不仅仅是对刑法明确性要求的违背，更对假释制度本身的规范性造成冲击。②

⑤假释的禁止性规定缺乏科学性。国外的研究表明，一般来说，暴力性长刑犯释放后的重犯率较短刑犯为低，这一方面与他们在狱中较长时间的痛苦体验有关，另一方面，罪犯因年龄的增长而导致的心理和体能上的变化也是一个重要原因。随着年龄的增长，罪犯体能渐趋衰减，而心理却日趋稳定，于是再犯可能性不断降低。据研究，暴力犯罪的高峰期在 18 岁至 25 岁之间，而暴力犯罪者的犯罪中止率的高峰在 40 岁出头，暴力犯罪者到 40 岁以后，监狱对他们的剥夺和限制再犯罪能力的影响就接近于零。③ 所以，刑法对暴力性长刑犯不得假释的规定实际意义并不大，而其副作用却不容忽视。1997 年刑法修订实施以后，假释的禁止性规定曾在各监狱重长刑犯中引起了一定的心理震荡。“不得假释”像“大山”一样压在暴力性重长刑犯身上，他们普遍感到前途渺茫，认为没想头，没盼头，没奔头，有的破罐子破摔，有的公开抗拒改造，从而增加了监内的不安定因素和教育改造的难度。④

总之，我们不能因为累犯和暴力性长刑犯的社会危害性较其他罪犯为大，

---

① 李绍春：“新《刑法》第 81 条与司法实践”，载《中国监狱学刊》1997 年第 5 期。

② 苏惠渔、孙万怀：“论行刑的合理性与和目的性”，载《人民司法》2003 年第 1 期。

③ 刘强编著：《美国刑事执法的理论与实践》，法律出版社 2000 年版，第 49 页、第 219 页。

④ 李和平：“对刑法修改关于累犯及暴力犯不得假释规定之我见”，载《犯罪与改造研究》1998 年第 8 期。

社会公众对他们适用假释有顾虑，就对他们一律禁止假释，这种一刀切的消极办法，有悖行刑社会化和个别化的发展趋向。我们完全可以通过采用对该类罪犯适用更为严格的假释条件和进行更为强化的监督的方法来消除人们的顾虑，而不必因噎废食。鉴于假释禁止性规定的失当之处，从立法上进行修正是势在必行的。在这方面，国外的一些立法例值得我国借鉴。法国、意大利、巴西都规定了累犯受刑人不同于初犯的假释条件，如服刑必须达到原判刑期 3/4 以上，符合其他假释条件的，方可获得假释。这样做，既特别考虑了累犯的人身危险性，又不完全断绝其假释之路。因此，建议立法机关对假释的禁止性规定予以修正，把第 81 条第 2 款修改为："对累犯以及因杀人、爆炸、抢劫、强奸和绑架等暴力性犯罪被判处 10 年以上有期徒刑的犯罪分子，在执行了原判刑期 3/4 以上，判处无期徒刑的犯罪分子，实际执行 15 年以上，符合假释条件的，可以假释。"

(3) 充实假释的监督考察内容

与国外完善的保护观察制度相比，我国目前对假释犯的监督考察仅在刑法中作了粗疏的规定，远未形成完善的管束保护制度。立法规定的粗疏导致司法实践中对假释犯的放任自流，以致有人把假释说成是"真"释。因此，立法上完善对假释犯的监管规定显得尤为必要。具体可从两方面着手：一方面，制定假释规则，完善对假释犯的条件制约。笔者建议，借鉴国外的做法，由立法机构制定统一的假释规则。假释规则的内容除了刑法第 84 条规定的行为规范外，还可以包括下列事项：①不得对被害人、检举人、揭发人、作证人寻衅报复；②保持善行，不与违法乱纪、品行不良者交往；③不赌博，不酗酒，不吸毒，不持有、携带或保管可能诱发其再犯的物品；④禁止出入特定场所。另一方面，规定假释犯必须履行一定的义务：①定期向监督机关报告自己的工作或生活情况，接受监督人员的来访和指导；②接受戒酒、戒毒、心理或其他医药治疗；③根据行为人的经济能力，要求其赔偿被害人全部或部分因犯罪而造成的损失；④每周从事一定时数的公益劳动或社区服务。

4. 体制变革：建立科学高效的假释运作机制

(1) 设置高效的假释运作机构。

我国现行假释决定权归属于人民法院。对此，有学者指出，现行假释决定权的归属有悖刑事诉讼的客观要求，执行刑罚的机关与运用刑罚的方法的权利分离，使假释功能的正常发挥遇到障碍。[①] 为此，笔者建议修改现行刑法和刑事诉讼法的相关规定，对审判权和行刑权重新配置：把假释的决定权划归狱政

---

① 夏宗素：《狱政法律问题研究》，法律出版社 1997 年版，第 189 页。

部门，成立中央、省、市三级假释委员会。具体设想是：在司法部下设与监狱管理局平行的全国假释委员会；在省、直辖市、自治区司法厅局下设省级假释委员会；在各市司法局下设基层假释委员会。假释委员会除司法行政机关、监狱管理部门的人员参加外，还应吸收社会工作者、犯罪心理学家、律师等参加。假释委员会的职责是：①审查罪犯的改造表现；②进行再犯罪预测；③落实监督考察人员；④考察罪犯出狱后的生活出路等。各级假释委员会的管理权限是：全国假释委员会负责宏观管理全国的假释工作、制订假释实施细则及假释监督条例、指导监督地方假释委员会的工作等；省级假释委员会负责审批本辖区内有重大影响的罪犯的假释，并负有对基层假释委员会的工作进行指导监督的职责；基层假释委员会负责对一般假释案件的审核批准。这样设置，不仅可以改变"不了解情况的机关有权决定，了解情况的机关无权决定"的现状，而且在罪犯与行刑机关之间建立起一种利益依赖关系，强化了监狱的监管权，有利于调动罪犯的改造积极性，最终实现假释调控机制的正常运行。

（2）建立假释前调查制度。

假释前调查是为了加强假释案件的审理和促进罪犯复归社会的顺利进行，在狱政部门提请假释建议前，假释犯所在地的假释委员会派专职假释监督官员进驻监狱进行的调查。在这方面，日本和加拿大均有成功的经验值得我们借鉴。如在加拿大，监狱和矫正机构提出罪犯假释建议后，假释委员会授权两名以上执行委员到监狱调阅罪犯个案矫正档案，并询问监狱矫正官，提讯犯罪本人。形成统一意见后，再决定是否批准假释。[①] 因此，笔者主张借鉴日本和加拿大的成功经验，在我国建立假释前调查制度。具体设想是：监狱对即将服满法定刑期符合假释条件的受刑人，根据其狱内表现及社会复归上的问题点进行分类调查，作出评估报告，并通知其原户籍所在地的假释委员会。假释委员会的专职假释监督官将定期驻守监狱进行必要的调查。他除了从监狱提供的评估资料入手调查外，还通过与待假释的罪犯本人交谈、走访同住的其他犯人等方式，详细了解该罪犯的人格状况、狱内表现、生活经历、本人对未来生活前景所抱的态度等资料，从而对该罪犯有一个立体的印象。假释监督官把调查情况提交假释委员会。通过假释前的调查，不仅为假释委员会审理假释案件提供了翔实的依据，而且架设了一条监狱与监督机构的联系和协作的桥梁。

（3）建立假释公开听证制度。

过去，人民法院对假释案件一般采取书面审理的方式。这种方式存在以下

---

① 程传水："加拿大罪犯假释与社区矫正制度"，载《监狱工作研究》2000年第6期。

弊端：其一，法院被动接受狱政部门报送的假释书面材料，很少主动到监狱实地了解被报请假释的罪犯的具体情况，仅凭书面材料难以全面具体了解罪犯的客观表现，因而很难作出客观公正的裁定。其二，法院在审理假释案件时，行刑机关、监督机关和罪犯均没有介入，审理过程缺乏透明度，易引起社会公众对办案公正的猜疑。在这方面，加拿大的经验值得我国借鉴。加拿大对于准备假释的罪犯由矫正局报送材料，假释委员会组织听证会，听证会通常在监禁该犯人的监狱中举行。这是犯人和（假释）委员会成员之间的会议，以评估犯人在社区中可能带来的危险性，从而确定犯人是否应该获得假释。罪犯在会上陈述，矫正官员介绍情况，听证小组可随时插话、提问。休会后由听证小组作出书面协议报假释委员会决定。① 近年来，国内的北京、河南、江苏等地也曾进行过类似的尝试，取得了较好的效果。参考国外的做法和国内的尝试，笔者建议在我国建立假释公开听证制度。假释委员会在审查、撤销假释时，除邀请管教干部、被报请假释的罪犯本人参加外，吸收与罪犯一起服刑的部分服刑人员参加，并请监察机关派员监督审查。假释委员会在听取行刑机关报请假释意见、假释专职监督官的调查报告、罪犯本人陈述以及其他同监服刑人员对该罪犯服刑表现所发表的意见后，当即评议，当场作出审查结果。实行假释公开听证制度，可以规范假释执法行为，提高假释运作透明度。

(4) 建立完备的保护管束制度。

假释具有预后的特性和释后保护监督的意蕴，但是假释的这种集预后和释后保护监督于一体的特性并未真正得以实现。针对我国对假释罪犯监管模式上存在的弊端，有关专家早在1996年就提出建议："应当参照国外的通行做法，通过国家权力机关，在司法行政系统设立独立的监外执行局或缓刑局，负责执行各种非监禁刑、假释和监外执行以及安置帮教刑满释放人员。"② 笔者赞同上述建议，主张借鉴国外保护管束制度的有益经验，对现行的假释监督机制进行改进，构建具有中国特色的保护管束制度。具体构想是：

首先，组建假释监督官队伍。国外的假释监督工作通常是由专职的假释官或缓刑官担当。但是在我国，无论是1979年刑法还是1997年刑法，都规定假释的监督机关是公安机关。联合国建议各国当局，假释之监督考察不可委之于警察。为此，我国应当与国际接轨，建立专职的假释监督官队伍。考虑到司法

---

① 王增铎、兰洁、徐泼刚主编：《中加矫正制度比较研究》，法律出版社2001年版，第178页。

② 司法部预防犯罪研究所："关于'监狱法'贯彻实施情况的调查报告"，载《犯罪与改造研究》1996年第10期。

行政机关随着律师和公证业务管理的行业化，其传统的行政管理职能较以往有了较大的萎缩，可考虑在司法干警和司法助理员队伍的基础上组建专业的假释监督官队伍，对假释犯和其他非监禁罪犯实施有效的监管和帮教工作。

其次，建立假释保证金制度。借鉴目前监外执行保证金和国外缓刑保证金的做法，笔者建议在我国设立假释保证金制度。假释委员会可视假释犯及其家庭的经济状况，要求假释犯亲属提供假释保证金，如果假释犯在考验期内行为良好，假释委员会在宣布其恢复自由时，发还交纳的假释保证金；相反，在假释考验期内假释犯发生违法行为，除依法对其处置外，假释委员会还应没收保证金的一部分或全部上缴国库。建立假释保证金制度的目的，是为了通过经济手段促使假释犯加强自律能力，同时也可督促假释犯的亲属加强对假释犯的管束。

再次，实施"社区观护"措施。"社区观护"是日本对未成年犯实施的社区矫正措施。日本学者认为："保护观察的主要目的是，通过让少年回到社会环境里生活，在周围市民的协助下，给他们以顺利适应社会生活的必要援助、指导，监督他们不再犯罪。"① 其实，假释犯的再社会化同样需要社会给予他们必要的观护。因为，假释犯出狱后面临着比一般社会弱势群体更加无力的困境，社会学上称之为"社会性失权"。所谓"社会性失权"，是指假释犯因其犯罪以及被法律剥夺自由权而留给他的人生印记，并由此而回到社会时面临的失权状况，表现为生活无着落、普遍存在社会孤立感、自卑感和无助感。② 据研究统计，假释出狱人的生活问题以"心理适应"、"就业适应"和"人际适应"为最主要，故改进保护监督工作之重点，亦是加强假释出狱人心理、就业与人际适应之辅导。③ 因此，假释观护机构在对假释犯进行监督考察的同时，针对犯人的失权状况，提供心理、物质和社会生活技能等方面的必要辅导和帮助。建议在有条件的城市设立"社区服务中心"，为假释后暂时无家可归者提供过渡住所，为无业者介绍职业，为失学者安排就学等。从而沟通犯罪与社会的联系，促使假释犯尽快走出心理阴影，增强适应社会的信心，实现犯人与社会的重新整合。

---

① ［日］西原春夫主编著，李海东等译：《日本刑事法的形成与特色》，中国法律出版社、日本国成文堂联合出版 1997 年版，第 184 页。

② 周湘斌："社会工作充权视角下的释犯社区矫正政策分析"，载《北京科技大学学报》2005 年第 4 期。

③ 赵秉志主编：《刑罚总论问题探索》，法律出版社 2003 年版，第 568 页。

第三节 管制刑与社区服务刑

一、管制刑

管制刑是我国刑法规定的五种主刑之一，是指由人民法院判决，对犯罪分子不予关押，但限制其一定自由，交由公安机关管束和人民群众监督改造的刑罚方法。

（一）从世界刑罚发展趋势看管制刑的独特价值

日本著名刑法学家牧野英一立足于刑罚理性的立场，认为人类社会刑罚发达史经历了复仇时代、威吓时代、博爱时代以及科学时代四个阶段。与此相适应，刑罚的演进从总体上不断向轻缓方向发展，演进的历史趋势是，从普遍使用肉刑和死刑过渡到现代的监禁，再从作为刑罚主要手段的监禁过渡到罚金、缓刑、暂缓判决等监禁的替代措施和其他不用直接控制人身而采取非监禁控制措施的中间刑罚。① 当代世界刑罚改革的总趋势是刑罚的轻缓化，具体表现在两个方面：即犯罪非刑罚化和刑罚非监禁化。这种发展尽管在不同国家、不同时期存在某些摇摆，但在总体上二者表现出越来越普遍的意义。二者的基本精神是完全一致的，都致力于对犯罪的有效和人道处遇。②

限制自由刑的产生，可谓是自由刑发展史上的革命性变革，它体现了刑罚发展的轻缓化趋势。管制作为我国刑罚体系中惟一的限制自由刑，它的存在和适用，具有自身独特的价值。

1. 管制刑可以避免监禁刑的负效应。

监禁刑具有剥夺受刑人再犯罪能力并对其进行教育、矫正的积极功能，但由于把众多的罪犯关押在一起，使得监禁刑也具有明显的交叉感染和深度感染的负面效应。与此同时，受刑人在与世隔绝的监禁生活中，深受监狱亚文化的侵袭，导致其人格尊严贬抑，自我丧失。刑满释放后，罪犯的标签效应使得受刑人往往还要长久地忍受来自社会的歧视和排斥，成为被孤立于主流社会的一类人。这些刑罚以外的“附加刑”显然有悖于把犯罪人“改造成为新人”的刑罚目的。而管制刑作为一种社区性刑罚，则以受刑人的所在社区为刑罚执行

---

① 郭建安：“刑罚的发展趋势呼唤行刑体制改革”，载《犯罪与改造研究》2000 年第 10 期。

② 张绍彦：“刑罚实现探析”，载《现代法学》1999 年第 2 期。

场所，罪犯在被管制期间，仍然保持与社会的广泛接触，工作、上学、与家庭的联系并不因服刑而中断，这些都非常有利于犯罪人的再社会化，在很大程度上避免了监禁刑的负效应。

2. 管制刑的“无害化”作用大于财产刑。

刑罚目的的“无害化”要求刑罚措施既要避免给受刑人造成不必要的痛苦，又要有效地防止其再次犯罪。较之财产刑，管制刑更能实现刑罚的“无害化”要求。因为财产刑仅体现为对犯罪人一定财产的剥夺，此后便对其不良行为不采取任何监督措施。而管制刑虽不具有监禁刑那样的隔离功能，却根据特殊预防的需要，对受刑人一定的行动自由和权利行使进行限制，使其行为处在公安机关和社区群众的监督之下。一般来说，大部分罪行轻微的犯罪人在受到刑罚处罚后，都会产生不同程度的悔悟感，并且有力图避免重蹈覆辙的愿望。但这些人的价值观念、行为控制能力、生活环境以及社会交往等方面的特殊性，又会使他们在受到犯罪诱因或他人的唆使、拉拢后存在一定的再犯可能。对他们适用管制刑，既可避免刑罚过剩，又可避免大多数受刑人再次走上犯罪的道路。①

3. 管制刑可以有效地降低行刑成本。

刑罚的经济性，既是刑罚的原则之一，也是刑罚的价值要求。刑罚的经济性原则要求，在刑罚执行中，力求以最小的投入，获得最大的控制和预防犯罪的社会效益。一般情况下，刑罚的经济价值要靠科学的监狱管理和监狱经济来实现。但由于只要在监狱服刑就必然要有较大的投入，监狱经济也经常面临市场经济的制约，这样，要真正实现刑罚经济目标，主要措施又转变为减少执行、不执行或不实际执行。② 与监禁刑相比，限制自由刑能大大节省监狱行刑开支。在这方面，国外的行刑实践为我们提供了可资借鉴的数据。据统计，英国 1978 年每个保护观察者年平均费用为 270 英镑，而一个监狱犯人年平均费用近 7000 英镑。③ 我国国内由于缺乏公开发表的刑事司法统计数据，难以查阅到有关的资料。但据我国司法部预防犯罪研究所吴宗宪研究员的估计，我国每监禁一名犯罪人的年平均费用可能要超过 10000 元人民币，这项费用仅仅指监狱运作的各种费用，而不包括建造监狱的投入。④ 而管制刑的执行，既不需

① 张庆方：“管制刑的特点与价值”，载《中央政法管理干部学院学报》1997 年第 3 期。

② 阎少华：《管制刑研究》，吉林人民出版社 2005 年版，第 70～71 页。

③ 王平：《中国监狱改革及其现代化》，中国方正出版社 1999 年版，第 170～171 页。

④ 吴宗宪：“试论非监禁刑及其执行体制的改革”，载《中国法学》2002 年第 6 期。

要监禁设施，又无需配备大量的监管人员，可以大大节省监禁资源，有效降低国家行刑成本。

（二）从管制刑存废之争窥管制刑的存在问题

在新中国刑罚发展史上，恐怕没有哪一种刑种像管制刑那样命运多舛。作为我国独创的限制自由刑，管制刑在同犯罪行为，特别是新中国成立之初同反革命犯罪作斗争的过程中，曾发挥过独特的历史作用，为新中国政权的巩固、社会的稳定起到了应有的作用。但改革开放以来，随着我国经济体制和社会结构的转型，我国的犯罪形势、犯罪性质以及罪犯的构成均发生了重大变化。这种变化对产生于阶级斗争年代，以计划经济为依托的管制刑提出了严峻的挑战。刑法理论界和司法实务部门围绕管制刑的存废问题展开了激烈的争论，这场关乎管制刑命运的争论在1979年刑法起草过程中和1997年刑法修订过程中达到了白热化的程度，主废论者和主存论者各不相让，最终立法者采纳了主存论者的主张，在我国刑法中保留了管制刑。尽管这场争论已随着刑法修订工作的完成而平息下去，但近年仍有学者撰文对管制刑的完善提出自己的主张。

1. 废止说

持“废止说”的学者认为，管制刑无存在必要，应予废除，理由如下：①

（1）管制刑赖以存在的历史条件已不复存在。管制刑产生于革命战争年代，当时适用管制是基于战争时期无法对罪犯实施监管这种特殊背景而不得已采取的权宜之计；新中国成立初期适用管制是基于有效控制历史反革命的需要；而现今这些特殊的历史条件均不复存在，故管制也就失去了存在的基础。

（2）管制刑的存在有损刑罚体系的科学性。首先，管制插在拘役与行政拘留之间，使得拘役与行政拘留之间日期衔接发生中断。因为拘役的最低刑期是15日，行政拘留的最高刑期是15日，在日期上相互衔接，完成了从行政处罚到刑事处罚的过渡，具有一定的科学性与合理性。而我国现行刑罚体系中在拘役之前又有一个管制，这就使拘役这一刑罚方法与行政拘留这一治安处罚在期限衔接上发生了中断。其次，管制是作为轻于拘役的刑罚方法排列在主刑之首，但实际上它比拘役严厉。因为根据我国刑法的规定，判决执行前先行羁押的，羁押1日折抵管制刑期2日，折抵拘役刑期1日。按照这种换算方法，刑法规定管制期限为3个月以上2年以下，如果折成拘役，其期限为1个半月以上1年以下，远远超过拘役15日以上6个月以下的法定期限，违背了我国刑罚体系协调一致和互相衔接的科学规律。

（3）管制与我国经济体制改革不相适应。经济体制改革引起农村集体生

① 赵秉志主编：《刑法修改研究综述》，吉林人民出版社1992年版，第169～170页。

产方式基本解体，城乡个体劳动者增多，人口流动日趋频繁，城乡基层组织能力下降，从而使管制刑的执行失去组织保证，实践中难以有效执行，致使管制在实践中适用率畸低，管制刑已到了名存实亡的地步。

（4）管制刑缺乏足够的严肃性与惩罚性，难起威慑作用。

2. 存留说

与“废止说”针锋相对，持“存留说”的学者也提出了较为充足的理由，归结起来有以下方面：①

（1）管制是“专政机关与群众路线相结合”的方针在刑罚方法上的具体体现，它对罪行较轻不必关押的罪犯能起较好的教育改造效果，符合我国国家的性质和刑罚目的的要求。

（2）管制对那些罪行较轻，不须关押，但又需要给予一定惩罚的犯罪分子，是最适宜的处罚手段，因此，管制的存在符合罪刑相适应原则的要求。

（3）现在的管制与历史上的管制在适用范围、内容、执行方法上都有相当大的区别，因而并未过时。而且管制刑符合世界刑罚开放化、社会化发展方向，其有许多优点为其他刑种和刑罚制度所不能代替。

（4）管制刑的核心是群众监督，与生产组织形式关系不大，只要有群众的地方就可有效地组织群众监督。改革不应成为影响管制存在的因素。实践中，管制执行效果不佳，与司法、执行人员对管制刑缺乏必要的认识和重视有关，不能以此作为否定管制存在的根据。

（5）管制与拘役的性质、内容均不一样，拘役重于管制，这一点是无法否认的，行政拘留不是刑种，因此，保留管制刑不存在打乱刑罚体系科学性的问题。

对于围绕管制刑命运的存废之争，确实很难作出评判。笔者尽管更倾向于存留说，但实事求是地研究我国法律的规定和当今社会的现实，我们不得不承认，现行管制刑确实存在许多问题。体现在：

1. 管制刑的惩罚力度不够。这是管制刑遭受学者诟病较多的地方。刑罚的本质属性在于它的惩罚性，即通过刑罚的执行能给犯罪分子带来一定的痛苦或利益损失，以实现刑罚的报应和功利目的。尽管现行刑法对 1979 年刑法在管制内容上已作过修订，数量由 3 项增加到 5 项，但仔细斟酌刑法第 39 条的规定，笔者感到除了体现出数量的增加外，管制刑作为刑罚的质的特性——惩罚性并没有充分体现出来，管制内容较为空泛，缺乏刑罚的可感性。理由是：

---

① 参见赵秉志主编：《刑法修改研究综述》，吉林人民出版社 1992 年版，第 170 页；邱兴隆、许章润主编：《刑罚学》，中国政法大学出版社 1999 年版，第 206 页。

“遵守法律、行政法规”根本体现不出惩罚性，因为遵纪守法是每个公民的应尽义务，何况罪犯呢？“未经执行机关批准，不得行使言论、出版、集会、结社、游行、示威自由的权利。”这一条虽然体现出对管制犯某些权利的限制，但细细推敲，这种限制缺乏刑罚的可感性。因为，公民在行使宪法赋予的上述六项自由权利时，也要受到某种限制，况且公民在行使集会、结社、游行、示威自由的权利时，也要报经有关部门批准。如此看来，这一项内容对管制犯也起不了多大的惩罚作用；要求罪犯报告自己的活动情况、遵守会客的规定以及迁居、外出必须经执行机关批准三项，除了在手续上给罪犯带来一些不便外，也无多大的约束作用。针对管制刑惩罚力度不够的问题，有学者作了如此评价：“目前管制刑的适用，与其说体现了刑罚的轻缓化，不如说是惩罚的虚无化。”① 笔者对此评价深以为是。

2. 管制刑的执行缺乏强制性。现行管制刑的惩罚性内容已显不足，但在现实中，就连这样轻的惩罚性内容也缺乏应有的执行保障。法律只规定管制犯应遵守的事项，至于受刑人违反这些行为规则如何处置却没有相应的规定，刑罚的意蕴无法展现。

3. 管制刑的执行在实践中往往流于形式。管制刑的执行需要群众有效的监督相配合，而群众监督的正常开展必须至少具备两个条件：一是群众有参与对罪犯进行监督改造的自觉性和积极性，这种自觉性和积极性来自群众对国家事务崇高的参与意识；二是社会具备组织群众进行监督的有效机制。② 历史上的管制之所以能有效地运用，与当时的历史条件是分不开的。建国以后相当长的历史时期，我国始终奉行“以阶级斗争为纲”的指导方针，历次政治运动造就了广大群众参与阶级斗争的热情，计划经济体制和严格的户籍制度又把社会成员的工作和生活单位高度固定化，各级组织和基层单位对所在成员具有很强的控制功能。在这样的时空背景下，管制刑的执行得以有效进行。改革开放20多年来，我国的社会发生了翻天覆地的变化。首先，以经济建设为中心的指导方针的确立，引导人们把注意力转向追求经济利益上，人们参与国家事务的热情有所淡化；其次，二元社会结构向多元社会结构的转型，带来了社会利益群体的分化，各类经济单位、社会组织逐渐褪去泛政治化的外衣，特别是各类经济单位日益受自身利益的驱动，表现出追求最大经济利益的趋向，从而导致对个人约束的不断弱化；第三，户籍制度的松动和改革，使得人员自由流动成为可能。凡此种种，使得组织群众对管制犯进行有效监督的任务难以落实，

---

① 王利荣：《行刑法律机能研究》，法律出版社2001年版，第336页。

② 马克昌主编：《刑罚通论》，武汉大学出版社1999年版，第184页。

加上公安机关警力严重不足，无法抽调力量专门从事对管制犯的监督工作，监管上出现的空当，导致许多地方对管制犯“不管不制”，管制刑的执行徒有虚名。

4. 管制刑适用对象存在许多问题。具体表现在两个方面：[①]（1）管制与拘役的适用对象难以区分。一般认为，管制作为限制自由刑，适用于罪行较轻不需要关押的犯罪分子。拘役作为剥夺自由刑，主要适用于罪行较轻，但仍需实行短期关押的犯罪分子。根据这一标准，从犯罪危害性而言，管制与拘役的适用范围应相同，这从刑法分则把管制和拘役作为选择刑种并列规定可以得到证明。两者的区别在于是否需要关押，即从罪犯的人身危险性来看，适用管制的罪犯的人身危险性要小于适用拘役的罪犯，所以，前者无需关押而后者需要短期关押。若按这一理解，现行管制的适用对象范围应根据罪犯的人身危险性来确定。而刑法分则在管制适用对象的规定上非常随意，表现在：其一，我国刑法分则是根据犯罪性质来确定管制适用范围的，这与管制的本质特征有矛盾。因为犯罪性质与罪犯的人身危险性大小并非绝对存在相互对应的关系，因此与罪犯需不需要关押也并非必然相联系。其二，刑法分则规定某些过失犯罪可适用拘役但并没有同时规定可适用管制，例如，刑法第235条过失重伤害罪可判处拘役但并未规定可处管制，但前一条故意伤害致人轻伤的可选择适用拘役和管制，既然都是伤害结果，即在社会危害性相同的情况下，为何在故意状态下可对管制与拘役选择适用而在过失情形下只能适用拘役不能适用管制呢？其三，有些行为方式比较相似的犯罪，有的可适用管制，有的不能适用管制。如非法拘禁罪可判处管制，与之相似的非法搜查罪和非法侵入住宅罪则不适用管制。（2）管制与缓刑的适用对象也难以区分。缓刑的适用对象是被判处3年以下有期徒刑、拘役的犯罪分子，因其罪行轻微或有悔改表现，确实不致再危害社会而不需要关押。加上刑法分则把3年以下有期徒刑、拘役和管制作为选择刑种供法官选择，这样，在管制与缓刑的适用对象方面就存在着几乎完全重叠的现象，我们很难在管制与缓刑的适用对象之间划出明显的界限。

（三）从管制刑的低效适用谈管制刑的法律调整

1. 我国管制刑低效运行的现状及其成因

管制是具有中国特色的限制自由刑，在建国初期的镇压反革命运动和“三反”运动中，管制刑在人民群众的广泛参与下发挥了积极作用，曾有过短暂的辉煌。但短暂的“得宠”之后，便是长时间的受冷落。随着我国政治、经济形势的变化，管制刑没有相应地进行变革，使得管制刑的内容、执行方式

---

① 马克昌主编：《刑罚通论》，武汉大学出版社1999年版，第186页。

以及适用范围等方面存在诸多问题，严重制约了管制刑的适用及其功能的发挥，致使管制刑在司法实践中难以得到法官们的青睐，在一些地方甚至"虚壁而立"。1986 年全国判处管制的犯人只占刑事处分总人数的 0.73%，1987 年、1988 年分别占 0.6%。立法机关显然也注意到了司法实践中管制刑低效适用的现状，在 1997 年刑法修订时，现行刑法较大幅度地拓展了管制刑的适用范围和对象，可适用管制的条文由 1979 年刑法的 20 条增加到 86 条，共有七章规定了管制刑种，除第六章所占比重较大外，其余各章管制刑的分布比较均匀。① 立法机关试图通过立法上扩展管制刑的适用范围和对象，来达到引领司法机关加大对管制刑适用力度的目的。但后来的实践表明，法律预期与实践操作之间仍然存在较大的距离，各地司法机关对管制的适用率并没有随着立法机关的努力而有多大的提升，管制刑的适用仍处在"死水微澜"的状态。据最高人民法院统计：1999 年全国各级法院判处刑罚的罪犯总数为 608,259 人，其中被判处管制的有 7,515 人，占总数的 1.23%；2000 年为 646,431 人，其中被判处管制的为 7,822 人，占 1.21%；2001 年为 751,146 人，其中被判处管制的为 9,481 人，占 1.26%②；2002 年为 706,707 人，其中被判处管制的有 9,994 人，占 1.41%。③ 另据某学者在上海市两个基层人民法院的调查，他们在修订刑法实施 5 年中，几乎没有适用过一次管制刑。④

导致管制刑在司法实践中低效适用的原因是多方面的：（1）保守的社会法意识以及重刑传统，导致管制刑适用率低。"在重刑主义的氛围之下，只有徒刑才是刑罚，像管制这样开放性的刑罚往往不被人们重视，甚至被告人本身也是如此。"⑤（2）我国正处在社会结构转型时期，经济活动频繁和人员流动加快，使得原有的社会控制能力逐步被分解、削弱，新的社会预防犯罪的机制又没有完全定型，管制刑的执行遇到了极大的困难。（3）管制刑在适用方式上存在缺陷，执行内容较为空泛，执法极易流于形式，如果用之不慎，会伤害社会惩罚犯罪的正当情感，并影响到法律的权威性。（4）面对严峻的犯罪形

---

① 徐逸仁："刑罚发展的趋向与管制刑的运用"，载刘家琛主编：《当代刑罚价值论》，法律出版社 2003 年版，第 651 页、第 652 页。

② 司法部社区矫正研究所课题组："改革和完善我国社区矫正制度之研究"，载《中国司法》2003 年第 5 期。

③ 参见"2002 年全国法院系统审理刑事案件被告人判决生效情况统计表"，载《中国法律年鉴》（2003），法律出版社 2003 年版，第 1320 页。

④ 徐逸仁："刑罚发展的趋向与管制刑的运用"，载刘家琛主编：《当代刑罚价值论》，法律出版社 2003 年版，第 651 页、第 652 页。

⑤ 陈兴良：《刑法哲学》，中国政法大学出版社 1997 年版，第 411 页。

势，管制刑的惩罚强度失之过轻，加上在刑罚结构中，管制刑与拘役的轻重倒置现象，也受到了普遍怀疑，司法机关不得不利用刑事政策对法律的运作作出相应选择与调整，控制适用管制刑。① （5）二元制裁体系也在一定程度上制约了管制刑的适用。我国一直以来实行行政处罚与刑事处罚的二元化体系，不法程度较低的行为没有纳入到刑事处罚体系，进入到公诉程序的罪犯具有较高的不法程度，一般不宜适用管制。（6）缓刑制度的存在，限制了管制刑的适用范围。现行管制与缓刑的适用对象很难区分，因为缓刑也是适用于那些罪行轻微、危害不大无需关押的罪犯，这与管制刑的适用对象几乎完全重叠。而缓刑的适用比管制具有优势，在于被宣告缓刑的罪犯不遵守缓刑条件的，可以收监执行被判处的刑罚。换言之，缓刑执行上的强制意蕴，使得缓刑的适用比管制的适用可以收到更好的刑事政策效果。

2. 管制刑的法律调整

（1）打通管制刑与拘役刑在适用对象上的“壁垒”，拓展管制刑的适用范围。

管制刑的适用范围狭窄，以致适用量不大，是主张“废止说”者与主张“留存说”者所共同关注的问题。管制刑创立半个世纪以来，其适用范围几经变迁，从最初仅适用于反革命分子及坏分子，到1952年以后逐步适用于贪污犯罪等普通刑事犯罪分子，从1979年刑法的20个条文21个罪名到1997年刑法86个条文120个罪名，总的说来，管制刑的适用范围是有明显扩大的。但同时我们也应当看到，管制刑适用范围的扩大，是随着刑法总的条文的扩增而发生的，其自身增幅其实并不大，管制刑条文在整个刑法条文中的比例由1979年的20.4%增加到24.5%。无论管制刑在刑法典条文中所占比例还是在司法实践中的适用比例，都与当代刑罚的发展趋势和我国的社会发展不相协调。② 因此，有对管制刑的适用进一步改进的必要。笔者同意我国学者的设想，打通管制刑与拘役刑在适用对象上的“壁垒”，管制应作为一种替代刑种适用于一切可以处以拘役的罪犯。如前所述，管制刑的适用对象不应根据犯罪性质来确定，而应根据罪犯的人身危险性大小和有无关押必要来确定。对于一切危害较轻，罪犯本人又不会再次危害社会的罪犯，均可考虑适用管制。换言之，管制应作为一种替代刑种适用于一切可以处以拘役的罪犯。建议在将来修订刑法时明确规定：“对于应当判处拘役的罪犯，如果认为不必关押的，可易

① 王利荣：《行刑法律机能研究》，法律出版社2001年版，第333～334页。

② 阎少华：《管制刑研究》，吉林人民出版社2005年版，第182页。

处管制。”这样就使管制与拘役的适用范围等同。① 我国刑法分则中规定可以适用拘役的条文有265条，从而加大了管制刑的适用范围。

(2) 吸收社区服务刑的合理内核，增强管制刑的惩罚力度。

针对现行管制刑在惩罚上的“虚无化”倾向，我国有学者建议，引入欧美比较成熟的社区服务刑，对管制刑进行改造，增加公益劳动的内容，将其更名为社区服务刑。② 这种设想有一定的合理性，但由于涉及到对我国刑罚体系的“伤筋动骨”，故其可行性还有待商榷。比较可行的做法是，吸收社区服务刑的合理内核，在刑法第39条第1款管制犯应遵守的事项中注入参加无偿公益劳动、对受害人的赔偿等元素。同时，取消第2款关于“对于被判处管制的犯罪分子，在劳动中应当同工同酬”的规定。这样规定，其好处有三：一是可以体现对犯罪的惩罚，增强管制刑的惩罚力度；二是方便群众对管制犯的监督，因为服刑人参加的这类公益活动，是周围群众看得见的，群众对服刑人在管制期间的表现进行监督就有了载体；三是通过赔偿和无偿提供公益劳动，能使受害人和社会得到实实在在的补偿。美国学者大卫·E. 杜菲认为：犯罪人在管制期间的无偿劳动不仅是对社会的回报和补偿，也有益于培养其社会责任感，恢复其健康人格。③

(3) 设置管制与拘役的易科方法，体现管制执行的强制性。

限制自由刑与剥夺自由刑之间的易罚，国外早就有规定。如《俄罗斯联邦刑事执行法典》第53条规定：“在被判处限制自由的人恶意逃避服刑的情况下，可以用剥夺自由代替，其期限为法院判决所判处的限制自由的期限。”第58条第4款规定：“如果有材料说明被判刑人恶意逃避服刑，可向被判刑人拘捕地法院提请将未服完的限制自由刑改判为剥夺自由。”遗憾的是，我国现行刑法并未规定管制犯违反管制行为规则应当承担的相应法律后果，致使管制刑执行的强制性无从体现。为此，笔者赞同我国部分学者的建议，建立我国管制刑易科拘役刑制度。即对那些有意逃避法律制裁的被管制犯，根据刑法对受刑人先行羁押日期与管制的折算方法，管制2日折抵拘役1日。这样，管制的执行就具有了可操作性，管制执行流于形式的痼疾就能得到有效根治。

---

① 马克昌主编：《刑罚通论》，武汉大学出版社1999年版，第188页。

② 郭建安：“社区矫正制度：改革与完善”，载陈兴良主编：《刑事法评论》（第14卷），中国政法大学出版社2004年版，第321～322页。

③ [美] 大卫·E. 杜菲著，吴宗宪等译：《美国矫正政策与实践》，中国人民公安大学出版社1992年版，第292页。

二、社区服务刑

20世纪下半叶，伴随着国际范围内犯罪非刑罚化和刑罚非监禁化的浪潮，西方国家进行了刑罚改革，除刑罚结构趋轻外，同时在刑罚品质方面也发生了变化，这主要表现在英国、德国、澳大利亚、北欧等国家出现的新刑种：社区服务或公益劳动。社区服务刑在国外被大量适用，并日益被看好，西方刑法理论界近期将其提高到与传统的刑罚和保安处分同等地位，被誉为刑罚新三元。①

（一）社区服务概述

1. 社区服务的概念和特征

社区服务（community service），在国外也称为社会服务、社区劳役和公益劳动，是指法院判决犯罪人到社区中进行一定时数无偿劳动的非监禁刑措施。考察国外社区服务的法律规定，可以概括出社区服务具有以下特点：

（1）社区服务通常是由法庭判决的。

法官通过发布“社区服务令”的形式，判决犯罪人到社区进行劳动。在社区服务令中，明确规定执行社区服务令的机构、社区服务的场所、内容和时数等。

（2）社区服务刑的适用对象是罪行轻微、恶性不大的罪犯。

在适用社区服务时，犯罪人的危险性是首先要考虑的问题。因此，从社区的安全考虑，以下犯罪人被排除在社区服务的犯罪人之外：①实施了某些类性犯罪的人；②在经历中表现出一些特别的特质或特征的人，如药物依赖等；③使用武器或暴力进行犯罪行为的人。② 从国外司法实践来看，社区服务刑适用于轻罪是一些国家的通行做法。如1997年1月1日起施行的俄罗斯联邦刑法典就规定，对诽谤、侮辱、侵犯私人生活的不受侵犯权、妨碍行使选举权等轻罪适用强制性工作的刑罚。③ 荷兰的社区服务刑主要适用于罪行较轻的财产犯罪、交通肇事犯罪、人身攻击罪、性犯罪和毒品犯罪。④ 1994年3月1日生效

---

① 储怀植：“议论刑法现代化”，载《中外法学》2000年第5期。

② 转引自吴宗宪等：《非监禁刑研究》，中国人民公安大学出版社2003年版，第318页。

③ 俄罗斯总检察院编著，黄道秀等译：《俄罗斯联邦刑法典》，中国法制出版社1996年版，第63~69页。

④ 魏彤译：“荷兰的社区判决”，载《国外犯罪与监狱信息》1996年第1期。

的法国刑法典将“公共利益劳动”规定为自然人可处轻罪的刑罚种类之一。① 在美国，社区服务的判决最为普遍适用的对象是酗酒驾车者，到目前，社区服务还没有作为对严重犯罪者的主要的惩罚形式。② 即使对严重的罪犯适用社区服务时，一般要包括其他形式的惩罚和限制，或者作为假释的一种附加条件，对那些在监狱中服满一定刑期的、实施了严重犯罪的犯罪人适用。例如，美国拳击手泰森，因犯强奸罪被判刑，在服满规定的监禁刑后，法院判处他从事100小时的社区服务。之所以把适用对象限于罪行轻微、恶性不大的罪犯，主要是基于防卫社会的考虑：这样的罪犯放到社会上不致再危害他人、威胁社会，容易得到社会公众的认同和支持。

(3) 社区服务刑的适用一般要征得罪犯本人的同意。

关于是否应赋予劳动刑强迫性，即被定罪人即使不同意也可对其适用之，学者们之间存在争议，德国刑法学家李斯特持积极肯定的态度，认为被判处罚金刑的人，应当强制其从事社会服务。但瑞士刑法学家斯脱斯则声称：被定罪人自己同意从事公益劳动，应当是社会服务这一替代措施的基本精神。最后，欧洲的立法者没有采纳李斯特的理论见解，所有的立法规范都把被告人的“同意”作为社会服务的前提。③ 如法国刑法典第131-8条规定：对拒绝接受公共利益劳动之刑罚或判决时未出庭的人犯，不得宣告公共利益劳动刑罚。法庭庭长在判决宣告之前，通知被告有权拒绝完成公共利益劳动，并听取其答复。④ 之所以强调社会服务服刑的“自愿性”，一方面是出于有关国际法禁止强迫劳动的考虑，另一方面，这样做可以强化罪犯的责任感，促使其积极履行自己的义务。

(4) 违反社区服务命令应承担更严厉的处罚。

对不完成社会服务的处理，通常是以罚金刑或自由刑代替。如英国规定，罪犯如果在服务期间再犯罪或者违背命令，即撤销命令而改处拘禁州。⑤ 俄罗斯联邦刑法典第49条第3款规定：如果被判刑人恶意逃避被判处的强制性工作，则可以用限制自由或拘役代替，1天限制自由或拘役折抵8小时强制劳

---

① 罗结珍译：《法国刑法典》，中国人民公安大学出版社1995年版，第12页。

② 刘强编著：《美国刑事执法的理论与实践》，法律出版社2000年版，第242~243页。

③ 谢望原：“西欧探寻短期监禁刑替代措施的历程”，载《政法论坛》2001年第2期。

④ 罗结珍译：《法国刑法典》，中国人民公安大学出版社1995年版，第14页。

⑤ 转引自游伟、谢锡美：“‘两极化’走向：西方刑罚发展的基本态势”，载游伟主编：《华东刑事司法评论》（第2卷），法律出版社2002年版，第11页。

动。葡萄牙刑法的规定则颇为特殊，如果被定罪人处心积虑地使自己陷于不能全部或部分完成社会服务，或者没有合法理由而拒不完成劳动，那么该罪犯会被视为犯了“藐视法庭罪”而被判刑。①

2. 社区服务的法律属性②

社区服务是当今世界许多国家采用的一种社区矫正措施。由于不同国家的法律传统有异，所以采用的模式也各不相同，因而也就呈现出不同的法律属性。

（1）作为独立刑罚种类的社区服务

在英国、葡萄牙、瑞士等国家，社区服务是作为社区康复刑罚的选择规定在刑法典中。社区服务是以一定时数的义务劳动或指定劳动为核心内容的刑罚方法。劳动本身不再具有惩戒性，只是从事一般正常人所从事的劳动。

（2）作为非刑罚方法来替代其他刑罚的社区服务

英国学者克劳斯认为：“社区服务的目的是为那些需要判处短期监禁刑的罪犯提供一项建设性的选择。”社区服务之所以在刑事法律中“登堂入室”，是与欧美诸国探寻短期监禁刑替代措施的历程分不开的。

（3）作为刑罚执行内容的社区服务

在这种情况下，社区服务是作为缓刑、假释的条件或执行内容进行规定的，以提高刑罚执行的效果。如英国于20世纪70年代在缓刑制度中增加社区服务令状制，社区服务及考察综合令状制，从而使缓刑罪犯应遵守的义务由行为约束性义务扩展到参与社区服务义务，增强了缓刑的可执行性。法国刑法典将缓刑分为三种：普通缓刑、附考验期的缓刑和附公共利益劳动义务的缓刑。根据新刑法典第132－54条的规定，法院得规定被判刑人犯为公法上的法人利益或有资格实施公共利益劳动的协会的利益，从事40小时至240小时公益劳动。

（4）作为审查起诉考察手段的社区服务

有的国家将社区服务运用于审查起诉阶段。如美国、南非等国家，犯罪嫌疑人如同意参加无薪社区服务，则检察机关不再对其罪行向法院指控。也有的国家把社区服务作为检察机关是否起诉的考察手段，犯罪嫌疑人在社区服务期间表现良好的，则检察机关可作出不起诉的决定。可见，这种社区服务实质上

---

① 谢望原：“葡萄牙刑罚制度中的社会服务刑”，载陈兴良主编：《刑事法评论》（第7卷），中国政法大学出版社2000年版，第286页。

② 王刚：“关于我国刑罚中借鉴社会服务的立法思考”，载《中国刑事法杂志》2003年第6期。

成了检控的替代手段或不起诉的考察手段。

3. 社区服务的法律价值

社区服务在西方许多国家以法律的形式规定为一种刑罚方法，主要是短期自由刑的诸多弊端使然，也是刑罚执行社会化和经济化的结果。社区服务能够被人们接受，不仅被规定在刑法中，而且近20年来有扩大适用的趋势，是因为其具有重要的价值。概括言之，社区服务具有以下法律价值：

(1) 社区服务可以避免短期监禁刑的弊端。

自从自由刑作为死刑与肉体刑的替代刑走向刑罚体系的中心宝座后，社会公众在惩治犯罪的观念上形成一种定势，认为惩治罪犯的最好办法就是监禁，剥夺或限制其人身自由，使其丧失再次危害社会的机会。然而，监禁刑适用存在较为明显的负效应，尤其是短期监禁刑存在的弊端更多，往往不能实现立法者所预期的刑罚效果：①短期监禁刑由于刑期有限，不能给罪犯以接受教育改造或悔过自新的足够时间，有些罪犯尚未得到有效改造，由于刑期届满只好释放出狱；②监狱亚文化的存在，罪犯入狱后可能受到其侵蚀，犯人之间互相交叉感染，强化了犯罪意志，习得新的犯罪技巧，巩固了犯罪心理结构；③监禁刑的大量适用，伴随而生的是监狱在押人犯激增，监禁成本膨胀，增加了国家的财政负担。这些弊端的存在，使得短期监禁刑备受学者们的谴责。社区服务刑的执行并不剥夺罪犯的自由，而是在其居住、工作的地点或执行机关指定的地点执行，从而避免了短期监禁刑的上述弊端，极大地降低了行刑成本。

(2) 社区服务有利于促进犯罪人的再社会化。

在传统意义上，监狱行刑的宗旨是使犯罪人与社会隔离，以消极的方式使犯罪人无法危害社会，行刑具有强烈的封闭性。但是，监禁刑的执行势必影响犯罪人的社会化。社区服务是一种社会化的刑罚方法，它的适用有利于促进犯罪人的再社会化，美国学者扬（W. Young，1979）认为，社区服务可以从以下方面帮助犯罪人恢复人格，重新回归社会："培养社会责任感；同其他工人接触；学会充实业余时间；发展长时间的兴趣和技术；甚至发展获得新的就业机会，以及在失业或在不能就业阶段培养其工作习惯。"① 具体而言，社区服务在促进罪犯再社会化上的价值体现在：①犯罪人的再社会化由于其与社会接触的不中断而得以顺利进行；②由于犯罪人不被收监执行，他的就业、就学机会不致失去，不脱离家庭生活，有利于培养和发展其家庭和社会责任感，这同

---

① 转引自吴宗宪等：《非监禁刑研究》，中国人民公安大学出版社2003年版，第312页。

样有利于犯罪人的再社会化进程；③犯罪人通过为社区提供服务重新取得社区成员的信任，使社区成员看到犯罪人身上潜在的积极价值，并使犯罪人从其促进公益的行为中产生成就感，激发其与社区合作的愿望，以尽快融入到社区中去。正如美国纽约市拿索县家庭事务法官威廉·丹普赛所言："劳动对罪犯起的作用很大，使他们更能认识到犯罪的危害性，并能狠下决心不再走老路。"[①] 一个最近的研究表明：对70%的被判处社区服务的罪犯来说，用这种惩罚方式作为使他们重新社会化的工具是有效的。某犯人说：社区服务给了我一个机会为社会做点贡献，当我完成了服务项目，我感到有一种良好的心境，因为它使我感到我已矫正了一些需要矫正的东西。[②]

（3）社区服务体现了刑法的谦抑性价值。

刑事法律制度的建构，必有其追求的价值内容，谦抑性即是我国刑法追求的价值之一，它要求降低行刑成本，以最小的投入，获取最大的社会效益——有效地预防和抗制犯罪。[③] 刑罚是一种有限的社会资源，在以监禁刑为主要刑罚方法的时代，行刑的成本是极其昂贵的。根据联合国对31个国家和地区1994年监狱的开支情况的统计，这些国家一个罪犯年均监狱开支大约在3万至4万。[④] 而社区服务刑不需要将罪犯关押，无需监禁设施和关押费用，因而为国家节省了一笔数目不菲的开支，极大地降低了行刑成本。以英国社会服务令为例，判处社会服务的罪犯平均每年费用为490镑，而一个监禁犯每年的费用约为7000镑。[⑤] 由此可见，社区服务刑符合现代刑罚谦抑主义的发展趋势，具有重要的适用价值。

（4）社区服务是赔偿理论的题中应有之义。

犯罪不仅直接侵害了受害者的合法权益，而且在某种程度上侵害了社区的利益，因为犯罪使社区成员的安全感下降，使人与人之间的信任感降低，使社区的道德传统和交往规则面临着考验。因此，判令犯罪人对犯罪行为的直接受害者进行赔偿的同时，还应当判令犯罪分子对社区进行赔偿。赔偿的方式之一便是为社区提供无偿的劳务。在美国，社区服务被作为赔偿的一种模式（财务——社区服务模式）而得到广泛运用。这一模式强调通过罪犯的经济责任

---

① 转引自游伟、谢锡美："'两极化'走向：西方刑罚发展的基本态势"，载游伟主编：《华东刑事司法评论》（第2卷），法律出版社2002年版，第11页。

② 刘强编著：《美国刑事执法的理论与实践》，法律出版社2000年版，第243页。

③ 陈兴良：《刑法哲学》，中国政法大学出版社1992年版，第6页。

④ 吴宗宪等：《非监禁刑研究》，中国人民公安大学出版社2003年版，第589页。

⑤ 李贵方：《自由刑比较研究》，吉林人民出版社1992年版，第163页。

和社区服务来支付受害人的损失以及法院诉讼的费用。[①]

（二）社区服务在国外的历史与现状

作为现代刑罚制度的社区服务，一般被认为肇始于英国1972年的《刑事司法条例》。但以公益劳动来替代剥夺自由刑有着久远的历史根源，早在中世纪的德国，公益劳动被用来抵偿不能缴纳罚金而应得的拘禁刑。那时，具有替代性质的公益劳动主要有修筑城墙，清理城镇渠道。[②] 从17世纪开始，公益劳动在西欧不同国家的各种文献与有关刑罚运用的记载中均可发现，最常见的表述形式就是“强制劳动”或“劳动刑”。当时，判令犯罪人从事公益劳动，不仅可作为罚金刑的一种替代措施，而且也可以作为监禁刑的替代措施。[③] 到了19世纪中叶，伴随短期监禁刑的大量适用而产生的诸多弊端，学者们开始探寻短期监禁刑的替代措施。于是，业已存在但是很少得到使用的各种劳动刑便受到人们的关注并在有关国际会议上得到广泛讨论。尽管欧洲社会各界在用社区服务来替代短期监禁刑问题上认识并不一致，但这并不妨碍欧洲许多国家的立法者把社区服务引进各自的刑罚体系中。意大利（1889）、挪威（1902）、葡萄牙（1929）和瑞士（1942）的刑事法律中均规定了社区服务这一替代措施。[④]

1. 英国的社区服务

在英国，社区服务命令被认为是尝试罪犯处遇多样化的“最后的刑罚大改革”。根据《刑事司法条例》的规定，在英格兰和威尔士实行社区服务的犯罪人的条件是：（1）犯罪人在16岁或16岁以上；（2）实施了可以被判处监禁的犯罪；（3）在缓刑报告中建议对犯罪人使用社区服务；（4）在1年的业余时间内完成40小时至240小时的劳动；（5）犯罪人不能被假释；（6）如果没有完成工作或宣判有其他的罪行，将取消社区服务。[⑤] 在英国，每年大约有5万个社区服务性案件。适用这一措施的犯罪人必须在社会保护观察局的管理和监督下，从事有益于社会的无偿劳动服务，如到医院看护病人、为老人装修

---

① 刘强编著：《美国刑事执法的理论与实践》，法律出版社2000年版，第239页。

② 谢望原：“西欧探寻短期监禁刑替代措施的历程”，载《政法论坛》2001年第2期。

③ 谢望原：“西欧探寻短期监禁刑替代措施的历程”，载《政法论坛》2001年第2期。

④ 谢望原：“西欧探寻短期监禁刑替代措施的历程”，载《政法论坛》2001年第2期。

⑤ ［美］大卫·E. 杜菲著，吴宗宪等译：《美国矫正政策与实践》，中国人民公安大学出版社1992年版，第292~293页。

房屋、照顾残疾人、清扫公共场所等。到社区参加服务的罪犯，必须遵守社区服务的时间，按时到指定的地点参加社区服务。如果不按时到社区服务点去服务，第一次社区服务的监督员要警告他，第二次要提出严肃的批评，第三次将被送回法院，重新判决入狱。① 从英国的实际执行情况看，大约80%的犯人能够遵守服务令规定的各项条件，完成劳动任务；大约20%的犯人因未能履行规定的各项条件而被送回法院改判其他刑罚。②

2. 美国的社区服务

与英国相比，虽然社区服务的执行在美国起步较晚，但是要求受刑人履行某些工作或服务来代替刑罚的做法，事实上早在第二次世界大战期间就出现在美国。当时在很大程度上是因为战争对人力需要的结果。但是，具有现代意义的社区服务项目直到1966年才出现在加利福尼亚州，主要是针对交通违规者不能支付他们的交通罚款而实施的。随后，许多州都相继确立了社区服务项目使犯罪者通过公益劳动挣一些钱来赔偿受害者、社区或二者。③ 从1972年起，美国大约有三分之一的州已开始执行社区服务的判决以作为监禁形式的替代，还有许多州用以作为减轻监狱人满为患压力的措施之一。1984年，美国制定综合犯罪控制法案，随着此法令的执行，社区服务执行的频率再度扩增。

3. 法国的“公益劳动”刑罚

法国刑法中没有规定社区服务，但有类似社区服务的刑罚——“公共利益劳动”，这是一种完全独立的刑种，不得与监禁、剥夺权利或限制权利、罚金等并科宣告。法国刑法典第131－8条规定，对于实施了可以判处监禁刑的轻罪的犯罪人，法院可以指令被判刑人犯为公法法人或有资格实施公共利益性质之工程的协会完成不付报酬的公共利益劳动，时间为40－240小时。法官宣布公共利益劳动，必须当事人在场并征得其同意；对拒绝接受公共利益劳动之刑罚或判决时未出庭的人犯，不得宣告公共利益劳动的刑罚。法庭庭长在判决宣告之前，通知被告有权拒绝完成公共利益劳动，并听取其答复。④

4. 澳大利亚的社区服役

澳大利亚作为一个“世界上惟一由犯人建立起来的国家”，行刑社会化已

---

① 王运生、严军兴：《英国刑事司法与替刑制度》，中国法制出版社1999年版，第108页。

② 王运生、严军兴：《英国刑事司法与替刑制度》，中国法制出版社1999年版，第110页。

③ 刘强编著：《美国刑事执法的理论与实践》，法律出版社2000年版，第242页。

④ 罗结珍译：《法国刑法典》，中国人民公安大学出版社1995年版，第14页。

形成基本模式。社区服役作为行刑社会化模式中的重要一环，已得到大量应用。罪犯必须在规定的时间内从事无偿的社会工作，在首都区的社区服役1年不超过208小时。社区服役令方案由缓刑与假释事务局监管，具体工作由各自愿性社会组织实施。①

5. 俄罗斯的"强制性工作"

社区服务在前苏联也有悠久的历史。1922年的苏俄刑法典第27条规定了不剥夺自由的劳动改造刑：被判刑人不与正常的社会生活脱离，而是在其原工作地点或劳动改造机关指定的其他地点进行劳动改造，扣留受刑人工作收入的5%至20%作为国家收入。② 苏联解体后，俄罗斯在其刑法典中规定了与社区服务相类似的"强制性工作"的主刑。俄罗斯联邦刑法典第49条规定：（1）强制性工作是被判刑人在主要工作或学习之余无偿完成社会有益工作。工作的种类由地方自治机关决定；（2）强制性工作的期限为60小时至240小时，而每天的服刑时间不得超过4小时；（3）如果被判刑人恶意逃避强制性工作刑，则可以用限制自由或拘役替代；（4）被认定为一等或二等残废的人、孕妇、有8岁以下子女的妇女、年满55岁的妇女、年满60岁的男子，以及应征服现役的军人，不得判处强制性工作。③

6. 葡萄牙的社区服务④

社区服务（公益劳动）首次成为葡萄牙刑罚制度的一部分，最早见诸于1929年葡萄牙刑事诉讼法典，其时社区服务作为一种辅助刑罚来代替罚金刑适用于犯罪人不能缴纳罚金的情况。从那时起，公益劳动虽然有所变化，但一直保留到1982年对刑法典的修订，新刑法典第60条第一次把无偿的公益劳动作为一种主刑规定进了刑法典。葡萄牙刑法典中的社区服务分为主刑与附加刑两种。作为一种主刑，它是3个月以下监禁和90日以下罚金的替代措施；作为一种附加刑，它适用于被定罪人的收入和财产状况不能支付罚金的场合。

7. 瑞士的社区服务⑤

瑞士的社区服务有两种：一种是作为附属刑的社区服务，另一种是作为主

---

① 陈金鑫："澳大利亚的行刑社会化"，载《刑侦研究》1999年第1期。

② 樊凤林：《刑罚通论》，中国政法大学出版社1994年版，第668页。

③ 转引自吴宗宪等：《非监禁刑研究》，中国人民公安大学出版社2003年版，第316～317页。

④ 谢望原："葡萄牙刑罚制度中的社会服务刑"，载陈兴良主编：《刑事法评论》（第7卷），中国政法大学出版社2000年版，第286页。

⑤ 谢望原：《欧陆刑罚制度与刑罚价值原理》，中国检察出版社2004年版，第138～139页。

刑的社区服务。前者既可适用于成年犯罪人，也可适用于青少年犯；后者只能适用于青少年犯。用来替代罚金的作为附属刑的社区服务在瑞士已经有数百年的历史，早在1614年的《伯尔尼人审判规则》就有规定，对于不能缴纳罚金的人，可以令其为城市从事公益劳动冲抵罚金。而作为主刑的社区服务则是在1971年对刑法典进行第二次修订时纳入瑞士刑罚制度的。从那时起，该种刑罚方法就逐渐发展为处理青少年犯罪的最重要的刑罚方法。在瑞士，社区服务的组织和实施由各州司法局的社会服务处负责，被判刑人在公益劳动中的表现，由各州司法局的社会服务处负责监督。公益劳动必须在业余时间进行，每工作满4小时折抵1天自由刑，但每周必须至少工作满10小时，愿意多工作者时间不限。

（三）立法滞后、实践先行：社区服务刑在中国的命运

社区服务在西方许多国家具有悠久的历史传统和扩大适用的发展趋势，但我国刑法尚未将社区服务引入刑罚体系中，这不能不说是一种遗憾。令人高兴的是，我国已有基层刑事司法机关将社区服务应用于未成年犯罪的案例中。鉴于社区服务刑的价值并针对我国刑罚体系上的空缺，笔者认为，有必要把国外刑法中的社区服务刑引入我国刑事法律体系中。

1. 导入社区服务刑种的必要性

（1）减少短期监禁刑的大量适用，缓解监狱拥挤的局面。

如前所述，短期监禁刑具有难以克服的负面效应，很多欧美国家长期以来在寻求短期监禁刑的替代措施。而我国，目前短期监禁刑仍然被大量应用。据统计，我国法院每年判处5年以下有期徒刑的罪犯在30万人左右，占押犯总数的22%左右。① 由于大量适用短期监禁刑，使得监狱人满为患，拥挤不堪。据统计，到2000年年底，全国监狱押犯为144万人，超押24万人；全国监狱有53万罪犯没有劳动岗位，坐吃闲饭。② 要改变这种现状，有效途径之一是以社区服务等社区刑罚来替代短期监禁刑，选择那些罪行较轻、恶性较小、悔罪表现好的罪犯在社区服刑，这样，我国监狱拥挤不堪的状况有望得到根本缓解。

（2）导入社区服务则是发挥社会公众力量参与社会综合治理的有效途径。

随着社会的日益开放，行刑社会化已成为不可阻挡的世界性趋势。在行刑社会化的推进中，社会公众对开放式行刑的理解和支持，是决定其成效的关键因素。社区服务刑的导入，为更好地调动社会力量参与对罪犯的矫治提供了运作平台和制度保证。

---

① 吴宗宪等：《非监禁刑研究》，中国人民公安大学出版社2003年版，第586页。

② 吴宗宪等：《非监禁刑研究》，中国人民公安大学出版社2003年版，第587页。

（3）基层司法机关的有益尝试，亟须刑事法律予以规范。

2001年5月，河北省石家庄市长安区检察院出台了《关于实施“社会服务令”暂行规定》，在中国大陆率先实施社会服务制度。长安区检察院向因盗窃而受到刑事追究的17岁的犯罪嫌疑人黎明（化名）发出了我国第一道“社会服务令”，随后，黎明以“社会志愿者”的身份在该区一居委会从事了100小时的补偿性无偿社会服务。检察机关根据该犯罪嫌疑人在社会服务期间的表现和思想转变情况，决定对其作出不起诉处理。① 上海市长宁区法院在2002年7月首次对一起未成年人刑事案件试行“社会服务令”制度以来，共有24人次的未成年被告人适用了“社会服务令”，试行情况良好。② 另外，自2002年开始，我国上海、北京、江苏、天津、浙江和广东等省、直辖市试点刑罚改革新尝试——社区矫正，社区服务即是其中的重要一环。司法实践先行，刑事法律滞后，使得社区服务等社区矫正措施“师出无名”，不能体现“罪刑法定”，因而，迫切需要刑事法律为其“正名”，使其规范化、制度化。

2. 导入社区服务刑种的具体构想

（1）社区服务刑在我国刑罚体系中的地位

鉴于在国外刑法中，社区服务既有作为独立的刑种的立法例，也有作为缓刑的执行内容的立法规定；在作为独立刑种的国家，既有作为主刑的社区服务，也有作为附属刑的社区服务。考虑到我国刑罚体系的历史和现状，笔者认为，我国宜将社区服务设为一个独立的刑种，规定在附加刑中。这样，既可独立适用，也可附加适用，以提高其适用的灵活性。同时，完善管制、缓刑、假释的执行内容，把从事一定时数的社区服务作为罪犯在管制、缓刑、假释期间的应尽义务。

（2）社区服务刑的适用对象

参照国外的立法经验，社区服务刑的适用对象应为罪行轻微、恶性不大的罪犯。具体包括以下三类：①未成年犯。对未成年犯行刑侧重于矫治是世界性趋势。1980年《联合国少年司法最低限度标准准则》（北京规则）和1990年《联合国预防少年犯罪准则》（利雅得准则）要求各国当局把“社区服务的裁决”作为处置违法少年的司法措施，从而最大限度地避免监禁。为了贯彻联合国上述两个刑事司法准则，人民法院可以考虑对未成年罪犯中的初犯、偶犯，以“社区服务令”的形式令其到指定社区从事一定时数的社区服务，以

① 丁文亚：“中国发出第一道‘社会服务令’”，载《北京晚报》2001年8月22日。

② 参见“上海市长宁区法院试行‘社会服务令’一周年专题”，载《青少年犯罪问题》2003年第4期。

弥补其违法行为对他人和社会造成的损害。②轻罪犯。对于罪行较轻、社会危害性不大的罪犯，可以适用社区服务刑。具体可考虑将刑法中判处3年以下有期徒刑的轻罪，选择适用社区服务刑。③过失犯。相对于故意犯而言，过失犯的主观恶性和人身危险性较小，将他们放到社会上从事社区服务，一般不致再危害社会，并且有利于他们尽快融入社会。

（3）社区服务刑的种类、期限与后果

关于犯罪人从事何种形式的社区服务，法庭在判决时一般要将犯罪人的技能与社区的需要结合起来确定，充分发挥罪犯的一技之长，使得他们在提供社区服务的过程中能产生一种成就感，增强自信心。例如，对于实施了犯罪的运动员，可以安排他们到体育馆为青少年提供体育训练；对于犯了罪的医务人员可安排他们从事与医疗有关的活动。关于社区服务的期限，法庭在判决时要充分考虑犯罪人罪行的严重程度，以此来确定社区服务的时间长短。参照多数国家的立法，社区服务的时数应控制在60小时至240小时之间，每天劳动时间不超过4小时，一般应在1年内完成。借鉴国外的做法，在对罪犯适用社区服务刑时，一般应征得本人的同意。如果罪犯没有合法理由而拒不完成劳动，或者处心积虑故意使自己逃避社区服务，执行机关应报请法院撤销社区服务，转处罚金刑或监禁刑。

（4）社区服务刑的执行

在国外，对社区服务刑的执行，通常主要由两类机构负责：一类机构是缓刑部门；另一类机构是志愿者组织。在很多情况下，这两类组织往往联合起来，共同管理社区服务的执行事务。[①] 鉴于我国正在试点社区矫正，笔者建议设立社区矫正机构，专门负责对非监禁刑服刑罪犯的监督与执行，该社区矫正机构隶属于基层司法行政机关，配备专职执行人员，同时从社区招募一定数量的志愿者进行帮教工作。

第四节　监外执行

一、监外执行概说

（一）监外执行的概念

监外执行是我国正在试点中的社区矫正的重要项目之一。所谓监外执行，

---

① 吴宗宪等：《非监禁刑研究》，中国人民公安大学出版社2003年版，第320页。

是指被判处有期徒刑、拘役的罪犯，本应在监狱或其他执行场所服刑，由于出现了法律规定的某些特殊情形，不宜在监狱或其他监禁场所执行刑罚时，暂时采取的一种变通执行场所或执行方法的制度。监外执行有两种情况：一种是交付执行前，人民法院决定的监外执行；另一种是交付执行后，监狱或其他执行机关决定的监外执行。

在我国，监外执行被界定为刑罚的变通执行方式，其实质在于，“由于某种特殊情况的出现，通过一定的程序，将人民法院所判处的监禁刑，改变为非监禁的刑罚执行方法，而且罪犯的刑期不因执行场所、执行方式的变更而中断，仍然连续计算”。①

监外执行不同于假释。尽管监外执行与假释同属于刑罚的变通执行方式，都是因某种事由，将人民法院所判处的监禁刑，改变为非监禁的刑罚执行方式，但假释与监外执行有本质的区别，假释是根据服刑罪犯在狱内的良好改造表现，认为将其提前释放确实不致再危害社会，因而将其附条件提前释放的一种刑罚变通执行方式。如果罪犯能平稳度过考验期，原判刑罚就认为已经执行完毕，不再收监执行。而监外执行不是以犯罪分子确有悔改表现为适用的前提条件，而是由于罪犯罹患严重疾病或具有重度残疾，不适合在监狱内服刑，需要离监进行治疗，因而将自由刑执行予以变更。妨碍监内服刑的条件一旦消失，如疾病治愈、女性犯人哺乳期已满等，则要依法将罪犯收监执行。

监外执行与刑罚暂停执行或推迟执行不同。所谓刑罚暂停执行或推迟执行，是指对于被判处一定刑罚的犯罪分子，在其刑罚执行开始时或执行过程中，因为暂时执行不能，而将其未执行的刑罚推迟到执行不能原因消失后再开始执行的制度。刑罚推迟执行在许多国家或地区的刑事法律上均得到了规定。例如，德国刑事诉讼法第455条“推迟自由刑的执行”规定：“（一）受有罪判决人如果发生精神病的时候，对自由刑的执行应当推迟。（二）前款规定同样适用于受有罪判决人患有其他疾病，执行会对他几乎带来生命危险的情况。（三）根据受有罪判决人所处身体状况，立即执行与监狱的设施不相容的，也可以推迟刑罚的执行。（四）如果（1）受有罪判决人发生精神病；（2）患有疾病，执行则有可能危及受有罪判决人生命之虞，或者（3）受有罪判决人身患重病，在监狱或者监狱医院里不能查明或者治疗，并且可以预计病情将要持续相当一段时间的，执行机关可以中断自由刑的执行。如果有重要理由，特别是公共安全方面的理由与此相抵触时，对执行不允许中断。”②

---

① 金鉴：《监狱学总论》，法律出版社1997年版，第295页。

② 参见《德国刑事诉讼法典》，中国政法大学出版社1995年版。

日本刑事诉讼法规定了两种自由刑执行的停止：一是自由刑执行的必要停止，刑事诉讼法第480条规定了“自由刑执行的必要停止”：受惩役、监禁或者拘留宣判的人处于心神丧失的状态时，依据作出刑罚宣判的法院相对应的检察厅的检察官或者受刑罚宣判人现在地的管辖地方检察厅的检察官的指挥，在其状态恢复以前，停止执行刑罚。二是自由刑执行的酌定停止，刑事诉讼法第482条规定了“酌定停止自由刑”：“对于受惩役、监禁或者拘留宣判的人，具有以下情形之一时，可以依据与作出刑罚宣判的法院相对应的检察厅的检察官或者受刑罚宣判人现在地的管辖地方检察厅的检察官的指挥而停止执行自由刑。①因执行刑罚而显著损害健康时，或者有不能保全其生命的危险时；②年龄在70岁以上时；③怀孕在150日以上时；④分娩后没有经过60日时；⑤因执行刑罚可能产生不能恢复的不利情况时；⑥祖父母或者父母年龄在70岁以上，或者患重病或残疾，而没有其他保护他们的亲属时；⑦子或者孙年幼，而没有其他保护他们的亲属时；⑧有其他重大事由时。”①

我国台湾地区的“刑事诉讼法”也规定了刑罚的暂停执行制度。其第467条规定：心神丧失者、怀孕5个月以上者、生产未满2个月者，现罹患疾病恐因执行不能保其生命者，检察官可决定暂停刑罚之执行。但是刑罚执行暂停，不仅停止期间不计算入刑期之内，而且行刑权时效也同时停止。②

与我国监外执行相同的是，无论是德国的推迟自由刑执行制度，还是日本的自由刑停止执行制度，它们适用的事由都是罪犯的身体状况不适宜在监狱继续服刑，都是刑罚执行中人道主义政策的体现。所不同的是，我国的监外执行制度属于刑罚的变更执行方式，罪犯在监外治疗疾病的期间计入刑期之内，而德、日等国推迟或者停止执行的期间原则上都不计入刑期。因此，德、日等国的推迟自由刑执行制度和自由刑停止执行制度，属于刑罚执行的中断，而非刑罚方式的变通执行，因而一旦推迟或停止执行的情形消失，不论刑期是否届满，刑罚执行机关都会将罪犯收监继续执行中断的刑罚。

（二）监外执行的特征

1. 监外执行的人道性。监外执行是基于人道主义原则，考虑到有些罪犯由于身体的特殊状况，已不适合在监狱内继续服刑，因而将其刑罚执行场所予以变更，让罪犯回到社会上一边治疗疾病，一边继续服刑。因此，监外执行并不主要考虑犯罪人是否得到成功改造，也不主要考虑刑罚执行是否已经恢复社会公正，而是考虑对受刑人继续执行刑罚是否人道和必要。可见，监外执行具

---

① 参见《日本刑事诉讼法典》，中国政法大学出版社2000年版。

② 黄东熊：《刑事诉讼法论》，台湾地区三民书局1987年版，第701页。

有鲜明的人道主义色彩。

2. 监外执行的非监禁性。监外执行是根据罪犯的受刑能力所采取的刑罚变通做法，是将符合法定条件不宜在监狱服刑的罪犯置于社区中执行刑罚的非监禁性刑罚执行方法。与其他非监禁性刑罚执行的目的不同，监外执行的制度设计主要不是避免监禁刑带来的“监狱化”弊端、促进犯罪人重返社会，而是基于人道主义考虑，让罪犯到社会上接受更好的医疗服务，或者让女性罪犯在更好的环境下培育后代。因此，监外执行在惩罚性和矫正性方面的要求大幅度降低，与同处于社区矫正方式下的管制犯、缓刑犯、假释犯相比，被监外执行的罪犯受到的限制要少得多。

3. 监外执行的动态性和暂时性。可以说，监外执行是基于人道主义考虑而实施的暂时性的权宜举措，这种刑罚变更执行方式并非固定不变持续到刑期届满。在实际操作中，一般根据罪犯病情，可以一次批准保外就医时间为半年至1年。一旦法定的条件消失，如保外就医罪犯的疾病治愈，或者女性罪犯哺乳期届满，罪犯就会被收监继续执行尚未执行完毕的刑罚。

（三）监外执行的利弊剖析

1. 监外执行的存在价值

（1）体现了刑罚人道和人权保护的理念。

犯罪分子由于实施了危害社会的行为，所以受到了国家的否定评价。国家为了维护社会正义和保护公民权利，通过对罪犯实施刑罚来剥夺和限制他们的一定权利以示惩戒。但罪犯作为“人”的资格和罪犯仍然是“人”的事实并不因罪犯服刑而丧失和消失。所以，当他们罹患严重疾病需要治疗时，应当允许他们离监到医疗条件比较好的医院接受诊治，同时允许他们在监外执行刑罚。这样，他们不仅可以享受比监狱医院更好的医疗服务，而且可以得到家人悉心的护理和照顾，从而有利于罪犯早日康复。身患严重疾病短期内有死亡危险的罪犯，以戴罪之身回归社会服刑，在家庭的氛围中度过余生，体现出一种临终关怀的理念，符合我国民众的情感要求。怀孕或正在哺乳自己婴儿的女性罪犯，需要有一个良好的服刑环境，以保护胎儿或婴儿的利益。凡此种种，都体现了刑罚人道主义的理念，有利于罪犯的人权保障。

（2）有利于感化罪犯群体，促进罪犯的改造。

监外执行制度是对罪犯实行人道主义政策，对罪犯实行感化、教育政策的最好体现。通过监外执行制度，罪犯能深切感受到政府和社会没有因为自己犯了罪而抛弃他们，而是不遗余力采取一切可能的措施来挽救自己，不仅矫正其扭曲的人格，而且医治其身体的疾患。罪犯从中可以感受到人道主义的博大胸怀，这将极大地激发罪犯悔过自新、积极改造的热情，促使罪犯早日成为守法公民。

（3）有利于松动我国自由刑执行的呆滞现象。

自清末引入近代西方刑事法制度至今，死刑缓期执行、管制刑的创制虽扩大了自由刑适用的范围，以徒刑为中心的刑罚结构、运作方式却都没有发生实质性的变化。① 特别是自由刑的执行固守监禁化的模式，使我国自由刑的执行长期处于板结状态。作为一种非监禁处遇制度，监外执行是根据罪犯的受刑能力所采取的刑罚变通做法，它把缺乏受刑能力的老弱病残犯以及患有严重疾病需要在监外治疗的罪犯从监狱疏散出来，放在社会上服刑。这种行刑转处方式，客观上有助于监狱加快罪犯的周转量，缓解监狱拥挤现象，降低监狱行刑成本。因此可以说，监外执行给处在呆滞状态中的我国自由刑执行制度注入了一股新鲜活力，在一定程度上松动了我国自由刑执行过于板结的现象。

2. 对监外执行的批评

监外执行尽管具有人权保障的价值取向，但由于近年来我国有些地方在适用监外执行过程中存在舞弊现象，致使有学者对监外执行的存在价值提出了质疑：②

（1）监外执行导致事实上的罪刑不当。

罪刑相适应原则，是我国刑法的基本原则之一，即犯罪对社会危害程度的大小，是决定刑罚轻重的重要依据。而暂予监外执行制度则规定由于罪犯自身的因素（身患严重疾病、怀孕或哺乳自己婴儿的妇女、生活不能自理等情形），可以选择在监狱外执行刑罚，从而使罪犯恢复原已被剥夺的人身自由等权利。不仅如此，罪犯在监外的“期间”与在监内执行刑罚具有同等的法律效力。也就是说，罪犯可以由于自身的原因，非经法定的减刑、假释程序和条件，即可以减少自己实际在监狱内服刑的时间，从而造成重罪轻罚或者有罪不罚的后果。

（2）监外执行极易产生刑罚执行环节上的舞弊现象。

由于现行刑事诉讼法将暂予监外执行作为刑罚的变通执行方式，将监外执行的期间计入刑罚执行期间，这就为罪犯逃避服刑打开了方便之门。服刑罪犯必然会借此与执行机关进行权钱交易，以换取暂予监外执行的资格和机会。为了达到监外执行的目的，有些罪犯不惜代价、采取种种非法手段，为自己“创造条件”。有些监外执行医疗鉴定机构或者审批机关工作人员由于意志薄弱则被罪犯及其家属“拖下水”，帮助罪犯制假、造假。结果，在实践中诱发

① 王利荣：《行刑法律机能研究》，法律出版社2001年版，第249页。

② 王艳：“监外执行制度的思考与完善”，载《杭州商学院学报》2002年第4期。

了大量的“执行腐败”问题，成为滋生权钱交易、渎职侵权等腐败犯罪的“温床”，以致有人将“监外执行”称为司法腐败的“黑洞”。①

（3）刑罚执行的目的难以达到。

我国多数学者认为，刑罚目的是报应与预防的统一。监外执行对罪犯本人来说，事实上是减少了刑罚执行的期限，造成罪刑不当，对罪犯本人就达不到惩罚与教育改造的目的，可能使刑罚的特殊预防目的落空；对社会而言，由于暂予监外执行制度破坏了罪刑相适应的完整性，对社会潜在的犯罪人就起不到警戒和预防的教育目的，甚至对一部分人还可能提供错误的信息：认为由于罪犯自身的因素可以在监外执行刑罚以逃避刑罚的执行，从而助长了他们铤而走险实施犯罪或在实施犯罪以后到处拉关系、找熟人，实现他们“前门进、后门出”的目的，最终使刑罚一般预防的目的难以实现。

二、监外执行的适用

（一）监外执行的条件

1. 对象条件

关于监外执行的适用对象，1979 年刑事诉讼法规定为被判处无期徒刑、有期徒刑或拘役的罪犯。1997 年修订刑事诉讼法时，把无期徒刑犯从监外执行的适用对象中予以排除，理由是：被判处无期徒刑的罪犯所犯罪行严重、主观恶性和人身危险性较大，对其适用监外执行既达不到惩罚和改造的刑罚目的，又不利于社会安全。

2. 前提条件

前提条件就是罪犯必须有法律规定监外执行的情况发生，才能给予监外执行。根据现行刑事诉讼法第 214 条的规定，监外执行的适用情形有三种：

（1）有严重疾病需要保外就医的。司法实践中习惯上称之为保外就医，这是适用监外执行的一种主要形式。根据这条规定，适用保外就医需要具备两个条件：一是身患严重疾病需要到监外治疗。关于“严重疾病”的范围，1990 年司法部、最高人民检察院、公安部联合颁发的《罪犯保外就医执行办法》规定了以下几种情形：①身患严重疾病、短期内有死亡危险的；②患严重慢性疾病，长期医治无效的；③身体残疾、生活难以自理的；④年老体弱，已失去危害社会的能力的。二是由保证人取保。保证人的条件，现行刑事诉讼法第

① 万毅：“刑罚暂停执行制度：暂予监外执行制度改革的新思路”，载《人民检察》2004 年第 10 期。

54条对取保候审的保证人的条件作了明文规定，这些规定应当同样适用于保外就医中的保证人。另外，修订后的刑事诉讼法第214条第2款对保外就医又增加了一条禁止性规定，即对于适用保外就医可能有社会危险性的罪犯，或者自伤自残的罪犯，不得保外就医。之所以对“可能有社会危险性的罪犯”不适用保外就医，是因为这些罪犯所犯罪行具有相当大的社会危害性，而且这些罪犯在犯罪后往往拒不认罪，抗拒改造，因而具有较大的人身危险性，对他们适用保外就医，极易发生新的犯罪，不利于防卫社会。自伤自残是罪犯为了逃避服刑而采取的一种损害自己身体健康的行为，表明其并不真心悔改、接受改造，其人身危险性并没有真正消失。对这种罪犯禁止适用保外就医，同样是基于防卫社会的考虑，同时可以避免监内其他罪犯的仿效，从而有利于维护监管秩序以及对监外、监内罪犯的改造。

综上所述，对于判处有期徒刑或者拘役的罪犯可以适用保外就医的条件是：①有严重疾病，并且不属于自伤自残；②有保证人取保；③适用保外就医不可能有社会危险性。

（2）怀孕或者正在哺乳自己婴儿的妇女。尽管修订后的刑事诉讼法并没有明确规定限制性条件，但笔者认为对怀孕或者正在哺乳自己婴儿的妇女适用监外执行同样包含“不可能有社会危险性”这个条件，因为对怀孕或者正在哺乳自己婴儿的女性罪犯一般在审判后就已经决定监外执行，此时对其判处的刑罚尚未执行，对其危险的人格的改造尚未开始，她们的人身危险性较之在服刑期间适用保外就医的罪犯来说可能更大一些，尤其是正在哺育自己婴儿的女性罪犯，更是具有部分甚至是完全的犯罪能力。因此，从防卫社会的目的出发，对怀孕或者正在哺乳自己婴儿的女性罪犯适用保外就医时，也应当考虑其再犯可能性。

（3）生活不能自理的。这是修订后的刑事诉讼法新增的一项规定。所谓生活不能自理，是指罪犯有重度残疾，需要由他人照顾才能生活的情形。这种“生活不能自理”的罪犯，由于其自身身体状况，一般已失去了再次危害社会的能力，但也不能因此而掉以轻心，对这类罪犯适用保外就医仍需要考虑其再犯可能性。

3. 实质条件

实质条件是指对符合形式条件的罪犯适用监外执行不致再危害社会。作为一种非监禁性处遇，“应力求在罪犯的个人权利与受害者的权利和社会对于公共安全和预防犯罪的关注之间达到妥善的平衡”,① 因此，尽管刑事法律对监外执行的实质条件没有明确规定，但“无害于社会”依然是适用监外执行的实质条件。当然，要确定罪犯适用监外执行后不致再危害社会，会遇到与缓刑、假释适用一样的难题，需要冒一定的风险。好在刑事法律在启动监外执行制度时，已经把适用的对象定位在罹患严重疾病、年老体衰、身患重度残疾的犯罪分子，这些人要么“人之将死，其言也善”，要么因自身身体状况已失去了危害社会的能力，因此，它实际上已经把风险降到了最低点。

确定适用监外执行不致再危害社会，应当从两个方面来理解：一方面，确定适用监外执行的罪犯不具有人身危险性；另一方面，确定被害人和社会对拟适用监外执行的罪犯的反应，如果被害人复仇意识非常强烈，或者社会对该罪犯憎恨心理强烈，那么，适用监外执行应当慎重，否则可能引发新的犯罪事件。②

（二）监外执行的程序

1. 交付前监外执行的适用程序

这种形式的监外执行由具体审理案件，作出判决、裁定的法院决定。其具体程序有：（1）医院鉴定。我国刑事诉讼法第214条第3款规定：“对于罪犯确有严重疾病，必须保外就医的，由省级人民政府指定的医院开具证明文件。”（2）法院审批。人民法院决定暂予监外执行的，应当制作《暂予监外执行决定书》，载明罪犯基本情况，判决确定的罪名和刑罚，决定暂予监外执行的原因、依据等内容。（3）把《暂予监外执行决定书》抄送人民检察院和罪犯居住地公安机关。

2. 交付后监外执行的适用程序

罪犯交付执行后的监外执行由监狱管理机关决定。根据《监狱法》、《罪犯保外就医执行办法》等相关法律、法规的规定，罪犯在服刑期间的监外执行适用程序主要包括：（1）监所初审，提请病残鉴定。对符合法定条件需要监外执行的罪犯，由所在监所中队队务会讨论通过，大队队务会审核，报单位狱政科讨论并请驻监所的检察人员列席参加，初审同意后，填写《罪犯疾病伤残鉴定申请表》，进行病残鉴定。（2）由省级人民政府指定的医院鉴定，出具鉴定结论。（3）对于符合监外执行的罪犯，监所应当填写《监外执行征求意见书》，征求罪犯家属所在地公安机关的意见，并与罪犯家属联系，办理取

---

① 陈光中、[加].丹尼尔·普瑞方廷：《联合国刑事司法准则与中国刑事法制》，法律出版社1998年版，第450页。

② 何显兵：《社区刑罚研究》，群众出版社2005年版，第245页。

保手续。（4）报请监狱管理局审批。监所制作《监外执行审批表》，连同《罪犯病残鉴定结论》、《监外执行征求意见书》、《监外执行取保书》等材料，报请省、自治区、直辖市监狱管理局审批，同时，将上述材料副本送驻所检察机关。（5）省、自治区、直辖市监狱管理局审批同意监外执行的，所在监所办理罪犯出监手续，发给《监外执行证明书》，把该书面决定通知罪犯户籍所在地的公安机关、原审法院，并抄送人民检察院。

对于在看守所、拘役所执行刑罚的罪犯，符合监外执行条件的，由执行机关报请县级以上公安机关批准。经审查批准监外执行的，应当制作《暂予监外执行决定书》，送交罪犯户籍所在地公安机关派出所，并抄送同级人民检察院。

三、监外执行的完善

（一）监外执行适用中存在问题剖析

1. 监外执行适用率低。

监外执行是基于人道主义考虑，对身患重病或有严重残疾的罪犯所实施的一种特殊的刑罚执行方式。但是，从我国近年来的司法实践来看，监外执行的适用相当保守，因而导致监外执行的适用率一直偏低。具体数据见下表：①

年　度	适用人数	占在押犯总数的百分比
1996	30, 178	2. 13%
1997	27, 271	1. 89%
1998	24, 878	1. 73%
1999	22, 513	1. 58%
2000	20, 021	1. 40%

表中数据反映出，自 1997 年刑事诉讼法修订以来，我国监狱系统对监外执行的适用比例不仅较低，而且呈逐年下降趋势。2001 年全国监狱系统获准监外执行的犯人仅占在押犯总数的 1. 13%，2002 年这一比例更跌至 0. 99%。②导致我国实践中监外执行适用率畸低的原因是多方面的，大而言之，有以下方面：

① 吴宗宪等：《非监禁刑研究》，中国人民公安大学出版社 2003 年版，第 575 页。
② 郭建安、郑霞泽主编：《社区矫正通论》，法律出版社 2004 年版，第 423 页。

(1) 监外执行的条件过于严格。

1990年最高人民检察院、司法部、公安部联合发布的《罪犯保外就医执行办法》中规定，原判有期徒刑的罪犯即使患有严重疾病长期医治无效的，也只有在执行原判刑期的1/3以上之后才可以考虑适用保外就医。1997年修订后的刑事诉讼法缩小了监外执行的对象范围，把无期徒刑犯排除在监外执行的范围之外，实践中这类罪犯一般只能等其减为有期徒刑后才有可能适用监外执行。

(2) 监狱系统因怕担风险而不敢轻易适用监外执行。

如前文所述，狱政机关在对罪犯适用监外执行时，也面临着与缓刑、假释一样的难题：如何预测罪犯在社会上服刑不致再危害社会。尽管符合监外执行条件的罪犯由于特殊身体状况其再犯罪能力已经丧失或几乎丧失，但仍然无法排除其有再次危害社会的危险性，因此，适用监外执行仍然存在一定的风险。为了降低风险，监狱系统采取了谨慎乃至消极的态度，于是，监外执行的低效适用也就不足为怪了。

(3) 公安机关因怕增加工作负担而竭力反对监狱适用监外执行。

作为监外执行适用程序的一个环节，监狱管理机关在考虑对某个罪犯适用监外执行时，应当征求该罪犯家属所在地公安机关的意见。而公安机关基于其维护社会治安的首要职责，竭力反对监狱多搞监外执行，一怕监督任务落实不了，出现空当；二怕罪犯回到社会上服刑会增加辖区的不安定因素，出了问题既影响社会治安，又增加自己的工作负担。抱着“多一事不如少一事”的想法，公安机关往往不愿意签署同意适用监外执行的意见。公安机关的不配合，监狱机关也只能徒唤奈何，致使一些有严重疾病的罪犯不能及时得到保外就医。

(4) 罪犯家属因怕背“包袱”而不愿接收监外执行的罪犯。

在监外执行实际操作中，监狱管理机关在考虑对某个罪犯适用监外执行时，还需要与罪犯家属取得联系，办理取保手续。事实上，罪犯家属不仅要为罪犯在治疗疾病期间的行为担保，而且还要为其提供医疗费用及生活费用。部分罪犯家属因家庭出了个罪犯而深感羞辱，现在还要背负沉重的经济负担，因而往往存在一定的抵触情绪，抱着“眼不见，心不烦”的心理，不愿将患有严重疾病的罪犯接回家中治疗和护理。

2. 违法办理监外执行的现象依然存在。

如前所述，由于现行刑事法律将监外执行定性为刑罚变通执行方式，将监外执行的期间计入刑罚执行期间。这一制度设计，使某些罪犯找到了一条不用在监内服刑就可以将刑罚“执行”完毕的捷径。为了获取监外执行的机会，有些罪犯挖空心思、不惜代价，与行刑机关进行权钱交易。因此，在办理监外执行过程中，权力“寻租”现象时有发生，“监外执行”成为司法腐败的“黑洞”。具体表现在：（1）随意降低审批标准和条件。有些监狱机关没有严格按照最高人民检察院、司法部、公安部1990年第247号文件颁布的《罪犯保外就医疾病伤残范围》规定的标准进行审批，而将一些不符合保外就医条件的普通常见疾病，如关节炎、胃炎、肺炎、胆结石、高血压等作为严重疾病给予保外就医；把虽患有严重疾病，但具有严重社会危险性的罪犯和判处死缓、无期徒刑等法律明令禁止保外就医的罪犯批准保外就医等；（2）不按规定程序办理，手续不完备。按照刑事诉讼法的规定，办理保外就医必须由省级人民政府指定的医院开具证明文件，而在实践中，有些监狱仍然由监狱医院违法出具虚假鉴定结论，致使不符合监外执行的罪犯蒙混过关。①

3. 保外就医担保名不副实，形同虚设。

在监外执行中，保外就医是最主要的方式。所谓保外就医，顾名思义，就是担保人在罪犯离监治疗期间必须承担担保义务。但上海提篮桥监狱对监狱保外就医展开的调查发现，当前执行保外就医工作中，比较突出的问题是担保人问题。具体有以下方面：（1）担保人不具有担保资格或能力。担保人的资格应当包括下列条件：具有管束和教育保外就医罪犯的能力；具有一定的经济条件；享有政治权利和其他公民权利，人身自由未受限制；与本案无关。调查中发现，保外就医的担保人主要存在下列问题：担保人多为罪犯的父母，年龄偏高，无力承担管束、教育责任；经济能力有限，无力承担保外就医的医疗费用；家庭矛盾激化，担任担保人的家属拒绝为罪犯继续担保，形成“担而不保”；担保人无视担保责任，使担保变为庇护。②（2）缺乏对担保人怠于行使担保义务的法律责任的规定。在办理监外执行程序中，监狱管理机关一般要求罪犯家属签署担保书，办理取保手续，目的是通过担保人约束保外罪犯的行为。但有学者认为，这种取保程序设置，只是一种长期有效的做法，不是法律的必经程序。③ 由于担保人怠于行使担保义务时的责任在法律中没有规定，因此，这种担保纯属名义性质，由此，法律预设—规制—责任的逻辑结构被打破，保外就医能否成立让人置疑。司法实践中担保的虚无性往往使罪犯无所顾

---

① 陈绍纯、汤尧光：“完善人民检察院刑事诉讼法律监督机制的思考”，载《国家检察官学院学报》1999第4期。

② 转引自屈新、何显兵：“论监外执行制度的改革与完善”，载《人民司法》2004年第3期。

③ 夏宗素：《狱政法律问题研究》，法律出版社1997年版，第195页。

忌，司法部门又将其监督管理责任委于担保人，造成了法律空当。①

4. 监外执行程序繁琐、运作不畅。

如前所述，监外执行在实际操作中，需要经历若干道程序，由于保外就医在其内容和程序的契合上不到位，比如审查移送期限不明确，致使保外就医程序反应过慢，实际运作多在半年以上，以致病犯贻误救治，甚至因罪犯死亡而程序中止。② 另外，监外执行的运作涉及到监狱机关、审批机关、公安机关三个机关的工作职能，需要三个机关相互之间的配合与协调。但在司法实践中，三个机关之间有时关系没有理顺，存在脱节和空当的现象。表现在：（1）决定机关与执行机关衔接不到位。由于刑事法律对监外执行的开始程序没有明确、具体的规定，决定机关审查批准罪犯监外执行后，监狱机关把该罪犯交由取保人，办理取保手续后，就认为罪犯已由执行机关接管，至于该罪犯是否按照规定到公安机关报到也就不再关心，而负责执行的公安机关在收到监外执行罪犯的书面材料后，也只是等待罪犯报到。决定机关与执行机关衔接上的不到位，容易让犯罪分子钻空子，导致对罪犯监管的空当。（2）执行机关与行刑机关沟通不到位。根据《罪犯保外就医执行办法》的规定，监外执行罪犯所在地公安机关负责对其日常性的监督考察，监狱机关每年应当派干警或者发函进行一次全面考察，了解罪犯病情和表现情况，根据情况进行处理。但实践中，有些地方就连这样的沟通也难以到位，致使一些监外执行条件消失的罪犯不能及时收监执行刑罚。

5. 执行机关对监外执行的罪犯监管不力。

根据刑事诉讼法的规定，对于监外执行的罪犯，由居住地公安机关负责监管，基层组织或罪犯原所在单位协助进行监督。但在实践中，公安机关既没有专门的机构也没有专职的人员负责该项工作，只要被监外执行的罪犯不离开居住地，公安机关就不管不问，甚至有的犯罪分子到外地经商、旅游，公安机关出于种种原因，也是“睁只眼闭只眼”，听之任之。以致实践中常常出现对罪犯的脱管现象，导致罪犯放任自流。③ 据陕西省某监狱 1997 年统计，在被保外就医的罪犯中，只有 25% 在治疗疾病，其他 75% 的罪犯在干什么，谁也说不清楚。④

---

① 王利荣：《行刑法律机能研究》，法律出版社 2001 年版，第 324 页。

② 王利荣：《行刑法律机能研究》，法律出版社 2001 年版，第 325 页。

③ 林睦翔：“论暂予监外执行的检察监督”，载《甘肃社会科学》2006 年第 1 期。

④ 吴宗宪等：《非监禁刑研究》，中国人民公安大学出版社 2003 年版，第 578 页。

6. 检察机关的监督乏力。

新修订的刑事诉讼法第215条和最高人民检察院制定的《人民检察院刑事诉讼规则》第422条至第426条，对监外执行的检察监督作出了具体规定，增强了检察监督的可操作性。不可否认，近年来，检察机关对监外执行的检察监督确实发挥了一定功效。例如，时任最高人民检察院检察长的韩杼斌在第九届全国人民代表大会第四次会议上指出：2000年全国检察机关在刑罚执行监督中，对违法减刑、假释、保外就医等情况提出纠正意见9,318次；最高人民检察院检察长贾春旺在第十届全国人民代表大会第二次会议上指出：2003年在刑罚执行和监管活动监督中，对不依法交付执行，违法减刑、假释、保外就医以及体罚被监管人等依法提出监督意见7,055次。但总体而言，对监外执行的检察监督效果还不十分理想，司法实践中还存在监督空当，监督力度还有待强化。具体表现在以下方面：（1）监督存在空当，导致监督不到位。刑事诉讼法仅仅规定了检察机关对审批机关的审批工作进行监督，对监狱等刑罚执行机关的前期工作没有介入监督，致使监狱机关等刑罚执行机关在监外执行操作中的不当甚至违法行为难以得到及时纠正。（2）书面审查，事后监督，影响到监督的质量。人民检察院对监外执行的监督基本上采用事后监督方式，必须等到人民法院、监狱管理机关、公安机关决定后才能启动监督程序，因此，刑事司法实践中，人民检察院在行使监督权时，仅仅是对监外执行程序的各种法律文书进行书面审查，人民检察院在接到相应的批准决定书后，认为该决定不当时才提出书面意见，这基本上难以保证监外执行监督的质量。① 事后监督的不足之处在于，监狱或审批机关违法的危害后果已经发生，犯罪分子已经在监外执行，纠正错误所需时间较长，纠正的难度也相应增大。②（3）监督措施不力，影响监督效力。根据刑事诉讼法的规定，检察机关对监外执行的监督措施就是向监外执行的批准机关提出书面纠正意见，该纠正意见的法律效力是，批准暂予监外执行的机关收到后，“应当立即对该决定进行重新核查”。可见，检察机关的监督仅仅是提出纠正“意见”，对审批机关没有太大的约束力。③ 至于审批机关对监外执行的决定进行重新核查后如何处理，要不要以书面形式反馈检察机关，法律没有作进一步的规定，让人有一种虎头蛇尾之感。检察监督措施的软弱无力，严重制约了检察监督的法律效力。

---

① 郑华：“暂予监外执行监督若干问题的思考”，载《检察实践》2003年第2期。

② 林睦翔：“论暂予监外执行的检察监督”，载《甘肃社会科学》2006年第1期。

③ 林睦翔：“论暂予监外执行的检察监督”，载《甘肃社会科学》2006年第1期。

（二）改革监外执行制度的构想

1. 扩大监外执行适用对象的范围。

现行刑事诉讼法把监外执行的对象限定在被判处有期徒刑和拘役的罪犯，笔者认为，这种规定并不合理。监外执行适用对象的狭窄，是导致我国司法实践中监外执行适用率较低的“瓶颈”之一。随着我国社区矫正试点工作的逐步展开，作为社区矫正重要项目之一，监外执行在未来必将得到广泛适用，为此，有必要扩大监外执行的适用对象范围。具体设想是：

（1）将无期徒刑犯纳入监外执行的适用对象范围。

1996 年修订的刑事诉讼法把无期徒刑犯排除在监外执行的适用对象范围之外，立法者这样修订的理由是：被判处无期徒刑的罪犯所犯罪行严重、主观恶性和人身危险性较大，对其适用监外执行既达不到惩罚和改造的刑罚目的，又不利于社会安全。笔者认为，这个理由与监外执行的立法宗旨是相悖的。前文已经阐述，监外执行是基于人道主义考虑，对那些身患重病或残疾，怀孕或者哺乳等罪犯，由监禁处遇变为非监禁处遇的行刑处遇的一种优待，监外执行的适用并不以罪犯的服刑表现为依据。基于这样的立法宗旨，就不应该把无期徒刑犯排斥在监外执行的适用对象范围之外，因为被判处无期徒刑的罪犯也有可能身患重病或残疾，女性犯人也有可能正处在怀孕或哺乳期，因此，他（她）们也应当获得监外执行的机会。而且，被判处无期徒刑的罪犯并非人身危险性就一定比被判处有期徒刑的罪犯来得大，司法实践中相当多的罪犯被判处无期徒刑是因为其所犯罪行性质严重，如贪污、受贿等基于特定职务而实施的犯罪人，一旦与原先的职务分离，其再犯可能性几乎为零。对于类似被判处无期徒刑的罪犯，如果具备监外执行的条件，完全可以对其适用监外执行。因此，笔者建议，对被判处无期徒刑的罪犯，可以纳入监外执行的范畴，至于对其再犯可能性的担心，完全可以通过对其强化监督来弥补。

（2）把身患精神病纳入保外就医的范围。

我国目前适用保外就医的疾病范围限于普通疾病，不包括精神病在内。而德、日以及我国台湾地区的法律都把身患精神疾病或者心神丧失作为刑罚暂停执行或中止执行的事由。由于监狱的封闭性行刑特征，使得在监狱服刑的罪犯容易罹患监狱精神病。据我国学者的调查，狱内罪犯群体中超出正常值的高焦虑患者明显高于社会群体。另据英国学者泰勒的调查，在伦敦的终生监禁犯记录中，报告了发病率很高的精神病和精神病性障碍。① 我国监狱 2000 年至 2002 年精神病犯占在押犯总数的比例分别为 0.14%、0.20% 和 0.22%，比例

① 冯卫国：《行刑社会化研究》，北京大学出版社 2003 年版，第 89 页。

有所增加。[①] 碍于我国目前监狱的医疗条件，还不能对他们进行有效的治疗。因此，笔者建议，把具有严重精神病的罪犯列入保外就医的范围，使他们也能获得监外执行的人道主义处遇。

2. 重新配置监外执行决定权。

按照我国现行刑事诉讼法的规定，监外执行的审批实行双轨制：刑事诉讼过程中的监外执行由人民法院决定，行刑过程中的监外执行由监狱管理机关决定。近年来，我国理论界和实务部门的同志对监外执行双轨审批体制提出了质疑，主张监外执行应当统一由人民法院裁定。理由是：[②]

（1）执行机关和审判机关不同的职能分工，决定了该决定权只能属于人民法院，裁判权只能由人民法院行使。人民法院的判决和裁定具有无可辩驳的、高度的权威性和稳定性，任何其他机关都不能行使该权力或变更其作出的决定。否则，就构成了对人民法院审判权的侵犯。在刑罚执行过程中，适用于服刑罪犯的暂予监外执行，改变了人民法院刑事判决和裁定确定的执行场所和执行方式，而且不属于惩罚和改造罪犯的监狱职能，因此，监外执行应当由人民法院以刑事裁定方式决定。

（2）目前暂予监外执行工作的不正常现状，决定了由人民法院裁定势在必行。现行法律规定，由监狱及其管理机关行使暂予监外执行的批准权，罪犯所在地的公安机关协助代为执行。对于执行机关而言，这种情况实际上属于内部自审自批的管理体制，无法摆脱由于自身的局部利益对暂予监外执行工作的消极影响，难以保证执法的准确性和公正性。正因为如此，有的执行机关随意放宽暂予监外执行的适用条件，个别地方甚至出现以暂予监外执行进行权钱交易的情况，根本原因就在于缺乏有效的外部制衡。另外，由于公安机关人力、物力有限，往往难以承担起对暂予监外执行罪犯的执行职责；而监狱机关和公安机关在业务上仅具有协作关系，互相无法制约，也不利于暂予监外执行的落实。而作为国家审判机关的人民法院，与监狱、地方公安机关以及被暂予监外执行对象，均没有利益上的利害关系，处于超然地位，从而能够有效地避免由监狱管理机关批准暂予监外执行而滋生的种种问题。

（3）由人民法院裁定暂予监外执行，是理顺监督与被监督关系的客观需要。根据刑事诉讼法、监狱法的规定，适用监外执行得当与否，由人民检察院依法行使监督权。但现行法律规定将批准暂予监外执行的决定权授予监狱管理机关，即隶属于省、自治区、直辖市司法厅（局）的监狱管理局。因此，检

---

① 郭建安、郑霞泽主编：《社区矫正通论》，法律出版社2004年版，第423页。

② 金干林："监外执行应由人民法院裁定"，载《人民检察》1999年第10期。

察机关认为暂予监外执行不当，需依法实施检察监督，只能针对该省级机关。这就出现到底应由何级别的检察机关承担该项具体法律监督业务的问题。按照目前各级检察机关的业务分工，承担监管场所法律监督职责的是由监狱所在地的地（市）级人民检察院派出的行使县级人民检察院职权的驻监检察院、由监狱所在地县级人民检察院派出的行使其部门职责的驻监检察组。这势必导致越级监督问题。很显然，这违背了我国检察机关层级上业务分工的客观要求。这种由于级别问题引起的监督与被监督关系的混乱，使得检察机关难以有效地开展暂予监外执行监督工作。

此外，还有的学者主张，对于暂予监外执行的审批程序，由监管部门提出意见后，应当连同执行案卷移送人民检察院监所检察部门，人民检察院监所检察部门收到意见书后应当组织审查，并作出相应审查意见书，决定是否提交人民法院合议庭进行裁定。①

笔者尽管觉得上述主张有一定的合理性，但并不主张由人民法院来掌司监外执行的决定权。笔者建议由罪犯住所地的假释委员会负责监外执行的审批工作。因为，监外执行与假释有相同的地方，都属于刑罚的变更执行方式，而且，监外执行的审查要比假释简单得多，无需进行再犯预测，由假释委员会进行审查，不会增加多少工作负担。这样，监外执行的运作程序可以适用与假释完全相同的程序，即由监狱机关提起监外执行的意见书，然后假释委员会召开听证会，邀请监狱、检察院、执行机关、被提请监外执行的罪犯本人、同监犯人代表、被害人以及社区代表等参加，广泛听取意见后作出是否给予监外执行的决定。这样，既可以简化程序，又可以增加透明度，避免“内幕交易”，还可以方便人民检察院对监外执行行使法律监督权。

3. 重构监外执行的执行体制。

现行法律把监外执行的执行权赋予公安机关，但由于公安机关主要的职能是治安管理、犯罪防控，加上警力不足的因素，使得公安机关难以对监外执行的罪犯实施有效的监督管理，导致监外执行常常成为“监外不执行”。由于监外执行的执行主体严重缺位，使得狱政部门不敢轻易适用监外执行，因此，现行监外执行的执行体制，成为制约监外执行低效运行的重要“瓶颈”因素之一。为此，有必要重构监外执行的执行体制。

（1）建立专门的监外执行执行机构。

鉴于监外执行是正在开展的社区矫正的重要一环，应当把监外执行的执行工作纳入到社区矫正的范畴中去统筹考虑和规划，与其他在社区中服刑的

① 郑华：“暂予监外执行监督若干问题的思考”，载《检察实践》2003年第2期。

“监外执行”的罪犯一起，建立统一的社区矫正执行机构，统一实施对罪犯的监督管理工作。

（2）规范监外执行的执行内容。

在社区矫正规则出台之前，可根据1995年2月21日公安部发布的《公安机关对被管制、剥夺政治权利、假释、保外就医罪犯的监督管理规定》对被监外执行的罪犯作出具体的遵守事项，包括：①在指定的医院接受治疗；②定期向执行机关报告自己的活动和治疗情况；③遵守执行机关关于会客的规定，不得与特定人员来往；④不得离开居住地外出经商；⑤未经执行机关批准，不得离开居住地或到外地医院治疗。

4. 完善监外执行担保制度。

如前所述，我国目前的保外就医中的担保制度是名不副实，担保人并未真正起到担保作用。为此，应当建立名实相符的监外执行担保制度：

（1）完善现有的取保人担保制度。由取保人担保是我国司法实践中长期有效的做法，我们应当对这一制度加以完善。由于刑事诉讼法对取保候审中的保证人的条件作了明确规定，因此，可以借鉴这一规定适用于监外执行的担保人：①与本案无牵连；②有能力履行保证义务；③享有政治权利，人身自由未受到限制；④有固定的住处和收入。同时，规定担保人应当遵守的义务以及违反这些义务的法律责任。

（2）增设监外执行保证金制度。在现在的社会经济条件下，对监外执行的罪犯扩大保证金担保的适用，在实践中已具备了可能性。同时，保证金对于刑罚的执行有一定的积极作用：以金钱作为担保，体现着经济利益对罪犯表现的约束作用；保证金的交纳，使罪犯对保证金的所有权处于特定的“游离”状态，罪犯对失去保证金所有权的担忧正是刑罚威慑力的体现；保证金担保也是以直接的经济手段担保纳税人的利益。[①] 因此，监外执行的决定机关可以根据罪犯的罪行严重程度、经济承受能力、现实表现情况、监外执行的期限等因素，确定应当交纳的保证金。如果被监外执行的罪犯表现良好，在监外执行的期限届满时，将交纳的保证金予以退还；如果罪犯以欺骗方式骗取监外执行的，或者在监外执行期间违反相关行为规则的，除依法将罪犯收监执行刑罚外，没收已交纳的保证金以示惩戒。

① 郭建安、郑霞泽：《社区矫正通论》，法律出版社2004年版，第434页。

第五节　剥夺政治权利

一、剥夺政治权利概述

（一）剥夺政治权利的历史演进

剥夺政治权利，在刑法理论上将其归类为资格刑，也称之为名誉刑、权利刑或能力刑，属于剥夺犯罪人担任公职或者行使一定权利的刑罚方法。资格刑这个概念虽然是近代刑法理论的产物，但其内容却经历了漫长的蜕变与进化，从历史的演进看，资格刑有一个从污辱罪犯人格的野蛮刑罚到预防犯罪的现代刑罚的演变过程。受古典学派报应主义刑罚思想的影响，最早的资格刑是以羞辱罪犯的人格为其主要特征的，通过对犯罪人施加耻辱，剥夺、毁损其名誉，降低其法律地位，造成其精神上的痛苦，以示惩戒。后来，随着刑事实证学派的兴起，教育刑思想的倡行，以羞辱人格为特征的耻辱刑逐渐为以剥夺罪犯的特定权利或资格为特征的资格刑所取代。资格刑虽然是在资本主义时期受到重视并得到发展，但其最早的规定可追溯到古巴比伦的《汉谟拉比法典》，该法典第5条规定，擅自改变原判的法官，不但应科处罚金，而且其席位应从审判会议中撤销，他不得再置身于法官之列，出席审判。近代资格刑的最早立法，见诸于1910年的法国刑法典，该法典把剥夺公权作为名誉刑加以规定，适用于重罪。被判处剥夺公权的人，丧失民事上和政治上的一切权利。1871年的德国刑法典使资格刑的法律规定更趋完备和成熟。该刑法典把资格刑称为公权剥夺，公权剥夺得与死刑或惩役并用。公权剥夺的内容分为两部分：一部分是对过去取得名誉的剥夺，另一部分是对将来取得名誉的能力的剥夺。①

中国刑法学者在论及资格刑起源的时候，大都会追溯到中国古代的象刑。② 据蔡枢衡先生考证，象刑是适用于夏王族内部的一种象征性的刑罚，《尚书·舜典》记载："象以典刑。" 至于何谓象刑，古代文献尽管解释稍有不同，但大都认为象刑是一种象征性的刑罚，即通过犯罪者的衣服冠饰色质，使见者知其所受之刑罚，以资警戒。③ 从中我们不难看到，象刑纯粹是在利用原

---

① 陈兴良：《刑罚适用总论》（下卷），法律出版社1999年版，第251~252页。

② 林山田：《刑罚学》，台北商务印书馆1983年版，第308页。

③ 陈兴良：《刑罚适用总论》（下卷），法律出版社1999年版，第247页。

始舆论的力量，用于规制部族国家少数特殊成员的行为，① 因此，象刑可算得上是一种名誉刑。中国古代也有剥夺权利的刑罚，《商君书·算地》规定："戳人无官任"，意为犯了罪的人不能担任公职。② 在中国秦汉开始有夺爵免官之法，尤其是汉之禁锢，都与现代褫夺公权相仿，即为资格刑也。③

剥夺政治权利作为一种刑罚方法，早在革命根据地时期就已使用。当时沿用褫夺公权的旧称，除了作为附加刑与徒刑合并科处外，还作为一种轻刑单独使用。新中国成立初期，褫夺公权仍作为刑罚方法在司法实践中加以运用。直到 1950 年 11 月 28 日，中央法制委员会在《关于"褫夺公权"刑名的改正及其解释》中指出："褫夺公权，系沿用旧名词。现在依据'共同纲领'第七条的规定，为剥夺政治权利；故为统一名称起见，应依'共同纲领'，决定为剥夺政治权利。"至此，"褫夺公权"的旧称被废弃，代之以"剥夺政治权利"的称谓。此后，1951 年 2 月 21 日颁布的《中华人民共和国惩治反革命条例》、同年 4 月 19 日颁布的《妨害国家货币治罪暂行条例》以及 1952 年 4 月 21 日公布的《中华人民共和国惩治贪污条例》都将剥夺政治权利作为一种刑罚方法，用法律条文的形式固定下来。1979 年我国制定的第一部刑法再次将剥夺政治权利规定为一种刑罚，1997 年修订的刑法对剥夺政治权利的内容、对象、适用时的监督等方面都作了一定的修改，使剥夺政治权利的刑法规定更趋完善。

（二）剥夺政治权利的存在价值

1. 剥夺（政治）权利刑的存废之争

在刑罚发达史上，以剥夺权利为主要内容的资格刑，从诞生之日起便命运多舛，备受冷落。尽管当今世界上大多数国家在刑法中仍有剥夺权利的资格刑的规定，但刑法理论界对其存废长期聚讼纷纭，难有定论。

主张保留剥夺权利刑罚的理由是：（1）剥夺权利刑具有从政治上对犯罪进行否定评价的明显效果。任何刑罚都体现了国家法律对一定的犯罪行为及其实施者的否定的政治评价。与生命刑、自由刑、财产刑不同的是，剥夺权利刑是通过剥夺犯罪人的特定权利，直接地反映国家法律对犯罪人的政治谴责，而其他的刑罚是通过剥夺犯罪人的生命、自由、财产，间接地体现出对犯罪人的否定政治评价的。（2）剥夺权利刑有利于维护公职机关的信誉和纯洁公职人

---

① 王利荣：《行刑法律机能研究》，法律出版社 2001 年版，第 355 页。

② 高铭暄主编：《刑法学原理》（第三卷），中国人民大学出版社 1994 年版，第 159 页。

③ 陈顾远：《中国法制史》，台北三民书局 1975 年版，第 213～214 页。

员队伍。(3) 剥夺权利作为附加刑，有利于巩固犯人的改造成果和预防其再犯罪的功能。犯罪学理论告诉我们，犯罪人是在其扭曲的犯罪人格支配下实施犯罪行为的，而犯罪人格的形成绝非一朝一夕之事，而是经过了长时间的内心体验。也正因如此，这种人格一旦形成，大多比较稳定而且具有恒久性，其消失也非朝夕之功。对于这样的犯罪分子，经过一定时间的剥夺自由，强制劳动改造，刑满释放以后也未必已经真正改造好。在这种情况下，对犯罪人附加剥夺政治权利，在刑满释放以后的一定时间内剥夺或者限制其再犯能力，把狱内矫正和社区矫正接续起来，客观上可以起到巩固犯罪人改造成果的作用，有利于防止其再次危害社会。

主张废除剥夺权利刑的理由是：(1) 剥夺权利作为附加刑，对已改造好的罪犯造成刑罚的过剩。对于那些附加剥夺政治权利的犯罪分子来说，其主刑执行完毕或者假释之后，仍需剥夺政治权利。通过自由刑的执行，大多数罪犯已经改造成为新人，此时再对其剥夺政治权利已没有必要，会造成“刑罚的过剩”。(2) 剥夺权利不利于罪犯的再社会化。对犯罪人附加剥夺政治权利具有两面性，其积极意义就在于有利于预防犯罪人再犯罪，其消极意义可能成为罪犯再社会化道路上的障碍。因为对罪犯来说，都面临着一个再社会化的问题。但罪犯较长时间的监禁生活，已使其再社会化面临诸多困难，如果刑满释放后再剥夺其一定时间的权利，势必给其再社会化“雪上加霜”，使犯罪人难以融入社会，完成其再社会化的进程。因此，附加剥夺权利，与罪犯再社会化的目标是背道而驰的。正如我国台湾学者林纪东先生所言，现代自由刑的目的，在于使犯人改过迁善，适合于社会生活。自由刑执行完毕，表明目的已经达到，但又附加适用资格刑，不把他和常人一样看待，岂不矛盾?①(3) 剥夺权利对犯罪人缺乏足够的威慑力，其惩罚性不够。剥夺权利刑系剥夺犯罪人担任国家公职以及其他特定的权利，而权利属于无形的、非物质性的范畴，不像生命刑、自由刑、财产刑那样，给犯罪人造成直接的、有形的、物质性的损失，使犯罪人能感受到刑罚的痛苦。同时，对处于社会弱势地位的普通公民而言，在目前公民对权利意识还不敏感的状况下，剥夺他们的政治权利究竟能产生多大的威慑力值得怀疑。因此，剥夺权利刑的特殊预防效果不很明显，对于意欲再犯的人，剥夺权利刑不足以对其形成强大的威慑力，使之产生畏惧感。同样，剥夺权利刑的一般预防效果也不很理想，对于社会上的不稳定分子来说，剥夺权利刑的影响力微乎其微。因此，无论是一般预防还是特殊预防，剥夺权利刑都没有明显的威慑效果。

---

① 林纪东：《刑事政策学》，台北中整书局1969年版，第191页。

2. 剥夺政治权利的独特价值

尽管我国刑法理论界对剥夺政治权利刑褒贬不一，但无论 1979 年刑法还是 1997 年刑法，都保留了这种刑罚方式，这足以表明剥夺政治权利具有其他刑罚方法所不能替代的作用，其本身所具有的惩罚、教育改造罪犯的独特价值，决定了它应当在我国的刑罚体系中占有一席之地。

（1）剥夺政治权利对罪犯具有一定的惩罚、威慑功能。

任何刑罚都具有惩罚功能，剥夺政治权利也不例外。与其他刑罚方法不同的是，剥夺政治权利是使犯罪人丧失原来享有的一定权利，这对其利用原有职务和其他权利进行犯罪是一种有效的惩罚。在一个日益民主化的社会里，享有政治权利是人们参与社会生活、表达自身权益的重要前提。在中国这样一个曾经高度政治化的国家，对犯罪人政治权利的剥夺等于判处其政治生命的“死刑”。因此，剥夺政治权利对于罪犯造成的心灵痛苦一点不亚于剥夺自由刑。同时，剥夺政治权利以其对犯罪人政治上谴责的宣示效果，对于警戒社会上的不稳定分子、昭示刑罚的道德价值具有重要作用。正如法国哲学家福柯所说，现代刑罚发展出一套颇有讲究的宣传经济学。警戒作用的基础是教训、话语、可理解的符号、公共道德的表象。① 剥夺政治权利就是这样一种具有“宣传”性质的刑罚，通过限制犯罪人担任一定的公职或行使某些权利，宣示国家对该犯罪人及其行为的否定政治评价。社会公众从这种宣示效果中感受到犯罪的无价值性，同时也能感受到刑罚的威慑性，这对于阻止社会上不稳定分子放弃犯罪的欲念以及促成公民善良的守法习惯具有积极意义。

（2）剥夺政治权利对于某些犯罪具有独特的预防效果。

现实生活中，某些犯罪是犯罪人利用一定的资格或权利实施的。例如危害国家安全罪中的背叛国家罪，犯罪人往往是“窃取我国党政军要害部门职位、掌握国家重要权力的野心家和有重大社会影响的知名人物”，② 这些人拥有特定的政治身份或具有相当的政治活动能力。再如贪污贿赂犯罪和渎职犯罪，犯罪人一般是利用职务之便搞“权钱交易”，或者疏于职守给国家和人民利益造成重大损失。对于这类人，如果剥夺其政治权利，可以有效防止其利用一定的身份或资格再次犯罪，从而达到刑罚特殊预防之目的。同时，通过对犯罪人资格的剥夺，对其他具有同样资格的人能起到一定的警戒作用，使其珍惜拥有的权利和资格，廉洁奉公，严于职守，从而达到刑罚一般预防的目的。

---

① 转引自何显兵：《社区刑罚研究》，群众出版社 2005 年版，第 367 页。

② 曹子丹、侯国云主编：《中华人民共和国刑法精解》，中国政法大学出版社 1997 年版，第 88 页。

（3）剥夺政治权利契合了世界行刑非监禁化的趋势。

从20世纪后半叶的情况看，在广泛的国际范围内犯罪非刑罚化和行刑非监禁化是一个明显的趋势。剥夺政治权利作为一种非监禁性刑罚方法，单独适用于那些罪行轻微、社会危害性不大、人身危险性较小的犯罪分子，可以使他们避免短期监禁刑所带来的弊端与标签效应，有利于罪犯再社会化目标的实现。因此，剥夺政治权利与世界行刑非监禁化的大势是完全相符的。

综上所述，剥夺政治权利基于其对犯罪人的惩罚和威慑功能以及对某些犯罪独特的预防效果而没有过时，同时，剥夺政治权利又迎合了世界行刑非监禁化的趋势而相当前卫，因此，可以预料的是，剥夺政治权利在我国具有广阔的发展前景和运用空间。

二、中外刑法剥夺（政治）权利刑比较研究

（一）剥夺政治权利的内容

根据我国刑法第54条的规定，剥夺政治权利是指剥夺下列权利：（1）选举权和被选举权；（2）言论、出版、集会、结社、游行、示威自由的权利；（3）担任国家机关职务的权利；（4）担任国有公司、企业、事业单位和人民团体领导职务的权利。

国外刑法没有剥夺政治权利的称谓，一般称之为“剥夺公职”或“褫夺公权”。至于剥夺公权的具体内容，则各国刑法规定各异。

德国刑法规定的剥夺公权包括两项：（1）担任公职的权利；（2）被选举权和投票权，即行为人不能在公开选举中被选举或投票。这里的公开选举范围较广，除了联邦议会、州议会或区代表机构的选举外，还包括社会保险机构以及工商协会的选举。

意大利刑法典第28条规定了“褫夺公职”，其中又分为终身褫夺公职与暂时褫夺公职两种。褫夺公职的范围相当广泛，主要包括以下内容：在任何选举会议中的选举权和被选举权，以及一切其他政治权利；一切公共政治职务，一切非义务性的公共服务委托，以及与之有关的公务员身份或受委托从事公共服务人员的身份；监护人或保佐人职务，包括临时职务、一切与保佐或监护有关的职务；学术级别或职位、称号、勋章或其他公共荣誉标志；由国家或其他公共机构负担的薪金、抚恤金和补贴；一切与以上各项列举的职务、服务、称号、身份、地位和勋章有关的荣誉性权利；担任或取得以上各项列举的职务、服务、称号、身份、地位和勋章有关的荣誉标志的权能。

俄罗斯刑法典第47条规定了剥夺担任一定职务或从事某种活动的权利的

资格刑。其中，剥夺职务是指禁止担任国家公职或在地方自治机关中任职。

（二）剥夺政治权利刑的适用范围

在中国内地刑法中，剥夺政治权利作为附加刑，既可附加适用，又可独立适用。附加适用时，依照犯罪的性质和所处刑罚的轻重适用于性质或危害较为严重的犯罪。根据刑法第56条的规定，对于危害国家安全的犯罪分子应当附加剥夺政治权利，这是根据犯罪的性质来确定剥夺政治权利的适用对象的（共12种犯罪）。危害国家安全的犯罪是一种政治性犯罪，这类犯罪往往是犯罪人利用自己的政治身份和权利实施的。因此，对实施这类犯罪的人附加剥夺政治权利是恰如其分的。而且，从国际范围来看，对于危害国家或地区安全的犯罪分子大部分国家或地区亦是规定应当剥夺政治权利的，只不过没有大陆刑法的规定那么直截了当。①

根据刑法第57条的规定，对于被判处死刑、无期徒刑的犯罪分子，应当剥夺政治权利终身。这是依据罪犯所处的刑罚的轻重来确定剥夺政治权利的适用对象的。目前我国刑法中规定有死刑的犯罪或某种犯罪中虽然没有规定死刑但是法定最高刑为无期徒刑的犯罪大约有74个。

根据刑法第56条的规定，对于故意杀人、强奸、放火、爆炸、投毒、抢劫等严重破坏社会秩序的犯罪分子，可以附加剥夺政治权利。

独立适用剥夺政治权利时，是作为一种轻罪之刑在刑法典分则中予以规定的。能够独立适用剥夺政治权利的具体犯罪共计30余种，主要包括：危害国家安全罪中的部分犯罪，包括分裂国家罪，煽动分裂国家罪，武装叛乱、暴乱罪等罪；侵犯公民人身权利、民主权利罪中的部分犯罪，包括非法拘禁罪、侮辱罪等罪；妨碍社会管理罪中的部分犯罪，包括煽动暴力抗拒法律实施罪、招摇撞骗罪等罪；危害国防利益罪中的冒充军人招摇撞骗罪等罪。可见，在中国内地刑法中，可以独立或附加适用剥夺政治权利的犯罪总数为110个。②

国外刑法一般没有对适用褫夺公权刑罚进行罪名上的限制，而主要以刑种和刑期为适用标准。

德国刑法典第45条规定："因犯重罪被判处1年以上自由刑的，在5年内丧失担任公职和公开选举的权利。"

意大利刑法典第29条、第31条、第33条对褫夺公权的适用范围作了规定：褫夺公权适用于因故意重罪而被判处无期徒刑或3年以上有期徒刑的人，

---

① 转引自谢望原主编：《台、港澳刑法与大陆刑法比较研究》，中国人民公安大学出版社1998年版，第339页。

② 王俊平："资格刑适用范围之比较"，载《河南师范大学学报》2002年第6期。

被宣告为惯犯、职业犯或具有犯罪倾向性者，其他滥用职权、公共服务的非过失重罪。由于意大利刑法的资格刑一般不在分则中规定何种犯罪能适用，而是将适用的权力交由法官斟酌裁断，这意味着凡是符合刑法总则规定条件的，均可以适用资格刑。以褫夺公权为例，意大利刑法第29条规定："判处无期徒刑和5年以上有期徒刑意味着对被判刑人褫夺公职终身；判处3年以上有期徒刑意味着褫夺公职5年。"据此可以推定，凡是某一种故意犯罪的法定刑在3年以上有期徒刑，均有适用褫夺公权的可能性。按照这一标准，在意大利刑法中，可以适用褫夺公权的犯罪大约有209个。①

俄罗斯刑法典中把剥夺职务或禁止活动作为主刑加以规定，其适用范围相当广泛。从罪种上看，主要有：(1) 侵害人身的犯罪；(2) 经济领域的犯罪；(3) 危害公共安全和社会秩序的犯罪；(4) 反对国家政权的犯罪；(5) 违反车辆驾驶或使用规则、担任俄罗斯国家职务或担任俄罗斯联邦各主体国家职务的人员利用大众信息媒介公开号召发动侵略战争等。可见，剥夺职务或禁止活动作为主刑，大都适用于利用自己的职务地位或者在从事某种业务活动的过程中实施或发生的犯罪。②

日本旧刑法把剥夺公权、停止公权作为附加刑规定，但在现行法制定之后，这些规定便转让给了特别法，因此，在特别法中便有了各种各样的为数众多的限制资格，如规定：被处监禁以上刑的人，到执行完毕或宣告不执行为止(包括被宣告缓期执行者在内)，不得担任国家公务员、地方公务员、法官、检察官、律师、公证人等；由于一般犯罪而被处以监禁以上刑罚，尚未执行完毕者，或被处监禁以上刑罚，尚未被宣告不执行者（正在缓期执行的人外）及由于特定的选举犯罪而被处以罚金以上刑的人，都没有选举权和被选举权。③

三、剥夺政治权利刑的反思和完善

（一）剥夺政治权利刑的反思

1. 反思之一：剥夺政治权利的政治化取向，有损其刑罚功能的发挥。

在对剥夺政治权利的性质进行现实定位时，我国许多学者把它定位为阶级

① 王俊平："资格刑适用范围之比较"，载《河南师范大学学报》2002年第6期。

② 高铭暄、王俊平："中俄资格刑适用范围比较研究"，载刘家琛主编：《当代刑罚价值研究》，法律出版社2003年版，第464～466页。

③ [日] 大谷实著，黎宏译：《刑事政策学》，法律出版社2000年版，第145～146页。

斗争的产物，把它看成是一种所谓政治性的刑罚。① 这一现实定位是基于以下因素：(1)“剥夺政治权利”的称谓已清楚地表明了其政治色彩。(2) 剥夺政治权利的主要功能侧重于国家对犯罪人及其犯罪行为的政治上的否定评价，而其他的刑罚方法是通过剥夺罪犯的生命、自由或财产，间接地体现国家对罪犯及其行为的政治上的否定评价，这也反映出剥夺政治权利是一种政治性刑罚。(3) 剥夺政治权利在建国后相当长的历史时期曾作为对敌对阶级的专政措施使用。我国在建国后长期存在一种作为非刑罚方法的剥夺政治权利，这是作为一种专政措施普遍适用于敌对阶级分子的。1954 年宪法第 19 条规定："国家依照法律在一定时期内剥夺封建地主和官僚资本家的政治权利。"1978 年宪法第 18 条第 2 款规定："国家依照法律剥夺没有改造好的地主、富农、反动资本家的政治权利。"1979 年刑法以及 1997 年刑法将剥夺政治权利规定为一种刑罚方法，尽管性质发生了变化，但继续保留了"剥夺政治权利"的称谓，内容也没有发生多大的变化。一提到剥夺政治权利，很容易让人联想到阶级斗争和敌我矛盾。(4) 剥夺政治权利的内容鲜明地体现了这一刑罚方法的政治性。剥夺政治权利的内容中引人注目的一项就是对言论、出版、结社、集会、游行、示威自由权利的剥夺。可以说，这些自由是一个公民最基本的政治权利。如果一个公民被剥夺了这些权利，那么，该公民就是真正的"专政"对象了，是真正的人民的敌人了。对于这种内容的刑罚，无论是立法者，还是法官、检察官，乃至一般公民都自然而然地认为它是一种专政工具，是一种政治性刑罚，是专门针对敌对阶级分子适用的刑罚。② (5) 剥夺政治权利的适用对象也凸显出它是一种政治性刑罚。在建国初期的司法实践中，剥夺政治权利大量适用于反革命罪犯，由于反革命是一个政治性极强的概念，明显属于敌我矛盾的性质，于是，人们一般都把剥夺政治权利看做是政治上相当严厉的一种刑罚。后来，剥夺政治权利又可以适用于妨害货币罪和贪污罪，也是把这两种犯罪视为严重犯罪才予以适用的。1979 年刑法和 1997 年刑法都把剥夺政治权利视为一种附加刑，适用于性质比较严重的犯罪。尽管刑法规定剥夺政治权利还可以独立适用于轻罪，但司法实践中几乎很少适用，因此，这种情况很难扭转刑法赋予剥夺政治权利的主要性质。由于剥夺政治权利的泛政治化倾向，使

---

① 参见吴平："论剥夺政治权利的性质的定位"，载《浙江师范大学学报》2002 年第 1 期；高铭暄、王俊平："中俄资格刑适用范围比较研究"，载刘家琛主编：《当代刑罚价值研究》，法律出版社 2003 年版，第 473 页。

② 吴平："论剥夺政治权利的性质的定位"，载《浙江师范大学学报》2002 年第 1 期。

得这一刑罚方法很难发挥其在刑罚体系中的应有功能，已经在很大程度上不能适应惩治犯罪的客观需要。

2. 反思之二：剥夺政治权利内容的空泛化，难以体现刑罚的威慑力。

从我国刑法对剥夺政治权利的现有规定看，除了剥夺选举权和被选举权、担任国家机关职务的权利这两项权利内容确有实质性内容外，其他权利内容都比较空泛，在实践中难以执行，没有多少实际意义。

例如，对刑法第 54 条规定被剥夺政治权利的罪犯禁止行使言论、出版、结社、集会、游行、示威的权利，很多学者提出了批评，认为剥夺罪犯这六项自由既无必要性，又无可行性。

首先，关于剥夺言论自由和出版自由。广义的言论自由是指公民依法享有的通过各种途径表达自己内心意思的自由权利，包括狭义的言论自由和出版自由。公民的言论自由形式多样，内容相当广泛。从日常交流生活看法、感受到发表政治见解、学术见解等都是言论内容。因此，剥夺言论自由的具体内容难以把握，在实践中不具可操作性。有学者认为，剥夺犯罪人的言论和出版自由并不是完全剥夺其言论自由，而只是剥夺犯罪人发表政治性言论和出版政治性作品的自由。① 这种看法有一定的道理，它是在现行刑法已经规定剥夺言论和出版自由的情况下进行的限制解释。但即使这样解释，在实践中执行起来仍有一定的难度。如果说剥夺犯罪人出版政治性作品的自由具有可操作性，但要剥夺犯罪人发表政治性言论的自由则难以执行。另外，言论自由还包括在押罪犯的申诉权、控告权和建议权，如果剥夺罪犯的言论自由，势必将使该罪犯由此而丧失这些权利。而在行刑实践中，罪犯的申诉、控告、建议权仍然得到法律的保护，因此，法律规定之间存在着自相矛盾之处，难以自圆其说。其次，关于结社自由。结社有营利性结社和非营利性结社，非营利性结社又可分为政治性结社和非政治性结社，如组织宗教、学术、文化艺术、慈善机构等，因而结社不是单纯的政治权利，实无作为政治权利进行剥夺的必要。② 再次，关于集会自由。从法理上讲，禁止受刑人参与学术集会、体育集会和宗教集会，以及国家决定举行的庆典活动，没有积极意义。

3. 反思之三：剥夺政治权利在适用上缺乏针对性，难奏刑罚预防犯罪之功效。

一种刑罚方法的设置必须考虑受刑人的刑罚感受性，如果某种刑罚不能在

---

① 张穹：《刑法适用手册》，中国人民公安大学出版社，第 270～271 页。

② 程新生："完善剥夺政治权利刑的若干设想"，载鲍遂献主编：《刑法学研究新视野》，中国人民公安大学出版社 1995 年版，第 495 页。

罪犯的心理上产生足够的冲击力，也就不能将这种刑罚适用于这类罪犯。剥夺政治权利作为一种刑罚也不例外，尤其是在独立适用时更要关注不同的罪犯对其的心理感受性。然而，浏览一下我国剥夺政治权利的分则规定，不难发现，剥夺政治权利在适用的针对性上存在许多问题。表现在两个方面：其一，有些犯罪的实施与政治权利的行使没有直接的联系，因此，没有必要对这些犯罪规定剥夺政治权利，但刑法却作了规定。如，非法拘禁罪，伪造、变造、买卖国家机关公文、证件、印章罪，伪造公司、企业、事业单位、人民团体印章罪，伪造、变造居民身份证罪等。其二，对有些利用职务或身份从事的犯罪应当规定剥夺政治权利却未作规定。例如，贪污贿赂犯罪、渎职犯罪，这些犯罪往往是犯罪人利用自己职务上的便利条件实施的，或者是在执行职务的过程中疏于职守、严重不负责任造成的，对这些犯罪人剥夺政治权利，可以剥夺其再犯类似犯罪的能力。从国外的立法例来看，对利用自己的职务地位或在从事某种业务的过程中实施的犯罪，一般都规定剥夺公权或从事特定活动的权利。但我国刑法对贪污贿赂犯罪以及渎职犯罪却没有规定剥夺政治权利，这实在让人有些费解。

（二）剥夺政治权利的完善

1. 淡化剥夺政治权利刑的政治化色彩。

鉴于剥夺政治权利从名称到内容都凸显鲜明的政治色彩，为此，有必要从称谓到内容对这一刑种进行非政治化改革。首先，以“剥夺权利”来取代“剥夺政治权利”，从名称上消除其政治化色彩；其次，拓宽剥夺权利的内容，从抽象的政治权利扩展到具体的社会权利。剥夺权利的内容包括：（1）剥夺从业权。在现实生活中，不少犯罪，主要是经济犯罪，都与犯罪人从事的职业有关，罪犯就是利用自己的职业或者在从事职业活动中进行各种犯罪活动的。因此，对于这种犯罪人，判处剥夺从事特定职业的权利是十分必要的，既是作为对其所犯罪行的一种惩罚，又是剥夺其再犯能力的一种手段。（2）剥夺国家公职权。在现实生活中，国家工作人员职务犯罪时有发生，这些犯罪往往是国家工作人员利用职务上的便利或在行使职权过程中疏于职守导致的。因此，有必要对利用职务之便或在从事职务过程中实施犯罪的人判处剥夺担任公职的权利，以示警戒，从而维护国家机关的形象和纯洁国家公职人员的队伍。鉴于现行剥夺政治权利的内容中已包含“担任国家机关职务的权利”以及“担任国有公司、企业、事业单位和人民团体领导职务的权利”两项内容，这两项权利的性质实际上都属于国家公职的范畴，没有必要分列，应该用“国家公职权”一词涵盖。(3）选举权和被选举权。选举权和被选举权是民主国家公民政治权利的核心内容，剥夺某些罪犯的选举权和被选举权，体现国家对这些罪犯及其行为的否定政治评价，具有明显的政治宣教意义，国外立法也都把剥夺选举权和被选举权作为资格刑的重要内容加以规定。

2. 强化剥夺权利刑适用的针对性。

针对我国现行剥夺政治权利刑在适用上缺乏针对性的弊病，立法者应当对剥夺权利刑的适用进行适度调整，以此强化剥夺权利刑的适用针对性。首先，在立法指导思想上对剥夺权利刑重新定位。从历史的演进看，资格刑有一个从侮辱罪犯人格的野蛮刑罚到预防犯罪的现代刑罚的演变过程。通过限制或剥夺犯罪人的一定资格，来剥夺犯罪人的再犯能力，以防卫社会，是当代世界各国资格刑立法的发展趋势。① 然而，审视我国刑法对剥夺政治权利的规定，我们很难发现立法者有什么明确的指导思想，也就是说，立法者为什么将剥夺政治权利适用于被判处死刑以及严重破坏社会秩序的犯罪，为什么刑法分则中有的犯罪规定了剥夺政治权利，而有的犯罪却没有规定，很难充分、令人信服地加以论证。② 笔者认为，我国立法者仍然把剥夺政治权利刑定位在减损犯罪人的名誉、降低其法律地位这个较低层次上，换句话说，仍是发挥剥夺政治权利的政治宣教作用，极端一点说，仍是把剥夺政治权利作为阶级斗争的工具在使用，尚未提升到剥夺罪犯的再犯能力、防卫社会这个较高的层次，这是我国资格刑同国外资格刑的距离所在。因此，当前亟须在立法上对剥夺权利刑重新定位。笔者认为，顺应世界资格刑演进的趋势以及我国惩治犯罪的需要，我们应当把剥夺权利刑定位为剥夺犯罪人某些资格和权利的刑罚，它的最主要功能是限制或剥夺犯罪人的再犯能力。其次，调整剥夺权利刑的适用范围。由于剥夺政治权利的立法倾向具有浓厚的政治色彩，受这种立法导向的影响，立法者不得不考虑将这一刑种附加适用于值得进行否定性政治评价的重罪以及单独适用于与政治权利有关的犯罪，从而导致其适用范围的狭窄性和适用对象的盲目性。③ 重新定位后的剥夺权利刑，其独立适用的范围应当放在利用特定的职业或职务从事的犯罪上。根据这一思路，可以把剥夺权利刑的适用范围置于以下几类犯罪上：（1）刑法第 3 章破坏社会主义市场经济秩序犯罪中有关利用特定的职业从事的犯罪，包括生产、销售伪劣商品罪；生产、销售假药罪；生产、销售有毒、有害食品罪；生产、销售不符合卫生标准的食品罪；走私淫秽

---

① 高铭暄、王俊平：“中俄资格刑适用范围比较研究”，载刘家琛主编：《当代刑罚价值研究》，法律出版社 2003 年版，第 473 页、第 470 页。

② 高铭暄、王俊平：“中俄资格刑适用范围比较研究”，载刘家琛主编：《当代刑罚价值研究》，法律出版社 2003 年版，第 473 页、第 470 页。

③ 王俊平：“资格刑适用范围之比较”，载《河南师范大学学报》2002 年第 6 期。

物品罪等。(2) 刑法第4章侵犯公民人身权利、民主权利罪中的部分犯罪，如诬告陷害罪；非法搜查罪；报复陷害罪；刑讯逼供罪；侵犯少数民族风俗习惯罪等。(3) 刑法第6章妨害社会管理秩序罪中利用特定职业或职务从事的犯罪，如妨害公务罪；非法生产、买卖警用装备罪；医疗事故罪等。(4) 刑法第8章贪污贿赂罪中利用职务实施的犯罪，如贪污罪；受贿罪；私分国有资产罪；挪用公款罪等。(5) 刑法第9章渎职罪中的部分犯罪，如玩忽职守罪；徇私舞弊罪；枉法裁判罪；失职致使在押人员脱逃罪等。通过以上调整，使得剥夺权利刑的适用范围明显扩展，同时也强化了适用的针对性。

3. 活化剥夺权利刑的适用和执行方式。

(1) 实行资格刑的分立制，激活剥夺权利刑的适用技术。

我国现行刑法中的剥夺政治权利的适用形式只有全部剥夺一种，犯罪人一旦被剥夺政治权利，即被剥夺刑法第54条所列举的四项权利的全部。这种适用方式，一方面限制了剥夺政治权利的适用范围，使其在附加适用的情况下，只能适用于性质严重和罪恶重大的犯罪，其范围十分狭小；另一方面在独立适用时又难免出现“刑罚过剩”的问题，因为单处剥夺政治权利只能适用于轻罪犯，对于犯侮辱、诽谤之类轻罪的人，一概剥夺言论、出版等六项自由权利，既显得过分，也无此必要。因此，有必要借鉴国外的立法经验，实行剥夺权利刑的分立制。具体设想是，把上述剥夺权利刑的内容分成三部分，由三个刑法条文分别加以规定，单独适用，彼此之间不发生连带关系。对于危害国家安全的罪犯和被判处死刑、无期徒刑的罪犯，采用全部剥夺制，剥夺其多种权利，以显示国家对其政治上的严厉惩罚和否定评价，同时也是防止其继续利用原有职业或职务继续犯罪的需要。对于从事职务犯罪的人，剥夺其中的两项权利，即选举权和被选举权、担任国家公职的权利，以防止其继续利用职务实施犯罪。对于其他利用特定职业实施犯罪的人，只要剥夺其继续从事该职业的权利，就足以剥夺或限制其利用原有职业再犯罪的能力，不必再剥夺其他的权利。实行资格刑的分立制，可以避免目前剥夺政治权利刑在适用上过于呆板的局面，可以激活剥夺权利刑的适用技术，从而提高剥夺权利刑的适用效率。

(2) 实行资格刑的减免制，活化剥夺权利刑的执行方式。

我国现行刑法没有规定资格刑的减刑制度，考虑到资格刑有可能成为过剩的刑罚，我国已有学者提出增设资格刑减免制的建议。① 笔者对此设想表示赞同，并主张剥夺权利刑的减免只能适用于附加适用的情况，减免条件等同于自由刑的减刑条件，即对于被判处无期徒刑或有期徒刑附加剥夺权利的罪犯，在服刑期间确有悔改表现，或者有立功表现的，可以缩短剥夺权利刑的期限。

---

① 陈兴良：《刑罚适用总论》(下卷)，法律出版社1999年版，第273页。

第七章 社区矫正的海外走势与中国命运

他山之石，可以攻玉。社区矫正在西方国家经过半个多世纪的探索与实践，已经积累了许多成功的做法和有益的经验，可供我国社区矫正的立法与实践所借鉴。本章在考察美国、英国、日本、澳大利亚和加拿大五个国家各具特色的社区矫正制度的基础上，对我国未来社区矫正的走向进行了具体的规划。

第一节 海外社区矫正的实践考察

一、美国：从社区内处遇转移至社区内刑罚

美国学者伊沙贝尔·伦尼曾指出："我们对待犯罪行为的方法，很像服装的样式，人们今天喜欢这种样式，明天又会将它嘲笑一番，而后又会发现其优点，好像把以前发生的事都忘得一干二净似的。"① 20 世纪以来，美国矫正哲学的摇摆和矫正模式的演变可以为这段话提供一个很好的注解。

自二战以来到 20 世纪 70 年代中期以前，以"矫正"和"更新"为核心的行刑社会化思想倾向在美国行刑实践中占据了主导地位。这种倾向突出地表现在两方面，一是重返社会制度的复兴；二是社区矫正运动的兴起。② 20 世纪 60 年代，以重新回归理论为基础的社区矫正开始盛行。社区矫正兴盛伊始，不仅得到立法的认可，而且得到了美国联邦政府的资金支持。1965 年，美国联邦罪犯改造法授权设计帮助罪犯改造的项目并同时减少监狱人口。1968 年，根据国会颁行的综合犯罪控制与街道安全法成立了执法协助局。在执法协助局和财政支持下，各州矫正官员开始寻求在监狱以外改造罪犯的办法。它们的办法主要集中在如何使罪犯重新复归社会上，并逐渐发展为现在人们共知的

① ［美］克莱门斯·巴特勒斯：《罪犯矫正概述》，群众出版社 1987 年版，第 32 页。

② 柳忠卫："美国行刑社会化的历史解读及现实启示"，载《云南大学学报（法学版）》2004 年第 3 期。

“社区矫正”。[①] 与此同时，美国联邦和州两级政府为社区矫正在全美各州的发展注入了大量的资金，自1967年执法委员会为社区矫正项目拨款开始到1975年，联邦政府为实施综合犯罪控制与街道安全法共提供资金23,837,512美元，州和地方政府提供了12,300,710美元，专门用于成年犯释放后居住、就业辅导方案。[②] 立法的认可和财政的支持，使得社区矫正在60年代至70年代中期的美国各州都得到了迅猛发展。

社区矫正在美国的推广，并没有如人们期望的那样显著地抑制累犯的产生。1974年，美国社会学家马丁森与其两名同事在多年的实证调研之后，发表了《有什么效果？关于监狱改革的问题与答案》的研究报告，报告得出了如下的结论：“虽然有极少和偶尔的例外，迄今所报道的矫正效果对重新犯罪没有产生有价值的作用。”这一结论像一枚重磅“炸弹”投向美国的矫正领域，对美国当时的矫正思想产生了巨大的冲击波，由此导致了美国20世纪70年代以后刑事政策的转向，强调刑罚的惩罚和威慑效应的新古典主义抬头，并逐渐左右了美国的刑事决策和实践，正义模式取代社区模式成为美国行刑的主导模式。正义模式的代表学者，美国伊利诺州法律实施委员会的执行主席戴维·福格尔（David Fogel）指出，监狱不应当改造犯罪人，不应当把监狱变成治疗场所；监狱仅仅是惩罚犯罪人的场所，人们不应当要求监狱要有治疗的功能。[③] 正义模式的基本内涵是强调犯罪乃个人自由意志选择的结果，而非生病或外界环境所支配，因此，矫正处遇是不切实际的，要求将更多的犯人监禁更长的时间，以实现社会正义。

新古典主义刑事政策在对待犯罪问题上采取强硬态度，这种强硬立场也波及行刑领域，使行刑社会化理念和实践都受到一定程度的冲击。曾广泛适用的缓刑、居住方案、工作释放和假释等社区矫正制度受到不同程度的限制，尤其限制假释适用的倾向更为明显。迈阿密州在1976年首开取消假释之先河，其他9个州在80年代和90年代相继取消或对假释进行了极大的限制。[④] 1984年，美国国会通过了综合控制犯罪法，指明从1992年起对联邦监狱的犯人取消假释，加利福尼亚州在90年代中期通过立法，规定3次暴力犯罪者终身监

---

① 柳忠卫：“美国行刑社会化的历史解读及现实启示”，载《云南大学学报（法学版）》2004年第3期。

② ［美］克莱门斯·巴特勒斯著，孙晓雳等译：《矫正导论》，中国人民公安大学出版社1991年版，第82页。

③ 吴宗宪：《当代西方监狱学》，法律出版社2005年版，第128页。

④ 刘强编著：《美国刑事执法的理论与实践》，法律出版社2000年版，第218页。

禁，不得假释。

强硬主义刑事政策在矫正领域推行的直接后果之一就是监狱押犯爆满，“监狱里的罪犯人数很快达到了历史的最高纪录”。① 据统计，美国的整体犯罪率由1960年每万人188.7件增加到1997年的492.3件，州和联邦监狱人口则由1960年的212,953人增加到1997年的1,057,680人，每10万人口的平均监禁率由20世纪60年代的100人左右上升到1997年的433人。② 为缓解监狱人口爆满的危机，美国自20世纪80年代以来，形势政策又作了微调，实行“轻轻重重，以重为主”的策略。“轻轻”是指对轻微犯罪的处理比以往更轻；“重重”是指对严重犯罪的处理比以前更重。“轻轻”刑事政策奉行的结果，是缓刑假释的扩大适用，一度取消假释的州基本上都恢复了假释。据美国司法部公布的数据，截止到1997年年底，全美被判缓刑与假释的成年男女人数超过390万，创下新的历史纪录，其中，适用缓刑的有3,261,888人，被适用假释的有685,033人。由于“轻轻重重”刑事政策的导向，有学者预测，进入21世纪，美国的矫正人口将继续增加，监禁的人数也将进一步增加。在2001年，美国有662万人在矫正的监督之下，其中缓刑的有59%，假释的有11%，在社区矫正下的有70%，另外30%受到监禁。③ 以上数据表明，美国近年来的刑事司法实践有放松对假释等社区矫正措施的适用限制的迹象，这既是形势所迫，也反映出社区矫正这一新的矫正模式的生命力所在。正如美国全国州立法会议所指出的那样：“社区处遇、替代性的复归方案，与拥挤而具高度安全性的监禁机构同时并存是现代司法体系之主要趋势。”④

在美国，社区矫正本身是一个总括性的概念，并没有一个统一的模式，所以很难对社区矫正项目做一个总体的描述。从项目内容的角度来分类，目前美国的社区矫正形式主要可以归纳为以下五种：⑤

---

① ［美］克莱门斯·巴特勒斯著，孙晓雳等译：《矫正导论》，中国人民公安大学出版社1991年版，第83页。

② 转引自袁登明：《行刑社会化研究》，中国人民公安大学出版社2005年版，第81页。

③ 刘强编著：《美国社区矫正的理论与实务》，中国人民公安大学出版社2003年版，第352页。

④ 转引自赵雍生：《社会变迁下的少年偏差与犯罪》，桂冠图书股份有限公司1997年版，第499页。

⑤ 刘强编著：《美国社区矫正的理论与实务》，中国人民公安大学出版社2003年版，第2～6页。

（一）转向方案

转向（又称转处），是美国刑事司法体系中的一个广泛使用的社区矫正方法。所谓“转向”，是指对本应受刑事处罚但情节和危害较轻的犯罪人采用非刑事方法处理，避免因进入刑事司法程序而引发的标签化副作用。转向处遇具体包括以下几种形式：（1）对于法定应进入司法程序的而酌情不予进入；（2）对于已进入司法程序的犯罪者予以暂停或中止；（3）减少对犯罪者的监督控制的程度，或者将犯罪者安置到非司法的机构进行管理教育和矫治，或者对应进行常规监督的对象不予监督。

转向方案尤其适用于未成年犯罪人，因为判刑入狱最易给他们带来标签化烙印。1967 年，美国总统犯罪矫治委员会在一份犯罪对策报告中呼吁发展包括转向方案在内的犯罪矫治新方案。报告提出：“犯罪矫治新方案的前提是犯罪，尤其是青少年犯罪是社区及个人的失败、解组所造成的。特别是社会未能提供对这些犯错少年与社会正常接触的途径，使他们无法发展合法的行为……因此，矫治的目标应包括建立或重建少年犯与社会正常的联系，使少年与社区整合在一起……以往对青少年犯的刑法处分应作为最后处理方法，我们应发展各种必要的服务以代替过去司法的审理过程，尽量避免给予少年烙印。”① 上述建议很快被美国的立法与司法实践所采纳，由此美国的少年转处计划获得了大发展的良好机遇。目前，美国的少年转处计划主要有：青年服务局计划、家庭转向计划、“真相威吓计划”、替代性学校、野外体验计划、寄养照管计划、集体家庭等。②

（二）缓刑

缓刑，可以说是历史最为悠久的社区矫正制度。在美国刑罚体系中，缓刑既是一种刑罚方法，又是一种替代监禁的行刑制度。缓刑是美国最基本的社区矫正项目，是监狱行刑替代方法中适用最为广泛的形式。从传统意义上来看，缓刑的意义在于矫正。然而，缓刑最终变成了与一些其他的行刑目标相联系，这些目标包括社区的服务、罪犯重新社会化和伸张正义，这些不同的目标改变或者说发展了缓刑的初衷。③ 20 世纪 80 年代以来，缓刑制度在美国出现了一些新的形式，传统缓刑制度与其他罪犯处遇措施结合在一起，形成了所谓的

---

① 转引自赵雍生：《社会变迁下的少年偏差与犯罪》，桂冠图书股份有限公司 1997 年版，第 380 页。

② 吴宗宪等：《非监禁刑研究》，中国人民公安大学出版社 2003 年版，第 246 ~ 264 页。

③ 刘强编著：《美国刑事执法的理论与实践》，法律出版社 2000 年版，第 206 页。

"综合缓刑"。例如，有的缓刑判决附加赔偿受害人的项目；有的缓刑判决内含监禁（软禁），即判处罪犯先软禁一个时期，然后再受一个时期的缓刑监督；有的州将缓刑与监禁结合使用，即先将罪犯监禁一段时间后再实行缓刑。①

（三）假释

假释在美国也有悠久的历史，1870 年美国第一届监狱大会在其宣言中就充分肯定了假释制度的作用，随后，1876 年纽约州埃尔米拉教养院就将假释付诸实践。到 1900 年，20 个州通过了假释立法，到 1944 年，美国所有的州和联邦均确立了假释制度。从 20 世纪 70 年代中期到现在，假释成为解决监狱拥挤以及使罪犯重新与社会结合的重要途径。根据 1995 年的统计，平均说来，美国所有押犯的刑期的 41% 是在假释中度过的，平均的假释期限是 20.5 个月。② 在 1997 年，美国的假释人数为 52.7 万人，占监狱押犯数的 44%。③

美国的假释决定权不是由法院，而是由专门的假释委员会来行使。假释委员会的类型大致有三类：④ 一是矫正体系的模式，假释委员会的成员来自矫正体系（监狱）的工作人员。这种模式的好处是这些成员熟悉犯人和监狱情况，能作出较为准确的评价。其不足之处也源于其优点，因为矫正工作人员熟悉犯人，他们在做出决定时可能掺杂个人的情感因素。此外，假释决定的作出往往缺乏透明度，公众无法对其进行监督，因而这种模式逐步被其他模式所替代。二是独立的模式，假释委员会独立于矫正系统，其成员由州长直接任命。独立模式可以避免监狱官员自行决定假释可能存在的主观随意性，使假释的决定更为客观。但客观的效果可能会牺牲假释的准确性，由于有些成员缺乏对监狱的了解，作出的决定有时与监狱当局发生冲突，使得该假释的得不到假释，不该假释的却被假释。针对以上不足便产生了第三种模式——联合的模式，假释委员会设在州矫正局，但委员会独立行使权力。这样，既有利于委员会保持相对独立性，客观地作出假释决定，又能使委员会保持对监狱工作中一些问题的敏感性，使假释决定增加准确性。因而人们认为这种模式更为可行，有更多的州采用或倾向于采用该模式。

---

① 袁登明："海外行刑社会化实践的考察及评析"，载于志刚主编：《刑法问题与争鸣》（第 9 辑），中国方正出版社 2004 年版，第 339 页。

② 刘强编著：《美国刑事执法的理论与实践》，法律出版社 2000 年版，第 217 页。

③ 刘强编著：《美国刑事执法的理论与实践》，法律出版社 2000 年版，第 214 页。

④ 以下参阅刘强、刘乐："美国监狱假释的若干做法"，载《中国监狱学刊》2000 年第 5 期。

美国对假释人员的管理由矫正机关负责：联邦监狱局下设分管假释的部门，各州矫正局的功能一分为二，一部分负责监狱管理，另一部分负责社区矫正的管理。假释是社区矫正的一个重要组成部分，每个州一般在州内划分若干司法区，每一司法区设有若干缓刑、假释办公室。假释工作人员一般都具有本科以上学历，经过专门的训练。在假释监督管理工作中实行对假释犯的专人负责制，每个假释工作人员接案的范围在30人至120人的幅度内。假释工作人员针对假释犯的个人情况规定其在假释期间应当遵循的条件和履行的义务，同时，假释工作人员还应充分利用社区资源，解决假释犯在生活上所面临的困难。近年来，受新古典主义刑事政策的影响，许多州对社会危险性程度相对较大的罪犯采取了强化的假释监督，如增加当事人的报告次数以及与假释工作人员的会见次数、更严格地限制他们的活动地域、使用电子监控等更为先进的监控手段等。

（四）早期的释放

20世纪80年代后期以来，美国刑事司法系统针对公众对犯罪的恐惧，采取了将更多的犯罪人长期监禁起来的做法，导致美国监狱人口拥挤的后果。为了缓解监狱的拥挤，许多人认为应该有选择地让一些狱中在押犯早期释放到社区的监督和治疗项目中来。到目前为止，早期释放项目对于大多数监狱过于拥挤的州来说是另一种社区矫正的项目。早期释放也有不同的形式，包括震惊的缓刑、震惊的监禁、分开的判决、混合的判决和特赦等不同类的判决。

（五）中间的惩罚

中间的惩罚，又称为中间制裁，是介于传统的缓刑和监禁刑之间的替代性制裁措施。许多研究人员认为，从惩罚的严厉性来看，监禁和缓刑之间的跨度太大。“监禁被过量地使用，缓刑也被更为过量地使用，但在二者之间几乎存在着一个真空。”① 因此，刑事司法系统需要一种“适用于那些在现有的缓刑提供的相对自由面前反社会性太大，但是也没有严重到需要监禁的犯罪人的中间刑罚形式”。② 中间制裁就是为了克服普通缓刑对犯罪人监督不足、监禁对大多数犯罪人又过于昂贵和严厉的弊端而于20世纪70年代迅速发展起来的。由于中间制裁既在一定期限内剥夺了罪犯自由，使其对监禁的惩罚性有所体验，又在很大范围内赋予罪犯在监狱之外的行动自由，因而被欧洲犯罪问题委

① 刘强编著：《美国社区矫正的理论与实务》，中国人民公安大学出版社2003年版，第127页。

② 转引自郭建安、郑霞泽主编：《社区矫正通论》，法律出版社2004年版，第179页。

员会评价为介于设施内处遇与社会内处遇之外的第三种犯罪处遇形态。比较常见的中间制裁措施有罚款、赔偿、社区服务、每日报告、强化的缓刑和假释监督、家中监禁、电子监控等。目前，中间制裁在美国被广泛运用，其既可以单独适用，也可以与传统的缓刑和假释相结合。根据1997年的统计，在美国的缓刑假释人员中，87.8%的人是给予了一般的监督，12.2%的人给予了中间的制裁，包括强化的监督、电子监控和其他的特别项目。①

美国是世界上社区矫正的发源地之一，至今已有160多年的历史。在世界范围内，美国的社区矫正最具代表性。通过对美国“二战”以来社区矫正实践的考察，以下几个特点值得我们关注和借鉴：

1. 美国社区矫正模式在刑罚适用中的主导性。美国的刑罚适用模式在20世纪50年代就进入非监禁刑（社区矫正）的时代，以社区矫正为主要形式的非监禁刑已经取代监禁刑成为美国对犯罪的国家反应的主要形式，适用社区矫正的对象大大超过监禁刑适用的对象。尽管后来有过摇摆，但以社区矫正为中心的模式没有改变。

2. 美国社区矫正内容的丰富性和形式的多样性。虽然美国矫正理论和实务界对社区矫正的定义和范围的认识大相径庭，但其社区矫正的形式丰富多彩却是举世公认的。目前，美国的社区矫正既有传统的形式，如缓刑、假释、中途之家等，又有适应形势发展需要而新近创设的形式，如中间制裁等。即使是缓刑、假释等传统社区矫正形式，也随着社会的发展和矫治罪犯的需要而有所改革和创新，发展出像综合缓刑、强化的假释监督等全新形式。内涵丰富、形式各异的社区矫正制度和措施大大拓展了社区矫正的生存和发展空间，为其他国家社区矫正制度的改革和发展提供了有益的借鉴。

3. 社区矫正的导向近年来有偏重惩罚的倾向性。随着美国刑事政策在20世纪70年代后期的调整及惩罚模式的复兴，美国兴起了强调惩罚与社区保护并重的中间性惩罚，被认为是社区矫正制度发展的新境界。以社区为主的中间制裁措施，其发展的目的在于控制犯罪，以及将犯罪对社会的影响减到最低，且可随时视情况将案主交付监禁系统或一般保护管束系统。因此，这类折中刑可取代传统观护和监禁之间的真空地带，比监禁多一些自主权，而比传统观护多一些控制。亦即针对以往的社区处遇，加上刑罚的要素，而出现新形态的社区处遇，表现出“从社区内处遇转移至社区内刑罚”的特征。②

---

① 刘强编著：《美国社区矫正的理论与实务》，中国人民公安大学出版社2003年版，第127页。

② 转引自邓煌发：“社区处遇之探讨”，载http：//www.tosun.org.tw/。

4. 美国社区矫正在发展中的曲折性。社区矫正在美国的发展进程并非一帆风顺，而是呈波浪式的行进态势。期间有过短暂的高峰期，从20世纪60年代末到70年代初，社区矫正在每个州都得到了迅速发展，出现了美国罪犯矫正历史上的“社区矫正时代”。但短暂的辉煌之后，社区矫正就跌入低谷，监禁刑再次大量使用，大量社区矫正计划和矫正人员被削减。到了20世纪80年代，为了缓解由于监禁刑大量适用而导致的监狱拥挤和行刑费用极度膨胀的问题，美国政府不得不再次选择了社区矫正，法庭仍然大量地适用缓刑和假释制度，一些内含刑罚要素的新型社区矫正形式应运而生。所以，尽管目前严格刑事政策仍然占据美国矫正政策的主导，但丝毫不影响美国再次引领着非监禁刑和社区矫正的发展方向。

二、英国：独特的社区刑罚和替刑制度[①]

英国是一个传统保守的国度，反映在刑罚目的理论上，长期固守刑罚的报应性和威慑性。英国又是诞生功利主义大师边沁的国家，深受功利主义思想的熏陶。正因为如此，英国人对刑罚的预防犯罪和矫正罪犯的主张非常容易接受。因此，近百年来，英国关于刑罚目的的理论穿梭于报应、威慑、剥夺、预防、复归、矫正等学说之间。目前，占主导地位的是威慑、预防说，同时，其他学说也在不同程度上发挥着作用。受刑罚理论的影响，英国一方面固守着监禁刑，监禁刑的适用极为普遍；另一方面，预防思想在行刑实践中也得到有力的贯彻，当人们发现监禁刑的矫治效果不理想后，刑事立法和司法都转而加强对监禁刑的控制，各种监禁刑替代措施被开发出来，并运用于刑事司法实践，形成了颇具特色的替刑制度。

近20年来，受世界范围内“轻轻、重重”刑事政策的影响，英国刑罚的发展态势也呈现出两极化走向：一是监禁刑的立法和适用有“重刑化”的倾向。受日趋严重的犯罪形势、公众舆论、政治策略等方面的影响，英国近10年间的监禁率和监禁人口又有明显的上升趋势。资料显示，1992年英国的监狱人口为4万余人，1999年猛增到6万人。[②] 二是非监禁刑的大量采用。作为

① 以下参见中英量刑制度比较研究课题组：“关于英国刑罚体系和量刑制度的考察报告”，载中国政法大学刑事法律研究中心、英国大使馆文化教育处主编：《中英量刑问题比较研究》，中国政法大学出版社2001年版，第258～259页；陈梦琪：“英国社区矫正制度评析”，载《青少年犯罪问题》2003年第6期。

② 转引自冯卫国：《行刑社会化研究》，北京大学出版社2003年版，第100页。

处置轻微犯罪和缓解监狱人口压力的手段，非监禁刑的适用总量也在稳定增加。

根据1991年刑事司法法的规定，英国的社区刑罚主要有缓刑、保护观察令、社区服务令、宵禁令、禁入令、监管令、结合令、护理中心令、行动计划令等。英国法院对犯人处以社区刑罚的一个基本理念是，让犯人在原来的社区环境中矫正，避免因监禁而造成犯人与犯人之间相互传染犯罪恶习。下面就英国刑法中适用面较广的或具有本国特色的一些社区刑罚措施作一些介绍：

(一) 缓刑

英国是现代意义上的缓刑的发源地，目前已形成较为健全的缓刑制度。一般意义上的缓刑是对判处2年以下监禁刑罚的罪犯同时宣告缓期1年至2年执行的刑罚方法。

(二) 保护观察令

保护观察制度是由英国1907年罪犯保护观察法首创的，被认为是“英国对扎根于20世纪刑罚学理论与实践作出的最重大贡献”。① 保护观察令适用于16岁以上的犯人，期限为6个月以上3年以下。在保护观察期间，保护观察官员可以要求犯人参加一定的活动，在某一时间参加保护观察中心安排的方案，接受精神问题或毒品、酒精依赖的治疗和测试处遇。

(三) 社区服务令

社区服务是英国1973年刑事法庭权力法创立的刑种。它是指法院以刑事判决的方式，判令被告人在一定的时间内，必须为社区提供一定的义务劳动，以弥补因其罪行给社会或他人造成的损失。社区服务作为监禁刑的替代措施，其适用对象必须是16岁以上犯有可监禁之罪的人，但实际上倾向适用于16岁以上至20多岁的罪行轻微的青少年犯人。社区服务的时间从40小时至240小时不等，由法官根据罪犯所犯罪行的严重程度确定。法院在适用社区服务令之前须得到审前报告，犯人必须适于判处社区服务令，而且所在社区有活可干。社区服务的对象主要是直接或间接受到犯罪行为损害的人。罪犯在参加劳动时并不穿戴特殊服装或标志。从社区服务令下达之日起，所有的劳动必须在12个月内完成。

社区服务令由保护观察局负责管理，犯人没有遵守保护观察令将由保护观察官进行调查。罪犯连续超过3次违反服务令，则要被送回法院重新审判。从实际情况看，大约80%的犯人能够遵守服务令规定的各项条件，完成劳动任

---

① 转引自陈梦琪：“英国社区矫正制度评析”，载《青少年犯罪问题》2003年第6期。

务；只有20%的犯人因没有能够履行规定的各项条件而被送回法院改判其他刑罚。自20世纪80年代中期以来，在英国的刑事司法实践中，社区服务令的适用比例逐年稳定上升，而且对所有犯罪都可以适用社区服务令。

（四）结合令

结合令是保护观察令和社区服务令的结合，适用于16岁以上犯有可判监禁之罪的犯人。法院要求犯人被判处缓刑的同时，须向社会提供一定期限的公益劳动。结合令中的保护观察时间可以是1年至3年（正常的保护观察期限为6个月至3年），社区服务的时间为40小时至100小时（正常的社区服务期限是40小时至240小时）。法院在适用结合令之前应当听取审前报告，1997年之前还要征得犯人同意。由于结合令具有保护观察令和社区服务令的双重优越性，所以很受法官的青睐。英国法院适用结合令的案件从1992年的900件猛增到1996年的10,200件。

（五）宵禁令

宵禁令是限定犯人在特定的时间必须待在特定地点的一种社区令。其目的在于通过限制服刑人员在家中，防止他们在夜间外出从而减少、控制某些形式的犯罪。宵禁令适用于任何年龄的犯罪人，一般适宜于在特定时间有犯罪倾向的人。其执行时间不得超过6个月，对16岁以下犯人不得超过3个月，在此期间每天宵禁时间限定在2小时至12小时不等。近年来，随着电子监控设施的运用，保护观察官可以根据宵禁令的指定，让犯人佩戴电子标签，以监控犯人的行动。

（六）禁入令

这是英国2000年刑事司法与法院管理法案规定的一种新的惩罚方法，是在家庭宵禁令基础上发展而来的。被判禁入令的被告人，在指定时间内不得进入特定场所。

（七）专门适用于青少年罪犯的社区刑罚

在英国的刑罚体系中，还有三种专门适用于未成年犯人的社区刑罚：护理中心令、监管令和行动计划令。（1）护理中心令。护理中心令适用于10岁至20岁的青少年犯人，过去主要针对男性青少年犯人，近年来政府鼓励对女性青少年犯人适用。它要求犯人在某一段时间内参加某一具体护理中心的活动。参与护理中心的时间由法院根据犯人的年龄在护理中心令中加以规定，最少是12小时，最长不得超过36小时，参与护理中心时间不得干扰犯人上学或上班时间。适用护理中心令无须征得犯人同意，也不需要有审前报告。（2）监管令。监管令相当于保护观察令，但主要是针对更年轻的犯人，一般适用于10岁至17岁的青少年犯人，其宗旨在于帮助年轻的犯人建立责任感、摆脱困境，顺利地成长为一个成年人。监管令的最长期限为3年，实践中一般为1年至2年。在监管令中，监管人的职责是“建议、帮助和亲近被监管人”，只要有可能，监管人应当在监管令执行中的各个阶段与犯人及其父母或监护人一起工作。从1986年到1996年的10年间，对于14岁至17岁的犯人适用监管令的比例从11%上升到19%，对于10岁至14岁的青少年男犯的适用率从17%上升到25%。(3) 行动计划令。行动计划令适用于10岁至17岁的青少年犯人，为期3个月。行动计划令要求青少年犯人从适用之日起遵守监管人员的指示，内容包括在规定时间内参加规定的活动、会见规定的人、不得接近某些场所、对某人和社会进行补偿、参加由法院安排的听审及护理中心的活动等。

在长期的实践探索中，英国的社区矫正形成了自己的特色：

1. 社区矫正的个别化。英国的社区矫正刑包括一系列层次丰富、内容多样，因而具有较强针对性的社区矫正令，从而拓展了社区矫正的适用内涵。法官在自由裁量的基础上，针对个案的具体情况，选择最适合犯罪人的一个或若干个社区矫正刑，因人施行，有利于实行对犯罪人的矫正，达到较好的社会效果。①

2. 社区矫正的前瞻性。英国刑事法院权力（判决）法的总则部分第36条规定，社区矫正判决的程序要求是判决前报告。在社区矫正的量刑阶段，必须经由社区矫正执行机关提供判决前报告，从而使社区矫正前瞻介入量刑阶段，这是英国社区矫正的一大特色。②

3. 具有健全的社区刑罚执行机制。在英国，遍布全国的缓刑局是专门负责社区刑罚的执行机构。英国的缓刑局是介于政府机关与民间团体之间的一个非政府组织，是一个带有独立性和中立性的执法机构。自1998年起，许多批评指出这些相互独立的机构非常缺乏效率。政府接受了这些建议，于2001年4月成立了英格兰和威尔士缓刑总局，并在内务部新设置了国家缓刑委员会，各地的缓刑所是国家缓刑委员会的地方机构。③

---

① 刘守芬、王琪等：“社区矫正立法化研究”，载《吉林大学社会科学学报》2005年第2期。

② 陈梦琪：“英国社区矫正制度评析”，载《青少年犯罪问题》2003年第6期。

③ 郭建安、郑霞泽主编：《社区矫正通论》，法律出版社2004年版，第55页。

三、日本：独具特色的“保护观察”和“更生保护”制度[①]

20世纪日本罪犯矫正制度的发展，是以罪犯社区处遇的广泛拓展为标志的。日本的犯罪人处遇制度分为三种：司法处遇、设施内处遇和社会内处遇。所谓社会内处遇，是指不将犯罪人收容于设施之内，而让其在社会上一边过一般生活，一边用指导、援助等使其改造自新的措施。社会内处遇制度的外延非常宽泛，但其中心则是假释、保护观察及紧急改造保护这三项制度，这实际上是一种广义的社区矫正制度。

日本的社会内处遇制度起源于江户时代的“人足寄场”制度，而将其初步制度化的则是旧少年法，该法最早导入了对少年犯的保护观察。“二战”以后，为了对付战后日益增长的犯罪，日本于1949年制定了犯罪人预防改造法，确立了作为社会内处遇的保护观察制度。一年后，日本又制定了紧急改造保护法，确立了社会内处遇制度的另一种重要类型即紧急改造保护制度。随着1953年和1954年刑法的部分修改及1954年制定的缓期执行者保护观察法，把缓期执行的成年人也纳入到保护观察制度中来。至此，以“保护观察”和“更生保护”为核心的具有日本特色的社区矫正制度基本形成。

（一）保护观察制度

日本的保护观察制度，是针对留在社会上进行“社会处遇”的非行青少年和接受缓刑的被保护观察者进行指导、监督、辅导和援助，使其悔过自新，过上一般的社会生活的处遇方法。保护观察主要包括三种类型：（1）终局处分型保护观察，它是从其他处分中独立出来的，作为一种制裁的保护观察；（2）缓刑型保护观察，它是附随于缓期宣告或缓期行刑的保护观察；（3）假释型保护观察，它是与假释相伴随的保护观察。

（二）紧急改造保护制度

紧急改造保护制度，又称为“更生保护”制度，是针对刑满释放者等不成为保护观察对象的有犯罪前科的人，在被解除了刑事程序或人身限制之后，一旦出现既不能从亲属也不能从社会福利设施处获得援助，或者所获得的援助难以实现改造的情况时，根据本人的申请，在获得人身自由后6个月内，由保

---

① 参见［日］大谷实著，黎宏译：《刑事政策学》，法律出版社2000年版，第258页；刘涛、田心则：“日本社区矫正制度介评”，载《犯罪与改造研究》2006年第2期；林遐：“日本罪犯社区处遇概况”，载《犯罪与改造研究》2002年第7期。

护观察所根据国家的责任而采取的紧急保护措施。① 根据紧急改造保护法的规定，能够接受紧急改造保护的人员是：（1）刑满释放的人及假释期限届满的人；（2）免除执行徒刑、监禁、拘留的人；（3）宣告判处徒刑、监禁缓期执行、判决尚未确定的人；（4）宣告判处徒刑、监禁缓期执行、未附保护观察的人；（5）不起诉的人。对上述人员实施的更生保护措施的主要内容有：（1）培养其劳动意识，安定职业；（2）调整家庭关系；（3）断绝不良交友关系；（4）改掉出走、外宿的不良习惯；（5）提供适当住宿，选择保护人等。

紧急改造保护措施可分为两种：一是自己保护，即由保护观察所所长亲自实施的保护，其主要内容是在保护观察所内提供粮食、衣服，帮助医疗，支付回家的路费；二是委托保护，这是委托改造保护法人实施的保护，其内容是提供食宿以及实施与此相关的辅导。

日本社区矫正的发展具有本民族的鲜明特色：

一是具有完备的社会内处遇立法。实践中的每一制度后面都有法律保障，立法在社区矫正的发展过程中发挥了重大作用。针对缓刑、假释、释后安置和其他非监禁罪犯，日本制定颁布了一系列的法规，如罪犯更生保护法、缓刑监督法、刑释罪犯安置法、自愿缓刑官法等。②

二是社区矫正适用对象的广泛性。在日本，适用社区矫正的对象主要包括五类：（1）受保护观察处分者；（2）被刑事法院判决为缓刑者；（3）假释、保释出狱或者保外就医者；（4）刑满释放者或者赦免出狱者；（5）其他法定应予以更生保护的。可见，日本的社区矫正不仅仅适用于正在服刑的罪犯，而且延伸到刑满释放人员，换言之，日本的出狱人保护事业也是社区矫正的重要一环。

三是日本社区矫正制度是以志愿者的广泛参与为显著特色的，志愿者实际上成为社区处遇的主要力量。在现代日本，之所以多年来保持把2%的罪犯收监执行监禁刑，而把其余98%的罪犯都放在社会里进行“社会矫正处遇”，同时又能保持发达国家中犯罪率最低的纪录，创造这一奇迹的根本原因在于，向失足者或犯罪人伸出援助之手这样近年被称为“使社会更加光明”的运动，在日本已有近百年的历史，其参与的人士尤其是知名人士之多，影响面之广，

① 刘涛、田心则：“日本社区矫正制度介评”，载《犯罪与改造研究》2006年第2期。

② 刘守芬、王琪等：“社区矫正立法化研究”，载《吉林大学社会科学学报》2005年第2期。

体现出极其深厚的民众基础。[①] 在日本，实施社会内处遇的人员中，除了保护观察官是专职从事社区矫正的国家公务员外，其他三类人员如保护司、改造保护法人和民间志愿者都是志愿人员。特别是保护司，是从受人尊敬、乐于助人、经济稳定、身体健康的公民中选拔，经考核后由法务大臣任命。目前，日本全国大约有5万名保护司活跃在更生保护的战线上。显然，这正是日本社区矫正得以发挥其作用的关键之所在，也符合了社区矫正制度所要求的民间自治、社区自治的本意。

四、加拿大：多层次渐进式的假释制度[②]

加拿大是世界上社区矫正工作开展较好的国家之一。在加拿大，社区矫正是以社区为基础协助监督执行法院判决的刑罚的矫正项目，可以是法院判决的监禁刑的监外执行部分。社区矫正重视公共安全，同时为犯人回归社会成为守法公民提供帮助。加拿大的矫正系统分别由联邦矫正局和省级矫正机关组成，这种划分是以两年规则为中心的，即联邦矫正局负责对刑期在两年以上的罪犯的关押和社区矫正；省级矫正机关则负责对刑期不满2年的犯人的监禁和社区矫正。目前联邦矫正局管辖的犯人约有2.1万人，其中约40%的罪犯在社区服刑，而在省级矫正机关管辖的成年犯中，约有80%的犯人在社区服刑。而社区矫正的执行方式包括一般的监督、家中监禁、电子监控、中途住所等。

（一）省级社区矫正：以缓刑为基础

对于省级矫正机关而言，社区矫正的对象主要是缓刑犯。社区矫正大约监督着在监狱和社区中的所有省级成年犯中的80%。社区矫正不再被认为只是监禁刑的一个附属品或者替代物，而是在可能和恰当的时候要优于直接的监禁刑，监禁刑应该是被视为“最后的选择”。

加拿大的缓刑制度创立于1889年，它使法官能够中止监禁刑的执行并经“测试”或根据缓刑的表现释放犯人。从那时起，各省就分别制定法律，为法庭设立了缓刑及相关制裁措施。法官可在刑事法庭上判处缓刑，但不能超过3年。一项缓刑令有两类条件：一类是一般性条件，即对所有申请缓刑的人均适用的各种限制，如要求遵循法律并向缓刑官报告；另一类是特殊性条件，即只

---

① 鲁兰编译：“日本特色的社区矫正”，载《犯罪与改造研究》1999年第10期。

② 参见社区矫正考察组：“加拿大社区矫正概况及评价”，载《法治论丛》2004年第3期；王增铎、兰洁、徐凌刚：《中加矫正制度比较研究》，法律出版社2001年版，第134页以下。

对某些个别犯人适用，如支付赔偿、完成社区服务或参与社区矫正项目。

每个省都用自己的方式组织缓刑、向缓刑官布置任务和建立面向缓刑期间的受监督的犯人的矫正项目。在省级社区矫正的实际运作中，缓刑官扮演了至关重要的角色。缓刑官的角色是综合性犯人管理系统的中心，保证犯人符合法庭和社区的规定：（1）在法庭——缓刑官实施调查，完成报告和执行法令；（2）对当事人——缓刑官执行监督、提供咨询并对犯人进行评估；（3）在社区——缓刑官提供社区保护并提倡社区矫正，发展社区矫正计划。

（二）联邦社区矫正：以多层次渐进式的假释制度为特色

对于联邦矫正系统来说，社区矫正的对象主要是有条件释放的犯人。在加拿大，大多数联邦犯人在监狱中的服刑时间只是其整个刑期的一部分。刑期的其他部分则在社区中度过，但犯人必须遵守某些条件，并接受加拿大矫正局官员的监督。逐步释放犯人，保证他们对任何人都不造成威胁，和帮助犯人调整在监狱外的生活称为社区矫正。

加拿大矫正局认识到，要有效地保护社会，必须通过管理犯人并帮助他们改变导致他们犯罪的态度和行为。改变犯人的第一步，是将他们置于监狱的环境中，让他们感受监禁的痛苦。但是，要使犯人的改变持久，还必须将他们置于社会中，因为几乎所有的犯人最终还得回归社会。正是基于这样的认识，加拿大建立了多层次渐进式的以假释为核心的刑释制度。

加拿大的假释制度已有一百多年的历史。1899 年颁布的假释许可证法标志着假释制度雏形的建立，那时还没有假释条件的法律限制，只要得到了加拿大总督的批准，任何人都可获得假释。1939 年颁布的具有新型监狱法意义的感化院法拓展了假释的适用范围并明确了条件。1959 年，加拿大颁布了假释法并设立了国家假释委员会，标志着现代假释制度在加拿大正式确立。在此后的数十年中，假释的适用逐步推广，形式也渐趋多样。1992 年，加拿大颁布了矫正和有条件释放法，对矫正制度作了全面的立法调整，进一步平衡保障公共安全与罪犯复归社会两者之间的关系，形成了多层次渐进式的假释制度。

根据矫正和有条件释放法的规定，罪犯在监狱服刑后的释放，可以分为三个层次：第一，刑满释放，即罪犯在监狱服刑完毕之后被释放，罪犯回归社会后不受矫正机构的专门监督。第二，充分假释和法定假释。罪犯在服刑 1/3 后原则上就有可能获得“充分假释”，而在服刑 2/3 后原则上就应当获得“法定假释”。获得这两种假释的罪犯都必须接受矫正机构的专门监督。第三，日假释。罪犯在有资格获得“充分假释”前 6 个月有可能获得“日假释”，即白天在社区中活动，受矫正机构的监督，晚上回到监狱或中途之家。除上述三个层次的释放外，罪犯在服刑期间还可能获得“临时释放”和“工作释放”。“临时释放”即囚犯因医疗、人道、探访家属等事由而获准临时离监10小时至数日。这类释放又分为“有陪伴的临时释放”和“无陪伴的临时释放”，前者指囚犯离监期间须受矫正官员伴随监视，后者则不受监视。所谓“工作释放”，是指允许囚犯在狱外工作一段时期，在此期间，犯人工作时须接受监督，夜间要返回监狱或中途之家住宿。

这种多层次的释放制度，消除了“监狱生活的监控和限制与社区生活中的自由和责任之间的鸿沟”，① 使服刑罪犯回归社会成为一个受到有效监控的渐进过程。在这一过程中，获释罪犯可以逐步适应由监禁状态向自由状态的环境改变，而矫正机关也可以在这段时间中对其实施有效的考验、监督和协助，以巩固监狱矫正成果，维护社会公共安全。实践表明，这种多层次渐进式的假释制度是富有成效的：如在1997年至1998年间，联邦监狱监禁的罪犯有13,727人，被适用假释的有9,290人，适用率达68%左右；而且假释期间假释犯的重新犯罪率也很低，一般在10%以内，并且有99%的释放都不会导致新的暴力犯罪。②

加拿大社区矫正制度具有以下特点：

1. 卓有成效的社区矫正管理体制。如前所述，加拿大的矫正系统分别由联邦矫正局和省级矫正机关组成，联邦矫正局负责对联邦社区矫正的管理，省级矫正机关负责对省一级社区矫正的管理。垂直管理的好处是有利于加强业务方面的领导，减少地方干预，有利于工作人员的专业化管理和素质的提高。在垂直管理体制下，专业化分工明确是加拿大社区矫正工作的一大特色。如在联邦的假释办公室，设有高级假释官、行政经理、项目管理者、普通假释官、特别任务主任、心理学工作者、牧师、电脑技师、个案管理工作者等。假释官又分为监狱假释官和社区假释官。监狱假释官帮助每一个罪犯制订假释计划，帮助罪犯获得假释。社区假释官负责对社区假释人员的管理。③

2. 非政府组织是民间力量参与社区矫正的纽带。由于在社区中犯人与公民是相互作用的，因此，社区矫正需要公民的参与来产生成效。在加拿大，大多数公民参与社区矫正是通过非政府组织进行的。非政府组织的参与类型主要有：（1）企业性组织。它是由非政府机构的私人企业，通过与政府签订协议

---

① 王增铎、兰洁、徐淩刚：《中加矫正制度比较研究》，法律出版社2001年版，第167页。

② 钟坚：“加拿大监狱工作考察”，载《上海警苑》1999年第1期。

③ 社区矫正考察组：“加拿大社区矫正概况及评价”，载《法治论丛》2004年第3期。

向社区矫正对象直接提供多种社会服务和人道服务。这些企业专门负责设计和管理社区犯人的居住和社区矫正，具体包括经营犯人的“中途住所”，协助开展犯人多样化的矫正计划。（2）自愿的直接服务机构。这是加拿大最大、最悠久和最具影响力的非政府组织。尽管这些机构可能接受来自政府的拨款和公众的资金资助，但这些组织仍保持自愿的性质，并通过各自委员会理事的选举对他们的地方社区负责。最著名的直接服务机构有：“救世军”、“加拿大约翰霍华德协会”、“加拿大伊丽莎白夫莱协会”、“加拿大 St. Leonard 协会”、“加拿大第七步协会”等。[①] 矫正领域的非政府组织的参与，是加拿大社区矫正得以成功开展的良好社会基础。

3. 监狱矫正与社区矫正密切衔接。加拿大矫正机构的管理模式是本着有利于罪犯回归社会的理念在运作着的。联邦矫正机构分为高度、中度和低度安全警戒三种，关押对象是两年以上的罪犯。当罪犯首先经过分类中心后，根据犯罪的严重性及社会危害性程度，分别送到不同等级的监狱。然后根据罪犯的服刑表现，对其警戒等级进行调整。同时，多层次渐进式的假释制度可以让绝大多数的罪犯通过假释的形式提前出狱。这样，通过监狱矫正与社区矫正的密切衔接，真正把启动监狱大门的钥匙交给了罪犯本人，有利于调动他们的改造积极性。

4. 科学的风险评估体系。在加拿大，有条件释放和社区矫正的运作，以保障公共安全为第一考虑。为此，加拿大整个刑事矫正系统非常重视对罪犯的风险评估，并建立了一套科学的风险评估体系。对犯人进行评估和执行矫正方案的矫正策略是通过一个名为“个案管理”的程序来实施的。个案管理包括四个方面：最初的安置和评估、矫正进展的狱内监督和报告、为国家假释委员会的假释决定做准备、社区监督。[②] 通过风险评估，监狱矫正机关以此确定罪犯的警戒度的等级；假释委员会根据风险评估情况决定是否予以假释以及予以何种假释。加拿大多年来一直保持较高的假释率，但又能保持一个较低的重新犯罪率，科学的罪犯风险评估体系可以说是功不可没。

① 王增铎、兰洁、徐凌刚：《中加矫正制度比较研究》，法律出版社 2001 年版，第 115～116 页。

② 王增铎、兰洁、徐凌刚：《中加矫正制度比较研究》，法律出版社 2001 年版，第 152～153 页。

五、澳大利亚：社区矫正与恢复性司法的契合

澳大利亚是近代世界最早进行行刑社会化实践探索的国家之一。在历史上，澳大利亚曾是英国的海外殖民地，成为英国流放罪犯的重要目的地。现代假释制度被认为起源于1839年在澳大利亚创立的“释放票制度”。1840年，亚历山大·麦克诺奇主管澳洲诺福克岛监狱期间，积极推行行刑改革，制订了以假释为中心的累进处遇方案。正是由于澳大利亚行刑社会化的历史传统，如今，行刑社会化已成为澳大利亚行刑实践的重要原则和鲜明特色。澳大利亚的社区矫正始于1992年，经5年的局部地区试点后于1997年在全国全面推行。在行刑社会化理论的推动下，澳大利亚的社区矫正工作蓬勃发展，成为世界上社区矫正发展比较好的国家之一。

（一）社区矫正的现状

澳大利亚是联邦制国家，联邦政府没有矫正机构和直属监狱，矫正事务分别由6个州和2个领地自行管理。各州和领地均设有社区矫正中心，目前全国共有这样的中心90个，负责对在社区接受矫治的罪犯实施监督和管理。

澳大利亚的社区矫正计划都是通过多种形式的法庭命令进行的。大体而言，可以将社区矫正令分为三类：①

1. 监督令。监督令是指要求对犯罪人进行不同形式行动监督的一类命令，如假释令、保释令、缓刑监督令等。这是最常使用的一类命令，2002－2003年度共对38,753名犯罪人下达了监督令，约占社区矫正犯罪人总数的68%左右。

2. 补偿令。补偿令是指以弥补犯罪行为造成的损害为主要特征的一类命令，如罚金令、社区服务令等。2002－2003年度对17,031名犯罪人下达了这类命令，占社区矫正犯罪人总数的30%左右。

3. 限制行动令。限制行动令是指以限制罪犯的行动自由为主要特征的一类命令，如家庭拘留令、定期拘留令等。2002－2003年度对657名犯罪人下达了这类命令，占社区矫正犯罪人总数的1.3%左右。

在2002－2003年度，平均有74%的社区矫正犯罪人成功地完成了社区矫正计划。其中，成功完成限制行动令的犯罪人数量最多，达到78%；成功完成监督令的犯罪人次之，占77%；成功完成补偿令的犯罪人达到71%。

① 郑霞泽、吴宗宪：“澳大利亚社区矫正概况”，载《犯罪与改造研究》2005年第9期。

(二) 社区矫正的新探索：恢复性司法的实验

20世纪70年代以来，一种全新的刑事法治模式——恢复性司法，在许多西方国家得到尝试和推广，澳大利亚是其中的国家之一。在诠释恢复性司法理论内核的众多学说中，重新融合性耻辱理论影响最大，澳大利亚国立大学教授布拉斯沃特就是该理论的积极提倡者之一。布拉斯沃特指出："对犯罪的容忍，让事情变得糟糕；对犯罪进行烙印化或者粗鲁无礼的、驱逐性的耻辱，则使犯罪变得更糟糕；而融合性耻辱，主张对犯罪人的一系列的尊重，主张由宽恕仪式终结犯罪，更能预防犯罪。"① 布拉斯沃特认为耻辱可以从两个层面上理解：一是个人在社会化过程中接受了社会上通行的是非善恶的标准，并因自己的不道德行为受到良心的谴责，这种自我谴责就是耻辱；二是来自家庭、社区和他人的谴责和惩罚会产生耻辱。耻辱的产生并不一定与主体的道德过错相联系，外界的粗暴对待也会使一个人产生耻辱感。在布拉斯沃特看来，耻辱有两种：一种是烙印型耻辱，这种耻辱将污名烙在犯罪人身上，因而只会割裂犯罪人与社区的道德联系，对犯罪反而有促进作用，正规刑事司法带给犯罪人的耻辱即属于这种类型；另一种是重新融合型耻辱，这种耻辱在谴责犯罪的同时保持着对犯罪人的尊重，并积极接纳其重新回归社区，使其感到羞愧，从而有利于防止再犯，恢复性司法希望和带来的就是这种效果。②

在布拉斯沃特教授重新融合型耻辱理论的指导下，从1995年起，堪培拉警方与澳大利亚国立大学恢复性司法中心共同在澳大利亚首都地区开展了"重新融合性耻辱实验"，警方将一部分犯罪案件不移交起诉，而是在警察的主持下，在犯罪人和被害人及其家庭成员和其他关心者的参加下，通过"家庭小组会议"讨论犯罪对被害人造成的影响，以及如何采取措施使这种影响转化为对被害人、对犯罪人和对社区都有利的因素。堪培拉实验最重要的目的就是通过激发犯罪人的耻辱感起到降低再犯率的作用。实验结果显示，警方已经成功地通过恢复性程序激发了犯罪人的耻辱感，在对青少年犯和交通犯的调查中，发现有10%参加完恢复性程序的犯罪人因为自己的不良行为产生了强烈的耻辱感，比例虽低，但与刑事审判中这两类犯罪人或是根本感觉不到耻辱，或者产生错误的耻辱感相比，这一数字已经很让实验者们感到欣慰了。③

① 陈晓明："论修复性司法"，载《法学研究》2006年第1期。

② 张庆方："恢复性司法"，载陈兴良主编：《刑事法评论》(第12卷)，中国政法大学出版社2003年版，第469页。

③ 张庆方："恢复性司法"，载陈兴良主编：《刑事法评论》(第12卷)，中国政法大学出版社2003年版，第469页。

在实验的基础上，澳大利亚积极地在刑事执法实践中推行恢复性司法模式，并于1997年的青少年犯罪人法中建立了一种吸收社区有关人员共同协商处理轻微少年犯罪行为的犯罪处理方式——青少年司法会议。经过几年的实践，目前已经形成了举世闻名的澳大利亚“社区司法会议”模式。①“社区司法会议”模式主要由警察担任协调员，当青少年所犯罪行比较轻微、犯罪人承认犯罪、犯罪人同意举行这种会议并且也应当通过这种会议处理犯罪人时，负责处理少年犯罪的警察就可以决定召集青少年司法会议。可以参加青少年司法会议的人员包括青少年犯罪人及其家庭成员、被害人及其家庭成员、会议召集人、对青少年犯罪人负有责任的成年代表或者青少年犯罪人所选择的人、案件调查人员或者警方青少年联络人、犯罪人的律师、监督人员等。在会上，首先由犯罪人讲述案情，召集人通过询问方式清楚地展示案件。然后由召集人请被害人讲述犯罪行为对自己的影响，也请其他人员讲述对犯罪行为及其后果的看法。召集人请被害人提出弥补自己损失的具体要求。然后，给犯罪人及其家属提供单独相处的时间，让他们商议和提出一项弥补损失的行动计划。被害人及其家属讨论这项行动计划。在此基础上，达成一项书面的最后协议。青少年司法会议给各方提供了一个讨论的机会：使犯罪人可以承认和承担自己行为的责任；使社区的有关人员更多地了解犯罪，有利于预防重新犯罪；体现了对被害人的尊重。②

（三）社区矫正的特色

1. 形式多样化。澳大利亚的社区矫正丰富多样，共有13种之多，包括：定期拘留、工作释放、家庭拘留、暂缓行刑、治疗令、罚金、补偿、没收财产、假释、缓刑监督、社区服务令、少年犯管教中心令、良好行为保证。其中，社区服务令、少年犯管教中心令、良好行为保证主要针对未成年犯适用。种类繁多的社区矫正形式，为恰当处置和帮助犯罪人提供了更多的选择。

2. 处遇专业化。在实施社区矫正的犯罪人中，往往存在心理不健康、吸毒成瘾、酗酒成瘾、缺乏职业技能等问题。在帮助犯罪人解决这些问题的过程中，矫正机构一般都要与专业机构合作，邀请专业人员参与社区矫正工作。例如，为减少与毒品依赖有关的犯罪而建立的毒品法庭，就与当地的卫生部门合作，向犯罪人提供适当的治疗、咨询和健康干预。又如，为了减少与吸毒有关

---

① 张庆方：“恢复性司法”，载陈兴良主编：《刑事法评论》（第12卷），中国政法大学出版社2003年版，第465页。

② 郑霞泽、吴宗宪：“澳大利亚社区矫正概况”，载《犯罪与改造研究》2005年第9期。

的犯罪而在一些地方法庭实施的地方法官早期转介治疗计划，就由一个专门项目小组负责，其成员除了专职缓刑、假释监督人员外，还吸收了戒毒人员、心理学家、护士等专业人员，对吸毒成瘾的犯罪人进行吸毒和酗酒评估、心理健康辅导、拟订治疗计划和进行戒毒治疗。①

3. 发掘本土资源与借鉴外国经验相结合。澳大利亚的一些社区矫正方法，是在挖掘土著人传统做法的基础上发展起来的。这些方法也能适合于解决当地土著人的犯罪案件。与此同时，澳大利亚还积极从国外引进有关社区矫正的具体做法和成功经验。例如，他们从加拿大引进了对犯罪人人身危险性的评估测量工具，开展对犯罪人的评估预测工作，以区分高、中、低不同等级的罪犯，为进行个别化处遇提供依据。又如，澳大利亚用于解决土著青少年犯罪人的犯罪行为而采取的轻微犯罪案件处理方式——小组量刑，也是从加拿大引进的。②

第二节　中国社区矫正的本土推进

一、社区矫正本土化的试点

虽然经过50多年的行刑实践，我国当前的刑罚适用和行刑模式仍处在以监禁刑为主的阶段。与西方发达国家“有选择监禁”的行刑理念和广泛适用社区矫正的实践相比，我国无论在行刑理念，还是在行刑制度方面均存在明显的差异。随着我国改革开放与对外交往的不断深入，借鉴国外社区矫正的成功经验，充分运用社会资源和社会力量投入罪犯矫正事业，已成为众多刑事法学者和实务工作者的共识。经过充分的理论论证之后，2003年7月，最高人民法院、最高人民检察院、公安部、司法部联合印发了《关于开展社区矫正试点工作的通知》（以下简称《通知》），确定在北京、上海、天津、江苏、浙江、山东6个省市的部分地区开展社区矫正试点工作。

根据第一批试点省市的社区矫正实践，目前我国社区矫正取得的进展主要有：

---

① 郑霞泽、吴宗宪：“澳大利亚社区矫正概况”，载《犯罪与改造研究》2005年第9期。

② 郑霞泽、吴宗宪：“澳大利亚社区矫正概况”，载《犯罪与改造研究》2005年第9期。

第一，积极探索社区矫正的运作模式，初步构建了社区矫正的运作机制。由于社区矫正在我国是一项前无古人的事业，各试点省市积极探索适合本地区的社区矫正运作模式和机制。如北京市建立了三级矫正组织网络：在宏观层面，市里建立由政法委牵头，市级政法部门和有关部门参加的联席会议，协调关系解决社区矫正中的重大问题；中观层面，各试点区县成立社区矫正试点工作领导小组，办公室设在司法局，负责日常管理工作；微观层面，试点街道（乡镇）成立社区矫正工作领导小组，办公室设在司法所，负责具体的日常工作。通过三级组织网络的协同配合，初步形成了“政法委统一领导，司法局组织实施，政法各部门协作配合，司法所具体执行”的工作格局。

上海市在试点之初，确立公安机关为社区矫正的执法主体，以联合单位为社区矫正的工作主体，首创了我国现行法律体制下“执法主体”和“工作主体”适度分离的试点运作模式。在运作机制方面，上海市构建了三级工作体制：市级层面，在市司法局下设副局级建制的“社区矫正办公室”，负责领导和管理全市社区矫正工作。区级层面，各区均成立了领导小组办公室，除浦东新区成立“社区矫正工作处”，金山、虹口和长宁三区成立“社区矫正科”外，其余都明确由司法局“安帮科”负责社区矫正工作。街镇层面，由司法所承担社区矫正日常工作。

第二，通过建章立制促进社区矫正规范运作。为体现刑罚执行的严肃性，确保社区矫正试点工作规范有序地开展，六省市在社区矫正试点过程中十分重视建章立制工作，相继出台了40多个相关规范性文件，如北京市制定了《北京市社区矫正工作实施细则（试行）》，江苏制定了《江苏省社区矫正工作流程（试行）》。①笔者所在的江苏省镇江市社区矫正办公室先后制定了23项规范性文件，涵盖了社区矫正衔接、执行、监管、考核、奖惩及解矫等各个环节。特别是结合本地实际，在江苏省率先出台了《社区矫正对象异地委托管理办法》和《社区矫正就业基地集中管理办法》，对社区矫正试点工作中的热点、难点问题，提出了富有成效的解决办法。在总结各试点省市经验的基础上，司法部于2004年5月出台了《司法行政机关实施社区矫正工作暂行办法》，进一步统一和规范了社区矫正试点各环节的工作。

第三，以风险评估入手，实施个别化矫治。各地在试点工作中，确定了“宽松式管理、引导式教育、人性化改造”的矫正理念，针对社区服刑人员的不同犯罪类型、心理特点、年龄特征和生活状况等情况，因人而异制定有针对

① 冯卫国、韦华、刘燕玲：“社区矫正的中国实践：现状、问题与对策”，载《中国监狱学刊》2006年第2期。

性的矫正个案。在教育矫正过程中，司法行政部门还引入心理咨询、心理矫治等科学手段，进一步增强矫正工作的科学性和有效性。例如，上海市在社区矫正试点中，进行了矫正对象风险评估的探索，市社区矫正办公室在7个区发放了《风险评估测试表》，对3984名在册和期满的服刑人员分别进行了测评，并在对数据进行分析的基础上制作评估报告，确定危险等级，分为“稳定”、“一般”、“重点关注”、“高危”四个等级，从而为服刑人员“度身定做”阶段性的矫正方案提供量化依据。

北京市将所有矫正对象分为一级宽管、二级宽管、普管、严管四级，进行分级管理；在此基础上，制订矫正方案。同时建立考核制度，对确有悔改和立功表现的给予表扬、物质奖励或减刑；对不服管理的，给予警告、治安处罚、收监执行、撤销假释、撤销缓刑的处罚。①

第四，初步形成社区矫正工作的基本框架。各试点省市基本形成了日常管理、学习教育、公益劳动、帮困解难等社区矫正的工作内容。在日常管理方面，各地在矫正对象的接管、考核与奖惩、解除矫正等环节都作了详尽的规定。在学习教育方面，各试点省市充分利用本地的资源优势，开展形式多样、内容丰富的矫正教育活动，如组织矫正对象参观纪念馆、烈士陵园，开设法律知识讲座，进行社会主义荣辱观教育等。在公益劳动方面，各地按照“符合公共利益、社区服刑人员力所能及、可操作性强、易于监督检查”的原则，组织有劳动能力的社区服刑人员参加多种形式的社区公益劳动，北京市规定每个具有劳动能力的社区矫正对象每月参加公益劳动的时间不少于10个小时，江苏省规定每月12个小时。公益劳动的内容主要是参加非营利性机构、社团的服务活动或者为社会（社区）公众服务。江苏省在试点中探索出四种公益劳动形式：集中式（由司法所统一组织公益劳动）、基地式（落实劳动基地，定期参加公益劳动）、特长式（根据社区矫正对象的特长，由社区安排和落实公益性劳动）、自助式（有固定工作单位或外出务工的，社区落实劳动时间，社区矫正对象自主完成，责任人定期考核）。实践证明，这些劳动形式被社会和矫正对象普遍所接受，收到了很好的社会效果。在帮困解难方面，试点省市的社区矫正机构开展了多种形式的帮教扶助工作，使其能够适应正常的社会生活。例如，北京市为没有自谋职业能力的矫正对象提供培训机会，并指导就业。矫正期3个月以上的矫正对象，凡符合低保条件的，纳入最低生活保障范围。上海市则规定每半年至少组织一次技能培训，社区矫正组织在劳动部门支持下制订就业培训计划，对罪犯进行培训。江苏省各试点市县在民政、劳动和

① 王珏：“我国的社区矫正试点工作概述”，载《法律适用》2005年第10期。

社会保障部门的支持、配合下，基本做到：对有就业愿望但无职业技能的矫正对象，由司法所协调地方职业技能培训中心免费提供一次实用性劳动技能培训，努力为他们再就业创造条件；对老弱病残、无生活来源、家庭特别困难的社区矫正对象，地方政府给予提供最低生活保障或定额困难补助；对有就业愿望、暂时无工作的矫正对象，安排进入地方企业建立的过渡性就业基地，以改善社区矫正对象的生活处境，提高他们适应社会的能力，根除影响社会稳定的隐患。广大基层社区矫正机构坚持做到对矫正对象思想上帮一把、生活上扶一把、工作上搀一把，帮助每一位矫正对象走出人生低谷，实施人性化管理的理念。

第五，充分发挥社区资源和社会力量的优势，形成多种力量参与的社区矫正工作格局。社区矫正组织与有关专业机构和社会团体签订协议，充分利用它们的专业优势和人才优势，对社区服刑人员进行帮教工作。广泛招募包括专家学者、社会知名人士、离退休人员和在校高年级大学生在内的社会志愿者参与对社区矫正对象的帮教工作，形成了由社区矫正组织主导，相关专业机构、社会团体和社会志愿者广泛参与的社区矫正工作格局。

例如，上海市在试点过程中，通过政府购买服务的方式，组建了专门的民间社团组织——“新航”社区服务总站，运用“平等、尊重、接纳、助人自助、注重教化”的社会工作理念，按照“政府主导推动，社团自主运行，社会多方参与”的运作模式参与社区矫正。“新航”社区服务总站目前在全市19个区县均已设立了工作站，在218个街镇设立了工作点，形成了覆盖全市的三级工作网络。

经过3年多的努力，社区矫正试点工作已在18个试点省市的85个地市、375个区（县、市）、3142个街道（乡镇）展开。截至2006年5月，全国共接收社区服刑人员62,095人，已解除矫正18,435人，重新犯罪率各省都很低，如：天津0.12%，浙江0.22%，上海0.4%，江苏0.6%，湖北0.9%。①

二、社区矫正本土化的障碍

（一）观念障碍

我国自古以来就有“治乱世用重典”的治国思想，“刑罚世轻世重”观念

① 数据来自王顺安教授在首都师范大学举办的“社区矫正研究——2006年北京国际论坛”提交的论文。

为重刑主义思想在我国经久不衰提供了充分的理论养分。在重刑主义观念的影响下，监禁刑的大量适用有着丰富的法律文化土壤，社区矫正的推广将步履维艰。这主要是因为：

1. 社会公众的观念误区。

把犯罪看做反社会行为，进而把罪犯看成不适应社会生活的敌人加以排斥和拒绝，将之恶魔化、去社会身份化，是传统社会理论、刑法理念不约而同的主线。此种拒绝有两种理论可能性：把罪犯抛弃到其他生存单位，或者个体被社会消灭。流放是前者的代表，死刑则属于后者。① 自从自由刑替代死刑并在刑罚体系中占据中心宝座后，人们在惩治犯罪的观念上形成了一种定势，认为惩治罪犯的最好办法就是拘禁逮捕，剥夺或限制其人身自由，使其丧失再次犯罪的条件。有关调查表明，北京市与其他国家大城市的居民相比，在对同一犯罪选择量刑时倾向于选择重刑，而且几乎没有人选择非监禁刑。② 在社会公众缺乏安全感的时期，面对犯罪危害，社会公众更信赖监禁刑的隔绝作用，尤其是长期监禁刑的适用。因此，把犯罪人“关起来”，而不是把他们置于社区，把社区矫正与“放虎归山”联系甚至等同起来，一定时期内仍将成为社区矫正大规模实施的文化障碍。人们已经习惯了把不安全、不稳定的犯人装进“保险箱”——监狱里。③ 尽管经过3年多的努力，社会各界对社区矫正工作在经历了一个从不知道、不了解到予以了解、赞同的过程后，有了新的认识，表现在公众对社区矫正试点的支持率逐步提高，支持社区矫正试点的由试点初期的25%上升到现在的80%以上，越来越多的公众消除了对社区矫正的疑虑和恐惧感。但我们仍然应当清醒地看到，社会公众的理解和赞同，与社区矫正制度的确立和长远发展所需要的支持相比，还远远不够。④

2. 行刑机关的保守倾向。

重刑主义观念不仅扎根于公众意识之中，而且在很大程度上左右着刑事决策者和刑事执法者。在刑事司法实践中，相当一部分司法人员形成了宁左勿右、宁重勿轻的思维惯性，惟恐受到“打击不力”的指责。面对社会舆论的压力，执法机关在适用社区刑罚时往往表现出相当谨慎乃至消极的态度。以假

---

① 高艳东：“从仇恨到接纳罪犯：个人与社会立场间的刑法抉择”，载《环球法律评论》2006年第3期。

② 郭建安：“刑罚的历史趋势呼唤行刑体制改革”，载《犯罪与改造研究》2000年第10期。

③ 张绍彦：“社区矫正在中国——基础分析、前景与困境”，载《环球法律评论》2006年第3期。

④ 王珏：“我国的社区矫正试点工作概述”，载《法律适用》2005年第10期。

释为例，全国监所每年假释比例平均为1%－2%，连法院规定的3%的指标都用不完，究其原因，观念上的保守是一个重要因素。

（二）社会基础薄弱

社区矫正是在社区环境中利用社区力量和资源对罪犯进行矫正的行刑处遇方式，因此，社区矫正成功推行的前提就是有一个相对完善的现代社区以及发育成熟的社区自治组织，显然这一前提在当下的中国尚未完全具备。

首先，我国目前的社区建设及其组织功能的发挥还不能适应社区矫正的需要。中国在计划经济体制下长期实行的是“单位制”社会治理模式，在这种模式下，“国家对社会的整合与控制，不是直接面对一个一个单独的社会成员，更多的是在这种独特的单位现象的基础上，通过单位来实现的”。[①] 20世纪80年代中期以来，随着我国经济体制改革和社会管理体制的不断深化，原来由政府和企事业单位统包统揽的社会管理职能开始分化并逐渐回归社会与社区，中国社会开始了从传统的单位制社会向现代的社区型社会的变迁，社会成员也开始由原来的“单位人”逐渐向“社会人”过渡。在这样的背景下，民政部于1999年开展社区建设的试点工作，2000年11月在全国全面推进城市社区建设工作。经过几年的努力，我国的社区建设已经初见成效，全国许多地方正在原有的居民委员会辖区的基础上积极探索不同路径的社区建设模式。但是，正在建设中的我国社区，不管是城市社区还是农村社区，离真正或完全意义上的社区还有很大的距离。表现在：（1）按照民政部对城市社区范围的划定，“目前城市社区的范围，一般是指经过社区改革后做了规模调整的居民委员会的辖区”。可见，我国现有的社区虽然有一定的地域界限，但基本上建立在一定的政府行政区划基础上，是由原来的居委会辖区调整而成的，具有浓厚的政治色彩。（2）社区还没有成为一个完全自治的领域。虽然从法律上讲，社区居委会是城市居民的自治组织，但是实际上却是国家行政权力的延伸。居委会在实际运作中普遍存在行政化的倾向，有学者将其归纳为：组织设置行政化、组织功能行政化、自治章程和工作制度制定行政化、人事决定行政化、经费收支行政化、运作方式“机关化”、考核机制行政化。[②] 这样的状况使居委会处于两难困境：既不能完全承担起国家行政职能，又不能得到居民的充分认可，无法调动居民参与社区的积极性和自主性。（3）社区居民缺乏对社区的归属感，社区参与意识薄弱。按照德国著名学者哈贝马斯的理解，社区是介于

---

① 李汉林：“中国单位现象与城市社区的整合机制”，载《社会学研究》1993年第5期。

② 张苏辉：“社区居委会行政化的社会学微观视角”，载《求索》2006年第5期。

私人领域与国家领域之间的公共领域。在社区，人们有着亲密的交往，有着情感和认同的归属，也有着参与社会的感受。① 社区成员与社区有着很高的关联度，他们一方面通过社区可以影响国家行政决策，另一方面在社区中有种主人翁的感受，所以，他们就非常乐意通过各种方式去参与社区发展，并在这种参与中获得一种亲密的社会归属感。而我国目前的社区还没有成为完全自治的领域，政府对社区干预过多促使居民对政府具有很强的依赖心理，居民还没有把社区当成是“自己的组织”，更倾向于把它看成是一级政府组织。另外，大多数生活在社区内的单位居民，由于他们更多的是从单位获取资源，与社区利益的关联程度较低，因此，很少关注社区事务，也很少参与社区活动。

其次，中国还没有形成真正意义上的社区矫正主体——非政府组织。20世纪七八十年代以来，在全球性“结社革命”的背景下，非政府组织在世界范围内得到了迅猛的发展。尽管学者们在非政府组织的定义上争论不休，但在其特性上却形成了共识，认为非政府组织具有五大特征：组织性、民间性、非营利性、自治性和志愿性。② 培育非政府组织既是建设法治国家实现社会自治的需要，也是推行社区矫正的基本前提。欧美发达国家之所以能将大量的罪犯置于社区进行矫正，就在于它们拥有比较成熟的、功能完备的社区和发达的非政府组织。改革开放以来，我国经济和政治的改革与发展引起了权力的转移和社会结构的变迁。随着经济和社会领域权力的逐渐生长，非政府组织大量涌现，一个相对独立的公民社会正在中国崛起。但由于我国的非政府组织缺乏生存发展的制度环境，现阶段非政府组织还处在弱势生存期，表现在：（1）大多数非政府组织的建立必须挂靠一定级别的政府机构，“官办”色彩浓烈，政府主导和“官民双重性”是其显著特点；（2）非政府组织对国家和社会事务的参与还停留在政治性不强的领域，如社会福利、环保、教育、扶贫开发等领域，对于国家权力控制较强的领域，如犯罪治理和罪犯矫正，还鲜见非政府组织的身影。

（三）立法滞后

社区矫正是一项严肃的刑事执法活动，必须有相应的刑事立法作为支撑。尽管现行刑法中有非监禁刑的规定，但“现行立法中关于非监禁刑执行的相关规定是在1996年之前根据当时的经济、政治、社会和文化状况制定的，经

① 王春光：“控制还是聚合？——对当前社区建设的几点反思”，载《浙江学刊》2002年第2期。

② 王学栋、赵斐：“非政府组织：一个新的研究领域”，载《中国石油大学学报》2006年第2期。

过7年发展变化之后，已经不适应目前的实际需要，特别是不适应进一步改革、发展和完善社区矫正制度的需要”。[①] 由于我国在社区矫正相关方面的立法严重滞后，导致社区矫正试点工作中在某些问题上出现无法可依的窘境。虽然各试点地区制定了若干地方性规章以解燃眉之急，但由于这些规章效力低、内容粗糙，难以满足社区矫正发展的长远之需，因此，我国现行刑事法律与社区矫正试点工作规范之间的矛盾、冲突已成为我国社区矫正进一步发展的障碍。立法滞后主要表现在：

1. 立法理念落后。

受建国以来以阶级斗争为纲的政治气候的影响，我国现行刑事法律中虽然有社区矫正的规定，但其指导思想仍然停留在对特定罪犯在社区中进行监督考察的低级层面，尚没有提升到促进罪犯复归社会这个较高层次上。而国外的社区矫正，虽然也把监督考察作为一项重要内容，但更重要的是考虑罪犯的复归社会，体现的是刑罚执行中的人文关怀和人道处遇，以及罪犯的权利保障。[②]可见，与国外社区矫正的立法理念相比，我国社区矫正的法律规范明显存在差距。

2. 社区刑罚种类设置单一、制度供给不足。

我国现行的刑罚体系是以监禁刑为主导的刑罚体系，非监禁性刑罚方法在其中处于辅助、从属、次要的地位。目前属于社区矫正范畴的刑种和行刑方式，只有管制、缓刑、假释、剥夺政治权利和暂予监外执行五种。其中作为主刑的只有管制一种，其他都是附加刑和具体的行刑方式。而国外的社区矫正经过半个多世纪的实践和创新，已形成了形式多样、富有针对性的社区矫正种类。如英国2000年颁布的刑事法院权力（判决）法规定的社区矫正刑有11种，澳大利亚的社区矫正形式有13种之多，并有专门适用于未成年犯罪人的社区矫正项目。因此，在社区刑罚的种类上，我国也比西方社区矫正发达国家要单一得多。

不仅如此，我国试点中的社区矫正还存在具体制度设计不足的弊病。例如，管制刑作为一种限制自由刑，剥夺政治权利刑作为一种不剥夺自由的资格刑，具有纳入社区矫正范畴的运作空间，但我国刑法关于管制刑、剥夺政治权利刑的现行规定更多地只是体现刑罚的剥夺和惩罚属性，而没有从管制刑和剥

---

① 刘强：“社区矫正：借鉴与创新”，载陈兴良主编：《刑事法评论》（第14卷），中国政法大学出版社2004年版，第327页、第347页。

② 刘强：“社区矫正：借鉴与创新”，载陈兴良主编：《刑事法评论》（第14卷），中国政法大学出版社2004年版，第327页、第347页。

夺政治权利刑作为体现社区矫正的现代刑罚理念的刑罚种类的定位出发对管制、剥夺政治权利的社区矫正要求作出更多的具体规定，这样在社区矫正试点推广过程中将管制刑、政治权利刑纳入其中就必然存在一定的制度供给不足。① 对于缓刑、假释这样的行刑方式而言，现行刑法虽有对罪犯的控制和监督方面的规定，但这些规定还停留在较低层次，存在操作性差的弊端，同时缺乏对缓刑犯、假释犯更生保护方面的规定。因此，缓刑、假释这样在西方国家频繁使用的社区矫正项目，为何在我国适用率如此之低，具体制度方面的供给不足也是一个重要因素。

3. 社区矫正实践中的某些做法面临适法性危机。

根据现有法律规定，公安机关是社区矫正中各项非监禁性刑罚的执行机关。而根据"两高"、"两部"的《通知》精神以及各试点省市的具体做法，社区矫正试点工作形成了由司法行政机关牵头组织，街道、乡镇的司法所具体负责日常工作的模式。显然，这种试点模式同现行法律规定之间存在着矛盾和冲突。由于缺乏法律的明确授权，司法行政机关担当社区矫正执行主体的做法面临适法性危机。虽然根据社区矫正的目标定位和实际需要，由隶属于司法行政机关的司法所专门负责社区矫正事务，是一种比较合理的制度安排。但是，在法治社会，法治原则要求国家机关公权力的行使包括改革过程中任何涉及公权力行使和公民私权利限制的事项，即使出于最善良的动机，亦必须取得法律的授权、具有法律的依据。美好的愿望、善良的初衷，决不能成为我们在试点推进社区矫正过程中突破法律规定进行所谓"良性违法"的借口。② 此外，各地在试点中都把参加一定时数的社区公益劳动作为考察矫正对象改造表现的项目之一。尽管公益劳动在矫治罪犯恶习、提高自身技能、培养健康情感、重塑全新观念等方面发挥一定的积极作用，国外对社区矫正中的罪犯普遍适用，我国学者也极力提倡适用，但现实面临的问题是，我国刑法第 39 条第 2 款规定，对于被判处管制的犯罪分子，在劳动中应当同工同酬。对其他在社区服刑的罪犯是否要附加社区公益劳动，现行法律没有作出规定。可见，如果在社区矫正实践中要求管制犯参加公益劳动，就与现行法律相冲突；为其他矫正对象设定公益劳动义务，更是于法无据。因此，在社区矫正试点中要求矫正对象参加社区公益性劳动同样面临着适法性危机。

（四）行刑体制桎梏

刑事执行是刑法运作中极为重要的一个环节，我国目前在行刑权的架构和

---

① 梁根林：《刑事制裁：方式与选择》，法律出版社 2006 年版，第 247 页。

② 梁根林：《刑事制裁：方式与选择》，法律出版社 2006 年版，第 246～247 页。

运行上存在的一大缺陷是行刑权过于分散，在现行体制下，法院、公安机关、监狱均在一定范围内行使行刑权。① 具体而言，监狱负责对被判处死缓的罪犯、无期徒刑犯和余刑在1年以下的有期徒刑犯的刑罚执行，也即执行监禁刑；公安机关承担对被判处管制、拘役刑的罪犯以及自由刑监外执行的罪犯的管束和监督；法院主要负责对死刑和罚金刑的执行。这种分散多元的行刑机制存在着诸多弊端，严重制约了我国社区刑罚的执行。因为在现行体制下，人民法院在适用缓刑以及监狱在提请假释时，均要征求罪犯所在地公安派出所的意见，而公安派出所因长期超负荷运转，自顾不暇，对法院和监狱作出的非监禁刑尝试，常常作出否定性的答复，这在客观上限制了社区刑罚的适用。社区刑罚由于得不到行刑机制的依托和行刑部门的配合而胎死腹中。

三、社区矫正本土化的前景

（一）渐进式推进社区矫正立法，构建“三位一体”的刑事立法体系

任何改革的初期，摸着石头过河也许是一个必要的过程。一项新制度在其初始阶段超越现有法律体系进行尝试，这种做法是可以理解的。然而该制度如果长期处于“无法可依”的状态，那么，对于制度实践而言则是不可想象的事情，因为它必然会破坏社会对规则的信心和对法律的期待。社区矫正在我国的推行呼唤着社区矫正立法的及时跟进。在试点基础上，确立基本的法律支撑对于社区矫正这样一种刑罚执行活动来讲是必不可少的。因此，在我国，当务之急是借鉴国外社区矫正的成功立法经验，结合我国社区矫正试点工作开展的实际情况，分阶段确立和完善具有中国特色的社区矫正法律体系。

1. 社区矫正的立法模式选择

从立法模式的角度，有学者将国外社区矫正法律制度分为三种模式：一是英国模式，这种模式注重社区矫正的法律地位，将社区矫正与其他刑种并列。英国的社区矫正刑在立法的框架之下，是一种针对较轻犯罪的单独主刑刑种。二是美国模式，这种模式不太注重社区矫正在立法上的地位，而更注重实践中的运用，反映出美国文化崇尚实用主义的特点。具体表现为：社区矫正是一种刑罚方式，但在实践中则更多地体现为一种非监禁刑执行方式。三是日本模式，该模式将社区矫正纳入刑罚执行体系中，社区矫正与监狱矫正并列成为两

---

① 冯卫国、储槐植：“刑事一体化视野中的社区矫正”，载《吉林大学社会科学学报》2005年第2期。

种矫正方式，社区矫正被定位为刑罚执行方法。① 根据我国的国情，采用英国立法模式似不妥当，因为把社区矫正定性为刑罚的种类之一太过狭窄。而美国模式由于其判例法的法律文化传统与我国相距甚远，其不注重社区矫正立法上之法律地位的特点恐很难为我国立法者接受。比较而言，日本模式是可以为我国借鉴的。因为目前我国在试点阶段就把社区矫正定性为非监禁刑执行方式，强调监狱矫正与社区矫正的接续性。很多学者都主张将来制定一部统一的刑事执行法，将社区矫正的内容纳入其中，形成狱内行刑与狱外行刑的一体化协同运作的格局。

2. 渐进式推进社区矫正的立法进程

鉴于我国的社区矫正推行时间不长，很多问题需要在实践中加以探索、论证。因此，从我国社区矫正立法条件的现实状况考虑，要想一步到位地制定一部完整的社区矫正法还不太现实。比较可行的做法是：分阶段、渐进式地推进社区矫正的立法。具体设想是：

(1) 试点地区制定社区矫正的地方性法规。

笔者认为，由于我国地区之间、城乡之间在政治、经济、文化发展以及社区的发育状况方面存在较大的差距，在试点阶段制定全国性的社区矫正法规条件尚不成熟，但尽快制定地方性的社区矫正法规则是可行的。因为根据立法法第 64 条第 2 款的规定：除本法第 8 条规定的事项外，其他事项国家尚未制定法律或者行政法规的，省、自治区、直辖市和较大的市根据本地区的具体情况和实际需要，可以先制定地方性法规。所以，试点省市应在总结本地区社区矫正试点工作经验的基础上，率先制定地方性法规，使该法规在今后一段时间内成为指导当地开展社区矫正的法律依据，并为全国性的社区矫正立法创造条件。目前，上海市在制定地方性社区矫正法规方面已走在全国的前列，已出台了《上海市社区矫正工作管理条例》。

(2) 在现行刑法、刑事诉讼法中融入社区矫正内容。

我国的刑事诉讼法、刑法分别在 1996 年、1997 年进行了修正，但随着时代的推进和社会的发展，这两部法律在实践中又暴露出诸多不适应防控和惩治犯罪需要的地方，特别是现阶段推行的社区矫正试点工作凸显出刑法、刑事诉讼法及相关法律规定的阙如，一定程度上出现无法可依的局面。全国人大常委会已将刑法、刑事诉讼法的再修改纳入了立法规划，以此为契机，应将社区矫正的内容充实到这两部基本法律中去。具体设想是：①修改两部法律中关于公

① 刘守芬、王琪等："社区矫正立法化研究"，载《吉林大学社会科学学报》2005 年第 2 期。

安机关为非监禁刑执行机关的规定，明确规定司法行政机关为社区矫正的执行机关，具体承担社区矫正的执行事务；②完善现有法律框架内的管制刑、缓刑和假释制度；③增设社区服务刑，把社区服务刑作为附加刑的一种，既可独立适用于轻罪犯和未成年犯，又可附加适用于管制犯、缓刑犯和假释犯，作为其在管制、缓刑和假释期间的应尽义务之一；④增设转处制度，通过转处制度，可以使一部分罪犯从刑事司法程序中分流出去，一方面减轻刑事司法机关的工作压力，另一方面大量原先被视为罪犯的违规者未被贴上“罪犯”的标签，从而有利于他们的更生与回归社会；⑤创设刑罚易科制度：一是短期自由刑易科罚金制度；二是短期自由刑易科社区服务制度。由法院根据罪犯刑罚适应能力和再社会化需要等因素，以判决的形式实现不同刑种之间的转换，促进刑种资源的合理配置，取得最佳的刑罚效益；⑥适当扩大暂予监外执行的适用范围，把符合保外就医条件的无期徒刑犯、精神病犯纳入暂予监外执行的范畴。

（3）制定社区矫正法，规制社区刑罚的执行。

待社区矫正试点工作成熟之后，在总结试点工作经验的基础上，参照国外社区矫正的法律规定，由全国人大常委会制定社区矫正法，与监狱法并列成为我国刑事执行的法典。社区矫正法的立法理念是“致力于一个相对开放的、立体的法律体系的构建”，纵向上社区矫正立法应有前瞻性，不能仅仅着眼于目前，应有时空上的延展性，矫正类型和内容应丰富多元，即使由于现实不能一步到位，也应为未来发展预留空间，允许新的矫正类型和方式的介入；横向上则应促进以社区刑罚为中心的相关法律制度的建设，如缓刑官选任制度、志愿者制度等，从而确立一个体系化的、与矫正有关的多元而不是单一的法律制度。[①] 社区矫正法的立法内容应包括：社区矫正的目的、任务、基本原则；社区矫正的机构设置、职权划分、人员构成；社区矫正的适用对象；社区矫正的类型及适用条件；社区矫正的适用程序；社区矫正的监督；未成年犯的社区矫正等。

（4）制定统一的刑事执行法。

一国完善的刑事法律体系应由三大主干法组成，人们形象地称之为刑事法的“三驾马车”或“三大支柱”，即刑事实体法、刑事程序法和刑事执行法。从目前世界范围看，有些国家制定了统一的刑事执行法律，如德国有刑罚执行法，俄罗斯有刑事执行法典，用以调整监禁执行和非监禁执行活动。我国在1994年监狱法颁布后，三大刑事法律并存的局面初步形成，但“三位一体”

---

① 刘守芬等：“社区矫正立法化研究”，载《吉林大学社会科学学报》2005年第2期。

的协调状态始终没有形成，突出问题在于：一是缺乏一部统率和调整全部刑事执行司法活动的，与刑事实体法和刑事诉讼法相互协调、配套、衔接的刑事执行法。尽管有了一部监狱法，但它并不是完整的、全体的刑事执行法，监狱法只是解决了“两个半主刑”的执行问题，其他刑罚的执行并不是由监狱实施，亦未纳入监狱法的调整之中。由于监狱法的这种不完整性，所以尽管其具有基本的刑事执行法的地位与作用，但无法以刑事执行法而取得与刑法、刑事诉讼法相平行、衔接、统一的地位，因而难以发挥其在整个刑事法体系中的应有作用。监狱法颁布十多年来的实践情况充分说明了这一点，监狱法成了“监狱的法”和“管监狱的法”。① 二是三大刑事法在内容上协调不够，如在有关减刑、假释、监外执行的条件和程序方面互有冲突。② 因此，改变这种局面的根本出路在于制定一部统一的刑事执行法，包容狱内行刑与狱外行刑于一体，将监禁行刑工作与社区矫正工作整合在一个统一的权力运行系统之中，实现二者的对接与互动。如果这一设想能得到立法者的采纳，那么，我国完整的行刑法律体系得以构建，三大刑事法“并驾齐驱”的格局最终形成。

（二）发挥刑事裁判权的杠杆作用，建立刑事裁判与刑事执行的互动机制

社区矫正的实施，在很大程度上受制于刑事裁判。在我国目前适用社区矫正的五类对象中，管制刑、缓刑和剥夺政治权利刑的适用直接由法官裁量决定，假释虽然由监狱提请，但最终还是由法院裁定。可见，对一个罪犯判处监禁刑还是社区刑，完全是由法官来决定。如果法官在适用社区刑罚时过于保守，势必影响社区矫正的推行。

在大陆法系国家，审判机构对行刑法律活动的涉入普遍而有效。例如，意大利由设置在上诉法院的监察法官负责自由刑的执行中的重大事务，监察法官直接涉入行刑机制内部。在法国，曾经一度严格限制法官的权力，但这种局面很快被改变，法官对刑罚执行的介入被认为是符合逻辑的事情。③ 此外，西方一些国家为促进刑事裁判与刑事执行之间的互动和沟通，设计了一系列制度，如缓刑官向法官提交判决前犯人人格调查报告的制度，吸收社区代表参加的缓刑、假释听证制度，监狱向法院定期提供的监狱容量通报与预警制度等，这都有利于发挥行刑环节对于刑事裁判的积极调控、反馈功能，提高社区刑罚适用

---

① 张绍彦：“刑事执行新探”，载《现代法学》1998年第3期。

② 冯卫国、储槐植：“刑事一体化视野中的社区矫正”，载《吉林大学社会科学学报》2005年第2期。

③ 王利荣：“论行刑权运作的两种趋势”，载《政治与法律》2001年第3期。

的科学性，值得我们借鉴。①

目前我国刑事审判与刑事执行之间的关系较为松散，审判机关审理刑事案件主要根据“已然”的犯罪行为表现出来的社会危害性与行为人的主观恶性定罪量刑，法官考虑较多的是报应犯罪和保全社会的需要，甚至会考虑到刑罚适用后的社会公众反映，而对于犯罪人的受刑情况和再社会化的可能，则很少关注。这种状况在一定程度上制约着判决的科学性，制约着罪犯矫正的质量。在现有的行刑权设置模式下，要改变这种现状，就必须改革量刑制度，审判机关适度介入行刑，增强刑事裁判权的调配力。法官在确定刑种和行刑方式时，不仅要考虑已然的罪行，也要考虑罪犯的人格状况，考虑如何有利于罪犯的再社会化，有时甚至应适当考虑监狱的容量问题，以充分体现刑事裁判与刑事执行之间的互动关系。② 为此，就刑罚裁量而言，目前可从以下方面着手：

1. 树立“有选择监禁”的量刑理念。

“有选择监禁”是近年来西方国家应对日趋严重的监狱拥挤现象和代价昂贵的监禁成本问题而提出的一种刑事政策思想。在“有选择监禁”刑事政策指导下，一些西方国家在刑法中对监禁刑的适用作了限制性规定，法官在量刑时对监禁刑的适用日趋慎重。例如在英国，要求法官在作出判决时，首先应考虑可否适用非监禁刑判决，只有回答是否定的，才能考虑监禁是否适当和必要。在德国，监禁刑的适用已由主导地位转变为没有其他的选择情况下的最后手段，而短期监禁刑的适用更是成为一种例外，只限于行为或行为人的人格存在特殊情况，或对行为人有作用，或在“防卫法律秩序”上“确不可少”的时候。③

当今中国，社会治安形势尚未得到根本好转，犯罪总量呈持续上升态势，刑事立法和司法还严重依赖死刑和监禁刑的威慑作用。在这样的背景下，监禁刑的慎用只会被看做是学者的迂腐。但尽管如此，笔者仍然认为，在刑事审判中确立“有选择监禁”的理念是十分必要的，它向司法者传递这样的精神：监禁刑并非完美的刑罚措施，只能作为对付犯罪的“最后的”手段。尽管该提议在当下“曲高和寡”，但随着整个社会经济的发达以及随此而来的文化水平的提高、对公民权利的尊重及公众的心理承受能力的增强，“有选择监禁”的理念必将得到社会公众的理解和支持，并成为刑事司法者的自觉行动。

---

① 冯卫国、储槐植：“刑事一体化视野中的社区矫正”，载《吉林大学社会科学学报》2005 年第 2 期。

② 储槐植、宗建文：《刑法机制》，法律出版社 2004 年版，第 230 页。

③ 冯卫国：《行刑社会化研究》，北京大学出版社 2003 年版，第 199 ~ 200 页。

2. 实施刑事转处策略。

鉴于监狱处遇易造成“监狱化”弊端，西方国家一般采取“前门转换”和“后门开放”的策略。“前门转换”即刑事转处制度，是指将犯罪人从刑事司法系统中“转移”出去，交给更适宜的矫正机构实施某种社区内处遇。实施转处制度的结果，是大量的刑事案件未经刑事司法程序审理，大量的原先被视为罪犯的违法者也未贴上“罪犯”的标签。欧美国家的实践证明，转处制度是一项有利于犯罪人尤其是未成年犯罪人再社会化的理想的刑事司法制度，值得我国借鉴引进。

3. 运用刑罚选科制度，减少监禁刑的宣告。

刑罚的选科是指在法条规定的某罪的数种刑罚中作非此即彼的选择适用。法官在量刑时，应当利用刑罚选科制度减少短期自由刑的宣告。因为在我国刑法分则规定的法定刑幅度中，许多是将有期徒刑、拘役等与管制、罚金作为选科刑种的。这类法定刑幅度具体包括以下五种类型：有期徒刑、拘役、管制、剥夺政治权利的选科；有期徒刑、拘役、管制的选科；有期徒刑、拘役、剥夺政治权利的选科；有期徒刑、拘役、管制、罚金的选科；有期徒刑、拘役、罚金的选科。因此，尽管我国现行刑法尚未规定刑种易科制度，但是在量刑时仍然存在减少短期监禁刑宣告的一定空间。对此，人民法院应当充分利用现有法律范围内的这种可能性，只要不至于严重违背罪责刑相适应原则，在量刑时尽量适用罚金、管制、剥夺政治权利等非监禁刑。① 法院只有在考虑了行为人的犯罪性质和情节、过去表现、个人性格等情况后，认为判处监禁是必要时才能适用监禁刑。

4. 建立判决前人格调查制度。

判决前人格调查制度，是指为了在刑事程序中对每个犯罪人都能选择恰当的处遇方法，使法院能在判决前的审理中，对被告人的素质和环境作出科学的分析而制定的制度。② 该制度起源于美国的缓刑资格调查制度，1950 年在海牙召开的第 12 届国际刑法及监狱会议，也把判决前犯人人格调查问题列为讨论的一个议题。

判决前的人格调查报告制度在刑事政策上具有重要意义，被认为是量刑的科学化、合理化的体现，是犯罪人处遇个别化的出发点。③ 日本犯罪学家菊田

---

① 赵秉志、陈志军：“论我国短期自由刑问题的应对方案”，载刘家琛主编：《当代刑罚价值研究》，法律出版社 2003 年版，第 530～531 页。

② ［日］菊田幸一：《犯罪学》，群众出版社 1989 年版，第 178 页。

③ ［日］大谷实著，黎宏译：《刑事政策学》，法律出版社 2000 年版，第 182 页。

幸一把判决前的调查称为寻求处遇方法的辅助手段，是处理犯罪人的首次处方笺。① 该制度对于社区矫正的推行尤为重要，因为缓刑、假释等社区刑罚的适用都涉及再犯预测问题。以假释适用为例，我国台湾地区刑法学者林纪东先生曾指出，要把假释制度运用得好，有赖于事先精密的审查和事后适当的管束。② 事先精密的审查，旨在测定罪犯有无人身危险性和再犯可能性，而提高预测准确率的关键是建立科学的人格调查制度。由于我国在刑事诉讼中没有建立人格调查制度，导致法官对罪犯被假释后是否再危害社会很难作出准确的判断。基于假释适用的风险性，法院一般主张监狱多报减刑，少报假释，以避免不必要的麻烦。于是，再犯预测这个难题，严重影响了我国假释的适用。因此，要在我国拓展社区刑罚的适用，就必须解决人身危险性评估和控制这个难题。为此，建立科学的人格调查制度就显得尤为必要。

（三）整合行刑资源，完善社区刑罚的执行体制

如上所述，我国现行的刑事执行体制存在多头执行、机构分散的弊病，缺乏专门的社区刑罚执行机构和专业的社区矫正队伍。执行机制的僵滞，严重制约着社区刑罚的适用。因此，实现刑罚执行的一体化、完善社区刑罚的执行机制就成为行刑体制改革的终极目标。

1. 整合行刑资源，统一行刑权限。

刑罚执行一般包括两部分：一是监禁刑的执行，二是非监禁刑的执行。监禁刑由监狱执行，而监狱归属国家司法行政机关管辖，这是世界各国的普遍做法。而且刑罚执行中的非监禁刑由司法行政部门来管理亦是绝大多数国家的普遍做法。例如，法国的缓刑、监外执行等工作是由司法部管辖的；美国对非监禁刑的管理大多是由州矫正机关负责的；日本的非监禁刑的执行是最成功的，其执行机构便是置于司法行政部门之内。尤其引人注目的是俄罗斯，在前苏联时代曾实行分散的刑事执行体制，前苏联解体后，俄罗斯积极顺应世界刑罚发展潮流，于 1998 年进行司法体制改革，将刑事执行权限统一移转到司法部，并在司法部系统内部自上而下地设立了专门的刑事执行机构，统一行使刑事执行权。③

经过近年来的研讨，我国学者比较一致地形成了以下共识：整合行刑资源，将行刑权统一交由司法行政机关行使，实现刑罚执行的一体化体制。

① ［日］菊田幸一：《犯罪学》，群众出版社 1989 年版，第 179～180 页。

② 林纪东：《监狱学》，台北三民书局 1978 年版，第 87 页。

③ 邵磊：“刑事执行法律问题初探”，载《河北法学》2005 年第 2 期。

2. 建立专门的社区矫正机构。

根据现有法律的规定，我国目前的非监禁刑主要由公安机关执行。这种非监禁刑执行体制，存在着诸多弊病：

(1) 有违分工负责、相互制约的原则。根据国家权力配置模式，在刑事司法活动中，公安机关、检察机关、审判机关和司法行政机关分别行使侦查、起诉、审判和执行职责，四个机关分工负责、各司其职、相互配合、相互制约，是实现依法治国方略、保障公正执法的重要保证。而在我国现行刑事执行体制中，公安机关集侦查、执行权力于一身，明显违反了分工负责、相互制约的原则，不利于公正执法目标的实现。

(2) 公安机关难以有效开展执行工作，刑罚效益难以实现。在我国，公安机关承担着极其繁杂的职能，由于警力有限，基层公安派出所实际上很难分出必要的精力从事非监禁刑的执行工作，致使相当多的非监禁刑服刑罪犯长期处于失控脱管状态而无人问津，使非监禁刑行刑活动形同虚设，刑罚效果无从实现。据调查，辽宁省本溪市本来应该依法严格管理的1300多名监外执行罪犯中，公安机关脱、漏管导致失控的竟然达931人，占总数的70%，这些失控的罪犯中重新犯罪的据不完全统计有34人。①

(3) 制约社区刑罚的扩大适用。非监禁刑执行中的监管不力、形同虚设的状况，引起了社会公众的强烈不满，社会舆论普遍认为管制是“不管不制”、假释是“放虎归山”。民众的呼声通过各种渠道汇集到审判机关，不可避免地对审判机关的审判活动产生影响。法院看到非监禁刑在实践中难以得到有效的执行，在审判中也就有意地少判或不判非监禁刑。这种恶性循环，一方面导致我国监狱拥挤、超押现象严重，另一方面致使我国社区刑罚的适用长期处于低迷状态。

因此，为了拓展社区刑罚的适用，推动我国社区矫正事业向纵深发展，必须改革由公安机关执行非监禁刑的行刑模式，建立专门的社区矫正机构来执行社区刑罚。关于社区矫正机构的科学设置，笔者已在第五章作了阐述，此处不再赘述。

(四) 培育社区和民间组织，构造多种力量参与社区矫正的格局

1. 推进社区建设，培育发展非政府组织。

目前，我国社会正处在从传统的单位制社会向现代的社区型社会的转型时期，全国许多地方正在原有的居民委员会辖区的基础上积极探索不同路径的社

---

① 钨焕庆、翟伟：“监外执行因何成为司法腐败‘黑洞’”，载《北京青年报》2004年4月2日。

区建设模式。从世界经验来看，社区建设一般有三种基本模式：社区自治模式、政府主导模式和社区自治与政府主导相结合的混合模式。① 在西方发达国家，政府与社区的关系被描述为“伙伴关系”，即政府和社区组织构成了发展社区、建设社区的合伙人关系。我国还处在现代社区建设的起步阶段，非政府组织和民间力量还相当薄弱，政府和社区尚难构成平等的伙伴关系。根据这一现状，我国未来社区建设宜采用社区自治与政府主导相结合的混合模式。鉴于改革开放以来，我国市场要素和社会要素的发育，都是在政府的主导和推动下进行的，因此，在一个相当长的历史时期，政府在社区建设中仍应发挥主导作用，构建一个小而强的政府。与此同时，大力培育和发展各类非政府组织和民间力量。推行社区矫正虽然并不意味着政府退出对社区矫正罪犯的惩罚和矫正，但却是国家资源投入的减少和强制性权力的减弱。所以，必须通过培育发展民间组织，通过他们提供的矫治服务加以弥补。改革开放以来，我国的社会团体和民间组织获得了大发展的机遇。据不完全统计，截止到 2006 年年初，经过合法登记的社会团体接近 17 万家，而包括社会团体在内的民间组织将近 32 万家。另外，根据学者们的调查，我国还有多至 50 万—270 万家尚未登记的、各式各样的民间组织，其中有相当数量是形形色色的、活跃在城乡基层的社会团体。② 可见，各类非政府组织和民间团体在我国已成为一支重要的力量，并在环保、残疾人福利事业等方面发挥了重要作用。但正如本章前面所述，我国的非政府组织缺乏生存发展的制度环境，现阶段非政府组织还处在弱势生存期，各种形式、各个领域以及不同功能的非政府组织还有待进一步培育。针对制约非政府组织发展的因素，我们主张可以通过改革现行的双重管理制度，降低合法登记注册的门槛，简化审批程序、逐步淡化行政权力在支配人们结社方面的作用，制定完善相关法律、法规等措施，给予非政府组织和民间力量以相对宽松的发展空间，促进非政府组织和民间力量规范有序的发展。

2. 构建多种力量参与罪犯矫正的模式。

我国学者以社区矫正中政府与民间的关系为标准，把世界各国和地区的社会力量参与罪犯矫正的模式，划分为民间自发型、政府主导型、政府资助型和混合型四种模式。③ 民间自发型模式产生于罪犯社会矫正的初期，是由社会热

---

① 程玉中：《中国城市社区发展研究》，华东师范大学出版社 2002 年版，第 66 ~ 67 页。

② 吴玉章：“公民权利的实践——结社现象的法学意义”，载《法学研究》2006 年第 5 期。

③ 狄小华：“关于社区矫正若干问题的思考”，载《犯罪与改造研究》2005 年第 6 期。

心人士出于对罪犯或刑释人员的怜悯之心倡导而兴起，并多由私人或民间团体来实施的。随着罪犯矫正社会参与的范围不断扩大，在社区矫正的罪犯人数不断增长，矫正所需资金、服务和帮助也不断增加，完全超越了个人规劝罪犯改过迁善所能负荷的力量，纯粹依靠民间力量来实施社区矫正多少显得力不从心。于是，政府也开始介入罪犯的社会矫正事业。政府参与罪犯社区矫正的模式主要有两种：政府主导型和政府资助型。前者的特点是社区矫正工作由政府组织，经费由国家拨款，工作人员由政府选聘。目前，美国、英国、瑞典、日本等国就属于这种模式。后者的特点是由政府出资资助民间机构参与对罪犯的矫正，目前，丹麦、挪威、荷兰、瑞士及我国的台湾地区等世界上大多数国家和地区采用这种模式。①

从世界范围来看，尽管我国的犯罪率和监禁率都较低，但由于人口基数世界第一，罪犯以及在社区矫正的罪犯仍是一个庞大的数字，加之地区广阔、人员分散，单靠以上任何一种社会参与模式，都难以解决中国社区矫正的公众参与问题。因此，笔者赞同我国学者的观点，适合中国国情的罪犯矫正参与模式，应该是一种政府主导型、政府资助型和民间自发型并存的综合模式。② 目前，我国试点中的社区矫正采用的是"政府主导型"模式，社区矫正完全是由政府自上而下推进的，经费由政府拨款，专门的国家机关是决定和实施社区矫正的主体，相关社会团体、民间组织以及社会志愿者只是协助专门国家机关进行社区矫正。应当说，这种模式作为试点阶段的权宜之计有其合理性，毕竟社区矫正在我国是新生事物，需要有一个探索期。因此，初始阶段的社区矫正应由政府主导和扶持，构建政府主导和资助的社会参与模式，同时积极培育非政府组织，并通过非政府组织这个中介，引导各种社会力量参与到罪犯的社区矫正事业中。为了避免社区矫正政府化、行政化，在度过初始阶段后，应主要通过非政府组织为中介的社会力量来实施对罪犯的矫正，构建政府和民间共同参与的罪犯矫正社会参与模式。因此，社区矫正的实施有赖政府转变"大包大揽"的管理方式，为独立于政府之外的非政府社会组织和社区的发育，提供必要的环境。在政府组织、协调、指导，但并非由政府领导或主导的社区里，非政府的社会组织、团体、社工和志愿者等等，共同参与，真正意义的社区矫正才得以实施。

---

① 狄小华："试论矫治社会工作"，载《犯罪与改造研究》2000年第9期。

② 狄小华："关于社区矫正若干问题的思考"，载《犯罪与改造研究》2005年第6期。

主要参考文献

一、国内论著

1. 郑杭生主编:《社会学概论新修》，中国人民大学出版社 2003 年版。

2. 李强主编:《大学社会学教程》，中国审计出版社、中国社会出版社 2001 年版。

3. 周晓虹:《现代社会心理学》，上海人民出版社 1997 年版。

4. 高铭暄主编:《刑法专论》（上编），高等教育出版社 2002 年版。

5. 高铭暄主编:《刑法学原理》（第 3 卷），中国人民大学出版社 1994 年版。

6. 马克昌主编:《近代西方刑法学说史略》，中国检察出版社 1996 年版。

7. 马克昌主编:《刑罚通论》，武汉大学出版社 1999 年版。

8. 储槐植、宗建文等:《刑法机制》，法律出版社 2004 年版。

9. 储槐植:《刑事一体化与关系刑法论》，北京大学出版社 1997 年版。

10. 赵秉志主编:《刑法总论问题探索》，法律出版社 2003 年版。

11. 赵秉志主编:《刑事政策专题探讨》，中国人民公安大学出版社 2005 年版。

12. 陈兴良:《刑法的启蒙》，法律出版社 1998 年版。

13. 陈兴良:《刑法适用总论》（下卷），法律出版社 1999 年版。

14. 陈兴良;《走向哲学的刑法学》，法律出版社 1999 年版。

15. 冯卫国:《行刑社会化研究》，北京大学出版社 2003 年版。

16. 袁登明:《行刑社会化研究》，中国人民公安大学出版社 2005 年版。

17. 刘强编著:《美国刑事执法的理论与实践》，法律出版社 2000 年版。

18. 刘强编著:《美国社区矫正的理论与实务》，中国人民公安大学出版社 2003 年版。

19. 郭建安、郑霞泽主编:《社区矫正通论》，法律出版社 2004 年版。

20. 吴宗宪、陈志海、叶旦生、马晓东:《非监禁刑研究》，中国人民公安大学出版社 2003 年版。

21. 吴宗宪:《当代西方监狱学》，法律出版社 2005 年版。

22. 吴宗宪:《西方犯罪学》，法律出版社 1999 年版。

23. 王泰:《现代监狱制度》，法律出版社 2003 年版。

24. 邱兴隆、许章润主编:《刑罚学》，群众出版社 1999 年版。

25. 邱兴隆:《罪与罚演讲录》，中国检察出版社 2000 年版。

26. 邱兴隆:《关于惩罚的哲学——刑罚根据论》，法律出版社 2000 年版。

27. 许章润:《监狱学》，中国人民公安大学出版社 1991 年版。

28. 谢望原:《欧陆刑罚制度与刑罚价值原理》，中国检察出版社 2004 年版。

29. 何显兵:《社区刑罚研究》，群众出版社 2005 年版。

30. 廖斌、何显兵:《社区建设和犯罪防控》，人民法院出版社 2003 年版。

31. 阎少华:《管制刑研究》，吉林人民出版社 2005 年版。

32. 夏宗素:《罪犯矫正与康复》，中国人民公安大学出版社 2005 年版。

33. 夏宗素主编:《狱政法律问题研究》，法律出版社 1997 年版。

34. 中国政法大学刑事法律研究中心、英国大使馆文化教育处主编:《中英量刑问题比较研究》，中国政法大学出版社 2001 年版。

35. 刘家琛主编:《当代刑罚价值研究》，法律出版社 2003 年版。

36. 陈敏:《减刑制度比较研究》，中国方正出版社 2001 年版。

37. 王平:《中国监狱改革及其现代化》，中国方正出版社 1999 年版。

38. 王运生、严军兴:《英国刑事司法与替刑制度》，中国法制出版社 1999 年版。

39. 王利荣:《行刑法律机能研究》，法律出版社 2001 年版。

40. 翟中东:《刑法中的人格问题研究》，中国法制出版社 2003 年版。

41. 翟中东主编:《自由刑变革——行刑社会化框架下的思考》，群众出版社 2005 年版。

42. 周红梅:《刑罚执行论》，辽宁人民出版社 1994 年版。

43. 梁根林:《刑罚结构论》，北京大学出版社 1998 年版。

44. 梁根林:《刑事政策：立场与范畴》，法律出版社 2005 年版。

45. 梁根林:《刑事制裁：方式与选择》，法律出版社 2006 年版。

46. 陈光中、[加] 丹尼尔·普瑞方廷:《联合国刑事司法准则与中国刑事法制》，法律出版社 1998 年版。

47. 狄小华、李志刚编著:《刑事司法前沿问题——恢复性司法研究》，群众出版社 2005 年版。

48. 郭明:《学术转型与话语重构》，中国方正出版社 2003 年版。

49. 武延平主编:《中外监狱法比较研究》，中国政法大学出版社 1999 年版。

50. 张文、刘艳红、甘怡群:《人格刑法导论》，法律出版社 2005 年版。

51. 蔡道通:《刑事法治：理论诠释与实践求证》，法律出版社 2004 年版。

52. 姚建龙:《少年刑法与刑法变革》，中国人民公安大学出版社 2005 年版。

53. 潘国和、[美] 罗伯特·麦尔主编:《美国矫正制度概述》，华东师范大学出版社 1997 年版。

54. 左坚卫:《缓刑制度比较研究》，中国人民公安大学出版社 2004 年版。

55. 鲁兰:《中日矫正理念与实务比较研究》，北京大学出版社 2005 年版。

56. 黄兴瑞:《人身危险性评估与控制》，群众出版社 2004 年版。

57. 黄华生:《论刑罚轻缓化》，中国经济出版社 2006 年版。

58. 张文学主编:《刑罚执行变更理论与实务》，人民法院出版社 2000 年版。

59. 高憬宏主编:《减刑、假释的法律适用与司法实践》，人民法院出版社 2005 年版。

60. 中国人民大学法学院刑法专业组织编写:《刑事法专论》（下卷），中国方正出版社 1998 年版。

61. 李贵方:《自由刑比较研究》，吉林人民出版社 1992 年版。

62. 林山田:《刑罚学》，台湾地区商务印书馆股份有限公司 1992 年版。

63. 张甘妹:《刑事政策》，台湾地区三民书局 1979 年版。

64. 李海东主编:《日本刑事法学者》，中国法律出版社、日本成文堂联合出版社 1995 年版。

65. 陈忠林:《意大利刑法纲要》，中国人民大学出版社 1999 年版。

66. 许发民:《刑法的社会学分析》，法律出版社 2003 年版。

67. 王智民:《当代国外犯罪学概说》，中国人民大学出版社 1999 年版。

68. 陈正云:《刑法的经济分析》，中国法制出版社 1997 年版。

69. 吴平:《资格刑研究》，中国政法大学出版社 2000 年版。

70. 鲍圣庆:《减刑、假释的理论与实践》，吉林人民出版社 1992 年版。

二、国外论著

1. [美] 克莱门斯·巴特勒斯著，孙晓雳等译:《矫正导论》，中国人民公安大学出版社 1991 年版。

2. [美] 理查德·霍金斯、杰弗里·P. 阿尔珀特著，孙晓雳等译：《美国监狱制度——刑罚与正义》，中国人民公安大学出版社 1991 年版。

3. [美] E. 博登海默著，邓正来译：《法理学：法律哲学与法律方法》，中国政法大学出版社 1999 年版。

4. [英] 边沁著，孙力等译：《立法理论——刑法典原理》，中国人民公安大学出版社 1993 年版。

5. [意] 贝卡利亚：《论犯罪与刑罚》，中国大百科全书出版社 1993 年版。

6. [意] 加罗法洛著，耿伟译：《犯罪学》，中国大百科全书出版社 1996 年版。

7. [意] 菲利著，郭建安译：《实证派犯罪学》，中国人民公安大学出版社 1990 年版。

8. [意] 杜里奥·帕多瓦尼著，陈忠林译：《意大利刑法学原理》，法律出版社 1998 年版。

9. [德] 克劳斯·罗克辛著，王世洲译：《德国刑法学总论》(第 1 卷)，法律出版社 2005 年版。

10. [德] 汉斯·海因里希·耶赛克著，徐久生译：《德国刑法教科书》，中国法制出版社 2001 年版。

11. [德] 拉德布鲁赫著，米健等译：《法学导论》，中国大百科全书出版社 1997 年版。

12. [日] 大冢仁著，冯军译：《刑法概说》(总论)，中国人民大学出版社 2003 年版。

13. [日] 森下忠著，白绿铉等译：《犯罪者处遇》，中国纺织出版社 1994 年版。

14. [日] 西原春夫主编，李海东译：《日本刑事法的形成与特色》，中国法律出版社、成文堂联合出版社 1997 年版。

15. [日] 大谷实著，黎宏译：《刑事政策学》，法律出版社 2000 年版。

16. [法] 米歇尔·福柯著，刘北成、杨远婴译：《规训与惩罚》，三联书店 2003 年版。

17. [法] 米海依尔·戴尔玛斯—马蒂著，卢建平译：《刑事政策的主要体系》，法律出版社 2000 年版。

18. [法] 卡斯东·斯特法尼著，罗结珍译：《法国刑法总论精义》，中国政法大学出版社 1998 年版。

后 记

在高校从事7年的政治理论课教学之后，1995年9月，我来到复旦大学法学院进修，开始涉足法学这一新的领域。1998年9月，我考取华东政法学院的法律硕士研究生，再次系统地研习法律。根据自己的兴趣，我把研究方向定位于刑法学，并以“假释制度的理论与实践”为题撰写硕士论文并获得硕士学位。紧接着，我继续展开对假释制度的研究，先后发表了十余篇论文。随后，我把关注的目光拓展至缓刑以及其他非监禁刑制度，并于2003年上半年以“非监禁刑研究”为题申报江苏大学人文社科基金项目并获得立项。2003年下半年在我国推行的社区矫正试点工作引起了我的极大兴趣，社区矫正制度所蕴涵的刑罚轻缓化趋势和对犯罪人的人性关爱的理念给予我学术的灵感，我决定把社区矫正作为自己下一步的研究课题。2004年6月，我以“社区矫正制度研究”为题，申报江苏省高校人文社会科学计划研究项目并有幸获得立项。此后，我按照既定研究计划，进行资料收集和调研工作，在此基础上，开始本书的写作工作。写作是一件既费力又劳神的苦差事，待到眼镜度数加深和颈椎增生之时，本书初稿写成。随即又马不停蹄地进行修订工作。窗外两度寒来暑往，本书始行脱稿。这本书的出版，既可以说是我承担的江苏省高校人文社会科学计划研究项目的最终成果，又可以说是自己10年来研习法学，尤其是刑法学的阶段性成果。

本课题的顺利完成，得益于诸多单位和人士的关心、支持和帮助。江苏省教育厅的资金资助，使得本课题的前期准备工作得以顺利进行；江苏大学对人文社会科学的重视和提供出版基金资助，使本书得以顺利出版。江苏大学法学院的领导多次过问本课题的研究进展状况，给予我很大的精神鼓励。我的同事冯涛博士为本书联系出版事宜，付出了很多辛劳。中国检察出版社对本书的出版给予了极大的支持。当然，我还要感谢我的妻子王嘉萱，10 年前，正是源于她的提议，我走上了研习法学的道路。如果说这10 年自己在学术上有所收获的话，也是与她的鼓励和支持分不开的。

学术研究是一个薪火相传的过程。本书的写作，参阅了许多前辈学者和学界同行的先期研究成果。在此，对所有给予我启迪的国内外学者表示诚挚的谢意。由于本人水平有限，尽管已作了极大的努力，但谬误之处仍在所难免，敬请学界前辈和同仁匡谬指正。

周国强

2006 年 10 月 30 日